【第三版】

大学应用语文

DAXUE YINGYONG YUWEN

主　编：姜恩庆
编　委：赵　宁　王　甜　孔庆庆　倪斯雯

厦门大学出版社
XIAMEN UNIVERSITY PRESS
国家一级出版社
全国百佳图书出版单位

图书在版编目(CIP)数据

大学应用语文/姜恩庆主编.—3 版.—厦门:厦门大学出版社,2018.12(2021.7 重印)
ISBN 978-7-5615-7248-1

Ⅰ.①大… Ⅱ.①姜… Ⅲ.①大学语文课—教材 Ⅳ.①H19

中国版本图书馆 CIP 数据核字(2018)第 287483 号

出 版 人 郑文礼
责任编辑 高 健

出版发行 厦门大学出版社
社 址 厦门市软件园二期望海路 39 号
邮政编码 361008
总 编 办 0592-2182177 0592-2181406(传真)
营销中心 0592-2184458 0592-2181365
网 址 http://www.xmupress.com
邮 箱 xmupress@126.com
印 刷 厦门兴立通印刷设计有限公司

开本 787 mm×1 092 mm 1/16
印张 20
字数 450 千字
版次 2018 年 12 月第 3 版
印次 2021 年 7 月第 3 次印刷
定价 39.80 元

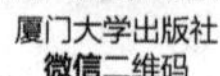
厦门大学出版社
微信二维码

厦门大学出版社
微博二维码

序　言

知识与能力的关系如何？似乎应当是平衡的，就是说知识丰富的人，能力就强；反之亦然。然而，在一个人的知识和能力的均衡上，却存在着十分复杂的现象，《红楼梦》"金陵十二钗"中，就分为两种不同的类型，第一种是均衡型的，例如薛宝钗和贾探春属于知识和能力都超群的，贾迎春和贾惜春属于知识和能力都平平的；第二种是矛盾型的，例如林黛玉，书本知识第一流，口语书面语能力很强，但实际能力差，例如治家管理能力基本等于零；更典型的是王熙凤，书本知识几乎是空白，但口语表达能力出类拔萃，治家管理能力第一流，但书面语表达能力等于零。——这说明一个人的知识和能力之间不能画等号。

知识是死的，能力是活的。如何把知识转化为能力？这是摆在语文教学面前的一个大课题。"授人以鱼，只供一餐之需；教人以渔，则终身受用无穷。"有一年高考给材料作文的题目是"面包与猎枪"，教师教学生进入森林打猎，一种方式是给学生带上足够的面包，另一种是教会学生使用猎枪。其实这是强调：引导学生提高能力，比单纯传授知识更重要。因此，作为一门基础课，大学语文关注的焦点，应该是运用汉语的实践能力，而不是刻意追求语文知识的系统性和完整性。事实上，人们的语文知识不一定等同于语言能力，特别是不等同于在实际生活和工作现场应用汉语的能力。

语言能力包括书面语表达与口语表达两种。自古以来，我们中国人重视书面语能力，而对于口语能力却不够重视。国外语文教育却十分重视口语表达，古罗马古希腊的修辞学专著，主要是演讲术和辩论术。大学语文教学应针对传统上重文轻语、重知识轻能力的现实状况，妥善处理好知识和能力的不平衡关系，解决好书面语和口语的不平衡关系，要从听、说、读、写四个方面全面培养和提升学生的汉语综合应用能力。

由天津商业大学中文教研室主任姜恩庆先生主编的《大学应用语文》将由厦门大学出版社出版。这部为经济类专业本科生精心编写的教材，就很好地体现出编者的指导思想：将大学语文的教学落实到提升人文素质、塑造文化品格和提高学生书面、口头表达能力上，并力求在两者之间找到一个平衡的契合点。著名语言学家胡明扬先生说："当前大学生的语文基础、写作能力和社会需要之间的差距较大，因此提高大学生的写作能力实为当务之急。如果将大学语文课教成文学欣赏课，不符合社会需要，而开设纯写作课往往难以收到预期效果。因为写作能力不是单纯的技巧，而是一个人全部文学知识和多种能力的综合表现。不阅读大量的范文，不学习语文知识不可能有效地提高写作能力。另外，高校语文课也还有提高学生阅读能力，尤其是阅读古籍能力的任务。"

胡明扬先生这段话是他多年从事语文教学工作的经验之谈，可谓一语中的！

通读《大学应用语文》目录和部分书稿，其编排体例以文体分类为框架，又将文体写作和文体解读理论贯穿其中。教材吸取多年以来各种版本的成功经验，站在更新教育观念的认识高度，在编写体例上有较大的突破。全书分成五个板块，第一部分为散文论理篇，第二部分为经典诗词篇，第三部分为演说口才篇，第四部分为戏剧小说篇，第五部分为实用写作篇。板块之间，知识的转化和能力的迁移可互相映照。如此编排，有利于用整体综合的宏观视角作纵横比较，知识视野既开阔又比较深入。《大学应用语文》在注释、导读、背景材料介绍以及感悟讨论、平行阅读的设计中，都为教与学留下主动发挥、独立思考的余地。在写作训练方面，依据经济类专业的特点，重点编写了行政公文、书信、演讲稿、调查报告、经济新闻和商业广告写作。这是以往同类教材较少涉及而又是必须进行规范化训练所急需的。

《大学应用语文》吸取了大学语文教学体系构建中科学研究的新成果，在内容和体例上具有科学性、简明性、实用性的鲜明特色。尤其是富于创新精神的教学理念，给人留下深刻印象。这部教材与众不同之处，在于突出了“五个并重”：第一，文学与实用并重，改变传统教材重文学而轻实用的倾向，赏析中外诗歌、散文、演说、新闻、调查报告等精品，品味作品解读与鉴赏之道，奠定“学以致用”之基。第二，古代作品和现当代作品、外国作品并重，改变传统教材重“古代”轻“现当代、外国”的倾向，增加了现当代、外国篇目，大体形成 4∶4∶2 的合理比例。第三，阅读与写作并重，改变了传统教材重读轻写的倾向，增加文体知识和作文训练的内容。第四，口语与书面语并重，改变了传统教材重书面语轻口语的倾向，增加了“演说口才”和“实用写作”两大板块，安排演讲、交际口才和应用写作的实际训练。第五，知识与能力并重。知识是形成能力的基础，如果没有厚实的知识积累，能力难以形成；但知识并不等同于能力，能力的形成在于行之有效的训练方法。这部教材着力于系列技能训练，对于将知识转化为能力的教学实践，对大学生汉语文综合能力和素养的提高将大有裨益！

是为序。

谭汝为*

2011 年 3 月 30 日

写于天津华苑碧华里寓所

---

* 谭汝为系天津师范大学教授，硕士生导师。兼任教育部汉语能力测试学术委员会副秘书长、中国修辞学会常务副秘书长、中国语文现代化学会副秘书长、中国阅读与鉴赏研究会会长、天津市语言学会顾问、天津市修辞语用学会会长。

前 言

大学语文是全国高等院校非中文类专业一门重要的基础课。教育部《大学语文教学大纲》规定："充分发挥语文学科的人文性和基础性的特点，适应当代人文学科与自然学科日益交叉、渗透的发展趋势，为我国的社会主义现代化建设培养具有全面素质的高质量人才。"伴随着经济全球化的大趋势和中国经济的迅猛发展，具有实践能力、创新能力的高素质复合型人才成为经济类高等院校人才培养的重要目标。作为一门公共基础课，大学语文不但具有基础性和工具性，同时在维系文化认同、传承民族精神、塑造文化品格方面的作用也无可替代。多年来，经过不懈的努力和探索，全国大学语文的教学和研究都取得了一定的成绩，在新形势人才培养的框架体系中，逐步明确了定位，日益完善。但同时我们也应该看到，长期以来，国内各类高校开设大学语文课程的情况不尽平衡，尤其是新世纪以来高等院校学生母语水平无法适应社会、经济发展需求的问题日益凸显，这些现象引起人们越来越多的关注和思考。教育部强调，"高等学校要创造条件，面向全体大学生开设中国语文课"，在深感责任重大的同时，我们觉得大学语文必须适应新形势，进行深化改革，教材的改革和建设也就变得极为必要和迫切。

将大学语文的教学落实到提升人文素质、塑造文化品格和提高学生书面、口头表达能力上，并力求在两者之间找到一个平衡的契合点，是我们多年来始终为之努力的目标，也是编写这本教材的指导思想。大学语文应兼具两种功能，提高学生的人文素质和审美能力与提升学生的口头和书面表达能力，这两条基本思想应得到贯彻。在教材的编写上，针对经济类院校的特点，我们的理念是文本本位，以优秀范文引领学生学习，不刻意追求语文知识的系统性。针对青年学生的特点，选文原则上经典性兼具时尚性，让学生产生亲近感，调动学习兴趣；语文和文化兼顾，母语修养提升与综合文化素质养成并重，培养学生汉语阅读、理解、评价、赏鉴、写作能力，同时使学生受到优秀文化传统的熏陶。随着汉语文化处境的变迁，大学语文在人文素质养成和能力培养教育中的基础地位和特殊作用日益突出。

本教材编写体例，在以文体为单元的基础上，有所创新和突破。

以文体分类为框架，贯穿文体写作、文体解读理论。文学文体和实用性文体并重。赏析中外诗歌、散文、演说、新闻、调查报告等精品，品味作品解读与鉴赏之道，奠定"学以致用"之基。

导读部分：精要分析文本，穿插语文和文化知识，凸显双重价值。

感悟思考部分：引导学生独立思考与理解，特别是对一些有不同见解的文本，不设标准答案，鼓励学生发挥发散思维，表述个人见解。

平行阅读和链接部分：拓展学生视野，补充阅读篇目，链接相关书目，着重培养和训练学生的自学能力。

每个单元后均设置了文体概说和能力训练要点，综合培养学生口头表达能力和书面表达能力。

人文性、实用性和趣味性文本结合。既有经典的美文赏析，也有颇具时代感的文章的解读，最大限度调动学生的学习热情，从传统文化中汲取养分，获得优秀文化的浸染，注重文本的现实效应，培养学生综合能力。

本书为全日制高等院校非中文类专业特别是经济类院校的大学语文课编写，在前两版的基础上，保留经典篇目，剔除陈旧的篇目，有针对性地调整了部分篇目，由姜恩庆任主编并负责全书的通纂、定稿工作。赵宁、王甜、孔庆庆、倪斯雯参加了本书的编写修订。

本书在编写修订过程中，参阅并引用、借鉴了相关专著和书刊，恕不一一注出，谨向原作者致以诚挚的谢意。特别要感谢厦门大学出版社和各位领导、专家、学者的指导和支持，感谢天津师范大学教授谭汝为先生百忙之中为本书作序。由于编者水平所限，书中难免不当、疏漏之处，敬请方家不吝指正。

《大学应用语文》编写组

目 录

第一篇 散文论理

儒家把修己养身看做是立身处世、实现人生价值的根本，这一文化传统影响了世世代代的中国人。作为儒家的经典，《论语》集中了孔子学说的精华和他的人生智慧。

第一节

《论语》十则

子曰："见贤思齐焉，见不贤而内自省也。"　　《里仁篇第四》

子曰："质胜文则野[①]，文胜质则史[②]。文质彬彬[③]，然后君子。"　　《雍也篇第六》

子曰："譬如为山，未成一篑[④]，止，吾止也。譬如平地，虽覆一篑，进，吾往也。"　　《子罕篇第九》

子路问君子。子曰："修己以敬[⑤]。"曰："如斯而已乎？"曰："修己以安人。"曰："如斯而已乎？"曰："修己以安百姓。修己以安百姓，尧舜其犹病诸？"　　《宪问篇第十四》

子曰："躬自厚而薄责于人[⑥]，则远怨矣。"　　《卫灵公篇第十五》

孔子曰："君子有九思：视思明，听思聪，色思温，貌思恭，言思忠，事思敬，疑思问，忿思难[⑦]，见得思义。"　　《季氏篇第十六》

子曰："由也！女闻六言六蔽矣乎[⑧]？"对曰："未也。""居！吾语女。好仁不好学，其蔽也愚；好知不好学，其蔽也荡[⑨]；好信不好学，其蔽也贼[⑩]；好直不好学，其蔽也绞[⑪]；好勇不好学，其蔽也乱；好刚不好学，其蔽也狂。"　　《阳货篇第十七》

子夏曰："博学而笃志[⑫]，切问而近思，仁在其中矣。"　　《子张篇第十九》

子贡曰："君子之过也，如日月之食焉：过也，人皆见之；更也，人皆仰之。"　　《子张篇第十九》

子张问于孔子曰："何如斯可以从政矣？"子曰："尊五美，屏四恶[⑬]，斯可以从政矣。"子张曰："何谓五美？"子曰："君子惠而不费，劳而不怨，欲而不贪，泰而不骄[⑭]，威而不猛。"子张曰："何谓惠而不费？"子曰："因民之所利而利之，斯不亦惠而不费乎？择可劳而劳之，又谁怨？欲仁而得仁，又焉贪？君子无众寡，无小大，无敢慢，斯不亦泰而不骄乎？君子正其衣冠，尊其瞻视，俨然人望而畏之，斯不亦威而不猛乎？”子张曰：“何谓四恶？”子曰：“不教而杀谓之虐；不戒视成谓之暴；慢令致期谓之贼[15]；犹之与人也，出纳之吝谓之有司[16]。”

《尧曰篇第二十》

（选自《论语译注》，杨伯峻译注，中华书局 1980 年版）

注释

①质：朴实。

②史：言辞华丽，虚浮。

③文质彬彬：形容人既文雅又朴实，后多用来指人文雅有礼貌。彬彬：掺杂搭配适当。

④篑：盛土的竹筐。

⑤敬：严肃，慎重。

⑥躬自厚：当作“躬自厚责”，因下文“薄责”之“责”而省略。

⑦忿思难：将发怒了，考虑有什么后患。

⑧六言六蔽：六种品德和六种弊病。言：名曰“言”，实指“德”。蔽：通“弊”。

⑨荡：无所适守。

⑩贼：伤害。管同《四书纪闻》云：“大人之所以不必信者，惟其为学而知义之所在也。苟好信不好学，则惟知重然诺而不明事理之是非，谨厚者则硁硁为小人；苟又挟以刚勇之气，必如周汉刺客游侠，轻身殉人，扞文网而犯公义，自圣贤观之，非贼而何？”这是根据春秋侠勇之士的事实，结合儒家明哲保身的理论所发的议论，似近孔子本意。

⑪绞：指言辞尖刻。

⑫笃志：坚守自己的志趣。

⑬屏（bǐng）：排除，摈弃。

⑭泰：安泰矜持。

⑮慢令致期：政令下得晚却要限期完成。

⑯出纳：这里单指“出”。有司：古代管事者之称，职务卑微，这里译为“小家子气”。

孔子（前 551—前 479），名丘，字仲尼，春秋时鲁国陬邑（今山东曲阜）人，我国伟大的思想家、教育家，世界最著名的文化名人之一。50 岁时任鲁定公的司寇，掌管鲁国司法，55 岁开始周游列国，宣传自己的主张，但均没有得到重用，68 岁回鲁国从事著述和讲学。孔子是儒家学派的创始人，在政治思想上，提倡“仁”和“礼”，主张“仁者爱人”、“克己复礼”。在教育方面，首倡私人讲学，打破了学在官府的传统。他提出的“因材施教”、“有教无类”的教育思想，“举一反三”、“学思结合”、“温故知新”的教学方法，“不耻下问”、“学而不厌，诲人不倦”的教学态度至今仍影响着中国的教育。孔子整理《诗》《书》等古代文献，并删修鲁国史官所记《春秋》，成为我国第一部编年体历史著作，为保存和传播我国古代文化作出了重要贡献。孔子的学说自汉代开始被奉为中国文化的正统，司马迁《史记·孔子世家》称其为“至圣”。他的学说不仅对我国思想文化的发展产生了深远影响，对世界文明也贡献巨大。联合国教科文组织将孔子列为世界十大文化名人之一。

导读

《论语》是一部语录体散文集，记载了我国思想家、教育家孔子及弟子的言行，由孔子的弟子和再传弟子记录编纂而成。“《论语》者，孔子应答弟子、时人及弟子相与言而接闻于夫子之语也。当时弟子各有所记，夫子既卒，门人相与辑而论纂，故谓之《论语》。”(班固《汉书·艺文志》)现在通行的《论语》共20篇，各章节独立成篇，涉及的内容极为广泛，是儒家学说的开创和经典之作。

孔子的思想核心是“仁”，他对“仁”的解释是“仁者爱人”。《论语》记录了孔子一生的言行，“仁”贯穿始终，体现了这位春秋时期大教育家“爱”的教育理念。“君子”是儒家学说中追求理想完美人格的象征，“君子”首先是“仁德之人”，如何成为“仁德之人”，那就要从自身做起，从生活、学习中的点点滴滴做起，“修身”是“齐家、治国、平天下”的基础，关于修己养身的精辟论说，占了《论语》相当的篇幅。因此，说一部《论语》半部论“修身”实不为过，《论语》体现了中国传统文化“德智统一”、“以德摄智”的深刻内涵。课文选取了其中的十则，内容涉及学习与修养，透过字里行间可以感受先哲的人生智慧。厚德载物，修身为本，加强修养不仅关乎个人的品德、学识、谈吐、气质，从大处说，也关乎国家、民族大业。《论语》于潜移默化中影响着世人的观念，对中华文化产生了深远影响。

本篇所选《论语》十则，体现了《论语》词约义丰、简练纡徐的语言风格。

感悟讨论

1. 你还知道《论语》中有哪些关于修己养身的语录？回忆并概括一下。

2. 将第六则“君子有九思”译成现代汉语，并谈谈你的看法。

3. 社会在发展，时代在变化，个人在发展变化中进步，传统在发展变化中传承。你怎么看待当今社会背景下儒家的修己养身学说？

平行阅读

曾子曰：“吾日三省吾身——为人谋而不忠乎？与朋友交而不信乎？传不习乎？”

《学而篇第一》

子贡曰：“贫而无谄，富而无骄，何如？”子曰：“可也；未若贫而乐，富而好礼者也。”

子贡曰：“《诗》云：‘如切如磋，如琢如磨’，其斯之谓与？”子曰：“赐也，始可与言《诗》已矣，告诸往而知来者。”

《学而篇第一》

子曰:“吾十有五而志于学,三十而立,四十而不惑,五十而知天命,六十而耳顺,七十而从心所欲,不逾矩。”

《为政篇第二》

子贡曰:“如有博施于民而能济众,何如?可谓仁乎?”子曰:“何事于仁,必也圣乎!尧舜其犹病诸。夫仁者,己欲立而立人,己欲达而达人,能近取譬,可谓仁之方也已。”

《雍也篇第六》

子张问仁于孔子。孔子曰:“能行五者于天下为仁矣。”“请问之。”曰:“恭、宽、信、敏、惠。恭则不侮,宽则得众,信则人任焉,敏则有功,惠则足以使人。”《阳货篇第十七》

(选自《论语译注》,杨伯峻译注,中华书局 1980 年版)

师从孔子，积极推行儒家主张，致力传播儒家思想，曾子的学说上承孔子，下启孟子，对儒家学派的发展起了承上启下的重要作用，影响深远，至今他的思想仍具有极其宝贵的社会意义。

第二节

大　学

◎曾　子

第一章

大学之道[①]，在明明德[②]，在亲民[③]，在止于至善[④]。知止而后有定[⑤]，定而后能静，静而后能安，安而后能虑，虑而后能得[⑥]。物有本末[⑦]，事有终始。知所先后，则近道矣。

古之欲明明德于天下者，先治其国；欲治其国者，先齐其家；欲齐其家者，先修其身；欲修其身者，先正其心；欲正其心者，先诚其意；欲诚其意者，先致其知[⑧]。致知在格物[⑨]。

物格而后知至，知至而后意诚，意诚而后心正，心正而后身修，身修而后家齐，家齐而后国治，国治而后天下平。

自天子以至于庶人，壹是皆以修身为本[⑩]。其本乱，而末治者否矣。其所厚者薄，而其所薄者厚[⑪]，未之有也。

第六章

所谓致知在格物者，言欲致吾之知，在即物而穷其理也。盖人心之灵莫不有知，而天下之物莫不有理，惟于理有未穷，故其知有不尽也，是以《大学》始教，必使学者即凡于天下之物，莫不因其已知之理而益穷之，以求至乎其极。至于用力之久，而一旦豁然贯通焉，则众物之表里精粗无不到，而吾心之全体大用无不明矣。此谓物格[⑫]。此谓知之至也。

第八章

所谓修身在正其心者，身有所忿懥[⑬]，则不得其正；有所恐惧，则不得其正；有所好乐，则不得其正；有所忧患，则不得其正。心不在焉，视而不见，听而不闻，食而不知其味。此谓修身在正其心。

第九章

所谓齐其家在修其身者,人之其所亲爱而辟焉[14],之其所贱恶而辟焉,之其所畏敬而辟焉,之其所哀矜而辟焉[15],之其所敖惰而辟焉[16]。故好而知其恶,恶而知其美者,天下鲜矣!故谚有之曰:"人莫知其子之恶,莫知其苗之硕。"此谓身不修不可以齐其家。

第十章

所谓治国必先齐其家者,其家不可教而能教人者,无之。故君子不出家而成教于国。孝者,所以事君也;弟者,所以事长也;慈者,所以使众也。《康诰》曰:"如保赤子。"[17]心诚求之,虽不中不远矣[18]。未有学养子而后嫁者也。一家仁,一国兴仁;一家让,一国兴让;一人贪戾,一国作乱。其机如此[19]。此谓一言偾事[20],一人定国。尧、舜帅天下以仁[21],而民从之;桀、纣帅天下以暴,而民从之。其所令反其所好,而民不从。是故君子有诸己而后求诸人,无诸己而后非诸人[22]。所藏乎身不恕,而能喻诸人者,未之有也。故治国在齐其家。

《诗》云:"桃之夭夭,其叶蓁蓁。之子于归,宜其家人。"[23]宜其家人,而后可以教国人。《诗》云[24]:"宜兄宜弟。"宜兄宜弟,而后可以教国人。《诗》云[25]:"其仪不忒,正是四国。"其为父子兄弟足法,而后民法之也。此谓治国在齐其家。

(选自《大学·中庸》,王国轩译注,中华书局2006年版)

注释

①大学:相对于小学而言的大人之学。古代八岁入小学,学习"洒扫应对进退,礼乐射御书数"等文化基础知识和礼节,十五岁入大学,学习"穷理正心,修己治人"的学问。

②明明德:弘扬光明正大的德性。明,弘扬,发扬。明德:光明正大的德性。

③亲:作新解,使动用法。使人弃旧图新。

④至善:最完美的境界。

⑤知止:知道目的地。

⑥定、静、安、虑、得:心理认知完善的过程,儒家心性修养的重要途径。

⑦本末:本是根,末是梢,根本与枝梢。

⑧致其知:使自己获得知识。

⑨格物:认识、研究事物的道理。

⑩壹是:都是。

⑪其所厚者薄:当重视的不重视。薄者厚:不该重视的反而重视。

⑫"所谓致知在格物者"到"此谓物格"为朱熹作的补传,反映了朱熹完整的认识论。

⑬忿懥(zhì):发怒。

⑭之:作"于"解。辟:偏颇,偏向。

⑮哀矜：同情，怜悯。

⑯敖：通“傲”。惰：怠慢。

⑰如保赤子：保护平民百姓如同母亲养护婴儿一样。

⑱中：达到目标。

⑲机：本指弩箭上的发动机关，引申为关键。

⑳偾（fèn）：坏，败。

㉑帅：率。

㉒诸：之于。

㉓夭夭：鲜嫩、美丽的样子。蓁蓁（zhēn）：茂盛的样子。

㉔《诗》云：此处指《诗经·小雅·蓼萧》。蓼萧（liǎo xiāo），祭祀用的香草。

㉕《诗》云：此处指《诗经·曹风·鸤鸠》。鸤鸠（shī jiū），布谷鸟。

曾子（前505—前435），名参，字子舆，春秋末年鲁国南武城（今山东嘉祥）人。中国著名的思想家，孔子的晚年弟子之一，与其父曾点同师孔子，是儒家学派的重要代表人物。曾子出生于一个没落贵族家庭，早年常随父学诗书，刻苦用功，十六岁拜孔子为师，愈发勤奋好学，深受孔子喜爱，颇得孔子真传。公元前479年孔子去世，临终将其孙（孔鲤之遗孤）子思托付于曾子，晚年与子夏等一起设教讲学。曾子主张以孝恕忠信为核心的儒家思想，他的修身、齐家、治国、平天下的政治观，内省、慎独的修养观，以孝为本的孝道观，至今仍具有极其宝贵的社会意义和实用价值。曾子参与编制了《论语》、著写了《大学》《孝经》《曾子十篇》等作品，他提出的三纲（明明德、亲民、止于至善）、八目（格物、致知、诚意、正心、修身、齐家、治国、平天下）构就了一套完整的伦理道德体系，影响深远。

导读

《大学》是一篇论述儒家修身治国平天下思想的散文，原是《礼记》第四十二篇，为曾子所作，是先秦时期儒家作品，后经北宋程颢、程颐竭力尊崇，南宋朱熹又作《大学章句》，最终和《中庸》《论语》《孟子》并称“四书”。宋、元以后，《大学》成为学校官定的教科书和科举考试的必读书，对中国古代教育产生了极大的影响。

“古之欲明明德于天下者，先治其国；欲治其国者，先齐其家；欲齐其家者，先修其身；欲修其身者，先正其心；欲正其心者，先诚其意；欲诚其意者，先致其知；致知在格物。物格而后知至，知至而后意诚，意诚而后心正，心正而后身修，身修而后家齐，家齐而后国治，国治而后天下平。自天子以至于庶人，壹是皆以修身为本。其本乱，而末治者否矣。”曾子指出，上至天子君王，下到平民百姓，每人都应当以修养品行作为个人立身处世的根本。倘若本末倒置，想要治理天下，是根本不可能的。那品行该如何修？曾子给出了明确的答案，他提出“三纲”（明明德、亲民、止于至善）和“八目”（格物、致知、诚意、正心、修身、齐家、治国、平天下），指出大学的宗旨在于弘扬光明正大的品德，使人弃旧图新，达到最完善的境界，明德至善作为《大学》的核心思想，是儒家学者的最高追求。

八目则对一个人从内在的德智修养到外在的事业完成的整个过程做了循序渐进分阐述，也点明了因果关系，强调修己是治人的前提，修己的目的是治国平天下，说明治国平天下和个人道德修养的一致性。《大学》提出的人生观是儒家积极入世人生观的进一步扩展，这种人生观要求注重个人修养，怀抱积极的奋斗目标，为社会贡献自己的聪明才智，强调对社会的关心和参与精神，修身齐家治国平天下的理念几乎成为世世代代读书人的唯一标准理想，注重自身修养，关心民众生活，努力改善民生，大济苍生，造福天下，是读书人的崇高理想，因而推动了社会的进步和发展。《大学》的基本内容主要是对孔子代表的原始儒家思想作了一种体系性、结构性的概括和描述，以阐明儒家关于学习的内容、目标和如何为学的次序途径，旨在弘扬儒家的君子修德之学和圣人的治政之道。

曾子在《大学》中多次引用《诗经》中的诗句，且大部分放在各章的篇首，起兴点旨，一方面给篇章增添了引经据典的内涵支撑，另一方面也把孔子的诗教理念运用得淋漓尽致。全文辞约义丰，内涵深刻，语言前后勾连，行云流水，质朴晓畅，排比的运用使文章节奏鲜明，条理清晰，论述严密，大气磅礴，颇具气势。

感悟讨论

1. 谈谈你对“修身、齐家、治国、平天下”的理解。

2. 找出第十章所引用的《诗经》原诗，体会作者引用《诗经》的用意。

3.《大学》第十一章分别引用了《诗经》《康诰》《楚书》《秦誓》和舅犯、孟献子的话，找出本文使用的引用，说明引用这种修辞方法在本文的作用。

平行阅读

《大学》

曾　子

第十一章

所谓平天下在治其国者，上老老而民兴孝，上长长而民兴弟，上恤孤而民不倍。是以君子有絜矩之道也。所恶于上，毋以使下；所恶于下，毋以事上；所恶于前，毋以先后；所恶于后，毋以从前；所恶于右，毋以交于左；所恶于左，毋以交于右。此之谓絜矩之道。

《诗》云：“乐只君子，民之父母。”民之所好好之，民之所恶恶之，此之谓民之父母。《诗》云：“节彼南山，维石岩岩。赫赫师尹，民具尔瞻。”有国者不可以不慎，辟则为天下僇矣。《诗》云：“殷之未丧师，克配上帝。仪监于殷，峻命不易。”道得众则得国，失众则失国。是故君子先慎乎德。有德此有人，有人此有土，有土此有财，有财此有用。德者，本也；财者，末也。外本内末，争民施夺。是故财聚则民散，财散则民聚。是故言悖而出者，亦悖而入；货悖而入者，亦悖而出。

《康诰》曰："惟命不于常。"道善则得之，不善则失之矣。《楚书》曰："楚国无以为宝，惟善以为宝。"舅犯曰："亡人无以为宝，仁亲以为宝。"《秦誓》曰："若有一个臣，断断兮无他技，其心休休焉，其如有容焉。人之有技，若己有之。人之彦圣，其心好之，不啻若自其口出，实能容之。以能保我子孙黎民，尚亦有利哉！人之有技，媢疾以恶之；人之彦圣，而违之俾不通，实不能容。以不能保我子孙黎民，亦曰殆哉！"唯仁人放流之，迸诸四夷，不与同中国。此谓唯仁人为能爱人，能恶人。见贤而不能举，举而不能先，命也。见不善而不能退，退而不能远，过也。好人之所恶，恶人之所好，是谓拂人之性，灾必逮夫身。

是故君子有大道：必忠信以得之，骄泰以失之。生财有大道：生之者众，食之者寡，为之者疾，用之者舒，则财恒足矣。仁者以财发身，不仁者以身发财。未有上好仁而下不好义者也，未有好义其事不终者也，未有府库财非其财者也。孟献子曰："畜马乘不察于鸡豚，伐冰之家，不畜牛羊；百乘之家，不畜聚敛之臣。与其有聚敛之臣，宁有盗臣。"此谓国不以利为利，以义为利也。长国家而务财用者，必自小人矣。彼为善之，小人之使为国家，灾害并至。虽有善者，亦无如之何矣！此谓国不以利为利，以义为利也。

（选自《大学·中庸》，王国轩译注，中华书局 2006 年版）

孟子曾自谓“我善养吾浩然之气”,他的散文长于论辩,气势浩然。这篇驳论文章,步步设问,层层深入,引君入彀,最后一举击破。缜密的思维,犀利的词锋,历来备受推崇。

第三节

有为神农之言者许行

◎孟　子

有为神农之言者许行[①],自楚之滕[②],踵门而告文公曰[③]:“远方之人,闻君行仁政,愿受一廛而为氓[④]。”文公与之处。其徒数十人,皆衣褐[⑤],捆屦[⑥]、织席以为食。

陈良之徒陈相与其弟辛[⑦],负耒耜而自宋之滕[⑧],曰:“闻君行圣人之政,是亦圣人也,愿为圣人氓。”

陈相见许行而大悦,尽弃其学而学焉。

陈相见孟子,道许行之言曰:“滕君,则诚贤君也;虽然,未闻道也。贤者与民并耕而食,饔飧而治[⑨];今也,滕有仓廪府库,则是厉民而以自养也,恶得贤?”

孟子曰:“许子必种粟而后食乎?”

曰:“然。”

“许子必织布而后衣乎?”

曰:“否,许子衣褐。”

“许子冠乎?”

曰:“冠。”

曰:“奚冠[⑩]?”

曰:“冠素[⑪]。”

曰:“自织之与?”

曰:“否,以粟易之。”

曰:“许子奚为不自织?”

曰:“害于耕。”

曰:“许子以釜甑爨[⑫],以铁耕乎?”

曰:“然。”

“自为之与?”

曰:“否,以粟易之。”

“以粟易械器者,不为厉陶冶;陶冶亦以其械器易粟者,岂为厉农夫哉!且许子何不为陶冶,舍皆取诸宫中而用之[⑬]?何为纷纷然与百工交易?何许子之不惮烦!”

曰:“百工之事,固不可耕且为也。”

“然则治理天下独可耕且为与?有大人之事,有小人之事。且一人之身而百工之所为备，如必自为而后用之，是率天下而路也[14]。故曰：‘或劳心，或劳力。’劳心者治人，劳力者治于人；治于人者食人，治人者食于人——天下之通义也。

“当尧之时，天下犹未平，洪水横流，泛滥于天下；草木畅茂，禽兽繁殖；五谷不登，禽兽偪人[15]。兽蹄鸟迹之道，交于中国。尧独忧之，举舜而敷治焉[16]。舜使益掌火[17]，益烈山泽而焚之，禽兽逃匿；禹疏九河，瀹济、漯而注诸海，决汝、汉，排淮、泗，而注之江[18]；然后中国可得而食也。当是时也，禹八年于外，三过其门而不入，虽欲耕，得乎？

“后稷教民稼穑[19]，树艺五谷，五谷熟而民人育。人之有道也，饱食暖衣、逸居而无教，则近于禽兽。圣人有忧之，使契为司徒[20]，教以人伦：父子有亲，君臣有义，夫妇有别，长幼有序，朋友有信。放勋日劳之[21]、来之[22]，匡之、直之，辅之、翼之[23]，使自得之，又从而振德之[24]，圣人之忧民如此，而暇耕乎？

“尧以不得舜为己忧，舜以不得禹、皋陶为己忧[25]。夫以百亩之不易为己忧者，农夫也。分人以财谓之惠，教人以善谓之忠，为天下得人者谓之仁。是故以天下与人易，为天下得人难。孔子曰：‘大哉，尧之为君！惟天为大，惟尧则之[26]，荡荡乎民无能名焉。君哉，舜也！巍巍乎有天下而不与焉！’尧舜之治天下，岂无所用其心哉？亦不用于耕耳。

“吾闻用夏变夷者，未闻变于夷者也。陈良，楚产也，悦周公、仲尼之道，北学于中国。北方之学者，未能或之先也。彼所谓豪杰之士也。子之兄弟，事之数十年，师死而遂倍之[27]。昔者，孔子没[28]，三年之外，门人治任将归[29]，入揖于子贡，相向而哭，皆失声，然后归。子贡反，筑室于场，独居三年，然后归。他日，子夏、子张、子游以有若似圣人[30]，欲以所事孔子事之，强曾子。曾子曰：‘不可。江汉以濯之[31]，秋阳以暴之[32]，皜皜乎不可尚已[33]！’今也，南蛮鴃舌之人[34]，非先王之道，子倍子之师而学之，亦异于曾子矣！吾闻出于幽谷，迁于乔木者；未闻下乔木而入于幽谷者。《鲁颂》曰：‘戎狄是膺，荆舒是惩[35]。’周公方且膺之。子是之学，亦为不善变矣！”

“从许子之道，则市贾不贰[36]，国中无伪；虽使五尺之童适市，莫之或欺[37]。布帛长短同，则贾相若；麻缕丝絮轻重同，则贾相若；五谷多寡同，则贾相若；屦大小同，则贾相若。”

曰：“夫物之不齐，物之情也；或相倍蓰[38]，或相什伯，或相千万。子比而同之，是乱天下也。巨屦小屦同贾，人岂为之哉！从许子之道，相率而为伪者也。恶能治国家？”

（选自《先秦文学史参考资料》，北京大学中国文学史教研室编，中华书局1962年版）

注释

①为：研究。神农：上古传说中的人物，相传是他开始教人类耕种，所以称神农。言：指学说。以许行为代表的农家学说主张“君臣并耕”。

②滕：国名，在今山东省滕州西南。

③踵(zhǒng)：脚后跟。踵门：指“足至门”，走到门上，亲自拜谒。

④廛(chán)：居所。

⑤褐(hè)：粗麻编织的衣服。

⑥捆屦(jù)：做麻鞋。

⑦陈良：楚国的儒者。

⑧耒耜（lěisì）：古代一种类似犁的农具。

⑨饔飧（yōngsūn）：早餐和晚餐，这里用作动词，指自己做饭。

⑩奚冠：戴什么帽子。

⑪素：生丝织成的绢帛。这里指用生绢做的帽子。

⑫釜甑爨：釜，一种锅。甑（zèng），古代做饭用的一种陶器。爨（cuàn）：烧火做饭。

⑬舍皆取诸宫中：舍，即"啥"，什么。宫中：室中，家中。

⑭路：在路上奔波。

⑮偪：同"逼"，威胁。

⑯敷：布，施。这里指治理水土。

⑰益：又称伯益，舜的大臣。上古设五行之官，分别掌管金木水火土，益掌管火政。

⑱禹疏九河四句：疏：疏通。九河：相传古时山东、河北一带黄河的九条支流。瀹（yuè）：疏导。济（jǐ）、漯（tà）：古水名，在今山东省境内。决：凿开缺口，导引水流。汝：汝水，在今河南省境内。汉：汉水。排：排除。指清除水道淤塞。淮：淮河。泗：泗水，在今江苏省淮阴。江：长江。

⑲后稷：周朝的始祖，尧舜时做农官。

⑳使契为司徒：契（xiè），舜的臣子。司徒：掌教化之官。

㉑放勋：尧的号。

㉒劳之、来之：慰劳他们，使他们归顺。劳：慰劳。来（lài）：使……来（归顺）。

㉓辅之、翼之：帮助他们，保护他们。辅：助。翼：保护。

㉔振德：指赈济施以恩惠。

㉕皋陶（gāoyáo）：舜的司法官。

㉖则：用作动词，效法。

㉗倍：通"背"，背叛。

㉘没：通"殁"，死。

㉙治任：收拾行李。任：担子，指行李。

㉚有若：有子，孔子弟子。

㉛濯（zhúo）：洗。

㉜暴：通"曝"，晒。

㉝皜皜乎：光明洁白的样子。皜皜，通"杲杲"。

㉞鴃（jué）舌：鴃，鸟名，又名伯劳。这里比喻许行的话难听。

㉟戎狄是膺，荆舒是惩：引自《诗经·鲁颂·閟宫》。戎、狄指古代西部和北方的部族。荆舒，指南方的部族。膺：抵抗，抗击。

㊱贾（jià）：价格。

㊲莫之或欺：没有人欺骗他。

㊳倍蓰（xǐ）：倍，一倍；蓰，五倍。

孟子（约前372—前289），名轲，字子舆，邹国（今山东省邹城市）人，孔子之后儒家学派的主要代表。中国古代著名思想家、教育家和散文家，与孔子合称"孔孟"，其学说被称为"孔孟之道"，有儒家"亚圣"之称。他继承了孔子的思想核心"仁"，明确提出了"仁政"主张，"乐民之乐，忧民之忧"，并提出了著名的"民贵君轻"说。《孟子》共7篇，为孟子及其弟子所著，对后世的思想和散文都产生了较大影响。孟子善辩，善于掌握对方心理，运用逻辑推理，因势利导地进行辩论。常采用欲擒故纵的方法，善设机巧，引君入彀，笔锋一转，以子之矛攻子之盾，先破后立，在驳斥对方的基础上，进而提出自己的主张。孟子的文章常运用大量整齐对称的排偶句，行文如江水滔滔，气势磅礴，极富论辩力量。

导读

这是一篇先破后立的驳论文章，孟子重要的治国理念在文中得到了充分体现。通过与陈相的辩论，作者驳斥了农家“君臣并耕”、否定社会分工的观点，先破后立，然后提出了“劳心者治人，劳力者治于人”社会分工必然性的中心论点，并对陈相兄弟背叛师门的行为进行了无情的鞭挞。

全文可分四部分。第一部分，叙述论辩的起因。先写许行投奔滕国，次写陈相兄弟慕名投滕，表明滕文公施行仁政后的影响，为后面正面阐述儒家学说做了铺垫。再写陈相以农家“贤者与民并耕”的观点来否定接受孟子仁政主张的滕文公，致起论辩。第二部分，写孟子对陈相的农家“君臣同耕”学说的驳斥。步步设问，层层深入，引君入彀，最后一举击破。当陈相承认“百工之事固不可耕且为也”时，孟子当即反诘，“然则治天下独可耕且为与?”使陈相无言以答。随后，孟子提出自己的主张，说明社会分工的必然性。接着，列出尧、舜、益、禹解决天下水患，消灭天下猛兽的事实，举出后稷教民稼穑，关心民的教育、人伦道德的事实和“尧以不得舜为己忧”的“为天下得人”的理念作为自己观点的有力的支撑，到达了使对方无可辩驳的效果。第三部分，对陈相背叛师门进行了无情鞭挞。第四部分，孟子以辩证的观点批驳陈相转述许行的“市贾不贰”的观点，捍卫了儒家的治国之道。

文章体现了孟子缜密纯熟的辩论技巧。孟子善设机巧，请君入瓮，开合擒纵，驾驭自如。全文观点鲜明，论证严密，气势浩然，感情强烈，词锋犀利。语言精练简约，明白晓畅，气盛而词壮。

感悟讨论

1. 孟子以善辩著称，本文体现了孟子的哪些论辩技巧?
2. 谈谈你对“劳心者治人，劳力者治于人”的理解。
3. “锋芒毕露”与“柔中寓刚”是不同的论辩风格，你更欣赏哪种?
4. 说一说你所知道的孟子名言。

链接

《齐桓晋文之事》，选自《先秦文学史参考资料》，北京大学中国文学史教研室选注，中华书局1962年版。

“道生一，一生二，二生三，三生万物”，老子用“道”来探究自然、社会、人生之间的关系，简洁朴素的语言蕴含着博大精深的哲学思想。

第四节

道德经

◎老　子

一章

道可道，非常道[1]；名可名，非常名[2]。无，名天地之始[3]；有，名万物之母[4]。故常无，欲以观其妙[5]；常有，欲以观其徼[6]。此两者，同出而异名，同谓之玄。玄之又玄，众妙之门[7]。

八章

上善若水[8]，水善利万物而不争，处众人之所恶[9]，故几于道[10]。居善地，心善渊，与善仁，言善信，政善治，事善能，动善时[11]。夫唯不争，故无尤[12]。

二十七章

善行，无辙迹[13]；善言，无瑕谪[14]；善数，不用筹策[15]；善闭，无关楗而不可开[16]；善结，无绳约而不可解[17]。是以圣人常善救人，故无弃人；常善救物，故无弃物。是谓“袭明”[18]。故善人者不善人之师，不善人者善人之资。不贵其师，不爱其资，虽智大迷。是谓“要妙”[19]。

三十二章

道常无名，朴[20]。虽小，天下莫能臣。侯王若能守之，万物将自宾[21]。天地相合，以降甘露，民莫之令而自均[22]。始制有名[23]，名亦既有，夫亦将知止，知止可以不殆。譬道之在天下，犹川谷之于江海。

四十一章

上士闻道[24]，勤而行之；中士闻道，若存若亡[25]；下士闻道，大笑之。——不笑不足以为道。故建言有之[26]：明道若昧，进道若退，夷道若颣[27]。上德若谷，广德若不足，建德若偷[28]，质真若渝[29]。大白若辱，大方无隅[30]，大器晚成。大音希声，大象无形，道隐无名。夫唯道，善贷且成[31]。

四十五章

大成若缺，其用不弊[32]。大盈若冲[33]，其用不穷。大直若屈，大巧若拙，大辩若讷，大赢若绌[34]。静胜躁，寒胜热。清静，为天下正[35]。

四十九章

圣人常无心，以百姓心为心。善者，吾善之；不善者，吾亦善之，德善。信者，吾信之；不信者，吾亦信之，德信。圣人在天下，歙歙焉[36]，为天下浑其心，百姓皆注其耳目，圣人皆孩之。

六十章

治大国，若烹小鲜。以道莅天下[37]，其鬼不神。非其鬼不神，其神不伤人；非其神不伤人，圣人亦不伤人。夫两不相伤，故德交归焉[38]。

七十七章

天之道，其犹张弓与？高者抑之，下者举之；有余者损之，不足者补之。天之道，损有余而补不足；人之道则不然，损不足以奉有余。孰能有余以奉天下？唯有道者。（是以圣人为而不恃，功成而不处。其不欲见贤。）

八十一章

信言不美，美言不信。善者不辩，辩者不善。知者不博，博者不知。圣人不积[39]，既以为人，己愈有；既以与人，己愈多。天之道，利而不害；圣人之道，為而不争。

（选自《老子》，饶尚宽译注，中华书局2006年版）

注释

①道可道，非常道：道是可以阐释解说的，但并非完全等同于那个运动不息、浑然一体、永恒存在的大道。

②名可名，非常名：道名也是可以命名的，但并非完全等同于那个运动不息、浑然一体、永恒存在的大道之名。

③无：指道。天地之始：天地的本初。

④有：指由道而产生的万物。万物之母：万物的本原。

⑤欲：将。妙：微妙。

⑥徼（jiǎo）：边界。

⑦玄：玄妙幽深。众妙之门：天地万物变化的总源头。

⑧上善若水：上善之人如同水一样。

⑨所恶：厌恶的地方。指低洼之处。

⑩几于道：近于道。

⑪居善地句：居住在低洼之地，思虑深邃宁静，接触善良之人，讲话遵守信用，为政精于治理，处事发挥特长，行动把握时机。

⑫尤：过失。
⑬辙迹：车辙的痕迹。
⑭瑕谪：瑕疵，过失。
⑮筹策：计算的筹码。
⑯关楗(jiàn)：门闩。
⑰绳约：绳索。
⑱袭明：重明。袭，重。既善救人，又善救物，双重知明。
⑲要妙：精深微妙。
⑳道常无名，朴：道永远无名，处于质朴的状态。
㉑自宾：自己宾服。
㉒自均：自然均匀。
㉓始制有名：万物始作，有了各种名称。
㉔上士：上等的士人。
㉕亡：忘。
㉖建言：立言。
㉗纇(lèi)：不平。
㉘建德若偷：刚健的德好像苟且偷生。建，通“健”。
㉙质真若渝：质朴纯真好像污秽混浊。
㉚隅：棱角。
㉛贷：施与，帮助。
㉜弊：停止。
㉝冲：空虚。
㉞绌：不足，不够。
㉟正：这里有模范之意。
㊱歙歙(xī)：收敛，谨慎。
㊲莅(lì)：临。
㊳德交归焉：功德恩泽都归向百姓。
㊴不积：不积累财物。

老子(约前571—前471)，姓李名耳，字聃，春秋末期人，出生于陈国苦县(今河南省鹿邑县)。中国古代思想家、哲学家、文学家和史学家，道家学派创始人和主要代表人物。老子静思好学，知识渊博。老子入周都，拜见博士，入太学，学习天文、地理、人伦各种学问，遍览《诗》《书》《易》《礼》《乐》各种典籍，研究各类文物、典章、史书，学业大有长进，博士荐其入守藏室为吏，在周都老子积累了丰富的学识，声名远扬，远近闻名。孔子也曾求教于老子。今存世有《道德经》(又称《老子》)，其作品的核心精华是朴素的辩证法。政治上，老子主张无为而治、不言之教；权术上，老子讲究物极必反之理；修身方面，老子是道家性命双修的始祖，讲究虚心实腹、不与人争的修持。老子被唐朝帝王追认为李姓始祖。世界百位历史名人之一，与后世的庄子并称老庄。

导读

《道德经》是春秋时期老子的哲学作品，又称《道德真经》《老子》《五千言》《老子五千文》，是中国古代先秦诸子分家前的一部著作，为其时诸子所共仰，为春秋时期的老子(李耳)所撰写，是道家哲学思想的重要来源。道德经分上下两篇，上篇前 37 章为《道经》，下篇第 38 章之后为《德经》，上下两篇共 81 章。《道德经》以“道德”为纲宗，论述修身、治国、用兵、养生之道，文意深奥，包涵广博，对中国传统哲学、科学、政治、宗教等产生了深刻影响。

《道德经》开篇阐明：“道可道，非常道。名可名，非常名。无，名天地之始；有，名万物之母。故常无，欲以观其妙；常有，欲以观其徼。此两者，同出而异名，同谓之玄。玄之又玄，众妙之门。”这是老子对于“道”这个概念的总括性的描述。道，非当时社会一般的道，既不是人伦、常理之道，也非当时人们所能命名之道。“道”在老子那里已经超越了世俗社会生活，更加接近于自然法则之道，因为天地万物皆始于“道”，“道生一，一生二，二生三，三生万物”。由此，老子用“玄之又玄”来描述“道”的特殊性与深奥性，用“玄”来强调他所言之道与当时社会所言之道的差异性，表现出他所言之道的超然性与根基性。老子认为“上善若水”，第八章中以水的形象来说明，上善之人是道的最直观体现者，他们的言行有类于水，而水德是最近于道的。道是抽象的，老子设喻形象地告诉人们“道之在天下，犹川谷之于江海”，一切河川溪水都归流于它，道使万物自然宾服，表明了道的统摄力量。在四十一章中老子列举了一系列构成矛盾的事物双方，表明现象与本质的矛盾统一关系，它们彼此相异，互相对立，又互相依存，说明相反相成是事物发展变化的规律，并且把不同人对待道德态度作了对比，更加突出了现象和本质的辩证关系。七十七章中老子以天之道来与人之道作对比，主张人之道应该效法天之道，即社会规律要效法自然界的“损有余而补不足”“有余以奉天下”的天之道，消除不合理、不平等的社会现象，体现了他的社会财富平均化和人类平等的观念。

《道德经》的语言讲究艺术性，句式整齐，大致押韵，运用了对偶、排比、比喻、设问、反问、顶真等多种修辞方法，使词句准确、鲜明、生动，富有说理性和极强的感染力。《道德经》的语言也极为精辟，形成诸多成语、格言、座右铭，成为至理名言。

感悟讨论

1. 选择其中一则，谈谈你对道家思想的理解。
2.《道德经》在语言表现上有何特点？举例说明。
3. 以“治大国若烹小鲜”为题，写一篇 800 字以上的文章。

链接

《老子注译及评介》，陈鼓应著，中华书局 2009 年版。

庄子认为，人生的最高境界是逍遥游。人的本性是无羁无绊，不应为外物所役使，每一个生命都应得到尊重。顺乎自然，释放人的本性，才能达到逍遥游的境界。

第五节

马 蹄

◎庄 子

马，蹄可以践霜雪，毛可以御风寒，龁草饮水[①]，翘足而陆[②]，此马之真性也。虽有义台路寝[③]，无所用之。及至伯乐[④]，曰："我善治马。"烧之，剔之，刻之，雒之[⑤]，连之以羁馽[⑥]，编之以皂栈[⑦]，马之死者十二三矣。饥之，渴之，驰之，骤之[⑧]，整之，齐之[⑨]，前有橛饰之患[⑩]，而后有鞭策之威[⑪]，而马之死者已过半矣。陶者曰[⑫]："我善治埴[⑬]，圆者中规，方者中矩。"匠人曰："我善治木，曲者中钩，直者应绳[⑭]。"夫埴木之性，岂欲中规矩钩绳哉？然且世世称之，曰"伯乐善治马"，而"陶、匠善治埴、木"，此亦治天下者之过也[⑮]。

吾意善治天下者不然。彼民有常性[⑯]，织而衣，耕而食，是谓同德[⑰]；一而不党，命曰天放[⑱]，故至德之世[⑲]，其行填填[⑳]，其视颠颠[㉑]。当是时也，山无蹊隧[㉒]，泽无舟梁[㉓]，万物群生，连属其乡[㉔]，禽兽成群，草木遂长。是故禽兽可系羁而游[㉕]，乌鹊之巢可攀援而窥。夫至德之世，同与禽兽居，族与万物并[㉖]，恶乎知君子小人哉[㉗]，同乎无知，其德不离；同乎无欲，是谓素朴[㉘]。素朴而民性得矣。及至圣人，蹩躠为仁[㉙]，踶跂为义[㉚]，而天下始疑矣[㉛]，澶漫为乐[㉜]，摘僻为礼[㉝]，而天下始分矣。故纯朴不残，孰为牺尊[㉞]！白玉不毁，孰为珪璋[㉟]！道德不废[㊱]，安取仁义！性情不离，安用礼乐！五色不乱，孰为文采[㊲]！五声不乱，孰应六律[㊳]！夫残朴以为器，工匠之罪也；毁道德以为仁义，圣人之过也！

夫马，陆居则食草饮水，喜则交颈相靡[㊴]，怒则分背相踶[㊵]。马知已此矣。夫加之以衡扼[㊶]，齐之以月题[㊷]，而马知介倪、闉扼、鸷曼、诡衔、窃辔[㊸]。故马之知而态至盗者[㊹]，伯乐之罪也。夫赫胥氏之时[㊺]，民居不知所为，行不知所之，含哺而熙[㊻]，鼓腹而游[㊼]，民能以此矣。及至圣人，屈折礼乐，以匡天下之形[㊽]，县企仁义以慰天下之心[㊾]，而民乃始踶跂好知，争归于利，不可止也。此亦圣人之过也。

（选自《庄子集解》，刘武撰，沈啸寰点校，中华书局1987年版）

注释

①龁(hé)：咬，嚼。

②翘：扬起。陆：通作“踛”(lù)，跳跃。

③义(é)：通“峨”。义台：即高台。路：大，正。寝：居室。

④伯乐：姓孙名阳，伯乐为字，秦穆公时人，相传善于识马、驯马。

⑤烧之四句：均为治马的方法。烧：指烧红铁器灼炙马毛。剔：指剪剔马毛。刻：指凿削马蹄甲。雒(luò)：“雒”通作“烙”，指用烙铁留下标记。

⑥连：系缀，联结。羁(jī)：马笼头。馽(zhí)：拴缚马足的绳索。

⑦皂(zào)：饲马的槽枥。栈：安放在马脚下的编木，用以防潮，俗称马床。

⑧驰之、骤之：意指打马狂奔，要求马儿速疾奔跑。

⑨整之、齐之：意指使马儿步伐、速度保持一致。

⑩橛(jué)：即马嚼子。马口中所衔的横木。饰：指马笼头上的装饰。

⑪鞭策：马鞭。皮制为鞭，竹制称策。

⑫陶者：制陶人。

⑬埴(zhí)：黏土。

⑭曲者两句：把木料弄曲或弄直，使之和于曲钩或直绳的标准。钩、绳皆木匠用来定曲直的工具。

⑮此亦句：这种违背天性的做法，也是治天下者易犯的错误。

⑯常性：固有的天性。

⑰同德：共同的品性。

⑱一而两句：浑然一体而没有偏私，所以叫任性自然。党：偏私。命：称。天放：任其自然。

⑲至德之世：人类天性保留最好的年代，即人们常说的原始社会。

⑳填填：行路徐缓、稳重的样子。

㉑颠颠：视物专一貌。

㉒蹊(xī)：小路。隧：隧道。

㉓梁：桥。

㉔连属其乡：各乡连在一起没有分界。属(zhǔ)：连接。

㉕系羁：用绳子牵引。

㉖族：聚集，聚合。并：俱。

㉗恶(wù)乎：哪里。

㉘素朴：喻指本色。素：未染色的生绢。朴：未加工的木料。

㉙蹩躠(biéxiè)：有脚疾而勉力走路。引申为费力用心。

㉚踶跂(dìqì)：足跟上提、竭力向上的样子。

㉛疑：猜度。

㉜澶(chán)漫：放纵。

㉝摘僻：烦琐。

㉞故纯朴句：若原始木材未被削刻，谁能做出兽形的酒樽。

㉟珪璋：玉器；上尖下方的为珪，半珪形为璋。

㊱道德：指人类原始的自然本性。

㊲文采：错杂华丽的色彩。

㊳五声句：各种天然的声音若不错杂配合，哪能形成旋律。

㊴靡（mó）：通“摩”。

㊵踶（dì）：踢。

㊶衡：车辕前面的横木。扼：亦作“轭”。叉马颈的条木，缚在衡上。

㊷月题：马额上状如月形的佩饰。

㊸而马知句：意为加上种种束缚，马反而知道种种不安分的做法了。介倪：犹“睨”，侧目怒视之意。闉（yīn）扼：屈曲脖子企图挣脱轭的束缚。鸷（zhì）曼：暴戾不驯。诡衔：诡谲地想吐出口里的马嚼子。窃辔（pèi）：偷偷地啃咬辔绳。

㊹盗：与人抗敌的意思。

㊺赫胥氏：传说中的古代帝王。

㊻哺：口含食物。熙：通“嬉”，嬉戏。

㊼鼓腹：鼓着肚子，意指吃得饱饱的。

㊽屈折两句：矫造礼乐来改变天下人的形象。屈折：矫造的意思。匡：端正，改变。

㊾县：同“悬”。企：企望。

庄子（约前369—前286），名周，战国时代宋国蒙（今河南商丘东北）人，著名的思想家、文学家。出身贫寒，贫而乐道，不慕富贵，力求在乱世保持独立的人格，追求逍遥无恃的精神自由。庄子是继老子之后，战国时期道家学派的代表人物，他继承和发展了老子的思想，学说涵盖当时社会生活的方方面面，后世将他与老子并称为“老庄”。他认为一切事物无不在变化中，人要安时处顺。道法自然，故道无所不在，强调事物的自生自灭，否认有任何主宰。提出“通天下一气耳”，追求“天地与我并生，而万物与我为一”的精神境界。代表作《庄子》（又被称为《南华经》）阐发了道家思想的精髓，发展了道家学说，使之成为对后世产生深远影响的哲学流派。庄子的散文想象丰富，汪洋恣肆，辞藻瑰丽，妙语隽永，妙趣横生，善用寓言故事形式，幽默讥刺，富有浪漫主义色彩，艺术风格独特。

导读

本篇选自《庄子·外篇·马蹄第九》。以篇首两字作题，是先秦早期散文中常用的名篇方式。此文以马设喻，旨在宣讲恢复人的自然本性，表现了反对束缚和羁绊，提倡一切返归自然的政治主张，希望唤起人们对仁义的反思和对人的本性的珍视。作者反对“圣人”以仁义礼乐禁锢人的自由思想，主张个性解放，在当时来说，具有很大的进步意义。同时，作者因主张恢复人的自然本性，而向往愚昧无知的原始社会，又带有消极虚幻色彩。

全文可分成三个部分。第一部分以“伯乐善治马”和“陶、匠善治埴、木”为例，寄喻一切从政者治理天下的规矩和办法，都直接残害了事物的自然和人的本性。第二部分对比上古时代一切都具有共同的本性，一切都生成于自然，谴责后代推行所谓仁、义、礼、乐，摧残了人的本性和事物的真情，并直接指出这就是“圣人之过”。第三部分继续以马为喻，对马的天然生活形态做了描绘之后，又对治马引起的各种反抗加以罗列，进一步说明一切羁绊都是对自然本性的摧残，圣人推行的所谓仁义，只能是鼓励人们“争归于利”。在庄子的眼里，当世社会的纷争动乱都源于所谓圣人的“治”，因而他主张摒弃仁义和礼乐，取消一切束缚和羁绊，让社会和事物都回到它的自然和本性上去。庄子对于仁义、礼乐的虚伪性、蒙蔽性揭露是深刻的，三个部分分别以“此亦治天下者之过也”、“圣人之过也”、“此亦圣人之过也”收结，充分显示了作者的用意所在。

本文善于通过生动的形象，以比喻、象征手法代替逻辑推理的论述，妙趣横生。排比、设问句式的运用，更增添了文章不可阻遏的雄辩气势。

感悟思考

1. 本篇说马，作者的真正用意何在？采用了什么论证方法表达观点？
2. 庄子认为人生的最高境界是逍遥游，你如何看待逍遥的境界？

链接

《庄子集解》，刘武撰，沈啸寰点校，中华书局 1987 年版。

李斯散文师承战国荀卿，不仅布局谋篇构思严密，而且设喻说理纵横驰骋，重质实，饶文采，文质互生，在寂寥的秦代文坛上一枝独秀。鲁迅曾称赞："秦之文章，李斯一人而已。"

第六节

谏逐客书

◎李　斯

臣闻吏议逐客[①]，窃以为过矣[②]。

昔缪公求士[③]，西取由余于戎[④]，东得百里奚于宛[⑤]，迎蹇叔于宋[⑥]，来丕豹、公孙支于晋[⑦]。此五子者，不产于秦，而缪公用之，并国二十，遂霸西戎。孝公用商鞅之法[⑧]，移风易俗，民以殷盛，国以富强，百姓乐用，诸侯亲服，获楚、魏之师[⑨]，举地千里[⑩]，至今治强。惠王用张仪之计[⑪]，拔三川之地[⑫]，西并巴蜀[⑬]，北收上郡[⑭]，南取汉中[⑮]，包九夷[⑯]，制鄢、郢[⑰]，东据成皋之险[⑱]，割膏腴之壤，遂散六国之从[⑲]，使之西面事秦，功施到今[⑳]。昭王得范雎[㉑]，废穰侯，逐华阳[㉒]，强公室，杜私门，蚕食诸侯，使秦成帝业。此四君者，皆以客之功。由此观之，客何负于秦哉！向使四君却客而不内[㉓]，疏士而不用，是使国无富利之实，而秦无强大之名也。

今陛下致昆山之玉[㉔]，有随、和之宝[㉕]，垂明月之珠[㉖]，服太阿之剑[㉗]，乘纤离之马[㉘]，建翠凤之旗，树灵鼍之鼓[㉙]。此数宝者，秦不生一焉，而陛下说[㉚]之，何也？必秦国之所生然后可，则是夜光之璧不饰朝廷，犀象之器不为玩好[㉛]，郑、卫之女不充后宫[㉜]，而骏良駃騠不实外厩[㉝]，江南金锡不为用，西蜀丹青不为采[㉞]。所以饰后宫、充下陈、娱心意、说耳目者，必出于秦然后可，则是宛珠之簪、傅玑之珥、阿缟之衣[㉟]，锦绣之饰不进于前，而随俗雅化，佳冶窈窕赵女不立于侧也[㊱]。夫击瓮叩缶[㊲]，弹筝搏髀[㊳]，而歌呼呜呜快耳目者，真秦之声也。郑卫桑间、韶、虞、武、象者[㊴]，异国之乐也。今弃击瓮叩缶而就郑卫，退弹筝而取韶、虞，若是者何也？快意当前，适观而已矣。今取人则不然。不问可否，不论曲直，非秦者去，为客者逐。然则是所重者在乎色、乐、珠、玉，而所轻者在乎人民也。此非所以跨海内制诸侯之术也。

臣闻地广者粟多，国大者人众，兵强则士勇。是以泰山不让土壤，故能成其大；河海不择细流，故能就其深；王者不却众庶[㊵]，故能明其德。是以地无四方，民无异国，四时充美，鬼神降福，此五帝三王之所以无敌也[㊶]。今乃弃黔首以资敌国[㊷]，却宾客以业诸侯，使天下之士退而不敢西向，裹足不入秦，此所谓"藉寇兵而赍盗粮"者也[㊸]。

夫物不产于秦，可宝者多；士不产于秦，而愿忠者众。今逐客以资敌国，损民以益仇[㊹]，内自虚而外树怨于诸侯，求国无危，不可得也。

（选自《史记》，司马迁著，中华书局1982年版）

注释

①吏议逐客：公元前237年，韩国人郑国来秦，以帮助秦修渠灌田为名，消耗大量财力，使秦无暇攻韩。宗室大臣以此为由，提议驱逐客卿。当时李斯为客卿，亦在被逐之列。

②窃：谦辞，“私下”之意，过，错误。

③缪(mù)公：即秦穆公，春秋五霸之一。缪，同“穆”。

④由余：春秋时晋国人，流亡于戎，后被秦穆公收为谋臣。

⑤百里奚：楚国宛人，曾任虞国大夫，后为晋俘，并作为晋献公女儿奴仆入秦，后逃回宛，秦穆公以五张羊皮将其赎回，任用为相，号五羖大夫。

⑥蹇叔：岐(今陕西境内)人，寓居于宋，由百里奚推荐被聘为秦上大夫。

⑦丕豹：郑国大夫丕郑之子，丕郑被晋惠公杀死后，丕豹投奔秦国，秦穆公任为大将攻晋，打下八城，生俘晋惠公。公孙支，岐人，秦穆公收为谋臣，任用为大夫。

⑧孝公：即秦孝公，名渠梁。商鞅，本名公孙鞅，战国卫国人，故称卫鞅。入秦后，被封为商地，又称商鞅。曾辅佐秦孝公两次变法，奠定了秦统一六国的基础。

⑨获楚、魏之师：公元前340年，秦战胜楚国、魏国的军队。

⑩举：攻克，占领。

⑪惠王：即秦惠王，秦孝公之子。张仪，魏人，秦惠王时为相，献连横之策，瓦解了六国的合纵之策。

⑫拔：攻取。三川之地：时属韩国，在今河南省黄河以南、灵宝以东的地区，境内有黄河、洛水、伊水，故称“三川”。

⑬巴蜀：当时两个诸侯国，在今四川境内。

⑭上郡：魏郡名，今陕西西北一带。

⑮汉中：楚地，今陕西西南，湖北西北。

⑯九夷：楚国境内的各少数民族。

⑰鄢、郢：楚国地名，今湖北境内。

⑱成皋：又称虎牢，今河南荥阳汜水镇。

⑲散：瓦解。从，同“纵”，指合纵，当时六国联合对付秦的一种策略。

⑳施(yì)：延续。

㉑昭王：即秦昭王，秦惠文王之子，秦武王之弟。范雎，魏国人，后入秦，为秦昭王相国。

㉒穰侯：即魏冉，秦昭王之舅，封于穰(今河南邓州)，故称穰侯。为秦相，擅权三十余载。华阳，名芈(mǐ)戎，封于华阳，故称华阳君，与穰侯一起专权，后被逐。

㉓内：同“纳”。

㉔昆山：即昆仑山，传说那里盛产美玉。

㉕隋、和之宝：指隋侯珠、和氏璧。隋是春秋时小国，相传隋侯曾令人医好一条大蟒蛇，蟒蛇衔来一颗大明珠相报，故称“隋侯珠”。相传楚国人卞和得璞玉于山中，献给楚王，琢为美玉，称之为“和氏璧”，后成为秦国玺。

㉖明月之珠：夜间发光犹如明月的宝珠。

㉗太阿：剑名，相传为春秋吴国欧冶子、干将所铸。

㉘纤离：骏马名。

㉙灵鼍(tuó)：即扬子鳄。

㉚说：同“悦”。

㉛犀象之器：用犀牛角、象牙制成的器物。

㉜郑、卫之女：郑国、卫国的女子。相传郑国、卫国多美女。

㉝駃騠(juétí)：良马名。

㉞丹青：颜料。

㉟宛珠之簪：用宛珠装饰的头簪。傅玑之珥，缀有珠玑的耳饰。阿缟，山东东阿(今山东阳谷)产的白绢。

㊱随俗雅化：随着时尚打扮得高雅漂亮。佳冶窈窕：佳丽美好，娴静优雅。

㊲击瓮叩缶：秦地的打击乐。瓮、缶是两种瓦器。

㊳搏髀：拍击大腿。髀(bì)，大腿。

㊴郑卫：郑国、卫国的音乐。桑间：卫国桑间(今河南境内)一带的音乐。韶、虞：相传舜时的音乐。武、象：周武王时的乐曲称武，乐舞称象。

㊵众庶：民众。

㊶五帝三王：指黄帝、颛顼、帝喾、尧、舜五位明君和夏启、商汤、周武王三位国君。

㊷黔首：战国、秦时对百姓的称呼。黔，黑色头巾。

㊸藉：借。赍(jī)：给予。

㊹损民以益仇：减少本国百姓，增强敌国力量。

李斯(？—前208)，楚国上蔡(今河南上蔡西南方)人，秦著名政治家、文学家和书法家。青年时代的李斯在楚国做过小吏，后师从儒学大师荀卿学习“帝王之术”。前247年西行入秦，初为秦国丞相吕不韦舍人，后任廷尉等职，受到秦王赏识，拜为客卿，他继承了商鞅、荀卿等人思想，是战国时期法家代表人物。协助秦统一六国，为秦国强大作出了巨大贡献，官拜丞相。秦始皇死后，赵高另立胡亥，李斯被迫屈从，最后仍为赵高所杀。李斯在秦统一中国的过程中起了重大作用，在制定统一各国的战略时，他提出了各个击破的建议，得到秦始皇赞赏。秦统一中国后，他提出了废除分封制的主张，在全国推行郡县制，被秦始皇采纳，巩固了秦的政权。而后他又参与了统一各国文字、统一货币、统一度量衡等工作。李斯是秦代散文的代表作家，他的散文，构思严密，说理透辟，论证充分，文质互生。

导读

《谏逐客书》是李斯写的一篇奏章。谏，为古时下对上的劝谏，书，即上书，是臣子向君王陈述意见的一种文体。公元前237年，秦王嬴政受“水工事件”的刺激，在宗室大臣的怂恿下，下逐客令，即将从六国来秦服务的各类人才驱逐出境。在这种情况下，李斯上书劝谏秦王嬴政。

这篇奏章开门见山提出了中心观点——驱逐客卿是错误的。文章紧扣中心，采用铺陈事实，正反对比，利害对比，正面论说等方法加以论证。作者首先援古论今，列举了秦四位先王礼遇客卿、信任客卿、利用客卿的才智使秦富国强兵、成就帝业的历史事实作为论据，与秦王嬴政驱逐客卿的做法两相对比，明确指出逐客之非；其次，文章铺陈排列了秦王日常生活喜好的器物、珠玉、音乐、美女等大量事实材料，与其驱逐客卿的行为构成鲜明对比，揭示了他重物轻人之非；再次，作者从理论上进行概括性阐发。仍采用对比手法，将五帝三王海纳百川的胸襟和功业与秦王嬴政驱逐客卿的狭隘做法映衬比照，说明这种做法无异于“藉寇兵而赍盗粮”。作者论证过程中，始终抓住秦欲富国强兵，统一天下的心理，每一部分的最后都以精练警策的语句总结陈词，归纳逐客之害，“使国无富利之实，而秦无强大之名也”，“此非所以跨海内、制诸侯之术也”，“此所谓‘藉寇兵而赍盗粮’者也”，“求国无危，不可得也”，取得了毋庸置疑、不可辩驳的效果。文章选材精当，材料运用典型集中，从秦几百年的二十余君王中，精选出最有作为，最有成就的四位国君，列举他们任用客卿以使秦国繁荣的史实，高度凝练概括。从谋篇布局角度说，立足点选择十分恰当，通篇不为客卿说话，而是站在维护秦的立场上，痛陈逐客之非，观点自然易于为对方接受。

文章大量铺陈，多用排比和对偶，设喻精当，论辩有力，气势充沛，文采飞扬，通篇洋溢着雄浑的格调，力道十足。

感悟讨论

1. 本文主要运用了什么论证方法？采用了哪些论据？

2. 李斯本在被逐之列，但文章通篇不为客卿说话，处处为秦谋，文章这样处理有什么效果？

3. 找出课文中的排比句和对偶句，体会其作用。

链接

《史记》，司马迁著，中华书局 1982 年版。

这是一首末路英雄的悲歌，情节急徐有致，节奏疏密相间，重彩浓墨，展现了一代英豪最后时刻的风采。

第七节

垓下之围

◎ 司马迁

项王军壁垓下[①]，兵少食尽，汉军及诸侯兵围之数重。夜闻汉军四面皆楚歌[②]，项王乃大惊曰："汉皆已得楚乎？是何楚人之多也！"项王则夜起，饮帐中。有美人名虞，常幸从[③]；骏马名骓[④]，常骑之。于是项王乃悲歌慷慨[⑤]，自为诗曰："力拔山兮气盖世，时不利兮骓不逝[⑥]。骓不逝兮可奈何，虞兮虞兮奈若何[⑦]！"歌数阕，美人和之。项王泣数行下，左右皆泣，莫能仰视。

于是项王乃上马骑[⑧]，麾下壮士骑从者八百余人，直夜[⑨]溃围南出，驰走。平明[⑩]，汉军乃觉之，令骑将灌婴以五千骑追之。项王渡淮，骑能属者[⑪]，百余人耳。项王至阴陵[⑫]，迷失道，问一田父，田父绐曰[⑬]："左。"左，乃陷大泽中。以故汉追及之。

项王乃复引兵而东，至东城[⑭]，乃有二十八骑。汉骑追者数千人。项王自度不得脱，谓其骑曰："吾起兵至今，八岁矣，身[⑮]七十余战，所当者[⑯]破，所击者服，未尝败北，遂霸有天下。然今卒困于此，此天之亡我，非战之罪也。今日固[⑰]决死，愿为诸君快战[⑱]，必三胜之，为诸君溃围，斩将，刈[⑲]旗，令诸君知天亡我，非战之罪也。"乃分其骑以为四队，四向[⑳]。汉军围之数重。项王谓其骑曰："吾为公取彼一将。"令四面骑驰下，期山东为三处[㉑]。于是项王大呼，驰下，汉军皆披靡，遂斩汉一将。是时，赤泉侯为骑将[㉒]，追项王，项王瞋目而叱之[㉓]，赤泉侯人马俱惊，辟易[㉔]数里。与其骑会为三处。汉军不知项王所在，乃分军为三，复围之。项王乃驰，复斩汉一都尉，杀数十百人，复聚其骑，亡其两骑耳。乃谓其骑曰："何如？"骑皆伏曰："如大王言！"

于是项王乃欲东渡乌江[㉕]。乌江亭长舣船待[㉖]，谓项王曰："江东虽小，地方千里，众数十万人，亦足王也。愿大王急渡。今独臣有船，汉军至，无以渡。"项王笑曰："天之亡我，我何渡为！且籍与江东子弟八千人渡江而西，今无一人还，纵江东父兄怜而王我，我何面目见之？纵彼不言，籍独不愧于心乎？"乃谓亭长曰："吾知公长者。吾骑此马五岁，所当无敌，尝一日行千里，不忍杀之，以赐公。"乃令骑皆下马步行，持短兵接战。独籍所杀汉军数百人。项王身亦被十余创[㉗]，顾[㉘]见汉骑司马吕马童，曰："若非吾故人[㉙]乎？"马童面之[㉚]，指王翳[㉛]曰："此项王也。"项王乃曰："吾闻汉购我头千金，邑万户，吾为若德[㉜]。"乃自刎而死。王翳取其头，余骑相蹂践争项王，相杀者数十人。最其后，郎中骑杨喜，骑司马吕马童，郎中吕胜、杨武各得其一体。五人共会其体，皆是。故分其地为五：封吕马童为中水侯，封王翳为杜衍侯，封杨喜为赤泉侯，封杨武为吴防侯，封吕胜为涅阳侯。

……

太史公曰：吾闻之周生[33]曰，舜目盖重瞳子[34]，又闻项羽亦重瞳子，羽岂其苗裔[35]邪？何兴之暴[36]也！夫秦失其政，陈涉首难，豪杰蜂起，相与并争，不可胜数。然羽非有尺寸[37]，乘势起陇亩[38]之中，三年，遂将五诸侯灭秦，分裂天下，而封王侯，政[39]由羽出，号为"霸王"，位虽不终[40]，近古以来未尝有也。及羽背关怀楚，放逐义帝而自立[41]，怨王侯叛己，难矣。自矜功伐[42]，奋其私智而不师古[43]，谓霸王之业，欲以力征经营[44]天下，五年卒亡其国，身死东城，尚不觉悟，而不自责，过矣[45]。乃引[46]"天亡我，非用兵之罪也"，岂不谬哉！

（选自《史记故事选译》，中华书局上海编辑所编，中华书局 1959 年版）

注释

①壁：此处用作动词，驻扎。垓下：地名，在今安徽固镇县、灵璧县境内。

②四面皆楚歌：四面八方都响起了用楚方言唱的歌。暗指楚人多已降汉。

③幸从：得到宠爱，跟随在项羽身边。

④骓(zhuī)：毛色黑白相间的马。

⑤慷慨：悲愤激昂。

⑥逝：奔驰。

⑦奈若何：将你怎么办。

⑧骑(jì)：名词，一人乘一马为一骑。

⑨直夜：当夜。

⑩平明：天亮。

⑪骑能属(zhǔ)者：能跟从而来的骑兵。属：随从，跟从。

⑫阴陵：地名，在今安徽定远县西北。

⑬田父(fǔ)：老农。绐(dài)：欺骗。

⑭东城：地名，在今安徽定远县东南。

⑮身：亲身参加。

⑯所当者：所遇到的敌人。

⑰固：必定。

⑱快战：痛痛快快地打一仗。

⑲刈(yì)：割，砍。

⑳四向：面朝四个方向。

㉑期山东为三处：约定在山的东面分三处集合。

㉒赤泉：地名，在今河南淅川县西。赤泉侯：汉将杨喜，后封赤泉侯。

㉓瞋目而叱之：瞪大眼睛，大声呵斥。

㉔辟易：倒退。

㉕乌江：即今安徽和县东北的乌江浦。

㉖亭长：乡官。秦汉时期十里一亭，设亭长一人。舣(yǐ)，移船靠岸。

㉗创：创伤。

㉘顾：回头。

㉙故人：旧相识。

㉚面之：面向项羽。

㉛指王翳：把项羽指给王翳看。

㉜吾为若德：我就给你个好处吧。

㉝周生：汉代儒者，周姓，名不详。

㉞重瞳子：一只眼睛里有两个眸子。

㉟苗裔：后代。

㊱暴：骤然，突然。

㊲尺寸：指极少的封地、权势。

㊳陇亩：田间。

㊴政：政令。

㊵不终：没有较为长远的好结果。

㊶放逐义帝而自立：义帝，战国时期楚怀王熊槐之孙，名熊心。公元前208年，项羽之叔项梁起兵，拥立熊心为王，灭秦后，项羽尊其为义帝。后项羽自立为西楚霸王，逼义帝徙往长沙郴县，暗中令人途中将其杀之。

㊷自矜功伐：自夸武力征伐之功。

㊸私智：一己之能。师古：以古代功成业立的帝王为师。

㊹经营：治理。

㊺过矣：实在是大错了。

㊻引：援引。

司马迁(约前145—?)字子长，西汉夏阳(今陕西韩城)人，我国古代伟大的历史学家和杰出的文学家。早年曾师从董仲舒、孔安国，受到良好的经学和史学教育，研读了大量历史文献。后漫游大江南北，探访古迹，采集传说，考察民俗。汉武帝元封三年(前108年)，承父职，为太史令。司马迁继承父亲遗志，博览群书，收集整理史料，开始编纂史书。汉武帝天汉二年(前99年)，因李陵事件触怒汉武帝下狱，受宫刑。出狱后任中书令，他强忍愤懑，发愤著书，终于在汉武帝征和初年(约前92年)撰写完成我国第一部纪传体通史，时称《太史公书》，三国后通称为《史记》。不久即去世。

《史记》是我国第一部纪传体通史，上起传说中的黄帝，下至汉武帝太初年间，记载了3000多年的历史。司马迁参酌古今，创造出史书撰写的新体例。全书包括十二本纪、十表、八书、三十世家、七十列传，总计一百三十篇。全书反映了汉武帝太初以前社会政治、经济、文化发展演变的概貌。举凡治乱兴衰、典章制度，均分门别类，条分缕析。分量之大，卷帙之多，内容之富，结构之严，体制之备，均可谓空前。班固说《史记》“其文直，其事核，不虚美，不隐善，故谓之实录”。《史记》不仅是历史著作，也是一部文学著作。它向我们展示了广阔的社会生活画面，人物形象栩栩如生，性格鲜明，语言生动，具有强烈的感染力，对后世文学影响巨大而深远。故鲁迅先生誉之为“史家之绝唱，无韵之离骚”（《汉文学史纲要》）。

导读

《垓下之围》节选自《史记・项羽本纪》，是《史记》中最为精彩的篇章之一。它通过叙写项羽一生中最后的经历，刻画了这位盖世英雄骁勇善战而又富于人情味的形象，展示了其复杂的内心世界。全文笼罩着一种悲怆伤感的情调，极具打动人心的力量，是一首末路英雄的悲歌。

本篇由垓下之围、东城快战、乌江自刎三个场面组成，其中包含了夜闻楚歌、虞兮悲唱、阴陵失道、东城快战、拒渡赠马、赐头故人等系列情节和细节。作者运用史实、传说和想象，塑造了一个个性十分鲜明的悲剧英雄形象。四面楚歌中霸王别姬，悲歌慷慨，苍凉寂寥，表现了英雄末路多情而又无可奈何的悲哀；东城快战，则着意于进一步展开他拔山盖世的意气和个人英雄主义的性格，他丝毫不存侥幸突围之心，只图痛快打一仗给追随他的残部看，确证他的失败是“天之亡我”，展现了项羽骁勇善战、勇猛无比的英姿；乌江自刎这一场面写了拒渡、赠马、赐头三个细节，表现出他淳朴直爽、真挚豪迈、重情重义的性格，揭示了他宁死不屈、知耻重义的内心世界。多角度个性描写刻画，使项羽的形象丰满立体，光彩照人。

本篇构思巧妙，善于将复杂的事件安排得井然有序，张弛有度，在激烈的军事冲突中，插入情意缠绵的悲歌别姬一段，使情节发展急徐有致，节奏疏密相间成趣。突围快战，高潮迭起，情节连接紧密，过渡自然，结构浑成，气势磅礴。一系列血肉丰满对话、行动细节描写，使得人物性格鲜活灵动。篇末的点评，既肯定了项羽在灭秦过程中建立的丰功伟绩，同时也批评了他自矜武力以经营天下的错误，扼要而中肯。

感悟讨论

1. 这篇课文描写了哪三个场面？展现了项羽什么样的性格特征？

2. 本篇张弛有度，急徐有致，三个场面中包含了哪些具体情节和细节？这些情节和细节描写对刻画人物有何作用？

3. 你认为项羽是一个什么样的人？你同意司马迁的评价吗？为什么？

链接

《史记故事选译》，中华书局上海编辑所编，中华书局1959年版。

“文起八代之衰”，这是苏东坡对韩愈文章的赞誉。这篇《张中丞传后叙》融叙事、说理、抒情于一体，或蹈厉奋发，或舒缓纡徐，气盛词壮，颇有《史记》风采。

第八节

张中丞传后叙

◎韩 愈

元和二年四月十三日夜[①]，愈与吴郡张籍阅家中旧书[②]，得李翰所为《张巡传》[③]。翰以文章自名[④]，为此传颇详密。然尚恨有阙者：不为许远立传[⑤]，又不载雷万春事首尾[⑥]。

远虽材若不及巡者，开门纳巡[⑦]，位本在巡上。授之柄而处其下[⑧]，无所疑忌，竟与巡俱守死，成功名，城陷而虏，与巡死先后异耳[⑨]。两家子弟材智下[⑩]，不能通知二父志[⑪]，以为巡死而远就虏，疑畏死而辞服于贼[⑫]。远诚畏死，何苦守尺寸之地，食其所爱之肉[⑬]，以与贼抗而不降乎？当其围守时，外无蚍蜉蚁子之援[⑭]，所欲忠者，国与主耳，而贼语以国亡主灭[⑮]。远见救援不至，而贼来益众，必以其言为信；外无待而犹死守，人相食且尽，虽愚人亦能数日而知死处矣。远之不畏死亦明矣！乌有城坏其徒俱死，独蒙愧耻求活？虽至愚者不忍为，呜呼！而谓远之贤而为之邪？

说者又谓远与巡分城而守，城之陷，自远所分始[⑯]。以此诟远，此又与儿童之见无异。人之将死，其藏腑必有先受其病者；引绳而绝之，其绝必有处。观者见其然，从而尤之[⑰]，其亦不达于理矣！小人之好议论，不乐成人之美，如是哉！如巡、远之所成就，如此卓卓，犹不得免，其他则又何说！

当二公之初守也，宁能知人之卒不救，弃城而逆遁[⑱]？苟此不能守，虽避之他处何益？及其无救而且穷也，将其创残饿羸[⑲]之余，虽欲去，必不达。二公之贤，其讲之精矣[⑳]！守一城，捍天下，以千百就尽之卒，战百万日滋之师，蔽遮江淮，沮遏[㉑]其势，天下之不亡，其谁之功也！当是时，弃城而图存者，不可一二数；擅强兵坐而观者，相环也。不追议此，而责二公以死守，亦见其自比于逆乱，设淫辞[㉒]而助之攻也。

愈尝从事于汴徐二府[㉓]，屡道于两府间，亲祭于其所谓双庙[㉔]者。其老人往往说巡、远时事云：南霁云之乞救于贺兰也[㉕]，贺兰嫉巡、远之声威功绩出己上，不肯出师救；爱霁云之勇且壮，不听其语，强留之，具食与乐，延霁云坐。霁云慷慨语曰：“云来时，睢阳之人，不食月余日矣！云虽欲独食，义不忍；虽食，且不下咽！”因拔所佩刀，断一指，血淋漓，以示贺兰。一座大惊，皆感激为云泣下。云知贺兰终无为云出师意，即驰去；将出城，抽矢射佛寺浮图，矢著其上砖半箭，曰：“吾归破贼，必灭贺兰！此矢所以志也。”愈贞元中过泗州[㉖]，船上人犹指以相语。城陷，贼以刃胁降巡，巡不屈，即牵去，将斩之；又降霁云，云未应。巡呼云曰："南八[27]，男儿死耳，不可为不义屈！"云笑曰："欲将以有为也；公有言，云敢不死！"即不屈。

张籍曰："有于嵩者，少依于巡；及巡起事，嵩常在围中[28]。籍大历中于和州乌江县见嵩[29]，嵩时年六十余矣。以巡初尝得临涣县尉[30]，好学无所不读。籍时尚小，粗问巡、远事，不能细也。云：巡长七尺余，须髯若神。尝见嵩读《汉书》，谓嵩曰：'何为久读此？'嵩曰：'未熟也。'巡曰：'吾于书读不过三遍，终身不忘也。'因诵嵩所读书，尽卷不错一字。嵩惊，以为巡偶熟此卷，因乱抽他帙[31]以试，无不尽然。嵩又取架上诸书试以问巡，巡应口诵无疑。嵩从巡久，亦不见巡常读书也。为文章，操纸笔立书，未尝起草。初守睢阳时，士卒仅万人，城中居人户，亦且数万，巡因一见问姓名，其后无不识者。巡怒，须髯辄张。及城陷，贼缚巡等数十人坐，且将戮。巡起旋[32]，其众见巡起，或起或泣。巡曰：'汝勿怖！死，命也。'众泣不能仰视。巡就戮时，颜色不乱，阳阳如平常。远宽厚长者，貌如其心；与巡同年生，月日后于巡，呼巡为兄，死时年四十九。"嵩贞元初死于亳宋间[33]。或传嵩有田在亳宋间，武人夺而有之，嵩将诣州讼理，为所杀。嵩无子。张籍云。

（选自《韩愈全集校注》，屈守元、常思春主编，四川大学出版社 1996 年版）

注释

①元和二年：公元 807 年。元和，唐宪宗李纯的年号(806—820)。

②张籍(约 767—约 830)：字文昌，吴郡人，唐代著名诗人，韩愈学生。

③李翰：字子羽，赵州赞皇(今河北省元氏县)人，官至翰林学士。与张巡友善，客居睢阳时，曾亲见张巡战守事迹。张巡死后，有人诬其降贼，因撰《张巡传》上肃宗，并有《进张中丞传表》，为张巡辩诬。

④自名：自许。

⑤许远(709—757)：字令威，杭州盐官(今浙江省海宁)人。安史之乱时，任睢阳太守，后与张巡合守孤城，城陷被掳往洛阳囚禁，后被害。

⑥雷万春：张巡部下勇将。此当是"南霁云"之误，如此方与后文相应。

⑦开门纳巡：757 年(唐肃宗至德二年)正月，叛军安庆绪部将尹子奇带兵十三万围睢阳，许远向张巡告急，张巡自宁陵率军入睢阳城守卫。

⑧柄：权柄。

⑨与巡死句：许远和张巡只是牺牲时间有先后不同罢了。

⑩两家句：安史之乱平定后，大历年间(766—779)，张巡之子张去疾轻信小人挑拨，上书唐代宗，说城破后张巡等被害，唯许远独存，是屈降叛军，请追夺许远官爵。唐代宗诏令张去疾与许远之子许岘及百官议此事。两家子弟即指张去疾、许岘。材智下：才智低下。

⑪通知：通晓。

⑫辞服：请降。

⑬食其句：尹子奇围睢阳时，城中粮尽，军民以雀鼠为食，最后只得以妇女与老弱男子充饥。

当时，张巡曾杀爱妾、许远曾杀奴仆以充军粮。

⑭蚍蜉(pífú)：黑色大蚁。蚁子：幼蚁。

⑮而贼句：叛军以"国亡主灭"为借口招降张巡、许远。安史之乱时，长安、洛阳陷落，玄宗逃往西蜀，国势危殆。

⑯说者句：张巡和许远分兵守城，张巡守东北，许远守西南。城破时叛军先从西南处攻入，故有此说。

⑰尤之：埋怨责怪(先受侵害的内脏和绳子先断裂的地方)。

⑱逆遁：预先撤退。

⑲羸(léi)：瘦弱。

⑳二公二句：指两人的功绩前人已有精当的评价。

㉑沮(jǔ)遏：阻止。

㉒设淫辞：编造荒谬的言论。

㉓愈尝句：韩愈曾先后在汴州、徐州任职。唐代称幕僚为从事。

㉔双庙：张巡、许远死后，后人在睢阳立庙祭祀，称为双庙。

㉕南霁云：魏州顿丘人。出身贫寒，安禄山反时，参加平叛，被遣至睢阳与张巡议事，为张巡所感，遂留为部将。贺兰，指贺兰进明，时为御史大夫、河南节度使，驻军临淮一带。

㉖贞元：唐德宗李适年号(785—805)。泗州：唐时属河南道，当时贺兰进明屯兵于此。

㉗南八：南霁云排行第八，故称。

㉘常：通"尝"，曾经。

㉙大历：唐代宗李豫年号(766—779)。和州乌江县：在今安徽省和县东北。

㉚以巡句：张巡死后，朝廷封赏他的亲戚、部下，于嵩因此得官。临涣：故城在今安徽省宿县西南。

㉛帙(zhì)：书套，也指书本。

㉜起旋：起身环行，一说起身小便。

㉝亳(bó)：亳州，今安徽省亳县。宋：宋州，即睢阳，今河南商丘。

韩愈(768—825)，字退之，河内河阳(今河南孟州)人，郡望昌黎(今属河北)，故世称韩昌黎。自幼勤勉好学，沉潜诗书。与柳宗元创导古文运动，主张"文以载道"，复古崇儒，抵排异端，攘斥佛老，是唐宋八大家之一。他出身于官宦家庭，从小受儒学正统思想和文学的熏陶，并且勤学苦读，有深厚的学识基础。但三次应考进士皆落第，第四次才考上，时年 24 岁。又因考博学宏词科失败，辗转奔走。796 年(唐德宗贞元十二年)起，先后在宣武节度使董晋、徐州节度使张建封幕下任观察推官，其后在国子监任四门博士。803 年(贞元十九年)，升任监察御使。这一年关中大旱，韩愈向德宗上《论天旱人饥状》，被贬为阳山县令。以后又几次升迁，曾随宰相裴度平定淮西藩镇之乱，迁刑部侍郎。819 年(唐宪宗元和十四年)，韩愈上《论佛骨表》，反对佞佛，被贬为潮州刺史。821 年(唐穆宗长庆元年)召回长安，任国子监祭酒、京兆尹等，后转兵部侍郎、吏部侍郎。后世称为"韩吏部"。死后谥号"文"，故又称为"韩文公"。有《韩昌黎集》。

导读

本文写作时距张巡、许远殉难虽已半个世纪，但由安史之乱开始的藩镇割据并未停息。社会的动荡引起人们思想的混乱，对张巡、许远缺少公正的评价。唐宪宗即位后，以武力削藩，但不少人主张姑息，反对用兵。因此，该文的用意，不限于评价张巡、许远，实际上是对专务姑息、为叛乱势力张目者的回击。

宋人张耒说："韩退之穷文之变，每不循轨辙。"(《明道杂志》)除叙张巡、许远、南霁云三人事迹外，本文还牵涉到于嵩、张籍和作者自己。这样纷繁复杂的头绪和变化，可按由破到立的线索去把握。前半部分先通过议论，破小人的污蔑，后半部分通过补叙遗事，彰英雄之业绩。而从材料来源看，则是先据李翰《张巡传》所提供的事实，进行论辩，然后根据作者自己在汴、徐二府的见闻和张籍所提供的材料，补叙英雄遗事。

这篇文章熔叙事、说理、抒情为一炉，前后照应，疏密相间。前半部分针对当时流传的谬论，逐一批驳、针锋相对，说理透辟，力破许远畏死说和张巡、许远不该死守说，宣扬了两人守睢阳的功绩，树立起了忠勇双全的英雄形象。同时又挥戈直击那些"擅强兵坐观者"的罪行，揭露那些对张巡、许远的诽谤实为逆贼张目的实质。纵横捭阖，环环紧扣，层层深入，具有极强的说服力。下半部分转入叙事，详略得当，重点突出，刻画南霁云的"勇且壮"，选择了断指明志，抽矢射佛寺浮屠和就义前与张巡一段慷慨激昂的对话，详中有度，略而不疏，一个忠贞刚烈、义勇双全的英雄形象呼之欲出。文章写张巡就义时的情状，惜墨如金，仅用"颜色不乱"、"阳阳如平常"两句，就把英雄视死如归的神态展现出来。作者善于选择典型细节刻画人物，闲处落笔，展示了英雄的文武双全和德才兼备。对许远的描述虽较为简略，却处处照应前文，前后呼应，一个胸怀宽广、为国让贤、不计个人权位的宽厚长者形象立体丰满，英雄形象相互映衬，愈发光彩。

全文气盛词壮，感情充沛，首尾连贯，浑然一体，具有摄人心魄的震撼力量。

感悟讨论

1. 本文议论与叙事并重的特色是在哪些地方体现出来的？
2. 作者是通过哪些手法来刻画张巡、南霁云这两个英雄形象的？

链接

《韩愈全集校注》，屈守元、常思春主编，四川大学出版社 1996 年版。

接受了西洋美学思想洗礼，以崭新的眼光审视中国古典文学，精义迭出。《人间词话》是著名国学大师王国维所著的一部文学批评著作。

第九节

人间词话·三种之境界

◎ 王国维

古今之成大事业、大学问者，必经过三种之境界："昨夜西风凋碧树。独上高楼，望尽天涯路。"① 此第一境界也。"衣带渐宽终不悔，为伊消得人憔悴。"② 此第二境界也。"众里寻她千百度，蓦然回首，那人却在，灯火阑珊处。"③ 此第三境界也。此等语皆非大词人不能道。然遽以此意解释诸词④，恐为晏欧诸公所不许也⑤。

（选自《人间词话》，王国维著，徐调孚校注，中华书局2009年版）

注释

①晏殊《蝶恋花》："槛菊愁烟兰泣露。罗幕轻寒，燕子双飞去。明月不谙离别苦，斜光到晓穿朱户。昨夜西风凋碧树。独上高楼，望尽天涯路。欲寄彩笺无尺素，山长水阔知何处！"

②柳永《凤栖梧》："伫倚危楼风细细，望极春愁，黯黯生天际。草色烟光残照里，无言谁会凭栏意。拟把疏狂图一醉，对酒当歌，强乐还无味。衣带渐宽终不悔，为伊消得人憔悴。"

③辛弃疾《青玉案》："东风夜放花千树，更吹落、星如雨。宝马雕车香满路。凤箫声动，玉壶光转，一夜鱼龙舞。蛾儿雪柳黄金缕，笑语盈盈暗香去。众里寻他千百度。蓦然回首，那人却在，灯火阑珊处。"

④遽(jù)：遂，就。

⑤晏欧：指宋代词人晏殊、欧阳修。词风皆清丽娴雅，故并称。

王国维(1877—1927)，字静安，号观堂，浙江海宁人。近代中国著名学者，杰出的国学大师。王国维出身于一个清寒的书香家庭，幼年为中秀才苦读。22岁到上海《时务报》馆任书记校对。1901年赴日本留学。归国后执教于南通、江苏等地。1906年，任清政府学部总务司行走、图书馆编译等职，晚年任清华大学教授。1927年6月，在颐和园昆明湖自沉。王国维是近代在国内外享有极高声誉的学者，学贯中西，著述宏富，在哲学、史学、文学、考古等领域建树卓绝。《人间词话》是其诗学代表作，是中国古典文学批评里程碑式的著作，集中体现了王国维的文学、美学思想，精义迭出。

导读

作者运用联想的方式借用晏殊、柳永、辛弃疾的词句，阐释了古今成大事业者、大学问家必经的三种境界，给宋人词句以全新的诠释，体现了作者的胆识与睿智。

第一境界引自晏殊的《蝶恋花》，原词写秋之惆怅，王国维借题发挥，解成做学问成大事业者，首先要有执着的追求，登高望远，明确目标与方向，了解事物的概貌。第二境界引自柳永的《凤栖梧》，原意是抒发爱的艰辛和无悔之情，王国维则别有用心，以此两句来喻治学态度和治学手段，必须坚定执着，废寝忘食，孜孜以求，直至人瘦衣宽也无怨无悔。辛弃疾的《青玉案》最后四句是写历经千辛万苦找寻后突然相见的惊喜，而王国维引来作为第三境界——最高的境界，要达到最高的境界，必须有专注的精神，反复追寻、研究，下足功夫，功到自然会豁然贯通，有所发现，有所发明。作者把本不相干的这三句名言连缀成“三种境界”，匠心独具，别具一格，对原词进行创造性解读，以文学话语构建人文理论，既是对学术研究历程的总结，也是对人生奋斗过程的综述与总括。

感悟讨论

1. 阅读晏殊的《蝶恋花》、柳永的《凤栖梧》、辛弃疾的《青玉案》，谈谈你对王国维“三种境界”说借用原词的看法。

2. 这三种境界对求学之人有普遍意义吗？为什么？

链接

《人间词话》，王国维著，徐调孚校注，中华书局 2009 年版。

失败和成功时远时近,咫尺天涯的距离,中间的桥梁有自信、勇气和坚持。

第十节

失败了以后

◎ 林语堂

有很多的人要是没有大难临头,往往不会发挥出其真实力量。除非遭着失望之悲哀,丧家之痛苦,及其他种种创痛的不幸事实,足以打动他的生命核仁,他们内在的隐力,是不会唤起动作的。

测验一个人的品格,最好是在他失败的时候,失败了以后,他要怎样呢?失败会唤起他的更多的勇气吗?失败能使他发挥出更大的努力吗?失败能使他发现新力量,唤出潜在力吗?失败了以后,是决心加倍的坚强呢?还是就此心灰意冷?

爱马孙(Emerson)说①:"伟大、高贵人物的最明显的标志,就是他的坚韧的意志;不管环境变换到何种地步,他的初衷与希望,仍不会有丝毫的改变,而终至克胜阻碍,以达到企望的目的。"

倾跌了以后,立刻站立起来,而去向失败中战取胜利,这是从古以来伟大人物的成功秘诀。

有人问一小孩子,怎样他竟得学会溜冰。小孩的回答是:"其方法就在每次跌跤后,立刻就爬起来!"个人的成功,或军队的胜利,实际上也是由于这种精神。倾跌算不得失败,倾跌后而站立不起来,才是失败。

过去生命之对于你,恐怕是一部创巨痛深的伤心史吧!在检阅着过去的一切时,你会觉得你自己处处失败,碌碌无成吧!你热烈地期待着成就的事业,竟不会成就;你所亲爱的亲戚朋友,甚至会离弃你吧!你曾失掉职位,甚至会因不能维持家庭之故,而失掉你的家庭吧!你的前途,似乎是十分惨暗吧!然而虽有上面的种种不幸,只要你是不甘永远屈服的,则胜利还是等在远处,向你招手呢!

这里是可测验你人格之大小的地方;在除了你自己的生命以外,一切都已丧失了以后,在你的生命中,还剩余些什么?换一句话,在你迭遭失败了以后,你还有多少勇气的剩余?假使你在失败之后,从此僵卧不起,放手不干,而自甘于永久的屈服,则别人可以断定,你只是个凡夫俗子,但假使你能雄心不灭,迈步向前,不失望,不放弃,则人家可以知道,你的人格之大,勇气之大,是可以超过你的损失灾祸与失败的。

你或者要说,你已经失败得次数过多,所以再试也属徒然吧;你已经倾跌得次数过多,再站立起来也是无用吧?胡说!对于意志永不屈服的人,没有所谓失败!不管失败的次数怎样多，时间怎样晚，胜利仍然是可期的。狄更斯(Dickens)小说中所描写的守财奴司克拉(Serooge)在他的暮年[2]，忽然能从一个残忍，冷醋，爱财如命，而整个的灵魂，幽囚在黄金堆中的人，一变而为一个宽宏大量，诚恳爱人的人，这并不是狄更斯脑海中凭空所虚构，世界上真的有这种事实。人的根性，可以由恶劣转变而为良善；人的事业，又何曾不可由失败转变而为成功？常常，据报章所记载，或为我们所亲身见闻，有许多男女，努力把自己从过去的失败中救赎出来，不顾以前的失败，奋身作再度之奋斗，而终以达到胜利。

人格伟大的人，对于世间所谓成败，不甚介意，灾祸，失望，虽频频降临，然而总能超过。克胜它们，他从来不会失却镇静。在暴风雨猛烈的袭击中，在心灵脆弱的人惟有束手待毙的时候，他的自信的精神，镇定的气概，仍然存在；而可以克胜外界一切的境遇，使之不为害于己。

“什么是失败?”非力(W.Phillips)说：“不是别的，失败只是走上较高地位的第一阶段。”许多人之所以成功，就是受赐于先前的层层失败。假使他没有遭遇过失败，他恐怕反而不能得到大胜利。对于有骨气，有作为的人，失败是反足以增加他的决心与勇气的。

是的！对于那自信其能力，而不自介意于暂时的成败的人，没有所谓失败！对于怀着百折不挠的意志，坚定的目标的人没有所谓失败！对于别人放手，而他仍然坚持，别人后退而他仍然前冲的人，没有所谓失败！对于每次倾跌，立刻站起来；每次坠地，反会像皮球一样的跳得更高的人，没有所谓失败。

（选自《林语堂散文》，林语堂著，北京出版社2008年版）

注释

①爱马孙：即拉尔夫·瓦尔多·爱默生(1803—1882)，美国19世纪著名思想家、文学家。

②狄更斯(1812—1870)：英国19世纪批判现实主义作家。

林语堂(1895—1976)，著名散文家、小说家。原名和乐，后改名玉堂，福建龙溪（今龙海）人，出身于一个基督教家庭，毕业于上海圣约翰大学，1919年秋赴美哈佛大学文学系，1922年获文学硕士学位。同年转赴德国入莱比锡大学，专攻语言学。1925年归国，任北京大学英文教授，曾参加语丝社。1926年去厦门大学任文科主任，次年到武汉国民政府外交部任外交秘书。1932年起在上海编辑《论语》《人间世》《宇宙风》等杂志，提倡“幽默闲适”小品文，1936年去美国从事文学创作，并用英文翻译了《论语》《老子》等，后在香港逝世。著有《我的话》《大荒集》《吾国与吾民》《风声鹤唳》《京华烟云》《苏东坡传》等。

导读

本文集中阐明了林语堂对“失败”的看法和对待失败应采取的正确态度。作者认为，失败的时候最能测试一个人的品格，“倾跌算不得失败，倾跌后而站立不起来，才是失败”。人在失败后，应当“加倍的坚强”，要“立刻站立起来”，“永不屈服”。

全文可分为四部分：第一部分提出中心论题，“测验一个人的品格，最好是在他失败的时候，失败了以后，他要怎样呢？”第二部分写伟大人物的成功与小孩子学会溜冰的秘诀，即“倾跌了以后，立刻站立起来”。第三部分驳斥一般人在面对失败时容易丧失勇气和信心的错误态度，指出只要“不顾以前的失败，奋身作再度之奋斗”，就终会达到胜利。第四部分写人格伟大的人并不介意世间的成败，引用了非力（W.Phillips）的名言，表明“失败只是走上较高地位的第一阶段”的观点。如果你自信、坚定、坚持，同时具备勇气，那么你就没有所谓的失败。

本文构思巧妙，用“倾跌”来比喻失败，用小孩子学会溜冰来比喻成功的经验，使文章说理浅显易懂而又形象生动，语言精辟，富于哲理。排比句式的运用，大大增强了文章的气势和说服力，对读者具有强烈的感染力和鼓舞性。此外，文中还运用了对比、反问等手法，行文颇有气势，旨在激励读者经历失败后要重新振作，只要坚忍不拔，一定可以取得成功。

感悟讨论

1. 作者提出“测验一个人的品格，最好是在他失败的时候”，你同意这个观点吗？为什么？

2. 本文写作上有何特点？读后受到哪些启发？

链接

《林语堂散文》，林语堂著，北京出版社 2008 年版。

去吧，人间，去吧！我独立在高山的峰上；去吧，人间，去吧！我面对着无极的穹苍。去吧，青年，去吧！与幽谷的香草同埋；去吧，青年，去吧！悲哀付与暮天的群鸦。去吧，梦乡，去吧！我把幻景的玉杯摔破；去吧，梦乡，去吧！我笑受山风与海涛之贺。去吧，种种，去吧！当前有插天的高峰；去吧，一切，去吧！当前有无穷的无穷！——徐志摩《去吧》

第十一节

追悼志摩

◎胡 适

悄悄的我走了，
正如我悄悄的来，
我挥一挥衣袖，
不带走一片云彩。

（《再别康桥》）

志摩这一回真走了[①]！可不是悄悄的走。在那淋漓的大雨里，在那迷蒙的大雾里，一个猛烈的大震动，三百匹马力的飞机碰在一座终古不动的山上，我们的朋友额上受了一个致命的撞伤，大概立刻失去了知觉，半空中起了一团大火，像天上陨了一颗大星似的直掉下地去。我们的志摩和他的两个同伴就死在那烈焰里了！

我们初得着他的死信，却不肯相信，都不信志摩这样一个可爱的人会死的这么惨酷。但在那几天的精神大震撼稍稍过去之后，我们忍不住要想，那样的死法也许只有志摩最配。我们不相信志摩会“悄悄的走了”，也不忍想志摩会死一个“平凡的死”，死在天空之中，大雨淋着，大雾笼罩着，大火焚烧着，那撞不倒的山头在旁边冷眼瞧着，我们新时代的新诗人，就是要自己挑一种死法，也挑不出更合式，更悲壮的了。

志摩走了，我们这个世界里被他带走了不少的云彩。他在我们这些朋友之中，真是一片最可爱的云彩，永远是温暖的颜色，永远是美的花样，永远是可爱。他常说：

我不知道风
是在那一个方向吹——

我们也不知道风是在那一个方向吹，可是狂风过去之后，我们的天空变惨淡了，变寂寞了，我们才感觉我们的天上的一片最可爱的云彩被狂风卷去了，永远不回来了！

这十几天里，常有朋友到家里来谈志摩，谈起来常常有人痛哭。在别处痛哭他的，一定还不少。志摩所以能使朋友这样哀念他，只是因为他的为人整个的只是一团同情心，只是一团爱。叶公超[②]先生说：“他对于任何人，任何事，从未有过绝对的怨恨，甚至于无意中都没有表示过一些憎嫉的神气。”

陈通伯[3]先生说：“尤其朋友里缺不了他。他是我们的连索，他是粘着性的，发酵性的。在这七八年中，国内文艺界里起了不少的风波，吵了不少的架，许多很熟的朋友往往弄的不能见面。但我没有听见有人怨恨过志摩。谁也不能抵抗志摩的同情心，谁也不能避开他的粘着性。他才是和事佬，他有无穷的同情，他总是朋友中间的‘连索’。他从没有疑心，他从不会妒忌。使这些多疑善妒的人们十分惭愧，又十分羡慕。”

他的一生真是爱的象征。爱是他的宗教，他的上帝。

我攀登了万仞的高冈，
荆棘扎烂了我的衣裳，
我向飘渺的云天外望——
上帝，我望不见你！
……
我在道旁见一个小孩：
活泼，秀丽，褴褛的衣衫；
他叫声“妈”，眼里亮着爱——
上帝，他眼里有你！

（《他眼里有你》）

志摩今年在他的《猛虎集自序》里，曾说他的心境是“一个曾经有单纯信仰的流入怀疑的颓废”。这句话是他最好的自述。他的人生观真是一种“单纯信仰”，这里面只有三个大字：一个是爱，一个是自由，一个是美。他梦想这三个理想的条件能够会合在一个人生里，这是他的“单纯信仰”。他的一生的历史，只是他追求这个单纯信仰的实现的历史。

社会上对于他的行为，往往有不谅解的地方，都只因为社会上批评他的人不曾懂得志摩的“单纯信仰”的人生观。他的离婚和他的第二次结婚，是他一生最受社会严厉批评的两件事。现在志摩的棺已盖了，而社会上的议论还未定。但我们知道这两件事的人，都能明白，至少在志摩的方面，这两件事最可以代表志摩的单纯理想的追求。他万分诚恳的相信那两件事都是他实现那“美与爱与自由”的人生的正当步骤。这两件事的结果，在别人看来，似乎都不曾能够实现志摩的理想生活。但到了今日，我们还忍用成败来议论他吗？

我忍不住我的历史癖，今天我要引用一点神圣的历史材料，来说明志摩决心离婚时的心理。民国十一年三月，他正式向他的夫人提议离婚，他告诉她，他们不应该继续他们的没有爱情没有自由的结婚生活了，他提议“自由之偿还自由”，他认为这是“彼此重见生命之曙光，不世之荣业”。他说：“故转夜为日，转地狱为天堂，直指顾间事矣。……真生命必自奋斗自求得来，真幸福亦必自奋斗自求得来，真恋爱亦必自奋斗自求得来！彼此前途无限……彼此有改良社会之心，彼此有造福人类之心，其先自作榜样，勇决智断，彼此尊重人格，自由离婚，止绝苦痛，始兆幸福，皆在此矣。”

这信里完全是青年的志摩的单纯的理想主义，他觉得那没有爱又没有自由的家庭是可以摧毁他们的人格的，所以他下了决心，要把自由偿还自由，要从自由求得他们的真生命，真幸福，真恋爱。

后来他回国了，婚是离了，而家庭和社会都不能谅解他。最奇怪的是他和他已离婚的夫人通信更勤，感情更好。社会上的人更不明白了。志摩是梁任公[4]先生最爱护的学生，所以民国十二年任公先生曾写一封很恳切的信去劝他。在这信里，任公提出两点："其一，万不容以他人之苦痛，易自己之快乐。弟之此举，其于弟将来之快乐能得与否，殆茫如捕风，然先已予多数人以无量之苦痛。其二，恋爱神圣为今之少年所乐道。……兹事盖可遇而不可求。……况多情多感之人，其幻想起落鹘突[5]，而得满足得宁帖也极难。所梦想之神圣境界恐终不可得，徒以烦恼终其身已耳。"任公又说："呜呼志摩！天下岂有圆满之宇宙？……当知吾侪[6]以不求圆满为生活态度，斯可以领略生活之妙味矣。……若沉迷于不可必得之梦境，挫折数次，生意尽矣，郁邑侘傺[7]以死，死为无名。死犹可也，最可畏者，不死不生而堕落至不复能自拔。呜呼志摩，可无惧耶！可无惧耶！"（十二年一月二日信）

任公一眼看透了志摩的行为是追求一种"梦想的神圣境界"，他料到他必要失望，又怕他少年人受不起几次挫折，就会死，就会堕落。所以他以老师的资格警告他："天下岂有圆满之宇宙？"

但这种反理想主义是志摩所不能承认的。他答复任公的信，第一不承认他是把他人的苦痛来换自己的快乐。他说："我之甘冒世之不韪，竭全力以斗者，非特求免凶惨之苦痛，实求良心之安顿，求人格之确立，求灵魂之救度耳。人谁不求庸德？人谁不安现成？人谁不畏艰险？然且有突围而出者，夫岂得已而然哉？"第二，他也承认恋爱是可遇而不可求的，但他不能不去追求。他说："我将于茫茫人海中访我唯一灵魂之伴侣；得之，我幸；不得，我命，如此而已。"他又相信他的理想是可以创造培养出来的。他对任公说："嗟夫吾师！我尝奋我灵魂之精髓，以凝成一理想之明珠，涵之以热满之心血，朗照我深奥之灵府。而庸俗忌之嫉之，辄欲麻木其灵魂，捣碎其理想，杀灭其希望，污毁其纯洁！我之不流入堕落，流入庸懦，流入卑污，其几亦微矣！"

我今天发表这三封不曾发表过的信，因为这几封信最能表现那个单纯的理想主义者徐志摩。他深信理想的人生必须有爱，必须有自由，必须有美；他深信这种三位一体的人生是可以追求的，至少是可以用纯洁的心血培养出来的。——我们若从这个观点来观察志摩的一生，他这十年中的一切行为就全可以了解了。我还可以说，只有从这个观点上才可以了解志摩的行为；我们必须先认清了他的单纯信仰的人生观，方才认得清志摩的为人。

志摩最近几年的生活，他承认是失败。他有一首《生活》的诗，诗是暗惨的可怕：

阴沉，黑暗，毒蛇似的蜿蜒，
生活逼成了一条甬道：
一度陷入，你只可向前，
手扪索着冷壁的粘潮，

在妖魔的脏腑内挣扎，
头顶不见一线的天光，
这魂魄，在恐怖的压迫下，
除了消灭更有什么愿望？

（十九年五月二十九日）

他的失败是一个单纯的理想主义者的失败。他的追求，使我们惭愧，因为我们的信心太小了，从不敢梦想他的梦想。他的失败，也应该使我们对他表示更深厚的恭敬与同情，因为偌大的世界之中，只有他有这信心，冒了绝大的危险，费了无数的麻烦，牺牲了一切平凡的安逸，牺牲了家庭的亲谊和人间的名誉，去追求，去试验一个“梦想之神圣境界”，而终于免不了惨酷的失败，也不完全是他的人生观的失败。他的失败是因为他的信仰太单纯了，而这个现实世界太复杂了，他的单纯的信仰禁不起这个现实世界的摧毁；正如易卜生的诗剧Brand里的那个理想主义者，抱着他的理想，在人间处处碰钉子，碰的焦头烂额，失败而死。

然而我们的志摩“在这恐怖的压迫下”，从不叫一声“我投降了”！他从不曾完全绝望，他从不曾绝对怨恨谁。他对我们说：“你们不能更多的责备。我觉得我已是满头的血水，能不低头已算是好的。”（《猛虎集自序》）是的，他不曾低头。他仍旧昂起头来做人；他仍旧是他那一团的同情心，一团的爱。我们看他替朋友做事，替团体做事，他总是仍旧那样热心，仍旧那样高兴。几年的挫折，失败，苦痛，似乎使他更成熟了，更可爱了。

他在苦痛之中，仍旧继续他的歌唱。他的诗作风也更成熟了。他所谓“初期的汹涌性”固然是没有了，作品也减少了；但是他的意境变深厚了，笔致变淡远了，技术和风格都更进步了。这是读《猛虎集》的人都能感觉到的。

志摩自己希望今年是他的“一个真正的复活的机会”。他说：“抬起头居然又见到天了。眼睛睁开了，心也跟着开始了跳动。”我们一班朋友都替他高兴。他这几年来想用心血浇灌的花树也许是枯萎的了；但他的同情，他的鼓舞，早又在别的园地里种出了无数的可爱的小树，开出了无数可爱的鲜花。他自己的歌唱有一个时代是几乎消沉了；但他的歌声引起了他的园地外无数的歌喉，嘹亮的唱，哀怨的唱，美丽的唱。这都是他的安慰，都使他高兴。

谁也想不到在这个最有希望的复活时代，他竟丢了我们走了！他的《猛虎集》里有一首咏一只黄鹂的诗，现在重读了，好像他在那里描写他自己的死，和我们对他的死的悲哀：

等候他唱，我们静着望，
怕惊了他。但他一展翅，
冲破浓密，化一朵彩云；
他飞了，不见了，没了——
像是春光，火焰，像是热情。

志摩这样一个可爱的人，真是一片春光，一团火焰，一腔热情。现在难道都完了？

决不！决不！志摩最爱他自己的一首小诗，题目叫做《偶然》，在他的《卞昆冈》剧本里，在那个可爱的孩子阿明临死时，那个瞎子弹着三弦，唱着这首诗：

我是天空里的一片云，
偶尔投影在你的波心——
你不必讶异，
更无需欢喜——
在转瞬间消灭了踪影。

你我相逢在黑暗的海上，
你有你的，我有我的，方向。
你记得也好，
最好你忘掉，
在这交会时互放的光亮！

朋友们，志摩是走了，但他投的影子会永远留在我们心里，他放的光亮也会永远留在人间，他不曾白来了一世。我们有了他做朋友，也可以安慰自己说不曾白来了一世。我们忘不了，和我们在那交会时互放的光亮！

二十年，十二月，三夜。

（选自《胡适文集》，人民文学出版社 1998 年版）

注释

①1931 年 11 月 19 日，徐志摩因所乘飞机在济南附近失事遇难，12 月 3 日，胡适怀着悲痛的心情写下了这篇追悼文章。

②叶公超：生于 1904 年，新月派代表人物之一，原名崇智，字公超，著名书法家、外交家。曾任北京大学、清华大学教授，1981 年去世。

③陈通伯：陈源（1896—1970），字通伯，笔名陈西滢，文学评论家、翻译家。曾任北京大学外文系教授。

④梁任公：梁启超（1873—1929），字卓如，号任公，又号饮冰室主人。近代维新派代表人物，学者，教育家，其思想学说对徐志摩影响重大，徐志摩曾拜梁启超为师。

⑤鹘(hú)突：模糊，混沌。

⑥吾侪(chái)：吾辈。

⑦郁邑侘傺(chàchì)：忧郁失意。

胡适（1891—1962）原名嗣糜，学名洪，字适之，安徽绩溪人，著名学者、诗人、教育家。生于上海，早年受到私塾教育。1910 年留学美国，入康奈尔大学学习农学，后改习文科。1915 年 9 月入哥伦比亚大学哲学系，师从著名的实用主义哲学家杜威。1917 年回国后，任北京大学教授，宣扬民主、科学，倡导新文化运动。在《新青年》发表《文学改良刍议》，提出文学“八不主义”，要求以接近口语的白话作诗作文，以白话文学为正宗。1920年3月出版诗集《尝试集》，这是第一部白话诗歌总集。1923年与徐志摩等人组织新月社。1938年至1942年出任国民党政府驻美国大使。抗战胜利后任北京大学校长。1949年后曾在美国加州大学等校任教。1958年4月回台湾，任“中央研究院”院长。胡适的研究领域主要是文学和哲学，主要论著有《胡适文存》《中国哲学史大纲》等。

导读

徐志摩是中国文坛上一位极富才情的现代诗人，作为新月派诗人，他为新诗的发展进行了积极探索和尝试，以其飘逸灵动、潇洒优美的风格，写下了大量美丽的诗篇，赢得了巨大声誉和广泛影响。他的诗大多表现对理想的向往与追求以及理想破灭后的彷徨、伤感，字句清新，音节和谐，比喻新奇，想象丰富，意境优美，神思飘逸，具有极强的艺术感染力，徐志摩因此成为那一时期的文坛偶像。年仅34岁的徐志摩遇难后，《新月》特别出版了第四卷第一号“纪念志摩号”，刊载多篇怀人悼亡之作，胡适这篇《追悼志摩》便是其中影响最大、流传最广的一篇。

胡适是徐志摩的挚友，又是声名显赫的学者，文章写得情深意切。徐志摩是一个单纯的理想主义者，一生追求美，追求爱，追求自由，而社会上对诗人的人生理想和我行我素的大胆行为有着种种不同的解读，褒贬不一。文章开头对失事情况的追记和悲痛之情的抒写，文章末尾“他放的光亮也会永远留在人间”的美好祝愿，不落窠臼，别出心裁，由诗人的诗句自然引出，并且以诗化的语言记事写情，既符合悼亡对象诗人的身份，也使文章文采斐然，意境空灵优美。文章的中间部分着力为诗人辩解，因为“社会上对他的行为，往往有不谅解的地方”。作者引用了徐志摩致张幼仪、梁启超致徐志摩、徐志摩复梁启超等三封信，详加辨析，作者认为社会上对徐志摩的误解主要源于对诗人美、爱、自由三位一体的“单纯信仰”的不理解，诗人为理想人生而战之所以最后失败，又是因为他的信仰太单纯和社会太复杂，表达了作者对诗人追求人生理想的理解赞美之情，让读者看到了一种别样的有意义的人生形式。作品引用他人评价、书信以资议论，显出学者重材料考据的特点；以诗人的诗句贯穿全篇，抒发怀念之情，书写着志摩，也展示诠释着志摩。

平行阅读

云　游

徐志摩

那天你翩翩的在空际云游，
自在，轻盈，你本不想停留
在天的那方或地的那角，

你的愉快是无拦阻的逍遥，
你更不经意在卑微的地面
有一流涧水，虽则你的明艳
在过路时点染了他的空灵，
使他惊醒，将你的倩影抱紧。

他抱紧的是绵密的忧愁，
因为美不能在风光中静止；
他要，你已飞渡万重的山头，
去更阔大的湖海投射影子！
他在为你消瘦，那一流涧水，
在无能的盼望，盼望你飞回！

沙扬娜拉

徐志摩

最是那一低头的温柔，
　像一朵水莲花不胜凉风的娇羞，
道一声珍重，道一声珍重，
　那一声珍重里有蜜甜的忧愁——
沙扬娜拉！

（选自《志摩的诗》，徐志摩著，人民文学出版社 1983 年版）

以非常冷静的笔调讲述了真实的自己，道出了一个少女对人生的感悟。文中微微吐露的，是她难以隐藏的抑郁气质和种种特立独行的性格。

第十二节

天才梦

◎ 张爱玲

我是一个古怪的女孩，从小被目为天才，除了发展我的天才外别无生存的目标。然而，当童年的狂想逐渐褪色的时候，我发现我除了天才的梦之外一无所有——所有的只是天才的乖僻缺点。世人原谅瓦格涅[①]的疏狂，可是他们不会原谅我。

加上一点美国式的宣传，也许我会被誉为神童。我三岁时能背诵唐诗。我还记得摇摇摆摆地立在一个满清遗老的藤椅前朗吟"商女不知亡国恨，隔江犹唱后庭花"，眼看着他的泪珠滚下来。七岁时我写了第一部小说，一个家庭悲剧。遇到笔划复杂的字，我常常跑去问厨子怎样写。第二部小说是关于一个失恋自杀的女郎。我母亲批评说：如果她要自杀，她决不会从上海乘火车到西湖去自溺。可是我因为西湖诗意的背景，终于固执地保存了这一点。

我仅有的课外读物是《西游记》与少量的童话，但我的思想并不为它们所束缚。八岁那年，我尝试过一篇类似乌托邦的小说，题名快乐村。快乐村人是一好战的高原民族，因克服苗人有功，蒙中国皇帝特许，免征赋税，并予自治权。所以快乐村是一个与外界隔绝的大家庭，自耕自织，保存着部落时代的活泼文化。

我特地将半打练习簿缝在一起，预期一本洋洋大作，然而不久我就对这伟大的题材失去了兴趣。现在我仍旧保存着我所绘的插画多帧，介绍这种理想社会的服务，建筑，室内装修，包括图书馆，"演武厅"，巧克力店，屋顶花园。公共餐室是荷花池里一座凉亭。我不记得那里有没有电影院与社会主义——虽然缺少这两样文明产物，他们似乎也过得很好。

九岁时，我踌躇着不知道应当选择音乐或美术作我终身的事业。看了一张描写穷困的画家的影片后，我哭了一场，决定做一个钢琴家，在富丽堂皇的音乐厅里演奏。

对于色彩，音符，字眼，我极为敏感。当我弹奏钢琴时，我想像那八个音符有不同的个性，穿戴了鲜艳的衣帽携手舞蹈。我学写文章，爱用色彩浓厚，音韵铿锵的字眼，如"珠灰"、"黄昏"、"婉妙"、"splendour"[②]、"melancholy"[③]，因此常犯了堆砌的毛病。直到现在，我仍然爱看《聊斋志异》与俗气的巴黎时装报告，便是为了这种有吸引力的字眼。

上学后我得到自由发展。我的自信心日益坚强，直到我十六岁时，我母亲从法国回来，将她暌隔多年的女儿研究了一下。

“我懊悔从前小心看护你的伤寒症，”她告诉我，“我宁愿看你死，不愿看你活着使你自己处处受痛苦。”

我发现我不会削苹果，经过艰苦的努力我才学会补袜子。我怕上理发店，怕见客，怕给裁缝试衣裳。许多人尝试过教我织绒线，可是没有一个成功。在一间房里住了两年，问我电铃在哪儿我还茫然。我天天乘黄包车上医院去打针，接连三个月，仍然不认识那条路。总而言之，在现实的社会里，我等于一个废物。

我母亲给我两年的时间学习适应环境。她教我煮饭；用肥皂粉洗衣；练习行路的姿势；看人的眼色；点灯后记住拉上窗帘；照镜子研究面部神态；如果没有幽默天才，千万别说笑话。

在待人接物的常识方面，我显露惊人的愚笨。我的两年计划是一个失败的试验。除了使我的思想失去均衡外，我母亲的沉痛警告没有给我任何的影响。

生活的艺术，有一部分我不是不能领略。我懂得怎么看“七月巧云”，听苏格兰兵吹bagpipe④，享受微风中的藤椅，吃盐水花生，欣赏雨夜的霓虹灯，从双层公共汽车上伸出手摘树巅的绿叶。在没有人与人交接的场合，我充满了生命的欢悦。可是我一天不能克服这种咬啮性的小烦恼，生命是一袭华美的袍，爬满了蚤子。

（选自《张爱玲文选》卷四，张爱玲著，安徽文艺出版社 1992 年版）

注释

①瓦格涅：通译瓦格纳(1813—1883)，德国作曲家。

②splendour：光辉，壮观，辉煌。

③melancholy：忧郁。

④bagpipe：苏格兰风笛。

张爱玲(1921—1995)，生于上海，原籍河北丰润，香港大学肄业，家门虽然显赫，但父母离异，和姑姑生活在一起。早年生活多有不幸，很小就表现出编故事的才能。20 世纪 40 年代以小说集《传奇》、散文集《流言》蜚声上海文坛，一时无出其右者。新中国成立后离开大陆，先到香港后又去美国，其间曾去台湾收集写作资料，1995 年病逝于美国。她一人一生结婚两次，前一次胡兰成，后一次赖雅，均为不幸。她的一生充满了悲剧，从出生的旧家、恋爱与婚姻，直到孤寂地离开她所爱的上海，以至离开这个人世。无不令人感叹天妒红颜。

导读

本文是作者 19 岁时参加《西风》月刊征文比赛写的散文，是张爱玲在正式出版物上发表的第一篇文章。

张爱玲的散文，几乎篇篇尽言自己，谈自己的所见所闻所感，谈自己的衣食住行、喜怒哀乐。此刻，展现在我们面前的是个平凡的、琐屑的、亲近的张爱玲的世界。文中提到自己读俗气的巴黎时装报告，生活中学织绒线、做家务的失败，吃盐水花生，在双层公共汽车上伸手摘树上的绿叶等等作为，似乎都是写我们市井百姓日常的生活。只是这些生活我们经历过，却没有留意；即使留意，也没有形成文字。可张爱玲就那么轻轻巧巧，看似随意，甚至有点漫不经心，就把一幅人生写真图摆在你面前了。

文中的"我"率真又有趣。文章笔调舒缓，平静地娓娓道来。张爱玲对于自己文学上的天赋和生活能力的不足，都不回避：三岁能背唐诗，七岁写家庭小说，八岁写乌托邦小说，被视为天才并不为过；但张爱玲感受得更多的是一个生活不能自理的天才的凄清：是个路痴，不会削苹果，怕见客，还是有自闭症的"宅女"，害怕与人交往接触。作者在文中构筑了梦里梦外两个世界，梦里世界繁华诗意而孤绝，充满了生命的欢悦；梦外世界大多时候可怖可恶，烦恼无处不在。19 岁的张爱玲已经敏锐地感受到人生无法解决的矛盾，以及人处于这种困境中的无奈。因此，在结尾处道出"生命是一袭华美的袍，爬满了蚤子"，体现了作者对人生、对生命的理解——悲喜苦乐错综交织，最辉煌的生命往往暗藏着最悲凉的底色；"华美"是给别人看的，"蚤子"只自知。

在《天才梦》一文中，张爱玲展现了极度成熟的汉语造诣，并且清楚展现了她独特的文字和语言风格。

感悟讨论

1. 从文章透露的信息，你能推断出张爱玲大致生活在怎样一个家庭，又有着怎样的生活遭遇吗？

2. 有人说，天才意味着享受成功和快乐；也有人说，天才意味着心灵的孤独和痛苦。结合《天才梦》谈谈你的看法。

3. 本文是作者早年的自传，以非常冷静的笔调讲述了真实的自己。学习本文的风格，写一篇自传性散文。

链接

《姑姑语录》，《张爱玲文选》，张爱玲著，安徽文艺出版社 1992 年版。

《谈文学》是一部指导青年写作的书，朱光潜在序言中说：“这些短文就是随时看和随时想所得到的一点收获，在写它们的时候，我一不敢凭空乱构，二不敢道听途说，我想努力做到‘切实’二字。”

第十三节

精进的程序

◎ 朱光潜

文学是一种很艰难的艺术，从初学到成家，中间须经过若干步骤，学者必须循序渐进，不可一蹴而就[①]。拿一个比较浅而易见的比喻来讲，作文有如写字。在初学时，笔拿不稳，手腕运用不能自如，所以结体不能端正匀称，用笔不能平实遒劲，字常是歪的，笔锋常是笨拙扭曲的。这可以说是“疵境”[②]。特色是驳杂不稳，纵然一幅之内间或有一两个字写得好，一个字之内间或有一两笔写得好，但就全体看去，毛病很多。每个人写字都不免要经过这个阶段。如果他略有天资，用力勤，多看碑帖笔迹，多临摹，多向书家请教，他对于结体用笔，分行布白，可以学得一些规模法度，手腕运用也比较灵活了，就可以写出无大毛病、看得过去的字。这可以说是“稳境”[③]，特色是平正工稳，合于法度，却没有什么精彩，没有什么独创。多数人不把书法当作一种艺术去研究，只把它当作日常应用的工具，就可以到此为止。如果想再进一步，就必须再揣摩，真草隶篆，各体都须尝试一下，各时代的碑版帖札须多读多临，然后荟萃各家各体的长处，造成自家所特有的风格，写成的字可以算得艺术作品，或奇或正，或瘦或肥，都可以说得上“美”。这可以说是“醇境”[④]，特色是凝练典雅，极人工之能事，包世臣[⑤]和康有为[⑥]所称的“能品”、“佳品”都属于这一境。但是这仍不是极境，因为它还不能完全脱离“匠”的范围，任何人只要一下功夫，到功夫成熟了，都可以达到。最高的是“化境”[⑦]，不但字的艺术成熟了，而且胸襟学问的修养也成熟了，成熟的艺术修养和成熟的胸襟学问的修养融成一片，于是字不但可以见出驯熟的手腕，还可以表现高超的人格；悲欢离合的情调，山川风云的姿态，哲学宗教的蕴藉[⑧]，都可以在无形中流露于字里行间，增加字的韵味。这是包世臣和康有为所称的“神品”、“妙品”，这种极境只有少数幸运者才能达到。

作文正如写字。用字像用笔，造句像结体，布局像分行布白。习作就是临摹，读前人的作品有如看碑帖墨迹，进益的程序也可以分“疵”、“稳”、“醇”、“化”四境。这中间有天资和人力两个要素，有不能纯藉天资达到的，也有不能纯藉人力达到的。人力不可少，否则始终不能达到“稳境”和“醇境”；天资更不可少，否则达到“稳境”和“醇境”有缓有速，“化境”却永远无法望尘。在“稳境”和“醇境”，我们可以纯粹就艺术而言艺术，可以藉规模法度作前进的导引；在"化境"，我们就要超出艺术范围而推广到整个人的人格以至整个的宇宙，规模法度有时失其约束的作用，自然和艺术的对峙也不存在。如果举例来说，在中国文字中，言情文如屈原的《离骚》、陶渊明和杜工部的诗，说理文如庄子的《逍遥游》《齐物论》和《楞严经》[9]，记事文如太史公的《项羽本纪》《货殖传》和《红楼梦》之类的作品都可以说是到了"化境"，其余许多名家大半止于"醇境"或介于"化境"和"醇境"之间，至于"稳境"和"疵境"都无用举例，你我大概都在这两个境界中徘徊。

一个人到了艺术较高的境界，关于艺术的原理法则无用说也无可说；有可说而且需要说的是在"疵境"与"稳境"。从前古文家有奉"义法"为金科玉律的，也有攻击"义法"论调的。在我个人看，拿"义法"来绳"化境"的文字，固近于痴人说梦；如果以为学文艺可以始终不讲"义法"，就未免更误事。记得我有一次和沈尹默先生[10]谈写字，他说："书家和善书者有分别，世间尽管有人不讲规模法度而仍善书，但是没有规模法度就不能成为真正的书家。"沈先生自己是"书家"，站在书家的立场他拥护规模法度，可是仍为"善书者"留余地。这是他的礼貌。我很怀疑"善书者"可以不经过揣摩规模法度的阶段。我个人有一个苦痛的经验。我虽然没有正式下功夫写过字，可是二三十年来没有一天不在执笔乱写，我原来也相信此事可以全凭自己的心裁，苏东坡所谓"我书意造本无法"，但是于今我正式留意书法，才觉得自己的字太恶劣，写过几十年的字，一横还拖不平，一竖还拉不直，还是未脱"疵境"。我的病根就在从头就没有讲一点规模法度，努力把一个字写得四平八稳。我误在忽视基本功夫，只求耍一点聪明，卖弄一点笔姿，流露一点风趣。我现在才觉悟"稳境"虽平淡无奇，却极不易做到，而且不经过"稳境"，较高的境界便无从达到。文章的道理也是如此。韩昌黎所谓"醇而后肆"是作文必循的程序[11]。由"疵境"到"稳境"那一个阶段最需要下功夫学规模法度，小心谨慎地把字用得恰当，把句造得通顺，把层次安排得妥帖。我作文比写字所受的训练较结实，至今我还在基本功夫上着意，除非精力不济，注意力松懈时，我必尽力求稳。

稳不能离规模法度。这可分两层说，一是抽象的，一是具体的。抽象的是文法、逻辑以及古文家所谓"义法"，西方人所谓文学理论和文学批评。在这上面再加一点心理学和修辞学常识，就可以对付了。抽象的原则和理论本身没有多大功用，它的唯一的功用在帮助我们分析和了解作品。具体的规模法度须在模范作品中去找。文法、逻辑、义法等等在具体实例中揣摩，也比较更彰明较著。从前人说，"熟读唐诗三百首，不会写诗也会吟"，语调虽卑，却是经验之谈。为初学说法，模范作品在精不在多，精选熟读透懂，短文数十篇，长著三数种，便已可以作为达到"稳境"的基础。读每篇文字须在命意、用字、造句和布局各方面揣摩；字、句、局三项都有声义两方面。义固重要，声音节奏更不可忽略。既叫做模范，自己下笔时就要如写字临帖一样，亦步亦趋地模仿它。我们不必唱高调轻视模仿，古今大艺术家，据我所知，没有不经过一个模仿阶段的。第一步模仿，可得规模法度，第二步才能集合诸家的长处，加以变化，造成自家所特有的风格。

练习作文，一要不怕模仿，二要不怕修改。多修改，思致愈深入，下笔愈稳妥。自己能看出自己的毛病才算有进步。严格地说，自己要说的话是否从心所欲地说出，只有自已知道，如果有毛病，也只有自己知道最清楚，所以文章请旁人修改不是一件很合理的事。丁敬礼向曹子建说："文之佳恶，吾自得之，后世谁相知定吾文者耶？"[12]杜工部也说："文章千古事，得失寸心知。"[13]大约文章要做得好，必须经过一番只有自己知道的辛苦，同时必有极谨严的艺术良心，肯严厉地批评自己，虽微疵小失，不肯轻易放过，须把它修到无疵可指，才能安心。不过这番话对于未脱"疵境"的作者恐未免是高调。据我观察，写作训练欠缺者通常有两种毛病：第一是对于命意用字造句布局没有经验，规模法度不清楚，自己的毛病自己看不出，明明是不通不妥，自己却以为通妥；其次是容易受虚荣心和兴奋热烈时的幻觉支配，对自己不能作客观冷静的批评，仿佛以为在写的时候既很兴高采烈，那作品就一定是杰作，足以自豪。只有良师益友，才可以医治这两种毛病。所以初学作文的人最好能虚心接受别人的批评，多请比自己高明的人修改。如果修改的人肯仔细指出毛病，说出应修改的理由，那就可以产生更大的益处。作文如写字，养成纯正的手法不易，丢开恶劣的手法更难。孤陋寡闻的人往往辛苦半生，没有摸上正路，到发现自己所走的路不对时，已悔之太晚，想把"先入为主"的恶习丢开，比走回头路还更难更冤枉。良师益友可及早指点迷途，引上最平正的路，免得浪费精力。

自己须经过一番揣摩，同时又须有师友指导，一个作者才可以逐渐由"疵境"达到"稳境"。"稳境"是不易达到的境界，却也是平庸的境界。我认识许多前一辈子的人，幼年经过科举的训练，后来藉文字"混差事"，对于诗文字画，件件都会，件件都很平稳，可是老是那样四平八稳，没有一点精彩，不是"庸"，就是"俗"，虽是天天在弄那些玩意，却到老没有进步。他们的毛病在成立了一种定型，便老守着那种定型，不求变化。一稳就定，一定就一成不变，由熟至于滥，至于滑。要想免去这些毛病，必须由稳境从新尝试另一风格，如果太熟，无妨学生硬；如果太平易，无妨学艰深；如果太偏阴柔，无妨学阳刚。在这样变化已成风格时，我们很可能回到另一种"疵境"，再由这种"疵境"达到"熟境"，如此辗转下去，境界才能逐渐扩大，技巧才能逐渐成熟，所谓"醇境"大半都须经过这种"精钢百炼"的功夫才能达到。比如写字，入手习帖的人易达到"稳境"，可是不易达到很高的境界。稳之后改习唐碑可以更稳，再陆续揣摩六朝碑版和汉隶秦篆以至于金文甲骨文，如果天资人才都没有欠缺，就必定有"大成"[14]的一日。

这一切都是"匠"的范围以内的事，西文所谓"手艺"(craftsman-ship)。要达到只有大艺术家所能达到的"化境"，那就还要在人品学问各方面另下一套更重要的功夫。我已经说过，这是不能谈而且也无用谈的。本文只为初学说法，所以陈义不高，只劝人从基本功夫下手，脚踏实地地循序渐进地做下去。

(选自《谈文学》，朱光潜著，广西师范大学出版社2004年版)

注释

①一蹴(cù)而就：踏一步就成功，比喻事情轻易就能成功。

②疵境：仍有毛病的境界。

③稳境：平稳、妥当的境界。

④醇境：纯美、丰厚的境界。

⑤包世臣(1775—1855)：清代学者、书法理论家，著《艺舟双楫》。

⑥康有为(1858—1927)：广东望族，近代维新思想家、书法家。

⑦化境：出神入化，变化自如，无所不可的境界。

⑧蕴藉：内涵。

⑨庄子(约前369—前286)：战国时期的哲学家，著有《庄子》，亦称《南华经》，道家经典之一，《逍遥游》《齐物论》是其中代表作。《楞严经》，大乘佛教经典，全名《大佛顶如来密因修证了义诸菩萨万行首楞严经》。

⑩沈尹默(1883—1971)：现代书法家、诗人、北京大学教授。以行书著名。

⑪韩昌黎：唐代散文家韩愈(768—824)，意谓作文应该先求内容充实，打好基础，再求思路写法的拓展、变化，避免言之无物和虚浮。

⑫丁敬礼句：曹子建即曹植，他在《与杨德祖书》中讲丁敬礼曾请他修改文章，曹植觉得自己并不比丁敬礼高明，便推辞。丁说，文章的好坏，我自己知道负责，后世谁会知道我同你商量过。

⑬文章千古事句：出自杜甫《偶题》，意谓作文写诗是很严肃的事情，花费的心血和其中的得失作者内心是清楚的。

⑭大成：出自《孟子·万章下》："孔子之谓集大成，集大成也者，金声而玉振也。"孟子称赞孔子，才德兼备，学识渊博，正如奏乐，以钟发声，以磬收乐，集众音之大成。后世皆以"大成至圣先师"尊称孔子，孔庙主殿称"大成殿"。现常用来形容在某领域积累深厚，能力和成就非凡的人。

朱光潜(1897—1986)，中国美学家、文艺理论家、教育家、翻译家。笔名孟实、盟石。安徽桐城人，是我国现代美学的奠基人和开拓者之一。1925年出国留学，先后赴英国和法国，攻读心理学和艺术史，博士学位。1933年回国，历任四川大学、武汉大学、北京大学教授。主要著作有《文艺心理学》《悲剧心理学》《谈美》《西方美学史》《谈美书简》《美学拾穗集》等，并翻译了《歌德谈话录》、柏拉图的《文艺对话集》、莱辛的《拉奥孔》、黑格尔的《美学》、克罗齐的《美学》、维柯的《新科学》等。朱光潜不仅著述甚丰，他本人更具有崇高的治学精神和高尚的学术品格。《谈文学》一书所述皆为朱光潜先生多年"学习文艺的甘苦之言"，作者以文艺家和文学家的亲身体会，从文学趣味到布局安排，从内容风格到翻译技巧，将文学层层展开，平易自然，深入浅出，引领读者走进文学的殿堂。

导读

《谈文学》是一部阐释文学原理的经典之作，全书视角独特，说理深入浅出，见解独到精辟，文笔凝练精练，充分显示了朱光潜对文学研究的深挚功底，平淡中透出大家风范。书中论及了文学作为语言艺术的特征、作家创造力的培养、文学评价的审美规范、文学思维和表现的特点、创作与接受的关系、文学与科学研究的区别、情感传达与文字表现、想象与写实等诸多牵涉文学发展中的基本规律需要解答的问题，成一家之言。朱光潜在序言中说:“这些短文就是随时看和随时想所得到的一点收获,在写它们的时候,我一不敢凭空乱构,二不敢道听途说,我想努力做到‘切实’二字。”

本文选自朱光潜先生所著《谈文学》一书。这篇文章中,作者结合自身的求学经验,运用类比的方法,指出作文之道与习字之道相同,同样需要经过“疵”、“稳”、“醇”、“化”四境,并重点谈了从“疵境”步入“稳境”应下的基本功夫,融汇了古今中外学者的经验之谈,鼓励青年从基本功夫下手,脚踏实地循序渐进地做下去。作者把求学过程经历的四种境界做了非常精当的概括,指出每一个不同境界的特点,求学之人应该下哪些功夫。“稳境”虽是平淡无奇的境界,但也必须经过极大的努力,坚持不懈,才能脱离毛病较多的“疵境”,达到“稳境”;再运用天资和人力,下一番苦功,才能接近“醇境”;而“化境”则要穷毕生精力全力以赴,才有希望。类比的论证方法的运用,使得文章通俗生动;古今中外大量求学之人的典型事例列举,又使得文章论据丰厚,文采斐然。

文章条分缕析,重点突出,对求学之人是不可多得的好文章,教益重大。

感悟讨论

1. 作者要讲述的是作文进益的程序,为什么开头以较大的篇幅谈习字?有什么作用?

2. 概括文章在论述从“疵境”到“稳境”过程中应下的基本功夫有哪些。

3. 这篇文章对你的专业学习和专业进步有何启示意义?

链接

《谈文学》,朱光潜著,广西师范大学出版社 2004 年版。

由于历史的、地缘的原因，中、日、韩三国同处汉字文化圈，三国文化既有相似之处，也存在很多的不同，金文学观察细腻，叙说风趣，娓娓道来，言人所未言，道人所未道。

第十四节

品味东亚三国文化

◎ 金文学

三国人的耐性

日本人的急躁、没耐性在国际上亦有定论。住在日本，每当我切身感到时间观念属第一的日本节奏时，就不由得想起中国人的悠然自得。只看走路的姿势，我们就会发现，日本人特别快。由于走得急匆匆的，脑袋总是伸出去，所以我们经常看到乌龟状的身姿。在日本人里，大阪人走路的速度最快。根据统计，大阪人每秒走 1.6 米，在日本绝对全国第一。与每秒走 1.33 米最慢的鹿儿岛人相比，一分钟竟有 16 米的差距。

在街上我们经常可以看见，大阪人由于性子急，很难一动不动地等红灯，不要说年轻人，就连 60 岁的老年人过人行道时的速度也不比年轻人慢。

在喝酒上，与中国人和韩国人相比，日本人特别快。中国人、韩国人和西方人喝酒是为了助兴，尽量慢慢喝，而日本人却快喝快走。尽管日本人喝酒次数居多，他们却似乎无视饮酒过程中的愉悦。

韩国人的缺乏忍耐力、性子急和日本人不相上下。

在首尔(汉城)，经常听到的韩语是“叭利、叭利”(快快)。对韩国人来说，干什么都快是美德。睡觉“叭利”，起床“叭利”，吃饭也“叭利”，学习也“叭利”，如厕也要“叭利”。

但是韩国人的性子急和日本人的急躁却不尽相同。如果说，日本人对肮脏的环境和浪费时间容易急躁的话，那么韩国人则与其相反，对环境有一定的忍耐力，主要在人际关系上容易急躁。

日本人自古生活在山清水秀的岛国，在洁净的环境里生活过来，所以特别难耐污浊的环境，可在人际关系上却有忍耐力强的一面。因为日本文化自古就强调控制感情让人感到美，所以即使意见相左也能忍而受之以求维持圆满的人际关系。

韩国人生活在与大陆相连的不太优越的自然环境里，有对环境的忍耐力，但在人际关系上却缺乏容忍。由于感情奔放也具有美感，所以若与人意见不合，就忍无可忍地一吐为快。

与日本、韩国的急躁大相径庭的是中国人的“慢慢的”。这个“慢慢的”已经成了表现中国人悠然自得的国际通用语了。可以说,“慢慢的”所表现的中国人的忍耐力是世界第一。

日本汉学界首屈一指的诸桥辙次[①]惊叹中国人的忍耐力,称之为“不死之躯的国民”,他曾说过:汉口附近的酷热,是我们难以忍受的,可就在这里,有的中国人竟然头枕灼热的石头睡觉;一靠近内蒙古就特别冷,冷得能把人冻僵,可是在那儿,竟能看见只裹一张报纸雀跃而行的人。他们健康体魄的强韧劲儿,实在是让人惊叹不已。

连同一地区的东亚人都这般吃惊,西方人大概会把这看成是超人的忍耐力吧。

在我上小学的20世纪70年代,不时会看见卖杂货和鸡雏的小商贩,他们是从浙江、河南和山东等关内地区走到东北来的。有个从浙江来卖鸡雏的老太太,她步行了几千里,鸡雏都长成大鸡了。与日本人、韩国人的急躁相比,这种让人惧怕的忍耐力,坚忍不拔的“慢慢主义”更加引人注目。中国大城市的人口密度,和东京、首尔(汉城)没有什么区别。北京、上海与东京、首尔(汉城)的相似程度,竟能让人产生这是不是在东京和首尔(汉城)的错觉。但是,也有不同之处,这就是中国人的走路姿势。几乎所有人都在散步似的慢慢走;过人行道时,也不像大阪人那样匆匆忙忙。

邓小平访问日本时,日本政府为了让中国最高领导人见识一下从东京到大阪只需跑3个小时的超特快,特意请他参观了堪称世界最高速的新干线,日本首相问邓小平的观后感时,或许期待的是赞不绝口的“真乃人间奇迹!”可是,邓小平却出人意料漫不经心地说了一句,我们广阔的大陆都没有这么快的电车,但日本这么小的国家,跑这么快,有什么必要?

这个小插曲是真是假另当别论,有趣的是表现了中国人“慢慢的”文化。也许这是中国最高领导人的至理名言。

据说现在,日本和韩国的许多企业到中国投资,在与中国当地企业合资时,常为中国人的时间感苦恼不已。此时,日本和韩国的“急性子”发挥不了作用,他们必须适应中国人的“慢慢的”主义,很快地调节时间感的差距是至关重要的。

中国人的忍耐力、“慢慢的”节奏,是从古至今在严酷的自然环境和不断发生战乱的历史环境中养成的。土地辽阔,时局因天灾人祸而总是处于不安定的状态,所以人口流动大,人们在逃荒路上要花好多时间。于是,性子急是要不得的,“悠然”也就成了中国人在这种自然和社会环境中生存下去的智慧。如果不能理解这一特殊性,与中国人的交往就可能以失败而告终。

富于忍耐、喜欢“慢慢的”中国人,也有出人意料“快快的”时候。在急于赚钱上,中国人比谁都快。以精于商贸而闻名于世的华侨更以快而著称,为了赚钱不能浪费时间,抢先一步是经商秘诀。

韩国人“表现”,中国人“含蓄”,日本人“被动”

我喜欢首尔(汉城)古色古香的仁寺洞,每次去韩国,我总是住在那附近的宾馆或旅馆。走在充满浓郁的韩国风情,古董、乐器和文具店鳞次栉比的大街上,对我来说,无异于民族文化的巡礼。

徜徉在仁寺洞的店铺里，我有一个有趣的发现，不，与其说是发现，莫如说是注意到一个共同的现象：在店铺的陈列窗里，肯定摆着华丽的、高级的、大的货物，也就是尽摆好东西。在顾客出入的地方放着好东西，里边放普通的小东西。我喜欢脸谱，经常去的那家店，也是前面摆着最大最贵的，越往里去东西就越小。

在中国，情况恰恰相反。去古玩店，最外面象征性地摆一些小东西，不值钱的；店家听客人说想要什么样的货之后，才从最里面拿出藏好的宝贝给你看。

从这个现象里，我发现了潜藏其中的民族性差异。就是说，韩国人有重表现的性格，而中国人则有善于隐蔽、不溢于言表的性格。

接触韩国人总让人感到他们确实是善于表现的天才。据说，不管走到世界的哪个地方，也不管在什么样的环境里生存，自我表现最突出的是韩国人。

韩国的招牌美得无与伦比，服装和物品的原色系列设计能够让人一下子过目难忘；日本的设计稳重清洁，让人感到“寂静”；中国的设计，既不华丽也不简洁，让人感到有悠裕、留有空白的有待完成的沉重。

一位做导游的朋友说，在中国，大多认为韩国的旅游者是最热闹的外国人。日本人，总是跟在中国旅行社的导游身后，一边静静地记笔记一边配合导游工作；可是韩国人，也许是由于个性强，什么事总是个人意志优先，不守规矩，所以带他们真是不光身子累，心也很疲劳。

韩国人表现激情最典型的是一句口头禅“唉沟”。韩国人张口不离的“唉沟”，既是悲痛的时候发出的咏叹，也是感激时发出的感叹。让我们看一下飞机遇难者家属的行为，韩国人是捶打地面，放声大哭，而日本人则默默地哭泣。

前几年韩国出了一本书：《会表现的人最美》。书名本身就是这种国民性的最好表达。要是日本的话，恐怕书名就会变成《表现慎重的人最美》。

比起不论在何时何地都不能不表现的韩国人，中国人当然具有大陆化的强烈表现力，但却不像韩国人那样为表现而表现。就像吝啬的人总是把花钱控制在最小的限度一样，中国人控制表现，更注重强烈的隐蔽意识。

中国成语“喜怒哀乐不形于色”就是这一隐蔽意识的最好说明。日本人的表情也难以让人揣摩，但中国人的表情，即使是极自然的，想要读出其中的真正心情也不是件容易的事。

在著名的《菜根谭》[②]里，有这样的教诲：

觉人之诈不形于言，受人之侮不动于色，此中有无穷意味，亦有无穷受用。

这就是极具中国特色的想法：出头的椽子先烂，退一步海阔天空，爱叫的狗不咬人。但是，这决不意味着消极地对待人生和缺乏上进心。这正是中国人在表现与隐蔽之间找到最佳的平衡点，更好地生活下去的智慧之一。

据说在中国的一个大城市，有一个韩国人的社长，在酒吧里拿出100美元，趾高气扬地对女招待说：“你们没看过这种钱吧。我们韩国人都是大款。”话音未落，就让旁边喝酒的另一位朝鲜族大款给揍了一顿，在医院里躺了一个多月。表现欲太旺盛，就有飞来横祸的可能。

在我的故乡沈阳，两年前发生了这样一件事：有一位独身老人，每天靠卖“十三香”（十三种调料）维持生活。他穿着破烂的黑上衣、破破烂烂的裤子，腰上系着破布条当裤带，这打扮和叫花子没什么两样。可是，老人死后，在他家的床底下竟发现了130万元巨额人民币。这位百万富翁每天都睡在如此多的人民币上，并通过他的死告诉了我们中国人不溢于言表的隐蔽意识。

和韩国人的表现意识、中国人的隐蔽意识有所不同的是，日本人具有一种“被动”意识。日本人没有韩国人那么旺盛的表现力，也没有中国人那种控制表现的能力。但是，不善于自我表现的日本人，在善于接受对方这一点上确实很优秀。

在世界上，大概极少见到像日语这般“被动”表达方式极发达的语言吧。“れるられる”这一表现，对外国人来说，是很难的表达方式。我一直使用表达自己立场的韩语和汉语，所以很难习惯这种“被动表现”。

在自我介绍时，韩国人总是在如何幽默地给对方留下好印象上下功夫，中国人也极善于推销自己，而日本人却总是为了不显示自己而表现慎重，并以此为美德。

“忍”、“恨”、“劈”的文化人类学

假如用一个字来概括中国、日本、韩国的文化，我的选择如下：

中国——“忍”的文化；

韩国——“恨”的文化；

日本——“劈”的文化。

韩国有支民谣《恨500年》，同样想来，中国应该有《忍5000年》、日本则是《劈一瞬间》。

“恨”的文化，作为韩国文化的典型，在日本广为人知。但是，大多认识肤浅，认为就是指韩国人对日本人恨之入骨。这是很大的误解，“恨”的文化与韩国对日本的怨恨，是不同层次的问题。

我的恩师，韩国的文化人类学家崔吉城教授最先写出研究《恨500年》的大作《恨的人类学》，是理解恨文化最好的学术著作。

崔教授认为，恨，决不是怨恨。“恨”，是沉淀在自己本身内心里的情感，没有具体怨恨谁那样的复仇的对象。恨，是对未能实现的梦想的憧憬。

韩国具有代表性的民谣《阿里郎》，堪称表现恨文化的极致：

阿里郎、阿里郎、阿拉里哟，
阿里郎，过了山岗，
抛弃了我的人儿啊，
走不到十里，让你脚痛……

作为一个阿里郎民族的后裔,每当我听到这首歌,就会感受到一种说不出的痛心。这是一个伴随着泪水,表达着无论如何难以接受弃我而去这一事实的强烈情感的艺术世界,是对自己未能实现的理想的悲伤。并且,它像冰冷的雪一样积聚在心中。这有弃无悔的恨,是韩国文化的精华。

与韩国文化的“恨”相对的是日本文化的“劈”志向。李御宁先生提出了“缩小志向的日本人”的主张[3],我在此想要指出的是在“缩小志向”之前,一定有了“劈的志向”。因为“缩小”是应该起始于用刀把大的东西劈开的。

日本人在漫长的历史中,常常是挎刀而生的。刀堪称日本文化精髓,武士的命根子。用刀劈,这一劈的动作,使日本文化“劈的志向”得以完成。

举个和阿里郎相对应的例子:

开放的花儿,终将落哟,
喝醉的酒啊,总会醒呀,
相见的人儿,要分手啊,
花儿你开哟,终将落啊……

这就是拿着刀作出来的诗的情感。劈,理所当然;劈时,是劈的人生。就像有开有落的樱花一样,这首诗,充分反映了日本人“劈的志向”。

说日本文化是劈出来的,这也不为过。把外来文化“劈”而取之,剖腹文化,剖筷子文化,盆栽和庭院,插花,都是大同小异。所以,“劈”是理解日本文化的最关键的钥匙。

中国的文化,是“忍”。“忍”意味着“心字头上一把刀”,让你感受到剜心绞肺般疼痛,你一定要顶住。中国人的忍耐力,恐怕是世界第一。

《愚公移山》的故事说的是忍耐,韩信受胯下之辱说的还是忍耐……在中国,有很多关于这方面的故事广为流传。

让我们先看看“唾面自干”这句成语:

唐代武则天执政期间,有个名叫娄师德的宰相。他弟弟被任命为代州知事,赴任之际,来到娄师德居所道别。他忠告说:“一‘忍’字须常记心里。”

弟弟说:“好的,我知道了。就是有人向我脸上吐唾沫,我也不作声地自己擦干。”

而娄师德说:“不,擦脸上的唾沫,就是对对方不满,所以,要一直等到唾沫自己干。”

这可以说是“忍”的极致了。这是中国人的“忍耐处世术”。

中国人超人的忍耐力由来已久,它是在贫困的环境和连年不断的战乱中培养起来的“人生哲学”。中国人慢慢的感觉,成年人的风格,君子风度,都是“忍文化”的产物。

“忍”的文化,现在依然作为一种崇高的人生哲学活在中国人的心中。可以说,理解了“忍”的文化,对中国人也就有一定的理解了。

三国人面面观(写在本书封底的话)

——中、日、韩三国人坐地铁,日本人一声不吭,只盯着一个地方目不转睛;中国人眼睛乱转，一刻也闲不住地东张西望；韩国人则吵吵闹闹，喋喋不休。

——关于吵架，韩国人光吵不动手，是儒教式的；日本人只动手不吵，是武士式的；中国人又吵又动手，是充满谋略的立体战。

——对于性，日本人闭口不说，文字大胆，身体开放；韩国人满嘴荤话，却不敢形诸文字，思想保守；中国人是中庸之道，介于二者之间。

——韩国的妻子们重感情，对丈夫强势而热情；日本的妻子们对丈夫百依百顺，温柔体贴，但很难了解其内心；中国的妻子们既重感情，又有城府，将丈夫们训练得服服帖帖。

——中国人到处是墙，心中有墙，因此历史上闭关锁国；日本人地上无墙，心中无墙，因此能大量吸收外来文化；韩国人大多是半截墙，因此半遮半掩，对外来文化欲拒还迎，心态复杂。

——中国是大陆德行，圆滑世故，雍容大度；日本是岛国德行，心胸狭窄，细致认真；韩国是半岛德行，自尊心强，心怀“怨恨”。

——中国人喜欢牡丹，国色天香，象征荣华富贵；日本人喜欢樱花，刹那盛开，瞬间凋零，象征残酷之美；韩国人喜欢木槿，质朴无华，小家碧玉，却不屈不挠，顽强生存。

——中国人喜欢看《三国演义》，讲国家大事，规模宏大，像百科全书，将文治武功熔于一炉；日本人喜欢《忠臣藏》[④]，讲武士搏杀，刀光剑影，残忍冷酷；韩国人喜欢《春香传》[⑤]，讲才子佳人，对诗传情，和美优雅。

（节选自《东亚三国志——中、日、韩文化比较体验记》，金文学著，中信出版社 2006 年版，本文题目是编者加的。）

注释

①诸桥辙次（1883—1982）：日本著名汉学家，《大汉和词典》编纂者。

②《菜根谭》：明洪应明编处世格言小品集。

③李御宁：1933 年生，韩国首任文化部长官，著有《日本人的缩小意识》《这就是韩国》。

④《忠臣藏》：颂扬忠臣义士的日本传统剧目。

⑤《春香传》：歌颂忠贞爱情的韩国古典传说。

金文学，比较文化学者，作家。1962 年生于辽宁沈阳。1985 年毕业于东北师范大学外文系日本文化专业。1991 年以亚洲第一名的成绩获日本“新岛奖学金”，赴日本同志社大学留学。1994 年获文学硕士学位，后任同志社大学文学系客座研究员，同时攻读京都大学博士课程。2001 年博士课程后期毕业以后，任教于日本吴大学社会情报学系。并任日本放送大学客座教授，专攻比较文学，比较文化及文化人类学。金文学在东亚三国以中日韩三种语言写作和演讲，曾获大小文学奖多次，被誉为“国际派鬼才”。其作品以辛辣、幽默、精练的文风风靡三国，十分畅销，在海内外拥有众多读者，代表作《中国人·日本人·韩国人》《丑陋的韩国人》《东亚三国志》。

导读

由于地缘的关系，历史上中日韩三国同属汉字文化圈，在漫长的岁月里，三国文化互相交流，相互影响，这种影响从文字到建筑，从服饰到法律，从文学艺术到天文历法，可以说是全方位的。三国文化既有相似之处，同时也有很大区别。把东西方文化进行比较，依据的是“异色比较”原理，把同一文化圈内的各种文化放在一起进行比较，依据的是“近色比较”原理。无论是异色比较，还是近色比较，异文化之间的比较总会有许多令人兴趣盎然的结果。即使不牵涉到文化的发展或是存留之类的学术问题，至少不同的生活经验的交流也往往带有极大的趣味性。金文学的这本《东亚三国志——中、日、韩文化比较体验记》就是这样一本带有随笔性质文化比较著作。尽管本身是一本比较文化的学术论著，然而那一个个叙说不同国度文化之间的故事比起常规的说教文字更加吸引人，文笔清新，文字精练，可读性强。

这本书在日本出版时的书名叫做“裸体三国志”，“裸体三国志”的说法很典型地揭示了这本书的特点。从字面上来讲，“裸体”意味着把这三个国家的文化特性毫无掩饰地描绘出来，宣告了作者在主观上愿意保持客观而纯洁的研究态度。本书在对三个国家各自本真的陈述之外，更带给我们摒弃民族偏见的深层思索。中、日、韩三国是一衣带水的邻邦，不论是中国人、韩国人、日本人，都可以从另外两个东亚国家的人身上看到自己的影子。作者独一无二的经历和学术背景使他能够深刻地理解中、日、韩三国的不同之处，敏锐地发现常人不易觉察到的细节。在书中，作者对东亚三国的文化、历史、传统、习俗、观念、社会、生活等方面进行了有趣的对比分析，观察细腻，叙说风趣，娓娓道来，言人所未言，道人所未道。作者的诸多发现，读后给人以很大的触动和启发。

感悟讨论

1. 你以前读过有关中、日、韩文化比较的著作吗？比较东亚三国文化的意义何在？

2. 课文介绍了三国文化的一些区别，哪三国文化有哪些相同之处呢？

3. 谈谈你对“中国是大陆德行，圆滑世故，雍容大度；日本是岛国德行，心胸狭窄，细致认真；韩国是半岛德行，自尊心强，心怀‘怨恨’”的看法。

链接

《东亚三国志——中、日、韩文化比较体验记》，金文学著，中信出版社 2006 年版。

《论语》是儒家文化的根基，“算盘”指经商之道。作为日本现代企业之父涩泽荣一致力于将儒家思想运用到经商实践，主张伦理道德与商业经营统一，儒商精神影响深远。

第十五节

论语与算盘(节选)

◎［日］涩泽荣一

《论语》里的经商之道

即使在今天，当我们谈论到道德时，记录孔子及其弟子言行的《论语》仍然起着至关重要的参照作用。对于这一点，相信读过的人应该是深有体会。

论语与算盘，乍一看，两者似乎风马牛不相及，八竿子都打不出什么关系来。可是，在我看来，算盘因有了《论语》而打得更好；而《论语》加上算盘才能让读者悟出真正的致富之道，它们二者息息相通，缺一不可。关系可以说是，远在天边，近在咫尺。

在我70岁时，一位友人送给我一幅画。画的一边画着论语与算盘，另一边则画着一顶大礼帽和日本刀。有一天，学者三岛毅先生[①]来拜访我，看了这幅画，觉得很有趣，就说：“我是熟读《论语》的人，你是专攻算盘的人，既然现在这专攻算盘的人都已经开始钻研起《论语》来了，那我这熟读《论语》的人也不得不好好研究一下算盘了，我要和你一起努力，一定要让它们二者紧密地结合起来。”后来，他还专门就论语与算盘的关系，写了一篇文章，并且列举了很多事实和证据，来说明道理、事实和利益三者的一致性。

我一直都认为，人只有怀着一种强烈的不断进步的欲望，才能成功。那些只会整天空谈理想、爱慕虚荣的人是很难有什么作为的。所以，我希望政界和军界能少一些争权夺利和飞扬跋扈，而实业界能再多努力一点，多为我们的国家创造财富，只有民富了，国家才能富。

可是，如何才能有效地增加财富并让财富永存呢？唯一的方法就是立足于仁义道德，用正当的手段去致富，这样的财富才能长久。因此，当务之急就是要缩短论语与算盘的差距，让二者更紧密地结合在一起。

士魂商才

从前，在日本平安前期有个文人兼政治家——菅原道真[②]，他非常提倡把日本固有的民族精神和中国学问相结合的“和魂汉才”，我觉得很有意思，也非常赞同。为此，还提出了自己的“士魂商才”。

所谓的和魂汉才就是要以日本所特有的日本魂作为根基，认真学习在政治和文化上都领先自己的中国，以培养自己的人才。

中国是一个历史悠久的国家，文化发展比较早，又有像孔子、孟子这样的伟大圣人作为先驱，因而中国的文化、学术和书籍浩瀚无边。其中又以记载孔子及其弟子言行的《论语》为中心。另外，据说就连记述禹、汤、文、武、周公事迹的《尚书》《诗经》《周礼》《仪礼》等都是由孔子编撰而成的，所以一提到汉学，首先就想到了孔子。据说记载孔子及其弟子言行的《论语》，是菅原道真公最喜欢读的书。相传在应仁天皇时代，菅原道真公还把百济学者王仁进献给朝廷的《论语》和《千字文》亲自抄录了一遍，献给了伊势神庙，这就是现存的菅原版的《论语》。

士魂商才也正是这个意思，如果想在这个社会上找到自己的一席之地，受世人敬仰和爱戴，那在为人处世上就一定要有士魂，但如果仅有士魂而无商才的话，也不能在经济上立于不败之地，所以士魂与商才在人之修为上缺一不可。那又该如何培养士魂呢？书本当然是一处可以汲取这门知识的好地方。不过我认为，所有书籍，只有《论语》才是最能培养士魂底蕴的根本。

至于商才，《论语》同样也是学习的不二选择。

乍一看，一本关于说道德的书跟商才应该没有什么具体关系，可是，我们不能忘了，商才是以道德为本的。没有道德的商才，即不道德、浮夸、谎话连篇、欺上瞒下等投机取巧的小聪明，绝对称不上是商才。因此商才离不开道德，因而就只能靠论述道德的《论语》来提高自身修养了。同时，社会上鱼龙混杂，如何才能更好地在这世事多艰的环境下生存也成了重中之重，如果你熟读《论语》，相信它一定会带给你很大的惊喜。因此，我一生都尊崇圣人孔子的教导，把《论语》当成一生的必修课。

日本也有很多值得推崇的贤人俊杰，其中最善于作战而且又精通处世之道的要数德川家康将军[③]。正因为他对处世之道的精通，所以才有那么多的英雄豪杰甘愿为他所驱使，一起开创了15代的霸业，让德川家族手握重权、屹立近三百年不到，实在是伟大。

深谙处世之道的德川家康将军也为我们后人留下了一笔关于更好为人处世的宝贵财富，其中《神君遗训》就是他典型的代表作，充分展示了他的处世之道。我曾经把《神君遗训》和《论语》作过比较，我发现它们二者竟然有着许多惊人的相似之处。例如《神君遗训》中的"人的一生犹如负重担而行远道"，不正是出自于《论语》中曾子所说的"士不可以不弘毅，任重而道远。仁以为己任，不亦重乎？死而后已，不亦远乎？"还有"责己不责人"则是出自于"己欲立而立人，己欲达而达人"；"不及胜于过"与孔子所教导的"过犹不及"是一样的；"忍耐是安全长久之基，怒为大敌"，即为"克己复礼"；另外，"人贵有自知之明，如草叶上的露水，重则落"，是告诫人要安分守己的意思；还有"常思及不自由，就能知足心中有非分之望时，宜回想一下穷困之时"或"知胜不知负，害必至于身"等等，这样类似的说法都能在《论语》中找到出处。

由此可见，德川家康家族之所以能开创如此宏伟的霸业，很大一部分都要归功于《论语》。

日本的大多数国民都认为汉学的教义就是肯定禅让讨伐，这与日本的国体相违背，其实这是一种只知其一不知其二的说法。我们看看孔子所说的"谓韶，尽美矣，又尽善也；谓武，尽美矣，未尽善也"就能明白。韶乐讲述的是尧让位于舜的事，而尧让位的动机是因为他欣赏舜的品德，因而歌颂这件事的音乐也是尽善尽美；武乐歌唱的是武王伐纣的事，虽然武王贤德，可毕竟是他挑起的战争，所以歌颂他的音乐未能达到尽善尽美的效果。仅从这一个观点，我们就能判断孔子是没有完全肯定讨伐的。

我们在评价一个人时，不应该单单只看他所说的话和所做的事，还要考虑到他所处的时代，很多时候都是身不由己的。孔子因为他正好生活在西周，所以就算他对西周有诸多不满，也不能批评得太过露骨，只能婉转地用“尽美未尽善”这样的语言来表达自己的观点。可惜的是孔子没有见过我们日本万世一系的国体，也不了解我们这样的国体，如果他生在日本，或是游历过日本，了解到了我们的国体，指不定会怎么赞叹呢！

因而大家在谈论孔子的学问之前，最好一定要先研究一下他的精神。如果眼光不够犀利，是体味不出孔子学问的真谛的。

因此，我认为，人生在世，如果想深谙处世之道，必定先要熟读《论语》。随着世界的进步，从欧美也传来了许多新的学说，当中不乏具有真知灼见的好东西，但我看来，它们仍与一些古老的学说有着异曲同工之处，只是措辞更新颖一些罢了。所以，新的东西我们要尝试着接受，对于古老的东方文化，我们也绝不能舍弃。

天命不可违

孔子说：“获罪于天，无所祷也。”该句中提到的天指的是什么呢？我个人认为，孔子的“天”是指天命的意思。

人生在世，无论是工作还是生活，都是与生俱来的天命所归。草木有草木的天命，鸟兽有鸟兽的天命，人也有人的天命。就像同样的人，有人卖酒，有人却卖饼。这种天命是上苍安排给我们的，无论你是贤是庸，是奸是忠，都不得不服从天命的安排。就像是尧，他不能让自己的儿子丹朱继承帝位，舜也不能让太子商均继位一样，这些都是上天的安排，是人力所不能改变的。又像草木始终都是草木，想要变成鸟兽是不可能的；同样的道理，鸟兽也是不能变成草木的。天命所归，万物只能顺从天命的安排。

所以，孔子所说的“获罪于天”的意思也就不言而喻了。就是指人如果不合常理地做出一些违背大自然的事，必然会招致恶果。是想逃都逃不掉的，这就是“无所祷也”的意思。

分别出自于《论语·阳货》和《孟子·万章上》中的：“天何言哉？四时行焉，百物生焉，天何言哉？”“天不言，以行与事示之而已矣。”就是说，人如果不合常理地做出违背大自然的事，得罪了上天，就算天且不言语惩罚，可是随着周围环境或人事的改变，也一定会让人感到痛苦，这就是所谓的“天谴”。人类就算想尽一切方法要逃避天谴，最终也只会是徒劳。正如世间万事万物随着四季交替而变化，而生长，不违背各自规律一样，人类也不能擅自违背，这就是天命不可违。

孔子在《中庸》的开头所说的“天命之谓性”也是这个道理。因果报应循环往复也是天命。人只有顺应天命，遵循自然规律，不做问心有愧的事，就会像孔子所说的“天生德于予，桓魋其如予何”（《论语·述而》）那样，充满信心，得到安身立命的真正本领。

怎样识人

佐藤一斋先生[④]认为，如果根据初次见面的第一印象来判断一个人，是最好的，也是最正确的识人方法。他所著的《言志四录》里有这样一句话:“初见时的观察,多半无误。”一斋先生说得很有道理,大家都要相信自己的第一感觉,和一个人接触得越多,你对他的判断也就会顾虑太多,从而出错概率同样也就多。因为初次见面时,没有掺杂任何的感情因素在其中,就算对方有伪装的痕迹,你也一眼就能识别出来。可随着见面次数的增加,则很容易受到他人情感因素的干扰,从而容易做出错误的判断。

孟子的观人方法则是根据一个人的眼睛,正如他在《孟子·离娄上》说的:“存乎人者,莫良于眸子。眸子不能掩其恶。胸中正,则眸子瞭焉;胸中不正,则眸子眊[⑤]焉。”孟子认为,一个人要是心地不纯,他的眼睛就会飘忽不定;而一个心地纯正的人,他的眼睛就会清澈透明。这种判断人的方法也是相当准确的。只要细心地观察一个人的眼睛,就能大体上知道他是正是邪,是善是恶。

《论语·为政》上说:“子曰:‘视其所以,观其所由,察其所安。人焉廋[⑥]哉?’”看来,孔子的识人方法也用到了佐藤一斋先生的这种第一印象观人法和孟子的看人眼睛观察法,这两种应用都是很有效的,都能基本上识别一个人。可是,如果想要更加深入地了解一个人,单凭这两点就不够了。必须遵从孔子的遗训,充分地运用上面所说的三种方法:视、观、察,使它们相结合,从而得出最正确的判断。

视和观在日语中都是看的意思,只是前者是指单纯的用肉眼去看外表,而后者除了看外表之外,还必须用心去看,去体会。也就是说,孔子在《论语》中所说的观察人物的方法,首先是根据一个人的外表去判断他的善恶忠奸,然后再更进一步地了解他的动机,满足于什么样的生活,只有这样,一个完整的人才能真实地呈现在我们面前。

如果一个人从表面上看起来正直不阿,可是为人处世动机不纯,那他也绝对称不上是一个正直的人。还有一种人,平日碌碌无为,没做过什么惊天动地的坏事,心地和动机也都很纯正,安于眼前的生活,但他有时也会禁不住诱惑,做出一些出人意料的危害人的事。所以,行为、动机以及满足度这三者相辅相成,三者都能做到完美才能称得上是一个正直的人。

《论语》是适合所有人的经典

自从我在明治六年(1873年)辞去官职,开始从事梦寐以求的实业以来,就和《论语》结下了不解之缘。初成商人的我除了有欣喜之外,更多的是迷惑与不安。因为商人素来都是以锱铢必较而闻名的,那我最终也会不会成为一个唯利是图的人呢?我如何才能在这浑水里,始终保持清醒的头脑,一展自己远大的抱负呢?对于这个问题。我很庆幸自己之前就读过《论语》。在我看来,它不仅是一本能教导人修身养性的好书,而且能在它的教诲下更好地经商,大展宏图。

那时,有一位后来官至大审院院长的姓玉乃的人,他在书法和文章方面的造诣都很高,而且为人严谨认真。在所有的官员里边,数我和他最投机也最亲近,大家都叫我们循吏(认真、守法、热心为百姓的好官)。我们两人几乎同时晋升到副部长一级,并且为了日后能成为国务大臣而一同努力着。

所以,对于我突然辞官而从商这一举动,他是最痛惜也是最不能接受的人,因而屡屡劝阻我。那时我正担任井上先生的次官，他因为在官制问题上和内阁意见不同，所以愤然退出了政界，而我也追随他离职了。我与井上先生的意见一致，可是，我离职的原因却不是因为与内阁的意见不合，而是另有想法。

当时的日本，无论是政治，还是教育，都有要完善的地方。可我认为当务之急却是商业。日本的商业处于一个最低谷的时期，商业不振，就无法为国家创造财富。因此，在改善其他方面的同时，也必须要大力振兴商业。当时日本的固有观念就是"经商无需学问"，还流传着什么"有了学问，反而有害"、"富不过三代"和"第三代是危险的一代"等无稽之谈。我对此不屑一顾，下定决心一定靠真正的知识来经商赚钱。

我这突如其来的举动也确实让我周围的朋友们难以理解。在他们看来，我前程一片光明，在不久的将来就能官至次长[7]，而后就是国务大臣。他们都认为我是被金钱冲昏了头脑，放着好好的为民请命的事不做，转而投身一个满是铜臭味的大染缸中。对于他们的想法，我一方面报以理解，另一方面也大大地反驳了他们的观点。我对玉乃还有其他一些朋友们说起了《论语》，说起了赵普[8]对《论语》的看法，有了"半部《论语》治天下，半部《论语》助自己修身养性"和"金钱不是罪，没有金钱，国家怎么能富强？人民怎么能安居乐业？"和"人生在世，并不是只有做官才是唯一的出路"等等这样的有利证词，连玉乃最终都被我说服了。

从此，我更加努力地钻研起《论语》了，无论多忙，我都不会错过中村敬宇[9]和信夫恕轩[10]先生所讲关于《论语》的课。最近，我还常去请教大学里专为孩子们讲解《论语》的宇野老师，只要是他的课，我必到，并且提出自己的疑问和见解，从中学到了很多。他的教学方法就是逐章讲解，让大家共同思考，等到大家都真正明白之后再往下讲。虽然进度很慢，可大家却真正学到了东西，所以他的课很受大家欢迎。

到目前为止，我已经听过五个人的《论语》讲解了。因为我不是专业研究《论语》的学者，所以在之前的研究过程当中难免会碰到一些深刻以至于不能理解的地方。例如，《论语·泰伯》中有这样一句话："邦有道，贫且贱焉，耻也；邦无道，富且贵焉，耻也。"直到今天，我才真正理解它的含义。

由于这次是劲头十足地研究《论语》，所以我又从中领悟到了很多之前未曾领悟的道理。由此看来，《论语》并没有我们想象中那么高不可攀，并不是只有学富五车的学者们才可以钻研和理解的一门学问。《论语》本来是很好懂的。只是，经过我们一些学者的一番故弄玄虚之后，它被复杂化了，使得农、工、商阶级的人不敢碰它了。其实，孔子他就是一位平易近人的老师，无论是农民还是商人都可以向他请教，而且他的言论都是很实用的，通俗易懂。

把握时机，隐忍制胜

如果一个人从出生的那一刻起，尤其是在青年时代就养成了逃避竞争的性格，那么他就很难有进步的可能，从而也就不会有成功的希望了。只有竞争，社会才能进步，才会获得更好的发展。我们也只有参与到激烈的竞争中去，并且耐心地等待时机的来临，才能有一击即中和大展宏图的那一天，并且在这竞争激烈的社会中找到一席之地。

根据我的经验，遇事不能逃避，凡事都要努力争取，不轻言放弃，该出手的时候一定要出手。不过，年轻人还是少争为妙。正所谓种瓜得瓜，种豆得豆，很多事的因果都是已经注定了的，如果贸然地想要去改变这一局势，结果必然是徒劳无功。大家一定要谨记：人活于世，一定要学会认清形势，以一颗乐观的心，耐心地等待时机的到来。所以我劝慰各位年轻朋友们，遇事除了要努力争取以外，同时还应学会隐忍。

对于日本的现状，值得我们竭力争取并且加以改变的地方有很多。尤其是现在官尊民卑的现象，只要是当官的，他做什么都是对的，就算是做了再不妥当的事，大家也都是睁一只眼闭一只眼就算过去了。当然，也有一些因为非议太大，实在逃不过法律的制裁而逼不得已隐退的官员，可有此遭遇的人和那些继续为非作歹的官员相比实在是沧海一粟，少之又少。总而言之，在当今日本，为官的可以为所欲为似乎是一则不成文的规定，在一定程度上是被默许的。相信我这样说一点也不过分。

相反，平民老百姓的言行只要稍有不慎，就会受到严酷的惩罚。如果所有的违法行为都要受到惩罚，那就不应该以阶级之分而区别对待，应该就事论事，对老百姓和官员都一视同仁。然而，当今的日本却与之相背。

另外，平民老百姓就算为国家做了再大的贡献也不会得到认可；那些当官的，一点小小的成绩都能得到极大的褒奖。针对这样不合理的现状，我们大家应该要竭力去改变。虽然我主张争取改变这样的现状，但也并不意味着我们就要立刻采取什么行动，时机未到，就算是做了也只能是做一些无用功。所以，我这些话也只是发一发牢骚，可与此同时，我们都不能忘了，一旦时机来临，就是我们拿出行动改变这一切的时候。

立心公正，量才适用

量才适用，一件说起来容易做起来难的事。有很多人，为了扩展自己的权势，稳固自己的基础，成就自己的霸业，对人才也是“量才适用”，只不过这样却很容易变成以权谋私。这样的做法，无论是在政界还是在商界，都不足为怪。可是，这绝不是我想要学习的。

纵观古今，只怕很难找到像德川家康将军那样能量才适用和以权谋私并存，并发挥到极致，让自己的权势和威望都达到极点的人。日本历史上除了他很难找到第二人。

为了加强江户地区的戒备，他在此安排了自己的嫡亲弟弟；为了控制箱根的关隘，他又把大久保相模守安排到小田原[11]，同时把三家的嫡系亲属分配到全国的要塞地区，如用水户家控制东国的门户、用尾州家据守东海要冲、用纪州家做好几内的后方警备，还把井伊扫部头安置在彦根[12]，镇守平安王城。他的这一做法，实在高明至极。因为这样一来，几乎整个日本的重要地方都有了他的心腹在把守，让别的诸侯没有动弹的余地，因而德川近三百年的霸业也得以成就。

我不想评价他的这一做法是否合乎日本的国体，单纯地只看他运用人才这一手段，他的成就的确没人可以相比，称得上前无古人，后无来者。

我曾经很用心地学习过他用人的智慧，在人才和位置上做过一些适当的调整。当然，我从来没有在目的上效仿过他，而且我对身边的人也都是真心实意的，我唯一的愿望就是把合适的人才安排到最合适的岗位上。如果最终真能如我所愿，人尽其才，他们也都各有所得，这对于国家而言也是一件好事，也成全了我报效国家的这一夙愿。这也是我从商路上一直坚持的处世原则。

如果利用权术而将他人玩弄于股掌之中，这是对人的一种侮辱，我绝不会做这样的事。每个人都有自己的自由，如果觉得我这里不能施展你的才华，那你大可以离开，去寻找一个适合自己的地方，我绝对不会限制你。

海阔凭鱼跃，天高任鸟飞。无论在哪里，我都希望能物尽其用，人尽其才，希望有才能的人在合适的岗位上发挥出自己最大的光芒。虽然因为我的一技之长，有人愿意屈就于此，我也绝不会因此而轻视他。人生来平等，而且是有礼有节的平等，做人就应该要懂得投桃报李。总而言之，人与人之间是一种相互扶持、相互依存的关系，戒骄戒躁、互相协作，这才是我的做人原则。

是否该与人争

有人认为，在社会中，无论什么情况下都不应该有斗争。更有甚者认为：要是有人打了你的右脸，你应该把你的左脸再伸上去让他打。对于这一问题，可以不论谁对谁错，大家可以仁者见仁，智者见智地各抒己见。

我个人的观点是，斗争不应该完全被禁止，在某些情况下，斗争还是非常有必要的。在社会上，有些人说我太圆滑了。其实这只是一种误解，我只是不喜欢做无谓的斗争，也从来没有把绝对避免斗争作为我的处世原则。

《孟子·告子下》中说："无敌国外患者，国恒亡。"正像孟子所说的这样，大到一个国家，如果它想要全方面地健康发展，那就必须在工业、商业、文化、技术以及外交等各个领域始终坚持与外国竞争的必胜信念。注意！我强调的是竞争，而不是剑拔弩张的斗争。小到个人，如果没有足够的竞争意识，那是很难取得成就的，就算是侥幸取得了成就，持续的时间也不会太长，中国人常说的"居安思危"就是这个意思。

一般教导晚辈的前辈分为两种：一种是温和型的，无论什么时候，他们从来不会对晚辈恶语相向，更谈不上责备和过分要求，他们始终都如春风般地对晚辈谆谆教诲着。事无巨细，一切都以庇护晚辈为前提。这样的前辈自然会受到晚辈的喜爱，而且还能得到晚辈如对待慈母般的敬仰。可是这样的教育方式到底是好是坏，还有待我们进一步讨论。

另一种人，正好与之相反，是属于野蛮型的，这一种前辈似乎视晚辈为上辈子的宿敌，稍有一点失误，他们就会大发雷霆，严词教训，一点情面都不留。这样的前辈往往都没能在晚辈心里留下个好名声，总是会受到他们的怨恨。可是，这样的教育方式又真的不能带来一丁点儿好处吗？这点也值得我们青年朋友们认真思考一下的。

晚辈们犯了错，做前辈的极力维护也是人之常情，是可以理解的。可是如果除了一味的庇护而什么都不再说和做的话，那对晚辈就真的好吗？试想一个人，他每次犯了错，总会有个人既不责备他也不教育他，还热心地为他收拾残局，久而久之，他是不是就会养成一种不负责任、骄傲浮躁的性格呢？他总会认为自己无论犯了多大的错也没什么大不了的，一定会有人过来替自己解围的，在他看来，他已经可以为所欲为，还可以不用承担任何责任了。骄傲自满、轻浮、粗心大意和没有责任心成了他处事的态度，而这些也为他日后的工作和生活的失败埋下祸根，最终使他遇到一点小小的打击就会被彻底击垮。

如果换作遇到是第二种前辈，作为其下属的晚辈应该是在任何时刻都不敢有所怠慢的。他们会谨言慎行，时刻谨记做事要小心仔细，尽可能地不让作为上司的前辈找自己的茬。而且，更有一些前辈除了会挑晚辈的错之外，有时甚至连晚辈的父母也会牵连其中，什么“上梁不正下梁歪”这样恶毒的话也随时会蹦出来。面对这样的前辈，晚辈一定会想到如果自己犯了错，不单会让自己难堪，而且甚至也会让父母颜面扫地。所以，发奋进取就成了他们唯一可以做的事。

大丈夫的试金石

逆境究竟是指什么呢？容我举个例子说明一下，相信大家就会明白了。通常情况下，我们的国家都是国泰民安、一片祥和宁静的。就好比平静的水面也会起波纹，静止不动的天空会起风一样，即使在和平年代，也会有时发生革命或动乱。与社会的祥和宁静相比，这样的动乱就是逆境。

如果把生在或处在那样一个动乱时代的人称之为不幸者的话，那我也是这千千万万不幸者中的一分子，因为我出生在明治维新这样一个动乱年代。时至今日，经历了太多变化，也算得上是从逆境中走过来的人。回首往昔，身处于那样一个动乱时代，无论你是贤是庸，是忠是奸，你的境遇也许会在朝夕之间发生翻天覆地的改变，可能一觉醒来，你就已经从一个高官沦为了阶下囚，也有可能由一个无名小卒突然变成一个声名显赫的大人物。总之，在那样一个时代，一切皆有可能，没人看得清在你前方的路到底是逆是顺。

当初，我为了支持尊王讨幕、攘夷封港而东奔西走，可后来却成了一桥家的家臣，幕府的臣子，后来还跟着民部公子一起去了法国。等到回国的时候，幕府已经垮台，国家变成了王政。面对变化之时，我心有余而力不足，可是既然我已经尽力了，那也就没有什么遗憾了。

处在一个社会变迁，政体革新的时代，就算我再努力，也还是有些难以适应，是真的身处在逆境中了。对于过去在逆境中发生的那些人和事，我至今想起来仍历历在目，而且我相信与我有同样感受的人不在少数。不过，这毕竟是社会巨变的大风浪，人一生碰到的次数也不多。可是，那些我们不能预测的小风浪就数不胜数了，被这些小风浪卷进去的危险也无处不在。因此，当你身陷这些小逆境之时，就应该要好好想想它到底是人为的，还是自然的了，经过认真分析，从而寻找到好的对策。

我认为，自然的逆境是大丈夫的试金石。那么，身处自然逆境之时，我们应该如何应对呢？我不是神，所以关于这点，我没有什么秘诀可以传授给大家。而且我想，这社会上也没有人会有这样的秘诀。依我的经验，我唯一能告诉大家的就是：身处自然逆境，要知足守本分，做好自己能做的事，以不变应万变。任何的手段和方法都不能阻止这一切的发生，因为这是天命。如果硬要把这宗罪强加到人为力量的头上，结果只会被这自然逆境所打倒，直至最后束手无策。所以，大家最好一边先安于天命，静静等待即将要降临的命运，另一边则锲而不舍努力上进。

相反，如果陷入的是人为的逆境时，我们又应该如何应对呢？大多数人认为逆境都是由于自身的原因造成的，所以，反省并加以改正是最好的办法。如果你想要幸福，那就要努力去追求，如果你什么都不做而坐等幸福降临，结果只会是自寻烦恼，陷入自己给自己制造的逆境中不能自拔。

做事要量力而行

时至今日，我一直都以忠恕的思想来作为我的处世方针。古往今来，宗教家、道德家中硕学鸿儒辈出，他们传道立法的中心都围绕着修身养性。这是一门深不可测的学问，简单点说来就是像我们拿筷子这样一件小事也包含着大学问在其中，因此我们一定要十分注意。

孔子有段话是这样说的：入公门，鞠躬如也，如不容。立不中门，行不履阈[13]。过位，色勃如也，足躩[14]如也，其言似不足者。摄齐[15]升堂，鞠躬如也，屏气似不息者。出，降一等，逞颜色，怡怡如也。没阶，趋进，翼如也。复其位，踧踖[16]如也。（出自《论语·乡党》）此外，还有一段关于食物方面给我们的教导，他是这样说的："食不厌精，脍不厌细。食饐而餲[17]，鱼馁而肉败，不食。色恶，不食。臭恶，不食。失饪，不食。不时，不食。割不正，不食。不得其酱，不食。"（语出自《论语·乡党》）这都是一些看似浅显、微不足道的小事，其实它其中却蕴含着许多道德和伦理。

如果能够做到注意自己的一言一行，接下来就应该要全面地认识自己了。社会上，总有一些人也不称称自己到底几斤几两，总以为自己什么都行，遇事不计后果，只知一味地贸然前进，把自己的本分抛诸脑后，最后招致意想不到的恶果。正所谓"有多大的头就戴多大的帽子"，连螃蟹都知道自己挖的洞应该要和自己的壳一般大，更何况是我们人呢！所以我一直把这句话当作我的座右铭，恪守自己的本分。

大约 10 年前，曾经有人劝说过我出任财政大臣和日奉银行的总裁，都被我一一谢绝了。因为我清楚地认识到，既然我已经投身于实业界了，我就不应该再这山望着那山高了。

孔子说过："止，吾止也……进，吾往也。"所以实际上，人的出入进退是非常重要的。如果只是一味地安于本分，不思进取，就什么都干不成了。自古就有"业不成至死不还""大功不计小过""君子一言，驷马难追"等等的说法教导我们，一定要为自己的行为负责。当然，这一过程仍然要守好自己的本分。孔子说："从心所欲不逾矩。"（《论语·为政》）我认为，他也是说人要在安于本分的前提下不断进取。

其次，最值得青年们注意的就是自己的情绪，不仅是年轻人，所有人在处世的时候都难免会发生错误，大都是因为没能控制好自己的情绪所致。

孔子说："《关雎》，乐而不淫，哀而不伤。"（《论语·八佾》）这就是在强调好好调节喜、怒、哀、乐的重要性。我们饮酒也好，娱乐也罢，应该要以不淫不伤为限度。总的说来，我的原则就是诚心诚意，胸怀坦荡，严格自律，除此之外，再无其他。

面对得意与失意

灾祸往往都发生在人最得意的时候。因为这个时候，人最容易得意忘形，灾祸因此也就有了可乘之机。所以，我们一定要牢记，得意的时候，切莫让一时的胜利冲昏了头脑，应该要戒骄戒躁，谦逊地对待身边的人和事；失意的时候，不要气馁，乐观勇敢地面对一切不顺心的事。总之一句话："得意之时要淡然，失意之时要泰然。"

不管是谁，面对大事，都会考虑周全，以最周密的计划来对待。可在对待小事上却是不以为然，马马虎虎地草草应付了事，这不是个别人的行为，而是一种社会常态。当然，也不用把过多精力都投入到小事上，更何况有些大事也能在无需过分担心的情况下圆满解决。只是我们在面对所谓的大事、小事时，我们都不能只看表面就轻易地作出判断。因为小事是完全有可能演变成大事，而大事也能化成小事的。总而言之，事无大小，凡事应三思而后行。

处理一件大事时，我们考虑的方面无非就是：

一、这件事我应该怎么处理？

二、这件事分别对我和他人有什么好处？

三、这件事会不会危害他人或国家？

然而，论考虑这三者孰重孰轻、孰主孰次时，那就因人而异了。有人把自己的得失放在其次，他就会把寻求最妥当的解决方法和不危害他人利益放在首位；有的人把自己的得失，也就是个人利益放在首位，那他就会把他人的利益得失放在次位，也许就会做出一些伤害他人的事来获得成功；更有甚者，如果完全以自我为中心，那就会连国家利益都置之不顾了。总之，人各有志，各人有各人的想法，我们不能一概而论。如果问我会怎么处理，我会这样回答，首先我会考虑这件事情应该怎么做才算合乎常理。其次，如果合着常理做了能否给国家带来什么利益。最后再考虑这么做对自己有什么影响。即使这件事让我无利可图，可是只要它合乎常理，对国家有利，我也会义无反顾地去做。

所以，我认为考虑事情时，应先探其得失，是否合乎常理，三思而后行，这才是最佳方法。不过考虑的时候，一定要心思缜密，切不可蜻蜓点水、鲁莽行事，等到半途发现问题时，又突然放弃。因为有些事即使表面上看起来合乎常理，也有可能存在不合理的地方，而不合理的事情最后也可能会对社会有益。如果不经过仔细的思考，很多方面是考虑不到的，仓促地就得出结论是最不可取的。万一处理不当，可能先前的一切心血都会付诸东流。

对于小事，不经过深思熟虑，马马虎虎就做出决定，这个习惯也非常不好。小事是很难引起人们注意的，可一些小事往往是大事的开端，一件被你轻视的小事，没准日后就会演变成一件惊天动地的大事。事无巨细，从小事做起，逐渐向好事发展，最终收获一个人或一家人的幸福，这都是有可能的，这是积小成大的好处。

可是，一些平日生活中小的不好的习惯，如果你不注意的话，随着时间的累积，最后可能会演变成你成功路上的一块大的绊脚石，甚至会让一个善良的人变成一个坏人。

如果是政治家，就会导致政治腐败；如果是实业家，就会导致业绩不佳；如果是教育家，就会误人子弟。这也是积小成大，可是最后变成的却是坏事。所以，没有绝对的小事，也没有绝对的大事。社会上动辄就对大事小事加以区分，这实在不是君子所为。事无大小，应该以相同的态度和原则来处理和对待。

最后，我再强调一遍，切忌得意忘形。古语有言："成名常在穷苦之日，败事多在得意之时。"我觉得这句话说得很有道理。因为当人身处困境之时，他处理任何事时，都会把它当成首要任务来处理，所以成功往往都在这样的情形下获得，而成功者身上也就多了一种坚忍不拔、胆大心细的独特品质。

因为未能对一些忽略了的小事做出及时的处理，得意过后，取而代之的将会是失意，继而是失败。这和积小成大也是一个道理。总之，人在任何时候都不要得意忘形，事情不分大小，用相同的态度去对待和处理。遇事要做到像水户黄门光国公墙上写的对联那样："小事皆通达，临大而不惊"。

（节选自《论语与算盘》，[日]涩泽荣一著，余贝译，九州出版社2012年版）

注释

①三岛毅（1830—1919）：号中洲，日本汉学家，东京大学教授，创办汉学塾二松学舍。

②菅原道真（845—903）：日本平安时代学者、汉诗人、政治家。长于汉诗，被日本人尊为学问之神。著有《类聚国史》《菅原之草》《新撰万叶集》等。

③德川家康（1543—1616）：日本历史上杰出的政治家和军事家。日本战国时代、安土桃山时代三河国大名，与织田信长、丰臣秀吉并称战国三杰，一生致力于结束乱世、重塑封建秩序。

④佐藤一斋（1772—1859）：日本儒学者。因给经书加标点而博得"一斋点"美名，主讲朱子学，并接受阳明学影响。著有《言志四录》。

⑤眊（mào）：眼睛看不清楚。

⑥廋（sōu）：隐藏，藏匿。

⑦次长：日本中央政府副部长。

⑧赵普（922—992）：字则平，死谥忠献，幽州蓟县（今天津市蓟州区）人，后迁居洛阳，北宋开国功臣，宰相。赵普读书少，喜欢《论语》，后来有了"半部《论语》治天下"之说，对后世影响很大，成为儒学治国的名言。

⑨中村正直（1832—1891）：号敬宇，日本启蒙思想家。自幼学习汉学、兰学、英文，精通儒家经典。

⑩信夫粲（1835—1910）：号恕轩，日本幕末至明治时期的汉学家。著有《恕轩文钞》《恕轩诗抄》等。

⑪大久保忠邻（1553—1628）：日本战国时代和江户时代初期的武将，德川家康的近侍、家臣，相模国小田原藩初代藩主。相模守：相模国地方官。相模国是古代日本令制国，又称律令国，即在律令制下所设置的地方行政区划。小田原：今神奈川县西部城市，战国时代已是繁荣城市。

⑫井伊直政（1561—1602）：战国中后期到江户初期之武将、大名，德川家康家臣，近江彦根

藩初代藩主。扫部头:日本古代官职,负责宫中清扫。彦根:日本本州中部城市,今隶属滋贺县。

⑬履阈:踩踏门槛。阈(yù):门槛。

⑭躩(jué):快步貌。

⑮摄齐:提起衣裳下摆。

⑯踧踖(cù jí):恭敬不安貌。

⑰食饐(yì)而餲(ài):粮食霉烂腐臭。饐、餲:均指食物经久腐臭。

⑱水户黄门光国:水户,今日本茨城县县厅所在地,因江户时代德川家族居住于此而繁荣起来。黄门光国:即德川光国(1628—1701):日本江户时代的大名,水户藩第二代藩主,德川家康之孙。德川光国官位为中纳言,中纳言的别称为黄门,出于避讳故称。

涩泽荣一(1840—1931),日本企业之父,儒家资本主义的代表。生于日本埼玉县亦农亦商家庭,少年即显露出经商才能,早年曾参加尊王攘夷活动,由于精明能干,被德川庆喜重用,1867年随德川庆喜之弟访问欧洲,回国时幕府已经倒台,1868年创立日本第一家银行和贸易公司,1869年到大藏省任职,积极参与货币和税收改革,1873年因政见不合辞职,任日本第一国立银行总裁。10年后创办大阪纺织公司,确立他在日本实业界的霸主地位。此后,他的资本渗入铁路、轮船、渔业、印刷、钢铁、煤气、电气、炼油和采矿等重要经济部门,1916年退休后致力于社会福利事业,直到91岁去世。他一生业绩非凡,参与创办的企业组织超过500家,包括东京证券交易所,更重要的是,他热衷于西方经济制度的引进和企业形态的创新,率先发起和创立近代经济团体组织,他是日本现代企业制度——株式会社的创始人。在实业思想上,他把来自中国的儒家精神与效仿欧美的经济伦理合为一体,奠定了日本经营思想的基础。作为日本最成功的儒商,涩泽荣一一生崇拜孔子,他反对所谓经济活动与伦理道德不相容的观念,积极致力于把《论语》思想运用到经商实践,鼓励人们修学向上,儒商精神对日本企业,乃至日本经济都产生了深远影响。

导读

《论语与算盘》一书是日本企业之父涩泽荣一所著。这部著作共有十章,分别从"处世与信条"、"立志与学问"、"常识与习惯"、"仁义与富贵"、"理想与迷信"、"人格与修养"、"算盘与权利"、"实业与士道"、"教育与情谊"和"成败与命运"等十个方面阐述儒家经典《论语》在经商实践中的重要意义,创造性地提出了义利合一的经营理念,鼓励人们做一手握《论语》、一手握算盘的企业家。本文为这部著作的第一章,本着尽量保持原著风貌的原则,除去掉了第一章的题目"处世与信条"外,保留了本章原有的11个小标题。

《论语》是儒家的奠基之作,涵养君子品格操守的经典,代表伦理道德的"义",而算盘则象征精打细算、锱铢必较,代表经商活动中的"利",深受儒家文化影响的日本社会,传统的观念认为"义"和"利"是对立的,不相容的。从小熟读四书五经又在商界经营多年的涩泽荣一深刻领悟到,义利对立的观念对国家和社会有极大的害处,这种传统观念阻碍社会的进步与发展,他创造性地把义与利统一起来,提出了"义利合一"的理念,认为义利可以相向而行，二者并行不悖，以义取利，以利济世，谋求义利合一。因此，开篇即明确提出了他的观点："论语与算盘，乍一看，两者似乎风马牛不相及，八竿子都打不出什么关系来。可是，在我看来，算盘因有了《论语》而打得更好；而《论语》加上算盘才能让读者悟出真正的致富之道，它们二者息息相通，缺一不可。关系可以说是，远在天边，近在咫尺。"他希望通过学习《论语》来提高商人的道德，使商人懂得君子爱财，取之有道的道理，同时，也要让大家明白逐利并不违背圣人古训。如何让《论语》与算盘更紧密结合在一起，缩短两者之间的距离是涩泽荣一写作本书的初衷。

作者还提出了"士魂商才"的概念。士、农、工、商是传统意义上的所谓四民，士原来指读书人，传到日本，指武士，商则指的是商人，也就是说，能在社会上立足的人同时要具备这两种人的优点，既需要有武士的操守、道德和理想，又要有商人的才干与务实精神。他认为，"如果偏于士魂而没有商才，经济上也就会招致自灭。因此，有士魂，还须有商才"，"所谓商才，本来也是要以道德为根基的。离开道德的商才，即不道德、欺瞒、浮华、轻佻的商才，所谓小聪明，决不是真正的商才"。而《论语》则是培养士魂底蕴的根本和出发点。接着，作者回顾了自身辞官投身商界的经历，得出了《论语》是适合所有人的经典的观点，他认为除了士，农、工、商阶层的人也都应该学习《论语》，并从中受益。接下来，涩泽荣一举出了德川家康开创霸业归功于《论语》的历史事实，又讲了身处逆境的精神支撑问题，还通过孔子对待细节的事例阐明小事包含着大学问的道理。最后，谈到人生如何面对得意与失意这两种境况，以辩证的态度提出"得意之时要淡然，失意之时要泰然"的观点，宠辱不惊的人生态度正契合了儒家思想的精髓。

本文大量引用《论语》和各种经典名言，使观点结论言之有理，言之有据；讲述自身经历，令人身同感受，具有极强的说服力；介绍用历史事实和身边发生的事情，使得文章生动翔实，极具吸引力；文章语言平易，娓娓而谈，具有较强的可读性。

感悟讨论

1. 你同意作者关于《论语》与算盘关系的观点吗？这篇文章引发了你对儒商怎样的思考？

2. 收集相关资料，了解涩泽荣一，试写一篇人物小传。

3. 找出并阅读分析文中所引用的《论语》，理解其内涵。

链接

《论语与算盘》，[日]涩泽荣一著，余贝译，九州出版社 2012 年版。

一位具有强烈现代意识的总裁，以中国古代哲学家的智慧，把一个个处境困难的公司扭转成为商战中的赢家。他的目标是：跻身《财富》杂志全球最大 500 家公司的行列。

第十六节

中国海尔的威力

◎［美］安东尼·保罗

在中国现代经营管理的发展历程中，青岛一家电器厂 1985 年夏天发生的事颇具传奇色彩，其意义不亚于亨利·福特把排气阀的生产过程改为 21 个步骤[①]，或者盛田昭夫用 10 只平底锅制造出索尼公司的第一段录音带[②]。

80 年代初，青岛电冰箱总厂成为濒临倒闭的企业：债台高筑，职工牢骚满腹，产品质量低下，服务恶劣。1985 年 8 月的一天，一位满脸不高兴的顾客来到厂里，抱怨说他买的是台劣质冰箱——这在当时可不是件小事，因为每一千家中国城市住户中只有两三家拥有这种奢侈品。

当年 36 岁的总裁张瑞敏眼睁睁地看着这位顾客挑了几十台冰箱，挑来挑去都有毛病，最后终于选中一台拉走，说是感到满意了。但张瑞敏不满意。他到仓库里把所有冰箱重新检查了一遍。他回忆说："那里有 400 台左右，我找出了 76 台我觉得不能投放市场的冰箱。"

他把这些不合格产品挑出来放在仓库的空地上，把全厂大约 600 名职工召集起来，让他们都来看看这些报废的冰箱，他拿出一把大锤，下令："砸掉它们！"工人们犹豫了，但张瑞敏毫不动摇。他说："如果我们把这 76 台卖出去，就会继续犯错误，最终导致我们公司破产。"不一会儿，仓库的空地上留下了一堆废铁。

这一宣泄性举动的意义不仅仅在于让一些冰箱变成了垃圾，而在于它使这家工厂走上更新换代之路，创造出中国最引人注目的公司之一，这就是海尔集团。海尔的变化证明，再差的企业，也可以转变成生机盎然、欣欣向荣的公司。冰箱生产线的工人如今将那把大锤挂在墙上，以示警戒。

张瑞敏的下一个目标是跻身《财富》杂志全球企业 500 强之列。他还有很长的路要走。1998 年，海尔集团的销售总额为 23 亿美元，是 1985 年的 5000 多倍，却不及《财富》全球公司排名榜第 500 名公司的收入的 1/3。不过，海尔仍堪称中国市场这个小池塘中的一条大鱼。该公司的空调器（占 36.8%）、冷柜（47.2%）、电冰箱（40%）和洗衣机（35.9%）的市场份额均高居榜首。彩电的市场份额位居第四，同时还生产其他各种小家电，如热水器和微波炉等。该公司发展迅猛：1984 年以来，收入平均每年增长 83%。海尔现在有 50 家下属企业（完全拥有 18 家，控股 23 家，9 家合资企业）。集团的员工超过 2 万人，总资产约 11 亿美元。海尔产品销往 87 个国家，并正在印度尼西亚、菲律宾、马来西亚和伊朗建厂。海尔不仅仅是第三世界的奇迹。在美国，它声称拥有近20%的小冰箱市场。海尔空调器也已打入欧洲。

张瑞敏从死亡边缘挽救回来的这家公司是一家集体所有制企业，中国大约有2500万这种实体，它们在原则上归工人所有，但由地方政府监督指导。虽然这种往往以城市为基础的中小型企业的问题与庞大、棘手的国有企业不尽相同，但两者都受到责任不明和管理不善的危害。

虽然海尔从正式意义上讲仍然是城市集体所有制企业，张瑞敏也是受当地政府的委派，但是海尔解决了上述这些问题（海尔集团已在上海证券交易所上市，并希望在国外上市：在中国，这样的企业是为数不多的）。该公司的组织结构图上列出了一栏“党群系统”，这是中国独有的特点。公司还有负责宣传、党委和保卫的副职。市政府的影子无时不在。张瑞敏说：“我们处于一种混合经济。你得有三只眼睛：一只盯着市场，一只盯着工人，还有一只盯着政策。”重要的是，海尔的成功表明，即使在重重困难之下，集体所有制企业和国有企业也是可以振兴的。

张瑞敏是家里的独子，父亲是青岛一家衬衫厂的工人。他说，他最初的爱好是中国古代文学。他现在回忆起这段经历时说，老子和孙子除了给古代战士提供丰富的精神食粮外，也给现代的经营之道带来深刻的启迪。老子对企业管理有着这样的启示：“谋事在人，成事在天”[3]；孙子的思想也对市场战略有着重大意义，例如：“声东击西”[4]。

张瑞敏20多岁时，“文化大革命”爆发，学校停课了好几年。这期间，他把大部分时间用于潜心阅读。

1984年，他把所学知识付诸实践的机会突然降临。随着中国实行对外开放，外国公司纷纷来跟中国工厂做生意。据海尔自己的网址承认，青岛冰箱厂当时不过是“一排破烂的厂房，里面有处架车床”，月生产能力仅84台。该厂还在亏损：1984年为17.9万美元。以生产大型家用电器著称的德国利勃海尔家用电器有限公司提出把现代电冰箱生产技术卖给该厂，青岛市同意了。该厂总经理对吸收这项技术的能力感到悲观，因此辞职而去。当时在市政府家用电器处任副职的张瑞敏接受了这项工作。

头几个月对一名经理来说无异于一场噩梦。第一个冬天，厂里没钱买煤采暖，工人们把厂房窗户的木框拆下来烧火取暖。任人唯亲现象风行，生产时断时续，质量拙劣可笑。职工们大部分时间在附近的火葬场看人家举行葬礼。

那时，经过中国的农业改革，农业合作社得以积累了大笔资金。张瑞敏从青岛郊外的农民朋友手里贷了一笔款，付给工人一部分拖欠工资。他最得人心的举措是购买了一辆大客车。工人们住得离厂较远，上下班是个沉重的负担。这对工人来说简直是奢侈的享受，它意味着更加美好的未来。让工人们惊愕的是，张瑞敏每天和他们一样乘坐厂车上下班。（老子说：“以百姓心为心，善者善之，不善者亦善者，得善也。”[5]）

引进利勃海尔的技术后，张瑞敏把这家德国公司的样品摆在装配线工人一眼就能看见的地方，以便他们时刻铭记质量标准。到了1986年，海尔实现了收支平衡，并接管了青岛另外三家大型家电企业，于1991年组成青岛海尔集团。

除了一项订于2001年到期的技术协议之外，与利勃海尔公司的联系已于1994年中止。海尔已经完全发展壮大，不再需要这层关系。它无需再购买利勃海尔的设备——事实上，它自身的生产技术已经开始销往外国公司。例如，1999 年，海尔集团它向西班牙出售了家电技术。但该集团的名称仍令人想起这层关系，因为“海尔”的中文发音与“利勃海尔”的音译相近。

海尔的转变是经营艺术的一个典范，哈佛大学商学院已将其引为经营实例。公司实行两大战略：扩大和经营。首先是海尔作风。占地 120 英亩的海尔工业园区位于青岛市郊，到此参观的人会发现，这里的装配线管理方式既有外国管理的方法，又有中国特色——有一点毛泽东时代的自我批评风尚。张瑞敏显然从日本质量管理大师今井的著作中吸收了思想精华⑥。今井的“5S 运作”取自五个拉丁字母拼写的“S”开头的日文单词，大致可译为：Seiri（摒弃不必要的东西）；Seiton（按照使用顺序摆放工具）；Seisoh（保持工作场所洁净）；Siketsu（保持自身整洁）；Shitsuke（遵守车间纪律）。

海尔在此之外又加了一条“注意安全”，通过“6S 自查站”贯彻这套制度。每个班次交接时，出了差错的工人必须站在车间内一个所有同事都能看见的划定地点。未能改正错误的工人可能会在公司的业务通讯上受到批评或被处以罚款，如果屡教不改还可能被解雇，这一招以前在中国是闻所未闻的。有人抱怨这套制度过于苛刻，一名经理人员说：“市场不相信眼泪。”

海尔各家工厂的墙壁上到处张贴着写有“海尔精神”（敬业报国，追求卓越）和“海尔作风”（迅速反应，马上行动）的标语。帮助张瑞敏把这些管理思想注入新收购的企业的是苏芳雯领导的海尔企业文化中心。苏芳雯今年 30 岁左右，1988 年进入海尔集团，现在差不多成了一名传奇人物。她的工作是帮助那些从前在纪律松弛、管理混乱的环境中工作的人们强化纪律和质量管理的观念。每当海尔接管一家新的公司时，友善、果断的苏芳雯及其助手总是率先到场。他们对西方的管理方法了如指掌——张瑞敏说迈克尔·波特和彼得·森杰都对他产生过影响——但是训练方法又带有明显的中国特色⑦。举个例子，五星级宾馆的激增给了苏芳雯向生产线上的工人们生动地展示根据全球市场的需要不断提高水平的一次机会。苏芳雯的办公室墙上挂着这样一幅标语：扩大市场份额，提供五星级服务。

如果这一切听起来不过像是在高喊口号，有一点颇有教益，那就是，在苏芳雯的口号中有一些非常严厉的东西。一张标语不加掩饰地告诫全厂职工：(1)一些员工缺乏质量意识。(2)一些工长作风放纵、工作马虎。(3)一些部门主管懒懒散散。(4)要加强合作，改善风气！

当然，所有这一切都是为了生产出人们愿意购买的商品。自从用大锤传授质量观念以来，张瑞敏一直把创造卓越视为他的使命。为了建立出口信誉，他获得了 ISO 9001 国际质量管理认证。现在，他希望海尔在工业研究领域内处于一马当先的地位。1999 年 12 月，张瑞敏成立了海尔中央研究院，负责开发新的生产技术。1998 年该公司还在洛杉矶成立设计中心，负责改造产品，以适应当地的市场条件。1999 年 8 月，海尔的信息技术中心破土动工。

在调整海尔管理技术的同时，张瑞敏开始接管技术精良但管理不善的集体所有制企业、国有企业和私营公司，然后用海尔模式进行重组，如今已达 18 家，而且还在增加。他在这方面的才干声名远扬，现在，他不需要自己去寻找新的收购对象，许多公司主动送上门来。近200家公司登门与海尔洽谈，要求被接管，但大多数公司不具备条件。张瑞敏最近拒绝了江西一家电视机厂的兼并要求，因为该厂的技术陈旧，产品种类过时，科研工作落后。重庆一家冰箱厂也过不了关：设备陈旧破损，工人士气低落，大部分已离开工厂。

一个最近成功的收购范例是接管青岛第二大家电企业红星厂。红星厂也是青岛市下属的集体所有制企业，以前是海尔的主要对手之一，到90年代初陷入严重困境。除了负债累累和产品积压等通病之外，该厂的创始人因侵吞公款锒铛入狱。

应青岛市政府的要求，海尔于1995年接管该厂。当时的青岛市市长(现在是中国建设部部长)俞正声不希望这家亏损工厂倒闭而导致3000人下岗。海尔无需为红星付出任何东西，可以在它位于青岛的厂区重建装配线。尽管得到市政府的合作，但这次兼并仍是一场“赌博”。红星企业债务如山，纪律松散，海尔的经理人员为此忧心忡忡。海尔的职工很不情愿拿他们的辛苦钱去援助红星的工人。红星的经理人员则对他们的新上司充满敌对情绪。

但是苏芳雯灌输了海尔企业文化——她用墙上标语，6S制度，偶尔解雇个别工人等方法来激励工人，提高工作效率。同时，张瑞敏通过与意大利的梅洛尼家电公司组建合资企业，提高了红星厂的洗衣机生产技术。结果，在原红星厂工人的积极努力下，海尔集团占据了中国洗衣机市场1/3以上的份额。由于年度报表中增加了红星厂的收入，海尔的年销售收入和利润直线上升。因此，可以说收购红星厂是海尔公司最大的一次收购，在那以后的3年中，海尔公司还收购了在计划经济下一直停滞不前或亏损的其他大型家电企业，如武汉的武汉冰柜厂、广东省的合资企业、安徽省的黄山电子厂。

张瑞敏和他的助手们通过对生产彩电的黄山电子厂的改造，提供了海尔的工作程序和纪律如何改造国有企业的一个典型范例。1997年底，黄山电子厂欠债365万美元，而且还面临更严重的亏损。主管这家公司的合肥市政府把海尔公司的调查小组请去进行调查，调查小组得出的结论是，黄山电子厂的技术有一些问题，但主要是纪律和质量管理没有跟上。张瑞敏在同意收购后给黄山公司派去海尔的5位经理。他们发现工人队伍一片混乱。海尔公司的高级工程师余子达说：“当时迟到早退、调皮捣蛋的工人或不好好干活的工人有时候拿的钱倒比别人多，这是因为他们有门路。”余子达说，在向他们介绍海尔的装配线管理方式，尤其是在介绍6S制度时，黄山电子厂的许多工人认为这是不可能做到的。该厂2000名职工中的200人要到市政府门前示威，抗议海尔对他们过分严厉。张瑞敏果断关掉了这家工厂，给持有不同意见的工人两种选择：要么给海尔公司干活，要么回家。两天以后，这家工厂又开工了。

张瑞敏兜了一个圈子承认说，并非所有工人都能做到成功的选择，他也解雇了一些工人。但留下的工人比以前任何时候干活都更卖力。生产上去了，每月达到3万台电视机，而在海尔改革之前是每月200台到300台。职工的收入比过去增加了一倍，而且是定期支付。职工也从医疗保险制度中得到好处，被工厂前领导抛弃的这种医疗保险制度是在海尔公司收购后恢复的。

海尔道路的成功及其对其他企业改革的启示的影响已引起中国领导人的重视，他们知道，正在进行的国有企业的彻底改革可能意味着解雇千千万万工人。海尔公司已部分地解决了这个问题。希望在于成功的私人企业和集体企业能吸收亏损的国有企业富余的职工。有鉴于此,中国去年把海尔公司命名为为数不多的“骨干公司”之一,把这些公司作为工业战线的模范领路人,给中国人指出参加全球竞争的道路。这显然是对海尔公司的奖赏,但是这也意味着给海尔增加压力。北京一位关注海尔公司的人说:“我们中国人有一种说法,即鞭打快马。有一种危险:可能要求海尔公司拯救许多失败的企业,结果这家母公司将会因此吃亏。”但是张瑞敏说,海尔公司只收购自己想收购的公司。

张瑞敏提出的跻身《财富》杂志全球最大500家公司之列的希望到底有多大?当然,中国的许多企业能使用海尔公司的管理方法,并从中找到扩展机会应当没有问题。而且市场在发展壮大。随着中国城乡日益繁荣,冰箱和洗衣机是家庭优先购买的两个大件。但是海尔公司并不是注意到这一点的唯一公司,竞争正变得日趋激烈。像飞利浦、LG、山水电器、梅塔格、惠而浦以及松下等公司都以同海尔大体相同的价格在中国生产大型家电产品。

美国密歇根大学商学院中国市场专家安德鲁·劳洛尔说:“海尔公司在6年内不大可能名列全球500家大企业。”他说:“但是,海尔公司在同其他国家的公司较量之前,如果能在世界最大的国内市场做到无懈可击,可能是更好的策略。”这很可能是了解张瑞敏实际想法的一个线索。为了保护他在国内占据的主导地位,他将继续干他最拿手的事情:收购亏损的公司并把这些公司变成盈利的公司。这也是孙子的战略:“不战而屈人之兵,善之善者也。”[8]

(选自《财富专题精粹》,《财富》编辑部编,柯阳译,世界图书出版公司1999年版)

注释

①亨利·福特(1863—1947):美国汽车工程师与企业家,福特汽车公司的建立者。

②盛田昭夫(1921—1999):日本索尼公司创始人,有“经营之圣”的美誉。

③谋事在人,成事在天:语出自罗贯中《三国演义》,本文出处有误。

④声东击西:语出自《淮南子·兵略训》:“故用兵之道,示之以柔而迎之以刚,示之以弱而乘之以强,为之以歙(xī)而应之以张,将欲西而示之以东。”本文出处有误。

⑤以百姓心为心句:语出自《老子》第四十九章。

⑥今井正明:1930年生于东京,日本质量管理大师,美国持续改善研究院院长。

⑦迈克尔·波特和彼得·森杰:迈克尔·波特,生于1947年,美国哈佛商学院教授,商业管理界公认的“竞争战略之父”。彼得·森杰,美国著名企业管理学家。

⑧不战句:出自《孙子兵法》之《谋攻》,意思是不经交战就使敌人降服,这才是最高明的。

美国《财富》杂志,隶属于世界上最大的传媒集团——时代华纳公司。它创刊于1930年,是世界第一本将商业领域中的精华和热点介绍给公众的权威杂志。自1954年起,《财富》以极其科学和严谨的评估与编排方式推出全球最大的500家企业名单。此后,又以“全球论坛”的形式,邀请世界上最大的500家企业首脑共同探讨世界经济发展问题。《财富》已成为全球 400 万以上世界级企业高级主管的必读刊物，极具影响力。《财富》刊登的文章均是来自世界经济最前沿的报道，这些客观生动，具有敏锐洞察力的文章，为读者解读世界经济及其未来走向提供了非常珍贵的第一手资料。《中国海尔的威力》最初发表于《财富》1999 年 2 月一期，作者安东尼·保罗是美国当代著名的经济评论专家。

导读

这是一篇关于中国企业的经济报道。文章的最大特点是在讲述企业成长的过程中，穿插了中国古代先哲的智慧与西方管理学的最新理念，正契合海尔的"日本的团队意识和吃苦精神＋美国的个性舒展和创新竞争＋中国传统文化精髓"这一中西合璧的经营管理模式。

文章题为"中国海尔的威力"，那威力从何而来？作者分五部分介绍了海尔的成长、发展与现状，娓娓道出了威力是怎么产生的。首先交代了起家和集团目前基本情况，点出了关键，大锤砸掉 76 台不合格冰箱是海尔所有一切的开始，威力的源头；其次介绍了集团总裁接手海尔的经过，展示人格魅力和企业威力密切相关；再次写海尔的经营管理艺术，揭示企业文化的独特功能；复次泼墨海尔的收购与兼并，细写风风雨雨中大智慧的魄力；最后点明了海尔成功的意义，展示了美好的前景。作者揭示了海尔的威力源自企业自身苦练内功的不懈坚持，源自对古今中外人类共同智慧的融会贯通和对优秀文化精髓的深刻领悟。

文章以时间为序，以企业经营理念为脉，通篇客观介绍，有看法而不见评论，有倾向而不露痕迹，重大事件与著名思想家、管理学者和企业家的精辟言论自然联系，衔接巧妙，互增光彩。写作态度理性客观，材料运用详略互见，描写手法既有全景式勾勒，也有具体细节的介绍，具有较强的可读性。

感悟讨论

1. 你是如何看"大锤砸掉 76 台不合格冰箱"这一事件？
2. 这是一个美国经济评论家关于中国企业的客观报道，读后有什么感想？
3. 本文引用了一些名人名言，摘录下来，谈谈你的理解。

链接

《盛田昭夫——日本制造精神是这样创造的》，[日]江波户哲夫著，东方出版社 2010 年版。

单元实训——辩论

“辩”是辩论、辩解的意思。“论”含有议论、评定之意。合起来的“辩论”即是通过议论来评定、辨明是非。《墨经·经上》云:“辩,争辩也;辩胜,当也。”《经说下》云:“辩也者,或谓之是,或谓之非,当者胜也。”可见辩论是参与谈话的双方对同一问题持不同的见解,各抒己见,为批驳对方所展开的针锋相对的语言交锋。它是以阐述作为基本方式,以张扬真理,否定谬误为基本目的,在论辩中通过质疑、诘难、驳斥和揭露对方的矛盾,从而确立自己的论断,以便最后取得正确的认识,肯定共同的见解。在“辩论”中“论”和“辩”是有机的统一,只论不辩,就变形为演讲;只辩不论,会没有明确的观点作为支撑,这样的论辩是肤浅的争执。在论与辩中,使双方趋于认识的正确或达到某种观点的统一,可见论辩的作用在于探求真理,明辨是非。

从论辩的角度看辩论可分为应用性和竞技性两种。应用性辩论旨在通过辩论达到明辨是非、消除分歧、达成共识的目的。其中一类是日常生活中、工作中的矛盾引起的人与人之间的争辩,另一类是专门场合下进行的有特定议题的辩论,如法庭辩论等。这些论辩双方各有自己明确的立场和主张,目的是说服对方接受自己的观点。应用性辩论与讨论基本相同。竞技性辩论则是旨在培养竞争意识和发展思辨能力的一种辩论。这种论辩就是针对某一特定命题,参赛双方就该命题以抽签形式决定自己的观点的一种比赛。我们就以这种辩论为例进行介绍。

一、竞技性辩论的特点

竞技性辩论的观点往往不是论辩者本人的立场和主张,是由抽签决定的,这便表明论辩双方都不以说服对方为目的,而是侧重于论辩技巧,这就决定它不同于应用性的辩论,有其自己的特点。

(一)符合程序,遵循规则

竞技性辩论有别于应用性辩论,论辩成员的组成、论辩的题目、论辩的程序、辩手发言的时间都是由辩论赛的组织者决定的,这就要求参赛者必须按照程序、遵循比赛规则进行论辩,不能随意改变。

(二)命题统一,观点鲜明

辩论必须针对同一事物或同一问题,即辩题一致。辩论之前,辩题需经双方认可,并且保证双方对题意的理解一致。否则,就不能实现有意义的辩论。例如,以“愚公移山”为辩题，正方坚持愚公移山精神应该提倡，反方则主张愚公应该搬家。两种对立的思想，两种不同的思维方式，形成了两个鲜明的对立观点，也注定了辩论的精彩激烈。为使观点鲜明，在比赛一开始双方就必须明确地表明自己的主张，毫不含糊，让对方一听就知道自己所要坚持的是什么。

（三）说理严密，针锋相对

论辩中必须论据充分，阐述合乎逻辑，令对方无懈可击，使对方在自己的强大攻势下频频后退，难以招架，迫使对方放弃自己的观点和认识。因为辩论赛中论辩双方的观点是截然对立的，存在着明显的分歧，这就要求论辩者在整个比赛中，不能只论我方的观点，还要抓对方论点、论据或论证的漏洞进行攻击，对对方的诘难，要迎头痛击，不能置之不理，以达到“辩”的效果。可以说没有对立就没有论辩。

（四）雄辩有力，机敏风趣

论辩中语言雄辩有力则具有压倒一切的气势，论辩中在阐明自己观点的同时，还要明察对方的策略，应对对方的“明枪暗箭”。这一切往往来不及深思熟虑，要取得论辩的胜利，就需要更多的机敏。论辩中的机敏是任何其他口语形式所不能比拟的，机敏的语言应该是尖锐而不尖刻、激情而不激怒、果断而不鲁莽、坚定而不固执。机敏是智慧的表现，又同风趣幽默密切相关，风趣寓锋芒于说笑之间，能活跃现场气氛，赢得观众好感，使对手不得不在哄堂大笑中败下阵来。

二、竞技性辩论的规则

辩论赛针对于传统比赛项目来说还是一项新兴比赛，目前虽然有“国际大专辩论会”这样的大型比赛，但仍然没有统一的规则，它因赛事的规模以及层次，主办单位的具体要求也会因时因地而不尽相同，所以辩论赛的规则也很难趋于统一，但大致有如下程序。

（一）主持人的开场白

主持人又称为辩论赛的主席，在辩论赛开场时，主席首先要介绍双方辩论队及参赛队员，及论辩中各自所持的观点立场；介绍评委及点评嘉宾；做简短的破题说明；宣布比赛开始。

（二）辩论的过程

立论阶段：开篇在规定时间内由正反双方一辩交替进行开篇立论。要求立论的框架明确，语言流畅，逻辑清晰，能够正确地阐述己方的观点立场。

攻辩阶段：由双方一位辩手交替在规定时间内，分别指定对方三位辩手在规定时间内各自回答一个问题。然后交替由没被提问到的一位辩手做攻辩总结。要求辩方必须是攻方指定辩手，不能随意更改，不能中途更换。辩方必须正面回答攻方问题，不能回避。提问和回答都要简洁明确，否则要被扣分。

自由辩论：是双方自由提问或反驳的阶段。双方依次轮流发言，全队发言时间累计计算，在一方时间用完后，另一方可以继续发言，直到双方时间均用完为止。要求辩手思维敏捷，语言流畅，反应迅速，队员间团结合作，整体配合。

总结陈词：在规定时间内由正反双方四辩交替进行。辩手应该从己方的观点出发，针对对方的观点，强化阐述自己的观点立场。

（三）评委合议，宣布结果

评委退席合议，投票产生本场的获胜队伍和最佳辩手，然后返场。由点评评委点评本场辩论。宣布比赛结果和最佳辩手。

三、竞技性辩论的方法技巧

论辩是智者的角逐，话语的较量。高明的论辩者必须具有多方面的素养，掌握多种有效的方法技巧，只有这样才能取得辩论的胜利。

（一）准备充分，信心十足

首先，心理准备要充分。论辩者在精神面貌上要精神振奋，气势上要高屋建瓴，使对手感觉到一种震慑的力量。不能情绪激动，或未开口先胆怯，在气势上先输给对方。论辩选手在参赛时一定要沉着稳重，寻找对方的弱点以增强自己的信心。这便要求辩手首先是深入研究辩题，并依据本方观点的需要准备论据材料，选择论证方法和论证角度。其次是广泛研究对手。学会变换角度和角色，站在对方的立场分析问题，找出双方对立的焦点，找到对方的薄弱环节，准备反驳，做好充分的准备。

（二）立意新奇，大胆创新

立意要新奇，要能够“言人所未言，见人所未见”，从新的角度来分析问题，给人以耳目一新之感，往往会起到很好的场上效果。同时，对手对此准备不足，也会措手不及，仓促应战。当然不能故作惊人之语，应当在“意料之外”，又在“情理之中”。这就要求教练和队员们对辩题仔细揣摩和思索，努力使自己的立场既无懈可击、固若金汤，又新意迭出，令对方猝不及防，从而使自己立于不败之地。

（三）知己知彼，取得胜利

孙子说：“知己知彼，百战不殆。”军事上是如此，辩论上也是如此。“知己”这里的“己”不单纯是指每个辩手自己，而是指整个辩论队伍。在论辩中，每个队员弄清楚自己在论辩中说什么是很重要的，然而每个队员作为“小我”更重要的是把自己融入辩论队的“大我”之中去，对“大我”的一切意图都了如指掌，达到整体队伍的良好配合。如果每个队员只关心自己的陈词，对己方其他队员的陈词漠不关心，他们在陈词中出现了漏洞也不马上去弥补，这就很容易让对方队员抓住矛盾，各个击破，导致论辩的失败。当然，光是“知己”还是不够的，还要“知彼”，如果对对方的情况一无所知，对方使出一个新概念、一个新招数，我方会招架不住。在论辩场上最忌讳、最难堪的情况是对方提出的问题、概念或资料，我方压根就没有考虑过，那论辩不会取得成功。所以在论辩前要分析出哪些词或词组对对方立论具有潜在的有利因素，可能成为双方争论的焦点，做好应对的准备。

（四）尊重事实，以理服人

我们常说事实胜于雄辩。由此可见，摆事实是辩论中的重要手段。在双方的辩论交锋中，彼此都要摆事实，讲道理，因此辩手不必在事实面前过分纠缠，而应集中精力抓分歧，让辩论围绕着焦点展开，用严谨的逻辑推理来说理，并尽力做到论据充分，以理服人。

（五）善用技巧，雄辩有方

辩论要想取得胜利必须运用一定的技巧，以期达到良好的效果。下面简单介绍几种论辩技巧。

（1）擒贼擒王。论辩时可以将主攻的目标对准对方的主要命题，分析其实质，击中要害。如果对方主要命题站不住脚，论辩自然败下阵来。

（2）釜底抽薪。论点是建立在论据的基础上的，它来自论据的支撑。论据真实则论点正确；论据虚假，则论点谬误。在论辩中只要揭露对方论据的虚假，就如同釜底抽薪，所有论点就会被驳倒。釜底抽薪关键是了解什么是“薪”，要善于从对方的种种论据中分析其要害论据，对准它进行攻击，使它无法支撑论点的成立。

（3）将计就计。这种技巧实际就是逻辑上的归谬法。在论辩中，为了战胜对手，可以先假定对方的观点是对的，将计就计，顺着对方的前提进行推理，最后引导对方得出荒谬的结论，使其错误明明白白地摆在评委和观众面前，达到攻倒对方的目的。

（4）戳穿诡辩。论辩中诡辩常伪装成真理的面貌出现，或偷换命题，或捏造证据，或循环论证，或以偏概全、强词夺理，这时要及时发现对方的诡辩，予以揭穿。

（5）利用矛盾。由于辩论双方各由四位队员组成，四位队员在论辩过程中常常会出现矛盾，即使是同一位队员，在自由辩论的过程中，由于语速很快，也有可能出现矛盾。一旦出现这样的情况，就应当马上抓住，竭力扩大对方的矛盾，使之自顾不暇，无力进攻我方，我方就可以反复诘问乘胜追击获得全胜。

（6）引蛇出洞。在论辩中，常常会出现胶着状态，当对方死死守住其立论，不管我方如何进攻，对方只用几句话来应付时，如果仍采用正面进攻的方法，必然收效甚微。这时，要尽快调整进攻手段，采取迂回的方法，从看来并不重要的问题入手，诱使对方离开阵地，从而打击对方。

（7）移花接木。剔除对方论据中存在缺陷的部分，换上于我方有利的观点或材料，我们把这一技法喻名为“移花接木”。移花接木的技法在论辩理论中属于强攻，它要求辩手敢于接招，勇于反击，因而它也是一种难度较大、对抗性很高、说服力极强的论辩技巧。需要辩手对对方当时的观点和我方立场进行精当的归纳或演绎。

辩论是一个非常灵活的过程，在这一过程中，可以施展的技巧还有很多，经验告诉我们，只有使知识积累和辩论技巧珠联璧合，才可能在辩论赛中取得较好的成绩，我们还应该在论辩中逐渐总结，灵活运用，以取得辩论的胜利。

四、竞技性辩论的基本要求

(1)尊重对手，讲究风度。在激烈的辩论中，尽管双方唇枪舌剑，互不相让，但选手却时刻不能忘记保持起码的风度。要尊重对手，不能有过分或失礼之举，更不能进行人身攻击。

(2)整体配合，协调步骤。论辩中整个辩论队是一个统一的整体，切忌一位辩手独霸论坛，形成“一言堂”的形势。

(3)注意着装，符合礼仪。辩论赛场辩手服装必须得体，打扮不能不合时宜，过于前卫或过于保守都是不合适的。

实训

1. 认真阅读罗贯中《三国演义》中的“诸葛亮舌战群儒”中的“诸葛亮舌战张昭”部分，张昭挑出荆襄已属曹操之实，而诸葛亮却以“取汉上之地，易如反掌”，反弱为强，并指出不忍夺是出于仁义，最后以“别有良图，非等闲可知”反讥取胜。说说诸葛亮使用的语言表达技巧。

2. 分成正反双方，就“贸易保护主义是利大于弊，还是弊大于利”这个辩题分别搜集资料，讨论准备，开一场以此为题的辩论会。

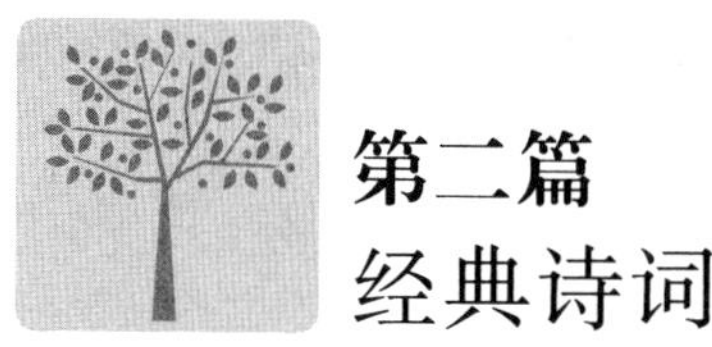

第二篇 经典诗词

《诗经》是我国第一部诗歌总集，奠定了富有中国特色的诗歌创作方法——赋、比、兴，确立了中国诗歌抒情言志的基本品格，开现实主义诗歌之先河。

第一节

淇　奥

◎《诗经·卫风》

瞻彼淇奥[①]，绿竹猗猗[②]。有匪君子[③]，如切如磋，如琢如磨[④]。瑟兮僩兮，赫兮咺兮[⑤]。有匪君子，终不可谖兮[⑥]。

瞻彼淇奥，绿竹青青[⑦]。有匪君子，充耳琇莹，会弁如星[⑧]。瑟兮僩兮，赫兮咺兮。有匪君子，终不可谖兮。

瞻彼淇奥，绿竹如箦[⑨]。有匪君子，如金如锡，如圭如璧[⑩]。宽兮绰兮，猗重较兮[⑪]。善戏谑兮，不为虐兮[⑫]。

（选自《诗经注析》，程俊英、蒋见元著，中华书局1991年版）

注释

①淇奥：淇，淇水，位于河南省北部，古时卫国重要的河流。奥(yù)：通“澳”，水边弯曲处。

②猗猗(yī)：美盛貌。

③匪：通作“斐”，有文采。

④切：切制，古代指把骨头加工成器物。磋：把象牙加工成器物。琢：雕刻，把玉加工成器。磨：打磨，把石头加工成器物。此四种加工器物的方法用来形容人的修养、学问精深。

⑤瑟：仪容庄重，有才华。僩(xiàn)：胸襟开阔。赫：威严貌。咺(xuān)：光明，显耀。

⑥谖(xuān)：忘记。

⑦青青：通作“菁菁”，茂盛的样子。

⑧充耳：贵族冠两侧以丝悬挂至耳的玉石。琇：次于玉的美石。莹：色泽光润。会(kuài)弁：帽子缝合处，缝合之处用玉装饰。

⑨箦：通“积”，聚积，众多。

⑩圭：长方形玉器，上端尖。璧：圆形玉器，正中有小圆孔。

⑪绰：宽大舒缓。猗：通作“倚”，依靠。重较(chóng jué)：指古代卿士所乘之车车厢前两侧伸出的可供倚攀的弯木，也叫车耳。

⑫虐：刻薄伤人。

导读

本诗选自《诗经·卫风》。《毛诗序》云：“《淇奥》，美武公之德也。有文章，又能听其规谏，以礼自防，故能入相于周，美而作是诗也。”这里说的武公是指卫国的武和。卫武公生于西周末年，据《国语·楚语·左史倚相儆申公子亹》记载，“昔卫武公年数九十有五矣，犹箴儆于国，曰：‘自卿以下至于师长士，苟在朝者，无谓我老耄而舍我，必恭恪于朝，朝夕以交戒我；闻一二之言，必诵志而纳之，以训导我。’”卫武公晚年九十多岁，仍兢兢业业，廉洁从政，广泛接纳各种言论，虚心接受各种批评和劝谏。他执政期间，增修城垣，兴办牧业，政通人和，百姓安居乐业，因此，深受卫国百姓的爱戴和尊敬。公元前758年，卫武公去世，谥号“武”，卫国人感念其德，遂作《淇澳》赞美他，歌颂其高风大德。但学界一般认为，这首诗歌的人物并非单指卫武公，诗中形象也并非完全实指，具有泛指意蕴，赞美周王朝时代品德高尚的有匪君子，表达了人们的期盼和寄托，希望能有内外兼修、德才兼备的圣贤治国安邦，让人们过上安定和平、富裕美好的生活。

此诗采用了重章体，三章相重，略有变化，仅换数字，这种回环往复的叠章式，是古老民歌的常见形式，具有纯朴亲切的风格。三章开篇均以绿竹起兴，反复吟咏，把绿竹的外在美和内在美与君子内外兼修的品格紧密勾连，绿竹挺拔俊秀的绰约风姿，虚心有节的内在特征，正契合了君子品质。诗歌展示君子品格主要运用大量的比喻，首章的“如切如磋，如琢如磨”到第三章“如金如锡，如圭如璧”寓示君子之美在于后天的积学修养和砥砺风节。诗歌从“充耳琇莹，会弁如星”的服饰之美衬托君子的堂堂威仪，从“宽兮绰兮，猗重较兮”“善戏谑兮，不为虐兮”展示君子杰出的才能和心胸宽广、幽默风趣的内在之美，第一、第二两章结句“有匪君子，终不可谖兮”，是对君子人格魅力直接的赞美和歌颂，映衬出君子轩昂的个性和不凡的气度。诗歌第一次将绿竹和君子品格联系在一起，赋予了绿竹丰富的人文内涵，因此，绿竹的意象成了中国传统文化中影响深远的君子品格的象征。

这首诗为整齐的四言形式，这也是《诗经》最主要的表现形式，齐整中富于变化和歌唱性。诵读全诗，意境明朗清新，语言通俗优美，一咏三叹，令人回味无穷。

感悟讨论

1. 此诗从哪些方面赞美了一位品德高尚的君子，表现了怎样的思想感情？
2. 你觉得这首诗艺术表现上有何特点？
3. 阅读《蒹葭》《溱洧》，体会《诗经》重章体的诗歌形式。

平行阅读

蒹　葭

《诗经·秦风》

蒹葭苍苍，白露为霜。所谓伊人，在水一方。
溯洄从之，道阻且长；溯游从之，宛在水中央。

蒹葭凄凄，白露未晞。所谓伊人，在水之湄。
溯洄从之，道阻且跻；溯游从之，宛在水中坻。

蒹葭采采，白露未已。所谓伊人，在水之涘。
溯洄从之，道阻且右；溯游从之，宛在水中沚。

溱　洧

《诗经·郑风》

溱与洧，方涣涣兮。
士与女，方秉蕑兮。
女曰："观乎？"
士曰："既且。"
"且往观乎！洧之外，洵訏且乐。"
维士与女，伊其相谑，赠之以勺药。

溱与洧，浏其清矣。
士与女，殷其盈兮。
女曰："观乎？"
士曰："既且。"
"且往观乎！洧之外，洵訏且乐。"
维士与女，伊其将谑，赠之以勺药。

菁菁者莪

《诗经·小雅》

菁菁者莪，在彼中阿。既见君子，乐且有仪。
菁菁者莪，在彼中沚。既见君子，我心则喜。
菁菁者莪，在彼中陵。既见君子，锡我百朋。
泛泛杨舟，载沉载浮。既见君子，我心则休。

（选自《诗经注析》，程俊英、蒋见元著，中华书局1991年版）

《橘颂》堪称中国诗歌史上的第一首咏物言志诗，以拟人化的手法塑造了橘树的艺术形象，是诗人的青春励志和品格的写照，宋人刘辰翁尊屈原为千古“咏物之祖”。

第二节

橘　颂

◎屈　原

后皇嘉树，橘徕服兮[②]。受命不迁，生南国兮[③]。深固难徙，更壹志[④]兮。绿叶素荣，纷其可喜兮[⑤]。曾枝剡棘，圜果抟兮[⑥]。青黄杂糅，文章烂兮[⑦]。精色内白，类任道兮[⑧]。纷缊宜修，姱而不丑兮[⑨]。嗟尔[⑩]幼志，有以异兮。独立不迁，岂不可喜兮？深固难徙，廓[⑪]其无求兮。苏世独立，横而不流兮[⑫]。闭心自慎[⑬]，终不失过兮。秉德无私，参天地兮[⑭]。愿岁并谢，与长友兮[⑮]。淑离不淫，梗其有理兮[⑯]。年岁虽少，可师长兮。行比伯夷，置以为像兮[⑰]。

（选自《屈原集校注》，金开诚、高路明、董洪利校注，中华书局1981年版）

注释

①《橘颂》：选自《九章》第八篇。

②后皇：天地。嘉：美，善。徕：同来。服：习惯，适应。

③受命：禀受天命。迁：迁徙。不迁，指橘树不能移植。传说橘树生于淮南则为橘，生于淮北就变为枳。

④壹志：志向专一。

⑤素荣：白花。纷：茂盛。

⑥曾枝：一层层的枝条。剡(yǎn)：尖锐。棘：刺。抟(tuán)：圆，楚方言。

⑦糅：混杂。文章：文采。

⑧精：鲜明。类：似。

⑨纷缊：义同氤氲，指橘的香味。宜修：修饰很自然得体。姱(kuā)：美好。

⑩尔：你，指橘树。

⑪廓：廓落，指心胸阔大。

⑫苏：醒。横：横渡，垂直于流水方向而渡。

⑬闭心：密闭其心。自慎：自我谨慎。

⑭参：配，合。

⑮岁:年岁。谢:去。

⑯淑离:善良美丽。梗:正直。理:文理。

⑰伯夷:孤竹国君之子,纣王之臣,固守臣道,反对周武王伐纣,与弟叔齐逃到首阳山,不食周粟而死,古人认为他是贤人义士。事见《史记·伯夷列传》。置:植。像:榜样。

屈原(前340—前278),名平,字原,又名正则,字灵均,丹阳(今湖北秭归)人,出身楚国贵族,杰出的政治家和爱国诗人。明于治乱,娴于辞令,早年深受楚怀王的宠信,位为左徒、三闾大夫,后来遭到诬陷而去职。屈原虽忠事楚怀王,却屡遭排挤,怀王死后又因楚襄王听信谗言而被流放,由于对楚国政治失望,最终投汨罗江而死,以身殉了自己的政治理想。屈原是伟大的浪漫主义诗人,创立了"楚辞"这种文体,也开创了"香草美人"的传统。代表作品有《离骚》《九歌》《天问》等,《史记》有传。

导读

《橘颂》是屈原作品《九章》中之一首,为他早年创作,通过赞颂橘树灿烂夺目的外表、坚定不移的品质和纯洁无私的情操,表达了诗人扎根故土、忠贞不渝的爱国情感和特立独行、怀德自守的人生理想。屈原开创了借物咏人咏志的文学传统,被后人称为千古咏物诗之始祖。

这是一首咏物诗,赞颂橘树之美,"颂"是一种诗体,取义于《诗经》"风、雅、颂"之"颂"。作品可分为两部分,前半部分缘情咏物,以描写为主,重在描述橘树俊逸动人的外美;后半部分缘物抒情,以抒情为主,从对橘树外美的描绘,转入对它内在精神的热情讴歌,诗人赞美橘树"独立不迁"、"廓其无求"、"横而不流"、"闭心自慎"、"淑离不淫"、"梗有其理"的美好品质。前后两部分各有侧重,而又互相勾连,融为一体。诗人用拟人的手法塑造了橘树的美好形象,巧妙地抓住橘树的生态和习性,运用类比联想,将它与人的精神、品格联系起来,给予热烈的赞美。借物抒志,以物写人,物我相通,橘树的形象是诗人用以激励自己坚守节操的榜样。

作品采用四言形式,简朴而有节奏感,将诗人对橘树象征精神的追捧和青春励志的进取宣泄得淋漓尽致,激情澎湃。

感悟讨论

1. 这是一首咏物言志诗,读后谈谈你的体会。

2. 诗人赞美橘树"独立不迁"、"廓其无求"、"横而不流"、"闭心自慎"、"淑离不淫"、"梗有其理"的美好品质,可不可以理解为青春励志宣言?为什么?

3. 阅读《渔父》,体会屈原和渔父的性格不同,在执着与旷达之间,你更倾向哪一种?为什么?

平行阅读

渔　父

屈　原

屈原既放，游于江潭，行吟泽畔，颜色憔悴，形容枯槁。渔父见而问之曰："子非三闾大夫与？何故至于斯？"屈原曰："举世皆浊我独清，众人皆醉我独醒，是以见放。"渔父曰："圣人不凝滞于物，而能与世推移。世人皆浊，何不淈其泥而扬其波？众人皆醉，何不餔其糟而歠其酾？何故深思高举，自令放为？"屈原曰："吾闻之，新沐者必弹冠，新浴者必振衣。安能以身之察察，受物之汶汶者乎？宁赴湘流，葬于江鱼之腹中，安能以皓皓之白，而蒙世俗之尘埃乎？"

渔父莞尔而笑，鼓枻而去，乃歌曰："沧浪之水清兮，可以濯吾缨；沧浪之水浊兮，可以濯吾足。"遂去，不复与言。

继承现实主义的诗歌传统，以五言形式，写建功立业英雄气概，抒慷慨悲凉阳刚豪情，是为文学史上的“建安风骨”。

第三节

白马篇[①]

◎曹　植

白马饰金羁[②]，连翩[③]西北驰。借问谁家子？幽并游侠儿[④]。少小去乡邑，扬声沙漠垂[⑤]。宿昔秉良弓，楛矢何参差[⑥]。控弦破左的，右发摧月支[⑦]。仰手接飞猱[⑧]，俯身散马蹄[⑨]。狡捷过猴猿，勇剽若豹螭[⑩]。边城多警急，虏骑数迁移。羽檄[⑪]从北来，厉马登高堤[⑫]。长驱蹈匈奴，左顾凌鲜卑[⑬]。弃身锋刃端，性命安可怀？父母且不顾，何言子与妻？名编壮士籍[⑭]，不得中顾[⑮]私。捐躯赴国难，视死忽如归。

（选自《魏晋南北朝文学史参考资料》，北京大学中国文学史教研室选注，中华书局1962年版）

注释

①本篇是乐府歌词，无古辞，而以首二字名篇。

②羁：马笼头。

③连翩：本指鸟飞，这里喻指马飞奔的姿态。

④幽并：幽州和并州，幽州即今河北东北部及辽宁西南部一带，并州即今山西和陕西北部一带。

⑤垂：同“陲”，边疆。

⑥楛(hù)矢：用楛木做箭杆的箭。楛，古书上指荆一类的植物，茎可制箭杆。参差：长短不一，言箭多。

⑦月支：箭靶的名称，又名素支。

⑧接：射击迎面飞来的东西。猱(náo)：猿猴的一种，善攀缘，轻捷如飞，故称飞猱。

⑨散：射碎。马蹄：箭靶的名称。

⑩剽：行动轻捷。螭(chī)：传说中似龙的黄色猛兽。

⑪羽檄：插有羽毛的战书。

⑫堤：防御工事。

⑬左顾：四顾、回顾。凌：压制。鲜卑：古代东北方的少数民族。

⑭籍:名册。

⑮顾:顾念。

曹植(192—232),字子建,曹操三子,丕同母弟。封陈王,谥思,故世称陈思王。他自幼聪敏,富于才学,曾为曹操钟爱,几次欲立为太子,终因“任性而行,不自雕励,饮酒不节”而失宠。一生以曹丕称帝为界,分为前后两期。前期受曹操宠爱,尝随征伐,诗文多写其安逸生活和建功立业的抱负;后期备受曹丕父子迫害,郁郁而终,诗文多表现其愤抑不平之情及要求个人自由解脱的心境。他是建安时代最负盛名的作家,诗歌、辞赋、散文都有突出成就。他的诗注意对偶、炼字和色彩,富于音乐性,被钟嵘称为“骨气奇高,词采华茂”。现存诗八十余首。有《曹子建集》。

导读

这是一首英雄少年的赞歌。诗人饱含青春的激情,生动传神地刻画了一位武艺高超、渴望建功立业、英勇杀敌乃至不惜为国捐躯的游侠少年形象,抒发了强烈的爱国情怀和报国之志。

诗歌以“白马饰金羁,连翩西北驰”突兀而起,一位驰马奔赴西北战场的少年英雄跃动而出,接下来以“借问谁家子,幽并游侠儿”的问答缓笔宕开,以铺陈的笔墨补叙白马英雄的来历,造成节奏上张弛变化,生动形象而又凝练概括地交代了这位英雄的不凡来历和精湛出众的武艺,并为后面续写他的英雄事迹作了坚实的铺垫。“边城多警急”既是白马少年西北驰的原因,又是侠肝义胆的英雄在国家危难之际奔赴前线的继续,“长驱蹈匈奴,左顾凌鲜卑”两句,正面刻画少年的英武骁勇,“蹈”、“凌”二字充分表现出游侠少年克敌制胜的豪迈气概。末八句展示英雄精忠报国、视死如归的崇高精神境界,“捐躯赴国难,视死忽如归”既是白马英雄的内心独白,又是诗人对英雄崇高精神世界的礼赞。诗人从乐府民歌中汲取养分,创作中倾注了自己的崇高理想和满腔激情,使“白马英雄”这一艺术形象成为经典和永恒。

诗歌风格雄健高昂,情感激越奔放,气氛火热炽烈,前后句文意互应,语言凝练精湛,读来撼人心灵。

感悟讨论

1. 结合曹植生平,谈谈你对“白马英雄”这一艺术形象的认识。

2. 曹植的诗往往一开头就能给人以强烈的印象,所谓“陈思最工起调”,谈谈你对这首诗的结构的看法。

3. 曹植对五言诗的发展起了很大的推动作用,《诗品》评价“骨气奇高,辞采华茂”,从内容和语言两方面谈谈你对《白马篇》的理解。

4. 曹植的诗歌创作分前后两期，阅读《野田黄雀行》《七哀》，体会曹植后期诗歌创作的特点。

平行阅读

野田黄雀行

曹　植

高树多悲风，海水扬其波。利剑不在掌，结友何须多？不见篱间雀，见鹞自投罗？罗家得雀喜，少年见雀悲。拔剑捎罗网，黄雀得飞飞。飞飞摩苍天，来下谢少年。

七　哀

曹　植

明月照高楼，流光正徘徊。上有愁思妇，悲叹有余哀。借问叹者谁？自云宕子妻。君行逾十年，孤妾常独栖。君若清路尘，妾若浊水泥。浮沉各异势，会合何时谐？愿为西南风，长逝入君怀。君怀良不开，贱妾当何依？

（选自《魏晋南北朝文学史参考资料》，北京大学中国文学史教研室选注，中华书局1962年版）

翻译家杨宪益在《菊花》一文中提到，自陶渊明之后，人们对菊花的观念发生了变化，菊花不再是单纯的药物，有了高洁人格的象征意义。

第四节

和郭主簿[①]（其二）

◎ 陶渊明

和泽周三春[②]，清凉素秋节[③]。
露凝无游氛[④]，天高肃景澈[⑤]。
陵岑耸逸峰[⑥]，遥瞻皆奇绝[⑦]。
芳菊开林耀[⑧]，青松冠岩列[⑨]。
怀此贞秀姿[⑩]，卓为霜下杰[⑪]。
衔觞念幽人[⑫]，千载抚尔诀[⑬]。
检素不获展[⑭]，厌厌竟良月[⑮]。

（选自《魏晋南北朝文学史参考资料》，北京大学中国文学教研室注释，中华书局1962年版）

注释

①郭主簿：事迹不详。主簿：官名，主管簿书，各级政府均有。

②和泽：雨水调和。周：遍。三春：谓春季三月。

③素秋：秋季。素：白。古人以五色配五方，西尚白；秋行于西，故曰素秋。

④露凝：露水凝结为霜。游氛：飘游的雾气。

⑤肃景：秋景。澈：清澈，明净。

⑥陵：大土山。岑：小而高的山。逸峰：飞逸高耸的山峰。

⑦远瞻：远望。

⑧耀：耀眼，增辉。

⑨冠岩列：在山岩高处挺拔而整齐排列。

⑩贞秀姿：坚贞秀美的姿态。

⑪卓：卓然挺立。

⑫衔觞（shāng）：指饮酒。觞：古代酒器。幽人：指古代的隐士。

⑬抚尔诀：坚守你们的节操。抚：持，坚持。尔：指幽人。诀：法则，原则，引申为节操。

⑭检素：自检平素心怀。展：施展。

⑮厌厌：精神不振的样子。竟：终。良月：指十月。

陶渊明（365—427），字元亮，一说名潜，字渊明，号“五柳先生”，私谥“靖节”，浔阳柴桑（今江西九江）人，东晋著名诗人。陶渊明曾祖为东晋名臣陶侃，后家道中落。九岁丧父，与母妹三人在外祖父家里生活，陶渊明“存心处世，颇多追仿其外祖辈者”。他阅读了大量古籍，接受了儒家和道家两种不同的思想，培养了“猛志逸四海”和“性本爱丘山”的两种不同志趣。陶渊明先后担任过江州祭酒、镇军参军、彭泽令等小官，因不满官场黑暗，辞官归隐，过着躬耕自资的生活。他是我国最早创作田园诗的诗人，写了大量风格质朴自然、平和的田园诗，这些诗表现了诗人鄙夷功名利禄的高远志趣和守志不阿的高尚节操，表露了诗人对污浊官场的极端憎恶和彻底决裂之心，抒发了诗人对淳朴的田园生活的热爱和对理想世界的追求向往，对后世影响重大。有《陶渊明集》。

导读

这首诗是陶渊明《和郭主簿》的第二首，描绘秋天的景色，在写实中兼用比兴、象征的手法，表现出诗人望云怀古的避世幽情和不愿与世俗同流合污，矢志秋菊般傲霜贞秀的高洁品格。

诗人写秋色独辟蹊径，别开生面。“和泽周三春”首句不写秋景，却写春雨之多，继承了《诗经》中“兴”的表现手法，由多雨的春引起对肃爽的吟唱，且两相对比，令人觉得下文描绘的清秀奇绝的秋色，大有胜过春光之意。接下来具体写秋景，天高气爽，清新澄澈，远眺群山挺秀奇绝，近看林中菊花灿烂耀眼，苍松巍然挺立山岩。写松菊，发出了“霜下杰”的赞美，进而引出对孤高傲世、守节自厉的古代幽人的怀念，赞美“幽人”的节操，也寓有诗人内在品格的自喻和自厉。在向往“幽人”隐逸的同时，诗人内心始终潜藏着一股壮志未酬而悲愤不平的激流，这种矛盾的心情，反映在结尾两句：诗人检查平素有志而不获施展，清秋明月之下，不由得黯然神伤。

本诗描绘的意象，具有强烈的象征意味：写秋景的清凉澄澈，象征着幽人和诗人清廉纯洁的品质；写陵岑逸峰的奇绝，象征着诗人和幽人傲岸不屈的精神；写芳菊、青松的贞秀，象征着幽人和诗人卓异于流俗的节操。诗中的露凝、景澈、陵岑、逸峰、芳菊、青松等意象，无不象征着“幽人”的品质节操，寄寓着诗人的高洁志趣，物我融一，妙合无痕，充分体现了陶渊明清新淡远的审美情趣和平易自然的诗作风格。

感悟讨论

1. 这首诗表现了诗人怎样的思想感情？
2. 诗中哪些地方运用了比兴和象征的手法？有什么效果？
3. 阅读《饮酒》，结合熟悉的作品谈谈你对陶渊明人格操守的看法。

平行阅读

饮　酒(其八)

陶渊明

青松在东园，众草没其姿。
凝霜殄异类，卓然见高枝。
连林人不觉，独树众乃奇。
提壶挂寒柯，远望时复为。
吾生梦幻间，何事绁尘羁。

(选自《魏晋南北朝文学史参考资料》，北京大学中国文学教研室注释，中华书局1962年版)

夕阳西下、夜幕将临之际，面对一幅恬然自乐的田家晚归图，令人油然而生羡慕之情。

第五节

渭川田家①

◎王　维

斜光照墟落②，穷巷牛羊归③。
野老念牧童，倚杖候荆扉。
雉雊麦苗秀④，蚕眠桑叶稀。
田夫荷锄至⑤，相见语依依。
即此羡闲逸，怅然吟式微⑥。

（选自《唐诗选》，中国社科院文学研究所编，人民文学出版社1981年版）

注释

①渭川：即渭水。源于甘肃鸟鼠山，经陕西，流入黄河。
②墟落：村庄。
③穷巷：深巷。
④雉雊（zhìgòu）：野鸡鸣叫。
⑤荷（hè）：肩负。
⑥式微：《诗经》篇名，其中有“式微，式微，胡不归”之句，表归隐之意。

王维（701—761），字摩诘，祖籍山西祁县，盛唐时期的著名诗人，官至尚书右丞，又称“王右丞”，崇信佛教，号称“诗佛”。晚年居于蓝田辋川别墅。王维诗书画都很有名，多才多艺，音乐也很精通。其创作受禅宗影响很大。擅画人物、丛竹、山水。今存诗400余首，其中最能代表其创作特色的是描绘山水田园等自然风景及歌咏隐居生活的诗篇。王维描绘自然风景的高度成就，使他在盛唐诗坛独树一帜，与孟浩然并称“王孟”，成为山水田园诗派的代表人物。他继承和发展了谢灵运开创的山水诗传统，对陶渊明田园诗的清新自然也有所吸取，使山水田园诗的成就达到了一个高峰，因而在中国诗歌史上占有重要的位置。

导读

本诗描绘了一幅恬然自乐的田家晚归图，虽都是平常事物，却诗中有画，诗意盎然，表现出高超的写景技巧。全诗以白描手法，写出了人与物皆有所归的景象。映衬出诗人的心情，抒发了诗人渴望有所归，羡慕平静悠闲的田园生活的心情，流露出诗人在官场的孤苦和郁闷。

自开元二十五年(737)宰相张九龄被排挤出朝廷之后，王维深感政治上失去依傍，进退两难。在这种心绪下他来到原野，看到一派田园晚归的风光：夕阳西下，牛羊归来；老人拄杖倚门，等候牧童；野鸡鸣叫，麦苗吐穗，蚕眠桑叶；农夫们荷锄归来，亲切地攀谈。诗人看到人皆有所归，唯独自己尚彷徨中路，怎能不既羡慕又惆怅？于是感慨："即此羡闲逸，怅然吟式微。"其实，农夫们并不闲逸，但诗人觉得和自己担惊受怕的官场生活相比，农夫们安然得多，自在得多，故有闲逸之感。诗人借吟《式微》抒发自己急欲归隐田园的心情，不仅在意境上与首句"斜阳照墟落"相照映，而且在内容上也落在"归"字上，使写景与抒情契合无间，浑然一体，画龙点睛式地揭示了主题。

诗中写了那么多的"归"，旨在以人皆有所归，反衬自己独无所归；以人皆归得及时、亲切、惬意，反衬自己归隐太迟以及自己混迹官场的孤单、苦闷。归隐之情是本诗的重心和灵魂。全诗不事雕绘，纯用白描，自然清新，诗意盎然。

感悟讨论

1. 分析这首诗所用的意象及其相应的思想感情，体味王维"诗中有画"，情景交融的写作手法。

2. 中国诗人普遍怀有归隐情结，不仅根基于功成身退的人生理想，而且往往以仕途失意为媒介，产生一种身心相离的倦客心理。结合《渭川田家》谈谈你是怎样理解这种归隐情结的。

平行阅读

辋川闲居赠裴秀才迪

王　维

寒山转苍翠，秋水日潺湲。
倚杖柴门外，临风听暮蝉。
渡头余落日，墟里上孤烟。
复值接舆醉，狂歌五柳前。

(选自《唐诗选》，中国社科院文学研究所编，人民文学出版社1981年版)

“红旗半卷出辕门”、“将军金甲夜不脱”、“三军大呼阴山动”、“不破楼兰终不还”——建功立业的英雄气概，不畏艰险的豪迈情怀构筑了盛唐边塞诗雄浑的精神世界。

第六节

燕歌行　并序

◎高　适

开元二十六年，客有从御史大夫张公出塞而还者，作《燕歌行》以示，适感征戍之事，因而和焉[1]。

汉家烟尘在东北[2]，汉将辞家破残贼[3]。
男儿本自重横行[4]，天子非常赐颜色[5]。
摐金伐鼓下榆关[6]，旌旆逶迤碣石间[7]。
校尉羽书飞瀚海[8]，单于猎火照狼山[9]。
山川萧条极边土[10]，胡骑凭陵杂风雨[11]。
战士军前半死生[12]，美人帐下犹歌舞[13]！
大漠穷秋塞草腓[14]，孤城落日斗兵稀[15]。
身当恩遇恒轻敌[16]，力尽关山未解围[17]。
铁衣远戍辛勤久[18]，玉箸应啼别离后[19]。
少妇城南欲断肠[20]，征人蓟北空回首[21]。
边风飘飖那可度[22]，绝域苍茫更何有[23]！
杀气三时作阵云[24]，寒声一夜传刁斗[25]。
相看白刃血纷纷[26]，死节从来岂顾勋[27]？
君不见沙场征战苦[28]，至今犹忆李将军[29]！

（选自《唐诗选》，中国社科院文学研究所编，人民文学出版社1981年版）

注释

①序中所说“御史大夫张公”，指河北节度副大使张守珪。开元二十三年(735)以与契丹作战有功，拜辅国大将军兼御史大夫。后因恃功骄纵，隐瞒交战败绩被贬。“燕歌行”本是乐府古题，多写思妇怀念征人，高适扩大了表现范围，多方面地描写了唐代的征战生活。

②汉家句:汉家,借指唐朝。烟尘,战争。

③残贼:凶残的敌人。

④横行:驰骋疆场,为国效命。

⑤非常赐颜色:厚加礼遇。

⑥摐(chuāng)金伐鼓:敲锣击鼓,指行军。榆关:指山海关。

⑦旌旆:军中旗帜。逶迤:蜿蜒绵长。碣石:山名,在今河北昌黎。

⑧校尉:武官,仅次于将军。羽书:即“羽檄”,插有羽毛的文书,以示军情紧急。瀚海:沙漠。

⑨单于:古代匈奴称其王为单于。猎火:指战火。狼山:位于内蒙古乌拉特旗,这里泛指与敌军交战的地方。

⑩极:到达尽头。

⑪胡骑:敌人的军马。凭陵:逼压,威逼。杂风雨:风雨交加,形容胡骑来势凶猛。

⑫半死生:死生各半。谓戍边战士出生入死,英勇奋战。

⑬帐下:军中将帅的营帐中。

⑭穷秋:深秋。腓:变黄,枯萎。

⑮斗兵稀:兵器击打的声音稀少,暗示唐军伤亡惨重。

⑯恒:常常。

⑰关山:指边境险要处。未解围:未能解除敌人对孤城的围困。

⑱铁衣:铠甲,借指戍边战士。

⑲玉箸:白色的筷子,喻指思妇的眼泪。

⑳城南:长安城南,泛指思妇的住处。

㉑蓟北:今天津蓟县。

㉒飘飖:动荡不安。度:度日。

㉓绝域:极偏僻的地方。

㉔三时:指早、午、晚,即一整天。

㉕刁斗:古代军中值夜巡逻时敲击的铜器,也可用来做饭。

㉖白刃:雪亮的战刀。

㉗死节:为国捐躯。勋:功劳。

㉘沙场:战场。

㉙李将军:即汉代名将李广。李广十分爱护士兵,《史记·李将军列传》载:“广之将兵,乏绝之处,见水,士卒不尽饮,广不近水;士卒不尽食,广不尝食。宽缓不苛,士以此爱乐为用。”高适《塞上》:“惟昔李将军,按节出此都。总戎扫大漠,一战擒单于。常怀感激心,愿效纵横谟。倚剑欲谁语,关河空郁纡。”

高适(700—765),字达夫,沧州(今河北景县)人,居住在宋中(今河南商丘一带)。盛唐时期“边塞诗派”代表诗人。少孤贫,爱交游,性格落拓,有游侠之风,以建功立业自期。唐玄宗天宝八年(749),经举荐,中“有道科”,授封丘县尉,因不能忍受“拜迎长官心欲碎,鞭挞黎庶令人悲”的痛苦,弃官而去。安史之乱后,高适反对唐玄宗分封诸王,对肃宗李亨的王位巩固有利,因而得到李亨赏识,官职累升,最后官至散骑常侍。《全唐诗》按语说,“开元以来,诗人至达者,唯适而已”。高适前半生潦倒,其诗喟叹自身境遇的较多，对民生疾苦也有所反映。他的边塞诗数量不多，但却较为深刻地反映了社会现实，"雄浑悲壮"是高适边塞诗的突出特点。以诗体而论，尤以七言古诗最为擅长，高适的歌行长篇，波澜浩瀚，声情顿挫，感情深挚，风格雄放，语言端直，笔力浑厚。有《高常侍集》。

导读

这首诗的缘起与讽刺河北节度副大使张守珪有关，但通观整篇诗作，思想内涵不仅局限于此，而是概括了唐开元年间戍边将士生活的各个方面，其主旨是"感征戍之事"，既有对军中苦乐悬殊的揭露，也有对将帅无能、不恤士卒的抨击，有对戍边士兵以身许国、奋勇杀敌的歌颂，也有对长期浴血奋战的士兵及家人的深切同情。全景式、多角度地反映了边塞战争和戍边生活，为边塞诗派代表作。

全诗以非常浓缩的笔墨，写了一个战役的全过程，可分为四个部分：第一部分写奉命出师；第二部分写战斗失利；第三部分写戍边士兵和思妇两地相思；第四部分怀念汉将李广，表明了复杂的心情。其中既有对战争的宏观展示，又有对战争以及戍边生活的具体描写，景物映衬、氛围渲染、议论点旨相交融，手法多样，富于变化。全诗气势磅礴，笔力矫健，浑化无迹。运用了大量的对偶句式，读来抑扬顿挫，气氛悲壮而淋漓，主旨表达深刻而含蓄。"山川萧条极边土，胡骑凭陵杂风雨"，"大漠穷秋塞草腓，孤城落日斗兵稀"，暗示和渲染战斗的惨烈；"少妇城南欲断肠，征人蓟北空回首"描写了士兵和思妇复杂变化的内心活动，凄恻动人；"战士军前半死生，美人帐下犹歌舞"更是对比鲜明，凝练警策，诗人只是叙述事实，并未褒贬，但旨意显露，耐人深思，成为与杜工部"朱门酒肉臭，路有冻死骨"有异曲同工之妙的千古名句。

这是一首七言歌行体，开头四句押入声韵，后面平仄相间，音韵富于变化，使用了六个韵脚，与情感的跌宕起伏共同律动，流转自然，气势奔放。

感悟讨论

1. 诗前小序说这首诗为"感征戍之事"而作，表达了作者哪些感慨？
2. 诗中运用了大量的对偶句式，找出来并分析其作用。
3.《燕歌行》韵脚富于变化，分析本诗用韵的特点。
4. 阅读《走马川行奉送出师西征》，体会边塞诗的风格和特点。

平行阅读

走马川行奉送出师西征

岑　参

君不见走马川，雪海边，平沙莽莽黄入天。

轮台九月风夜吼，一川碎石大如斗，随风满地石乱走。
匈奴草黄马正肥，金山西见烟尘飞，汉家大将西出师。
将军金甲夜不脱，半夜军行戈相拨，风头如刀面如割。
马毛带雪汗气蒸，五花连钱旋作冰，幕中草檄砚水凝。
虏骑闻之应胆慑，料知短兵不敢接，车师西门伫献捷。

（选自《唐诗选》，中国社科院文学研究所编，人民文学出版社 1981 年版）

“昔年有狂客，号尔谪仙人。笔落惊风雨，诗成泣鬼神。”这是杜甫《寄李十二白二十韵》的前四句，贺知章惊李白“谪仙人”世人熟知，而“落笔惊风雨，诗成泣鬼神”两句则公认为最能表现这位浪漫主义大诗人的狂放不羁和摇惊风雨的旷世才华。

第七节

江上吟

◎李　白

木兰之枻沙棠舟[①]，玉箫金管坐两头[②]。
美酒樽中置千斛[③]，载妓随波任去留。
仙人有待乘黄鹤[④]，海客无心随白鸥[⑤]。
屈平词赋悬日月[⑥]，楚王台榭空山丘[⑦]。
兴酣落笔摇五岳[⑧]，诗成笑傲凌沧洲[⑨]。
功名富贵若长在，汉水亦应西北流[⑩]。

（选自《唐诗选》，中国社科院文学研究所编，人民文学出版社1981年版）

注释

①木兰：俗称紫玉兰，名贵乔木。枻(yì)：船桨。沙棠：木名。据《山海经》，沙棠出昆仑山，人吃了它的果实“入水不溺”。这里形容舟的名贵，并非实指。

②玉箫金管句：船两头坐着吹奏金箫玉管的歌妓。

③樽：酒器。斛(hú)：古量器，十斗为一斛。

④乘黄鹤：崔颢《黄鹤楼》有诗句：“昔人已乘黄鹤去，此地空余黄鹤楼。”传说仙人子安乘黄鹤过此，故名。此句言欲成仙有待黄鹤来。

⑤海客：居海滨之人。无心：无机诈之心。据《列子·黄帝篇》载，有人住在海边，与鸥鸟相亲相习，他的父亲知道了，要他捉一只鸥鸟回去，他再去海边，海鸥便不再接近他了。

⑥屈平：即楚国诗人屈原(约前340—约前278)，名平，字原。著名的浪漫主义诗人。

⑦楚王台榭：楚灵王(？—前529)，穷奢极欲，筑章华台，楚庄王(？—前591)，筑有钓台，两座台榭均以豪华驰名。

⑧五岳：指东岳泰山，西岳华山，南岳衡山，北岳恒山，中岳嵩山。

⑨沧州：指江海之涯。

⑩汉水：发源于陕西宁羌，东流至襄阳，折而南流。

李白(701—762),字太白,号青莲居士。祖籍陇西成纪(今甘肃天水),先世于隋末流徙西域,李白即生于中亚碎叶城(今巴尔喀什湖南面的楚河流域,唐时属安西都户府管辖),幼时随父迁居绵州昌隆(今四川江油)青莲乡。唐代最伟大的诗人之一。李白25岁离川远游,遍游大江南北。初到长安,贺知章惊他为“谪仙人”。天宝元年(742),被召至长安,供奉翰林。文章风采,颇为唐玄宗赏识。后因不能见容于权贵,在京仅三年,就弃官而去,仍然继续他飘荡四方的游历生活。安史之乱发生的第二年,他感愤时艰,参加了永王李璘的幕府。后永王与肃宗发生了争夺帝位的争斗,兵败之后,李白受牵累,流放夜郎(今贵州境内),途中遇赦。晚年漂泊东南一带,卒于当涂县令李阳冰处。李白的诗歌充满浪漫主义色彩,诗风旷达潇洒,感情慷慨豪迈,想象奇特丰富,词采瑰伟绚丽,格调飘逸自然。对光明的向往与对黑暗的抨击在李白诗歌中构成鲜明的对比,表现出李白率直、傲岸的性格。李白是继屈原之后我国最为杰出的浪漫主义诗人,诗作以古体和绝句见长,与杜甫齐名,世称“李杜”。有《李太白集》。

导读

这是一首即景抒怀之作。以江上泛游起兴,表现了诗人对功名富贵的蔑视和对自由美好世界的推崇,显露出傲岸放达的胸襟和超凡脱俗的志趣。

开头四句,虽是江上之游的即景,但并非如实的记叙,而是经过夸饰的、理想化的具体描写,展现出华丽的色彩,有一种超世绝尘的氛围,描绘了一个超越纷浊现实、自由而美好的世界。中间四句两联,两两对比。“仙人有待”两句承上,结合当地的神话传说和历史典故,写诗人飘然欲去求仙和摆脱功名富贵羁绊的出世心情,是对江上泛舟行乐的肯定和赞扬。“黄鹤”、“白鸥”两个意象,是诗人此际徜徉逍遥心境的外化。“屈平词赋”两句启下,表达对理想的人生境界的追求。屈原的词赋如日月高悬,辉耀千古,而楚王豪华的楼台亭阁却早已荡然无存,只剩下一片荒丘,一个“空”字,表明了诗人对待荣华富贵的态度。结尾四句,紧接“屈平”一联从正反两方面延续和深化。“兴酣”二句承屈平辞赋说,同时也回应开头的江上泛舟,潇洒豪壮,“摇五岳”,是笔力的雄健豪迈;“凌沧洲”是胸襟的傲然高旷。最后“功名富贵若长在,汉水亦应西北流”,承楚王台榭说,同时也把“笑傲”进一步具体化,从反面用一个根本不可能的事情来假设,强化了对功名富贵的蔑视与否定,显出不可抗拒的气势。

全诗十二句,形象鲜明,意象瑰丽,感情激扬,气势豪放,结构绵密,对仗精整,章法错落,匠心独具。

感悟讨论

1. 这首诗表达了诗人怎样的人生志趣?

2. 为何说这首诗生动地体现了李白抒情诗的艺术个性？

3. 阅读《宣州谢朓楼饯别校书叔云》，分析作品的艺术特点。

平行阅读

宣州谢朓楼饯别校书叔云

李　白

弃我去者，昨日之日不可留；
乱我心者，今日之日多烦忧。
长风万里送秋雁，对此可以酣高楼。
蓬莱文章建安骨，中间小谢又清发。
俱怀逸兴壮思飞，欲上青天览明月。
抽刀断水水更流，举杯销愁愁更愁。
人生在世不称意，明朝散发弄扁舟。

（选自《唐诗选》，中国社科院文学研究所编，人民文学出版社 1981 年版）

“感时花溅泪，恨别鸟惊心”，“朱门酒肉臭，路有冻死骨”，“安得广厦千万间，大庇天下寒士俱欢颜，风雨不动安如山”。——杜甫的诗歌把中国现实主义的诗歌创作带到了顶峰。

第八节

秋兴(其一)

◎杜　甫

玉露凋伤枫树林①，巫山巫峡气萧森②。
江间波浪兼天涌③，塞上风云接地阴。
丛菊两开他日泪，孤舟一系故园心④。
寒衣处处催刀尺，白帝城高急暮砧⑤。

(选自《唐诗选》，中国社会科学院文学研究所编，人民文学出版社1981年版)

注释

①玉露：白露。

②巫山：在今天四川巫山县东。萧森：萧瑟阴森。

③江间：指巫峡。

④丛菊两句：两开，在夔州第二次看到菊花开。他日，今人作将来讲，唐人兼作过去解，李商隐《樱桃花下》“他日未开今日谢”句可证。一系，紧系，永系。故园心，回家的希望。

⑤催刀尺：赶制冬衣。急暮砧：黄昏捣衣声很紧促。

杜甫(712—770)字子美，晚年号少陵野老。祖籍襄阳，出生于巩县(今属河南)。早年南游吴越，北游齐赵，因科场失利，未能考中进士。后入长安，过了十年困顿的生活，终于当上看管兵器的小官。安史之乱爆发，为叛军所俘，脱险后赴灵武见唐肃宗，被任命为左拾遗，又被贬为华州司功参军。后来弃官西行，客居秦州，又到四川定居成都草堂。严武任成都府尹时，授杜甫检校工部员外郎的官职。一年后严武去世，杜甫移居夔州。后来出三峡，漂泊在湖北、湖南一带，死于舟中。杜甫历经盛衰离乱，饱受艰难困苦，写出了许多反映现实、忧国忧民的诗篇，诗作被称为“诗史”。他集诗歌艺术之大成，是继往开来的伟大诗人。

导读

《秋兴》是杜甫晚年为避战乱而寄居四川时的代表作品，一共八首，是一个整体。大历元年(766年)作于夔州，时年诗人54岁。《秋兴》八首每篇都是可以独立的七言律诗，前后蝉联，相互呼应，脉络贯通，组织严密，是一组完美的组诗。八首诗作，第一首统领后面七首，以"秋"作为主脉，写暮年漂泊，面对阴森萧瑟的秋景而引发国家兴衰、身世蹉跎的喟叹，构就了凄清哀怨与沉雄博丽交织的至臻意境。

《秋兴》其一写面对秋景而感伤羁旅，是整个组诗的序曲。首联开门见山叙写眼前景物，秋天草木摇落，白露为霜，巫山巫峡则点明了诗人所在，"凋伤""萧森"两个形容词给诗歌笼罩着凋敝、衰败的意境，气氛阴沉，定下了全诗情感基调。颔联以对偶句展开晚秋的悲壮景象。"江间"承"巫峡"，"塞上"接"巫山"，波浪在地而兼天涌，风云在天而接地阴，可见整个天地之间风云波浪此起彼伏，极言阴晦萧森之状。万里长江滚滚而来，波涛汹涌，天翻地覆，是眼前的实景；"塞上风云"既写景物也寓时事。当时吐蕃入侵，边关吃紧，处处战云密布，虚实兼有，形象地表达了那种动荡不安的时局和诗人前途未卜的处境，把峡谷深秋、个人身世、国家沦丧融汇表现出来，哀感深沉，意境博大。颈联由继续描写景物转入直接抒情，即由秋天景物触动羁旅情思。与上二句交叉承接。尾联在时序推移中叙写秋声。傍晚时分西风凛冽，意味冬日即将来临，人们在加紧赶制寒衣，急促的槌捣衣服的声音更增加了凄凉悲伤的意境。诗人用阴沉萧瑟、动荡不安的景物环境衬托诗人焦虑抑郁、伤国伤时的心情，表现了"身在夔州，心系长安"的主题。

诗词格律精工，词彩华茂，沉郁顿挫，悲壮凄凉，意境深宏，典型地体现了杜工部格律诗特有风格，具有很高的艺术成就。

感悟讨论

1. 结合杜甫的生平经历，体会本诗所抒发的家国之痛与身世之悲。
2. 选择一首你喜欢的《秋兴》，试作一点评。

平行阅读

秋兴八首(其七)

杜　甫

(二)

夔府孤城落日斜，每依南斗望京华。听猿实下三声泪，奉使虚随八月槎。
画省香炉违伏枕，山楼粉堞隐悲笳。请看石上藤萝月，已映洲前芦荻花。

(三)

千家山郭静朝晖，日日江楼坐翠微。信宿渔人还泛泛，清秋燕子故飞飞。
匡衡抗疏功名薄，刘向传经心事违。同学少年多不贱，五陵裘马自轻肥。

(四)

闻道长安似弈棋，百年世事不胜悲。王侯第宅皆新主，文武衣冠异昔时。
直北关山金鼓震，征西车马羽书驰。鱼龙寂寞秋江冷，故国平居有所思。

(五)

蓬莱宫阙对南山，承露金茎霄汉间。西望瑶池降王母，东来紫气满函关。
云移雉尾开宫扇，日绕龙鳞识圣颜。一卧沧江惊岁晚，几回青琐点朝班。

(六)

瞿塘峡口曲江头，万里风烟接素秋。花萼夹城通御气，芙蓉小苑入边愁。
珠帘绣柱围黄鹄，锦缆牙樯起白鸥。回首可怜歌舞地，秦中自古帝王州。

(七)

昆明池水汉时功，武帝旌旗在眼中。织女机丝虚夜月，石鲸鳞甲动秋风。
波漂菰米沉云黑，露冷莲房坠粉红。关塞极天惟鸟道，江湖满地一渔翁。

(八)

昆吾御宿自逶迤，紫阁峰阴入渼陂。香稻啄余鹦鹉粒，碧梧栖老凤凰枝。
佳人拾翠春相问，仙侣同舟晚更移。彩笔昔曾干气象，白头吟望苦低垂。

(选自《杜甫诗选注》，萧涤非选注，人民文学出版社 1979 年版)

古代长篇叙事诗之绝唱，文字哀婉动人，情致缠绵细腻，节奏急缓有致，音律婀娜流畅，令人百读不厌。

第九节

长恨歌

◎ 白居易

汉皇重色思倾国[①]，御宇多年求不得[②]。
杨家有女初长成[③]，养在深闺人未识。
天生丽质难自弃[④]，一朝选在君王侧。
回眸一笑百媚生，六宫粉黛无颜色[⑤]。
春寒赐浴华清池[⑥]，温泉水滑洗凝脂。
侍儿扶起娇无力，始是新承恩泽时[⑦]。
云鬓花颜金步摇[⑧]，芙蓉帐暖度春宵[⑨]。
春宵苦短日高起，从此君王不早朝。
承欢侍宴无闲暇，春从春游夜专夜[⑩]。
后宫佳丽三千人，三千宠爱在一身。
金屋妆成娇侍夜[⑪]，玉楼宴罢醉和春。
姊妹弟兄皆列土[⑫]，可怜光彩生门户。
遂令天下父母心，不重生男重生女。
骊宫高处入青云[⑬]，仙乐风飘处处闻。
缓歌慢舞凝丝竹[⑭]，尽日君王看不足。

渔阳鼙鼓动地来[⑮]，惊破霓裳羽衣曲[⑯]。
九重城阙烟尘生[⑰]，千乘万骑西南行[⑱]。
翠华摇摇行复止[⑲]，西出都门百余里[⑳]。
六军不发无奈何[㉑]，宛转蛾眉马前死[㉒]。
花钿委地无人收[㉓]，翠翘金雀玉搔头[㉔]。
君王掩面救不得，回看血泪相和流。
黄埃散漫风萧索[㉕]，云栈萦纡登剑阁[㉖]。
峨眉山下少人行[㉗]，旌旗无光日色薄。
蜀江水碧蜀山青，圣主朝朝暮暮情[㉘]。

行宫见月伤心色[29]，夜雨闻铃肠断声[30]。
天旋日转回龙驭[31]，到此踌躇不能去[32]。
马嵬坡下泥土中，不见玉颜空死处[33]。

君臣相顾尽沾衣[34]，东望都门信马归[35]。
归来池苑皆依旧，太液芙蓉未央柳[36]。
芙蓉如面柳如眉，对此如何不泪垂？
春风桃李花开夜，秋雨梧桐叶落时。
西宫南内多秋草[37]，落叶满阶红不扫。
梨园弟子白发新[38]，椒房阿监青娥老[39]。
夕殿萤飞思悄然[40]，孤灯挑尽未成眠[41]。
迟迟钟鼓初长夜[42]，耿耿星河欲曙天[43]。
鸳鸯瓦冷霜华重[44]，翡翠衾寒谁与共[45]？
悠悠生死别经年[46]，魂魄不曾来入梦[47]。

临邛道士鸿都客[48]，能以精诚致魂魄[49]。
为感君王展转思[50]，遂教方士殷勤觅[51]。
排空驭气奔如电[52]，升天入地求之遍。
上穷碧落下黄泉[53]，两处茫茫皆不见。
忽闻海上有仙山，山在虚无缥缈间。
楼阁玲珑五云起[54]，其中绰约多仙子[55]。
中有一人字太真[56]，雪肤花貌参差是。
金阙西厢叩玉扃[57]，转教小玉报双成[58]。
闻道汉家天子使[59]，九华帐里梦魂惊[60]。
揽衣推枕起徘徊，珠箔银屏迤逦开[61]。
云鬓半偏新睡觉[62]，花冠不整下堂来。
风吹仙袂飘飖举[63]，犹似霓裳羽衣舞。
玉容寂寞泪阑干[64]，梨花一枝春带雨。
含情凝睇谢君王[65]，一别音容两渺茫。
昭阳殿里恩爱绝[66]，蓬莱宫中日月长[67]。
回头下望人寰处[68]，不见长安见尘雾。
唯将旧物表深情，钿合金钗寄将去[69]。
钗留一股合一扇[70]，钗擘黄金合分钿[71]。
但教心似金钿坚，天上人间会相见。
临别殷勤重寄词，词中有誓两心知[72]。
七月七日长生殿[73]，夜半无人私语时。

在天愿作比翼鸟[74]，在地愿为连理枝[75]。
天长地久有时尽，此恨绵绵无绝期[76]。

（选自《唐诗选》，中国社科院文学研究所编，人民文学出版社 1981 年版）

注释

①汉皇：本指汉武帝刘彻，这里借指唐玄宗。倾国：指美女。《汉书·外戚传》载李延年歌："北方有佳人，绝世而独立。一顾倾人城，再顾倾人国。宁不知倾城与倾国，佳人难再得。"后人以"倾城"、"倾国"形容绝色女子。

②御宇：统治全国。

③杨家有女句：杨贵妃是蜀州司户杨玄琰的女儿，幼时寄养在叔父杨玄珪家中，小名玉环。唐玄宗开元二十三年(735)册封为寿王(玄宗的儿子李瑁)妃。开元二十八年(740)唐玄宗将她度为女道士，道号太真。天宝四年(745)召她入宫，册为贵妃。

④难自弃：意为难以长久埋没在民间。弃：舍弃。

⑤六宫：后妃居住的地方。粉黛：本指妇女化妆品，这里用作妇女的代称。无颜色：黯然失色。

⑥华清池：开元十一年建温泉宫于骊山，天宝六年改名华清宫，温泉池改名"华清池"。

⑦承恩泽：指得到皇帝的恩宠。

⑧云鬓：如云的鬓发。金步摇：古代妇女的一种金首饰，用金丝制成花枝形状，缀以珠玉，走动时自然摆动，所以叫"步摇"。

⑨芙蓉帐：绣有并蒂莲花的帐幔。

⑩夜专夜：指每夜都得到皇帝的宠爱。

⑪金屋：装饰华丽的房屋。《汉武故事》载，汉武帝刘彻年幼时，他的姑母长公主问他，长大以后愿不愿意娶她的女儿阿娇为妻，汉武帝回答："若得娇，当以金屋贮之。"后世以"金屋"指男人宠爱的女子居住的地方。

⑫列土：即"裂土"，分封到了土地。杨玉环得宠后，她的大姐封韩国夫人，三姐封虢国夫人，八姐封秦国夫人。叔伯兄弟杨铦为鸿胪卿，杨锜为侍御史，杨钊为司空，赐名国忠，天宝十一年(752)为右丞相。

⑬骊宫：即华清宫。因建在骊山上，故名。

⑭缓歌慢舞：轻歌曼舞。慢，同"曼"。凝丝竹：管弦乐奏出徐缓的音乐。丝：弦乐。竹：管乐。

⑮渔阳鼙鼓：指天宝十四年(755)十一月，安禄山从渔阳起兵叛唐。诗中暗用东汉彭宠据渔阳起兵反汉的典故。鼙(pí)鼓：战鼓。

⑯霓裳羽衣曲：唐代著名舞曲。据传是唐玄宗根据西凉节度使杨敬述所献乐曲加工润色而成。

⑰九重城阙：指皇帝居住的地方。烟尘：弥漫的战云。

⑱西南行：天宝十五年(756)六月，安禄山破潼关，玄宗与杨玉环向西南蜀中逃避。

⑲翠华：皇家仪仗中饰有翠鸟羽毛的旗子。

⑳百余里：指马嵬坡。在今陕西兴平，也叫马嵬驿。

㉑六军：皇帝的护卫军。周朝制度，天子有六军。不发：不再前进。指将军陈玄礼带领的军队发生哗变。

㉒宛转句：指陈玄礼的部下要求处死杨国忠和杨玉环，唐玄宗无奈，只得杀死杨国忠，赐杨玉环自尽。宛转：缠绵悱恻的样子。蛾眉：美女的代称，这里指杨玉环。

㉓花钿：镶嵌珠宝的花状金首饰。委地：掉在地上。

㉔翠翘：形如翠鸟尾羽的首饰。金雀：雀形的金钗。玉搔头：玉簪。

㉕埃：土。

㉖云栈：高入云霄的栈道。萦纡：蜿蜒曲折。剑阁：即剑门关，在今四川剑阁县。

㉗峨眉山：在今四川境内。唐玄宗并未经过峨眉山，这里泛指蜀中高山。

㉘圣主：指唐玄宗。

㉙行宫：指皇帝出行时的住处。

㉚夜雨句：据《明皇杂录·补遗》："明皇既幸蜀，西南行，初入斜谷，霖雨涉旬，于栈道雨中闻铃音，与山相应。上既悼念贵妃，采其声为《雨淋铃曲》以寄恨焉。"

㉛天旋日转：指局势有所好转，不久收复了长安。回龙驭：指玄宗起驾由蜀中回长安。

㉜踌躇：徘徊不前的样子。

㉝不见句：唐肃宗至德二年(757)，唐玄宗由蜀中回长安，经马嵬坡派人以礼改葬杨玉环，掘土，发现香囊犹在，不胜悲戚。

㉞沾衣：泪湿衣襟。

㉟信马：听任马随意往前行。

㊱太液：汉代宫廷中的池名。未央：汉代的宫殿。此处借指唐朝的池苑和宫廷。

㊲西宫南内：指太极宫和兴庆宫。唐玄宗从四川回长安已让位给肃宗李亨，李亨不让玄宗再过问国事，把他从兴庆宫迁到西边的太极宫。皇宫称大内，兴庆宫在南，故称南内。

㊳梨园弟子：唐玄宗亲自调教的乐工声伎。《雍录》："开元二年，置教坊于蓬莱宫，上自教法曲，谓之'梨园弟子'。至天宝中，即东宫置宜春北苑，命宫女数百人为梨园弟子，即是。'梨园'者，按乐之地；而预教者，名为'弟子'耳。"

㊴椒房：后妃居住的宫殿。以花椒和泥涂壁，取其香暖多子，故名。阿监：宫廷中的近侍，唐代六七品女官名。青娥：指年轻貌美的女子。

㊵思悄然：忧伤愁闷的样子。

㊶孤灯挑尽：灯草将挑尽，意谓夜已深。唐代宫廷中燃蜡烛不点灯，此处形容唐玄宗晚年生活凄苦。

㊷迟迟：异常迟缓。初长夜：指秋夜。秋天夜开始变长。

㊸耿耿：明亮。星河：银河。欲曙天：天快要亮的时候。

㊹鸳鸯瓦：屋瓦一俯一仰扣合在一起叫"鸳鸯瓦"。霜华：即霜花。重：指霜厚。

㊺翡翠衾：绣着翡翠鸟的被子。

㊻经年：经年累月。形容经历很长的时间。

㊼魂魄：指杨贵妃的亡魂。

㊽临邛：今四川省邛崃。鸿都：洛阳北宫门名，借指长安。鸿都客：客居长安。

㊾致魂魄：招来杨玉环的亡魂。

㊿展转：即辗转，反复思念。

51方士：有法术之人。

52排空驭气：即腾云驾雾。

53穷：找遍的意思。碧落：指天上。道家认为，东方第一层天有霞云布满，故称碧落。黄泉：指地下。

54五云：五色祥云。

55绰约：风姿美好的样子。

56太真：即杨玉环。

57金阙：金碧辉煌的宫殿。叩：敲。玉扃(jiōng)：玉作的门。

58小玉：传说吴王夫差之女。双成：传说西王母的侍女，姓董。此处借小玉、双成指杨贵妃在仙境的侍婢。

59天子使：皇帝的使者。

60九华帐：图案华美的彩帐。据传是西王母所有之物。九华：图案名。

61珠箔(bó)：珠帘。银屏：银制的屏风。逦迤(lǐyǐ)：接连不断。

62新睡觉：刚睡醒。

63袂(mèi)：衣袖。

64阑干：流泪貌。

65凝睇：凝视。

66昭阳殿：汉宫殿名，在未央宫，赵飞燕居住过的地方。这里代指杨贵妃生前居处。

67蓬莱宫：传说中的海上仙山。这里指杨玉环仙境居住的宫殿。

68人寰：人间。

69钿合：镶嵌金花的首饰盒。合，同“盒”。寄将去：托请捎去。

70钗留句：金钗由两股组成，捎去一股，留下一股；盒由底盖合成，捎去一半，留下一半。

71擘(bò)：分开。合分钿：钿盒上的金花分为两半。

72两心：指唐玄宗和杨玉环。

73长生殿：宫殿名，在华清宫中。《唐会要》卷三十载：“华清宫，天宝元年十月，造长生殿，名为集灵台，以祀神。”

74比翼鸟：《尔雅·释地》载，南方有比翼鸟，名叫鹣鹣，一定雌雄并排在一起才飞。

75连理枝：两树根不同，而树干连在一起。

76恨：遗憾。

白居易(772—846)，字乐天，号香山居士，原籍太原，后迁居下邽(今陕西渭南)，唐代杰出诗人。贞元十六年(800)，及进士第，结识元稹，遂成莫逆之交，一起倡导“新乐府运动”，被后人并称为“元白”。白居易32岁步入仕途，被授校书郎。元和三年(808)拜左拾遗，任拾遗期间，恪尽职守，屡陈时政，为当政者所恶，贬江州司马，移忠州刺史。后又出任杭州、苏州刺史，官终刑部尚书。白居易主张“文章合为时而著，歌诗合为事而作”。他生活的年代是安史之乱后唐朝走向衰微的时期，错综复杂的社会现实，在白居易的诗中得到了较全面地反映。他写下了许多政治讽喻诗，揭露当时社会病态的症结所在，批判黑暗的社会现实；也写下了著名的叙事长篇《长恨歌》《琵琶行》，白居易的长篇叙事诗，情节曲折离奇、自具首尾，描写刻画细致传神，人物形象塑造完整而丰满，个性鲜明。白诗语言畅晓平易，音韵流畅，和谐优美，这种意到笔随的自然风格，凝聚着诗人的独到匠心。“香山诗语平易，疑若信手而成者，间观遗稿，则窜定甚多。”（宋周必大《省斋文稿》）。有《白氏长庆集》。

导读

唐宪宗元和元年（806）冬天，当时任盩厔（今陕西周至）县尉的白居易，与友人陈鸿、王质夫到马嵬驿附近的游仙寺游览，谈及李隆基和杨玉环的爱情故事极为感慨。王质夫希望白居易将此写成诗歌，传之后世，于是，白居易写下了这首著名的长篇叙事诗。全诗以“长恨”为脉，生动地描绘了唐玄宗李隆基和杨玉环缠绵悱恻的爱情故事及悲剧结局，歌咏爱的长恨。诗人对李、杨爱情故事的描写，虽依据一定的历史事实和民间传说，但创作中已经融入了诗人的思想感情和艺术想象，全诗洋溢着具有传奇色彩的浪漫气息和浓郁的抒情氛围。

全诗先写李隆基和杨玉环的爱情，突出杨玉环之美和唐玄宗对她的迷恋，对因贪恋女色而贻误国事有所讥讽；次写安史之乱爆发，杨玉环被赐死，悲剧铸成，李隆基悲伤不已；再写做了太上皇的李隆基对杨玉环刻骨铭心的无望思念；最后写身在仙境的杨玉环对李隆基忠贞不渝的爱情。全诗由乐而悲，由悲而思，由思而恨，天人永隔之长恨构成全诗的感情脉络。本诗情节曲折生动，这既归于李、杨故事本身的离奇，也源自诗人精心的构撰。杨玉环身死，悲剧已经完成，作者却别开境界，用展示人物思想感情来开拓和推动情节发展，波澜起伏，一咏三叹。诗中塑造的两个人物形象丰满传神，既有外在的描写和侧面的映衬，也有心理活动的揭示和刻画。写唐玄宗，突出了他早年荒淫误国和后来对杨玉环的笃诚思念；写杨玉环，则侧重描写了她当年的娇媚恃宠和在仙境对李隆基忠贞不渝的爱情，笔触细腻，刻画入微。

本诗采用了多种表现手法，既有叙事，也有写景和抒情，三者有机结合。叙事有致，张弛自如；写景融情，意境优美；抒情深挚，缠绵悱恻。此外，还运用排比、对偶、顶针等多种修辞手法，使诗作极富歌唱性，语言流畅和谐，声韵和美。近人王文濡评价《长恨歌》：“文字之哀艳动人，气度之从容不迫，声调之婀娜有致，令人百读不厌。”（《唐诗评注读本》卷二）

感悟讨论

1. 全诗以“长恨”为脉，讲述了一个缠绵悱恻的爱情故事，你如何看待这首叙事诗的主题？

2. 诗中运用了哪些表现手法？有什么作用？
3. 文学作品源于生活，高于生活，分析诗中李隆基和杨玉环两个艺术形象。

平行阅读

圆圆曲

吴伟业

鼎湖当日弃人间，破敌收京下玉关。恸哭六军俱缟素，冲冠一怒为红颜。
红颜流落非吾恋，逆贼天亡自荒宴。电扫黄巾定黑山，哭罢君亲再相见。
相见初经田窦家，侯门歌舞出如花。许将戚里箜篌伎，等取将军油壁车。
家本姑苏浣花里，圆圆小字娇罗绮。梦向夫差苑里游，宫娥拥入君王起。
前身合是采莲人，门前一片横塘水。横塘双桨去如飞，何处豪家强载归？
此际岂知非薄命，此时唯有泪沾衣。薰天意气连宫掖，明眸皓齿无人惜。
夺归永巷闭良家，教就新声倾坐客。坐客飞觞红日暮，一曲哀弦向谁诉？
白皙通侯最少年，拣取花枝屡回顾。早携娇鸟出樊笼，待得银河几时渡？
恨杀军书抵死催，苦留后约将人误。相约恩深相见难，一朝蚁贼满长安。
可怜思妇楼头柳，认作天边粉絮看。遍索绿珠围内第，强呼绛树出雕栏。
若非壮士全师胜，争得蛾眉匹马还？蛾眉马上传呼进，云鬟不整惊魂定。
蜡炬迎来在战场，啼妆满面残红印。专征萧鼓向秦川，金牛道上车千乘。
斜谷云深起画楼，散关月落开妆镜。传来消息满江乡，乌桕红经十度霜。
教曲妓师怜尚在，浣纱女伴忆同行。旧巢共是衔泥燕，飞上枝头变凤凰。
长向尊前悲老大，有人夫婿擅侯王。当时只受声名累，贵戚名豪竞延致。
一斛明珠万斛愁，关山漂泊腰支细。错怨狂风扬落花，无边春色来天地。
尝闻倾国与倾城，翻使周郎受重名。妻子岂应关大计？英雄无奈是多情。
全家白骨成灰土，一代红妆照汗青。君不见馆娃初起鸳鸯宿，越女如花看不足。
香径尘生鸟自啼，屧廊人去苔空绿。换羽移宫万里愁，珠歌翠舞古梁州。
为君别唱吴宫曲，汉水东南日夜流！

（选自《吴梅村全集》，吴伟业著，李学颖集评标校，上海古籍出版社1990年版）

自古以来，登高必赋，诗人将登临的人生感悟，浓缩在诗文之中，无限深意流于言外。

第十节

安定城楼

◎ 李商隐

迢递高城百尺楼[①]，绿杨枝外尽汀洲[②]。
贾生年少虚垂涕[③]，王粲春来更远游[④]。
永忆江湖归白发，欲回天地入扁舟[⑤]。
不知腐鼠成滋味，猜意鹓雏竟未休[⑥]。

（选自《唐诗选》，中国社科院文学研究所编，人民文学出版社 1981 年版）

注释

①迢递：高楼绵延的样子。

②汀：水中或水边的平地。洲：水中的陆地。

③贾生：汉代贾谊，因忧国忧民直言不讳，屡遭忌害。

④王粲：东汉末人，有名作《登楼赋》，抒发壮志未酬的苦闷。

⑤欲回句：引范蠡功成身退，泛游五湖的典故。

⑥不知两句：出自《庄子·秋水》："惠子相梁，庄子往见之。或谓惠子曰：'庄子来，欲代子相。'于是惠子恐，搜于国中，三日三夜。庄子往见之，曰：'南方有鸟，其名为鹓鸰，子知之乎？夫鹓鸰，发于南海而飞于北海，非梧桐不止，非练实不食，非醴泉不饮。于是鸱得腐鼠，鹓鸰过之，仰而视之曰：吓！今子欲以子之梁国而吓我邪？'"

李商隐（约 813—约 858），字义山，号玉溪生，又号樊南生，怀州河内（今河南沁阳）人，晚唐著名诗人。唐文宗开成二年（837）进士，历任秘书郎、东川节度使判官等。早年李商隐因文才而深得牛党要员令狐楚的赏识，后因李党的王茂元爱其才而将女儿嫁给他，他因此而遭到牛党的排斥。此后，李商隐便在牛李两党争斗的夹缝中求生存，郁郁不得志，潦倒终身。李商隐诗作题材广泛，各体皆工，成就斐然，将晚唐诗歌创作推向了又一高峰。李商隐一生仕途坎坷，心中抱负无法得到实现，通过诗歌来排遣心中的郁闷，《安定城楼》《春日寄怀》《乐游原》是这类诗的代表作，承袭了杜工部诗"沉郁顿挫"的风格。李商隐还创作了包括大多数无题诗在内的吟咏内心感情的作品，意境深邃，令人回味。李诗广纳前人所长，擅用比兴、象征、典故等手法，诗作辞藻华美，对仗精工，兴寄深微，声情俱美。有《李义山诗集》和《樊南文集》。

导读

这首诗是李商隐的登临抒怀之作。当时作者在博学宏词科试复审时落选，不是因为才学不够，而是因为党派之争。于是怀着苦闷的心情登上了安定城楼，极目远眺，感慨万千，诗中抒发了他的凌云壮志和功成身退的志趣，也表达了对谗佞小人的痛斥和嘲笑。

首联写尽登楼所见的春景，景致虽好，却抹不去诗人内心的失落和哀愁；颔联引用了贾谊和王粲的典故，暗以古人喻自己，通过"虚垂涕"、"更远游"极写自己仕途失意的苦闷之情；颈联引用了范蠡辅佐勾践建立功业后退隐的典故，表达了自己的向往和意欲效仿之情，其实也是在仕途无望之时无可奈何的自我排遣；尾联引用了《庄子·秋水》的典故，以"鹓雏"自况，用鹓雏不屑腐鼠之味表达了对那些恶意中伤者的斥责和蔑视。

本诗既表达了政治上的锐意进取之意，也显示了诗人淡泊明志的情怀，虽写仕途失意和忧愤，却不阴郁低沉，用典贴切精当，语言明朗自然，韵味深厚，深受后代文人的推崇。

感悟讨论

1. 李商隐善于用典，历来有"盐溶于水"的评价。本诗用了哪四个典故，表现了什么样的思想感情？

2."永忆江湖归白发，欲回天地入扁舟"一联历来为世人推崇，谈谈你的看法。

平行阅读

无题二首

李商隐

昨夜星辰昨夜风，画楼西畔桂堂东。身无彩凤双飞翼，心有灵犀一点通。
隔座送钩春酒暖，分曹射覆蜡灯红。嗟余听鼓应官去，走马兰台类转蓬。

万里风波一叶舟，忆归初罢更夷犹。碧江地没元相引，黄鹤沙边亦少留。
益德冤魂终报主，阿童高义镇横秋。人生岂得长无谓，怀古思乡共白头。

（选自《唐诗选》，中国社科院文学研究所编，人民文学出版社 1981 年版）

宋玉《九辩》首以“悲哉，秋之为气也”发端，开创了古典诗歌的悲秋传统。柳永将“悲秋”意象用于词体，把词自《花间集》以来的“春女善怀”主题带向了“秋士易感”的题材，扩展了词境。

第十一节

戚氏·晚秋天①

◎柳　永

晚秋天，一霎微雨洒庭轩②。槛菊萧疏，井梧零乱，惹残烟。凄然，望江关③，飞云黯淡夕阳闲。当时宋玉悲感④，向此临水与登山。远道迢递，行人凄楚，倦听陇水潺湲⑤。正蝉吟败叶，蛩响衰草⑥，相应喧喧。

孤馆度日如年，风露渐变，悄悄至更阑⑦。长天净，绛河清浅⑧，皓月婵娟。思绵绵，夜永对景⑨，那堪屈指暗想从前。未名未禄，绮陌红楼，往往经岁迁延⑩。

帝里风光好⑪，当年少日，暮宴朝欢。况有狂朋怪侣，遇当歌对酒竞留连⑫。别来迅景如梭⑬，旧游似梦，烟水程何限⑭？念名利，憔悴长萦绊⑮，追往事、空惨愁颜。漏箭移⑯，稍觉轻寒。渐呜咽，画角数声残⑰。对闲窗畔，停灯向晓，抱影无眠。

（选自《宋词三百首笺注》，唐圭璋笺注，上海古籍出版社1979年版）

注释

①戚氏：词牌名，为柳永所创，长调慢词，全词三叠，计212字，分三阕。上阕九平韵，一仄韵；中阕六平韵，三仄韵；下阕六平韵，二仄韵，同部参错互叶。为北宋长调慢词之最，亦堪称柳词压轴之作。

②一霎：一阵。

③江关：荆门、虎牙二山（在今湖北省宜昌市）夹江对峙，古称江关，战国时为楚地。

④宋玉：战国时期屈原的学生，作《九辩》，曾以悲秋起兴，抒孤身逆旅之寂寞，发生不逢时之感慨。

⑤陇水：陇头流水。北朝乐府有《陇头歌辞》，曰：“陇头流水，流离山下。念吾一身，飘然旷野。”潺湲：水流貌 。

⑥蛩：蟋蟀。

⑦更阑：五更将近，天快要亮了。犹言夜深。

⑧绛河：银河。天空称为绛霄，因此银河称为绛河。

⑨夜永：夜长。

⑩经岁：经年，以年为期。迁延：羁留。

⑪帝里：京城。

⑫竞：竞相。

⑬迅景：岁月，光阴易逝，故称。

⑭程：即路程。

⑮萦绊：犹言纠缠。

⑯漏箭：古时以漏壶滴水计时，漏箭移即光阴动。

⑰画角：古时军用管乐器，多用于晨昏报时或报警，因表面有彩绘，故称画角。

柳永（约987—约1053），字耆卿，崇安（今福建武夷山）人。北宋词人，婉约派最具代表性的人物之一。原名三变，排行第七，又称柳七。北宋仁宗朝进士，官至屯田员外郎，故世称柳屯田。他自称“奉旨填词柳三变”，以毕生精力作词，并以“白衣卿相”自许。柳永由于仕途坎坷、生活潦倒，他由追求功名转而厌倦官场，沉溺于旖旎繁华的都市生活，在“倚红偎翠”“浅斟低唱”中寻找寄托。柳永是北宋一大词家，在词史上有重要地位。他扩大了词境，佳作极多，他不仅开拓了词的题材内容，而且写作了大量的慢词，发展了铺叙手法，促进了词的通俗化、口语化，在词史上产生了较大的影响。

导读

柳永一生仕途坎坷，生活潦倒，只做过相当县令的小官，年过五旬还被外放荆南。在外放荆南期间，创作了长调慢词《戚氏》，这首词被南宋文学家王灼誉为“离骚寂寞千载后，戚氏凄凉一曲终”（《碧鸡漫志》），把这首词和屈原的《离骚》相提并论，认为此词声情并茂、凄怨感人，堪称一曲旷世凄凉之歌，亦有人把这首词视为柳永慢词的压卷之作。

这首词共分为三阕，上阕写夕阳西下的光景，中阕写入夜时分，下阕写深夜到拂晓，从一个羁旅独行者的视角，写这三段时间内的所见、所思和所感，将羁旅情愁、身世之感挥写得淋漓尽致，入木三分。上阕开头描写微雨过后的薄暮景色，用“晚秋天”一句点明时令，通过描写驿馆内之衰残景色，构成了全词的凄凉基调。接着描写远望所见之景色，“飞云黯淡夕阳闲”，面对秋天的黄昏，词人不禁想起了开创悲秋文学传统的宋玉，逢秋而悲，今古相同，浓浓的衰秋哀情流露字里行间。中阕时间上紧承上阕，由傍晚而入深夜，先写景后抒情，“孤馆度日如年”，次叠一开词人就吐露此时的凄然感受，接着词人回忆往事，对自己一生徘徊于仕途与红颜之间的人生表现出一种怨悔，引发出对命运的质问和慨叹。下阕追忆狂放不羁的少年生活，与前片衔接细密，逝去的日子如云烟，“念利名，憔悴长萦绊”是这一痛苦的根源，他一生内心深处不曾放弃对名利的追逐，因此憔悴不堪也是命中注定的，“追往事，空惨愁颜”，至此，词人才蓦然惊觉“漏箭移”了，时间已是接近拂晓。柳永由今忆昔又由昔论今，写得一波三折，于深惋之中显酣畅淋漓。

《戚氏》一词说是词人一生的总括也不为过，全词由近及远、由远至近挥洒自如；抚今忆昔、由昔感今一气呵成；由傍晚到深夜、由深夜至黎明一丝不乱；由眼前望江关、由孤馆怀帝京自然流转。描情叙景、铺叙怀旧、旷古达今，通篇音律谐协，句法活泼，平仄韵位错落有致，内容形式俱佳。

感悟讨论

1. 你同意本词是柳永人生心路历程总结的说法吗？为什么？

2.“悲秋”是一种支撑了世代文人风骨的文学传统，包含相思、漂泊、怀远、感旧、不遇、失意、伤逝等种种人生的哀与愁。对生命本身的自觉，构成古典诗词深远而厚重的感染力。找出柳永所写的悲秋词作，试写一篇诗词中悲秋传统的文章。

平行阅读

少年游

柳　永

长安古道马迟迟，高柳乱蝉嘶。夕阳岛外，秋风原上，目断四天垂。

归云一去无踪迹，何处是前期？狎兴生疏，酒徒萧索，不似去年时。

鹤冲天

柳　永

黄金榜上，偶失龙头望。明代暂遗贤，如何向？未遂风云便，争不恣狂荡？何须论得丧。才子词人，自是白衣卿相。

烟花巷陌，依约丹青屏障。幸有意中人，堪寻访。且恁偎红倚翠，风流事，平生畅。青春都一饷。忍把浮名，换了浅斟低唱！

（选自《唐宋词鉴赏辞典》(唐·五代·北宋)，唐圭璋、缪钺、叶嘉莹等撰，人民文学出版社1981年版）

昔盛而今衰，物是而人非。元宵夜的升平景象，在词人心上却映照出一种不堪承受的悲凉与辛酸。

第十二节

永遇乐·元宵

◎ 李清照

落日熔金[①]，暮云合璧[②]，人在何处？染柳烟浓，吹梅笛怨[③]，春意知几许？元宵佳节，融和天气，次第岂无风雨[④]？来相召，香车宝马，谢他酒朋诗侣。

中州盛日[⑤]，闺门多暇，记得偏重三五[⑥]。铺翠冠儿，捻金雪柳，簇带争济楚[⑦]。如今憔悴，风鬟霜鬓，怕见夜间出去。不如向，帘儿底下，听人笑语。

（选自《唐宋词选》，中国社科院文学研究所，人民文学出版社 1981 年版）

注释

①熔金：熔化的黄金。比喻落日。

②合璧：像璧玉一样合成一块。

③吹梅笛怨：指笛子吹出乐曲《梅花落》幽怨的声音。

④次第：接着，转眼。

⑤中州：指北宋汴京。

⑥重（zhòng）：看重。三五：阴历十五日，指元宵节。

⑦铺翠冠儿：饰有翠鸟羽毛的女式帽子。捻（niǎn）金雪柳：雪柳，中国刺绣喜用的花样，妇女常在衣裙或腰带上用金线绣上雪柳。簇带：宋时口语，戴满插满之意。济楚：宋时口语，指女子整齐美丽。

李清照（1084—1155），济南章丘人，号易安居士。宋代女词人，婉约派代表。生于书香门第，在家庭熏陶下小小年纪便文采出众。对诗词散文书画音乐无不通晓，以词的成就最高。词清新委婉，感情真挚，具一家风貌，被后人称为“易安体”，且以北宋、南宋生活变化呈现不同特点。前期反映闺中生活感情、自然风光、别思离愁，清丽明快。后来因为丈夫去世，再加亡国伤痛，诗词变为凄凉悲痛，抒发怀乡悼亡情感，也寄托强烈的亡国之思。李词有两大特点：一是以其女性身份和特殊经历写词，塑造了前所未有的个性鲜明的女性形象，从而扩大了传统婉约词的情感深度和思想内涵；二是善于从书面语言和日常口语里提炼出生动晓畅的语言，善于运用白描和铺叙手法，构成浑然一体的境界。

导读

这首词通过南渡前后过元宵节两种情景的对比，抒写离乱之后，愁苦寂寞的情怀。上阕从眼前景物抒写心境。下阕从今昔对比中抒发国破家亡的感慨，表达沉痛悲苦的心情。全词情景交融，跌宕有致。由今而昔，又由昔而今，形成今昔盛衰的鲜明对比。感情深沉、真挚。语言于朴素中见清新，平淡中见工致。

李清照是一个热爱生活的人，她的作品中曾经写到早年生活中欢乐的一面，如《点绛唇》写她少女时代荡秋千为戏，《如梦令》"常记溪亭日暮"写她泛舟流连忘返，等等，从中可以看到一个开朗活泼的女性。但是转眼夫死之悲、亡国之痛接踵而至，她的心情起了巨大的变化，以至"试灯无意思，踏雪没心情"(《临江仙》)。纵"双溪春尚好"(《武陵春》)，也不愿去泛舟；虽是元宵佳节，又值"融和天气"，也无心去观灯。那些"酒朋诗侣"驾着"香车宝马""来相召"，被她婉言谢绝；而她躲到"帘儿底下"听到的仍然是游人的笑语。在平淡的词句后面，既有用当年汴京繁华来反衬的今昔盛衰之感，又有用当前游人笑语来对比的人我苦乐之别，而在这种反衬对比之中，渗透着作者深沉的故国之思，赋予了这首词以深刻的社会意义。南宋末年词人刘辰翁读了这首词，"为之涕下"，并按照它的调子填了一首具有强烈爱国情调的词，足见这首词的感人之深。

感悟讨论

1. 分析词中所用的对比手法，体会其对抒发盛衰之感的作用。

2. 宋代张端义说，李清照"晚年赋元宵《永遇乐》词……皆以寻常语度入音律。炼句精巧则易，平淡入调者难"。结合作品分析李词这一语言特点。

平行阅读

凤凰台上忆吹箫

李清照

香冷金猊，被翻红浪，起来慵自梳头。任宝奁尘满，日上帘钩。生怕离怀别苦，多少事，欲说还休。新来瘦，非干病酒，不是悲秋。

休休。这回去也，千万遍阳关，也则难留。念武陵人远，烟锁秦楼。唯有楼前流水，应念我、终日凝眸。凝眸处，从今又添，一段新愁。

(选自《唐宋词选》，中国社科院文学研究所，人民文学出版社 1981 年版)

南宋文学家刘辰翁在《辛稼轩词序》中这样评价苏东坡的词作："词至东坡，倾荡磊落，如诗，如文，如天地奇观。"

第十三节

八声甘州·寄参寥子①

◎苏 轼

有情风万里卷潮来，无情送潮归。问钱塘江上，西兴浦口②，几度斜晖？不用思量今古，俯仰昔人非。谁似东坡老，白首忘机③。

记取西湖西畔，正春山好处，空翠烟霏④。算诗人相得⑤，如我与君稀⑥。约他年，东还海道，愿谢公雅志莫相违⑦。西州路，不应回首，为我沾衣⑧。

（选自《唐宋词选》，中国社科院文学研究所，人民文学出版社1981年版）

注释

①参寥子：即僧人道潜，字参寥，浙江于潜人。精通佛典，工诗，苏轼与之交厚。

②西兴：即西陵，在钱塘江南，今杭州市对岸。浦：水滨。

③忘机：忘却心机，与世无争。李白《下终南山斛斯山人宿置酒》："我醉君复乐，陶然共忘机。"

④烟霏：云烟弥散。

⑤相得：相投合。

⑥稀：少。

⑦"约他年"三句：以东晋谢安的故事喻归隐之志。《晋书·谢安传》："安虽受朝寄，然东山之志始末不渝，每形于言色。"东山之志：回东山隐居的想法。

⑧"西州路"三句：《晋书·谢安传》载，"羊昙者，太山人，知名士也，为安所爱重。安薨后，辍乐弥年，行不由西州路"。此处是说自己要实现谢公之志，但要活着回来，绝不要参寥像羊昙那样痛哭于西州路。西州：即西州城，东晋时所筑，故址在今江苏南京。

苏轼（1037—1101），字子瞻，号东坡居士，眉州（今四川眉山）人。北宋文学家、书画家。父苏洵、弟苏辙都是著名文学家，世称"三苏"。宋仁宗嘉祐二年（1057）进士。宋神宗熙宁年间，因与王安石意见不合，自请外放，历任杭州通判，密州、徐州、湖州知州。元丰二年（1079），因被诬作诗"谤讪朝廷"，遭弹劾，被捕入狱，史称"乌台诗案"。后贬为黄州团练副使。宋哲宗时累迁中书舍人、翰林学士，出知杭州、颍州。后又以"为文讥斥朝廷"罪名远谪广东、海南。苏轼一生宦海沉浮，历经坎坷，思想上常有出世与入世的矛盾，但每失意时，能达观自解，始终保持进取、欲有所为的精神。苏轼在文艺创作的各方面都有突出的成就。散文自然畅达、随物赋形，为"唐宋八大家"之一；诗作大都抒写仕途坎坷的感慨，也有反映民生疾苦、揭露现实黑暗之作，豪迈清新，尤长于比喻，与黄庭坚并称“苏黄”；词开豪放一派，突破了晚唐以来艳词的窠臼，扩大了词的题材，丰富了词的意境，冲破了诗庄词媚的界限，与辛弃疾并称“苏辛”。刘辰翁在《辛稼轩词序》说：“词至东坡，倾荡磊落，如诗，如文，如天地奇观。”有《苏东坡集》《东坡乐府》。

导读

此词作于元祐六年(1091)，苏轼由杭州太守被召为翰林学士承旨，离杭时写下这首赠别词，表达了词人与友人参寥相契如一的志趣和亲密无间、荣辱不渝的感情。

上阕写景、议论、抒情相结合。“有情风万里卷潮来，无情送潮归。”起句超逸旷远，气势不凡，以钱塘江喻人世的聚散离合，充分表现了词人的逸怀浩气，同时又以天地万物的无情反衬人之有情。接着以“问”字领起下文，“钱塘江上，西兴浦口，几度斜辉?”词人发出了感喟：落日残照中的钱塘潮见证了多少次世间聚散离合！“斜晖”一则承前面的“潮归”，同时也是古典诗词中与离情结合的独特意象。“不用思量今古，俯仰昔人非”，今古变迁，不去思量了，低头抬头之间，往事已成过眼云烟，词人纵阅古今之变，表明心迹：“谁似东坡老，白首忘机。”表现了诗人超脱旷达、淡泊宁静的心境。下阕追忆往事，借用典故表明心迹。“记取西湖西畔，正春山好处，空翠烟霏。算诗人相得，如我与君稀。”将旧日漫游的地点、季节、景色以及二人相知相得的珍贵友谊一一写出，意境清新，情谊深挚。最后六句则借用谢安、羊昙的故事安慰老友，表明志向。《晋书·谢安传》载，谢安起初在会稽东山隐居，朝廷请他出山做宰相，后被贬。谢安要从海路回会稽东山继续隐居，但他是病中被人抬着从西州路过的。谢安死后，羊昙无比哀痛。此后路过西州门都要绕道而行。词人借用这个典故一方面表达了对和自己情感笃厚的参寥的安慰，另一方面也表达了超然物外的退隐江湖之心，抒发了真挚的情感，表达了高逸的情怀。

全词气势恢宏，笔力雄健，清朗疏宕，境界高逸，情深义重。

感悟讨论

1. 这首词表达了词人怎样的思想感情？采用了哪些表现手法？
2. 结合苏词体会豪放派词风和特点。

平行阅读

卜算子·黄州定惠院寓居作

苏　轼

缺月挂疏桐，漏断人初静。谁见幽人独往来，缥缈孤鸿影。
惊起却回头，有恨无人省。拣尽寒枝不肯栖，寂寞沙洲冷。

（选自《唐宋词选》，中国社科院文学研究所，人民文学出版社1981年版）

以满腔的爱国豪情，唱出一曲英雄悲歌。格调苍劲，壮怀激烈，读来力重千钧，振聋发聩。

第十四节

贺新郎·同父见和，再用前韵

◎ 辛弃疾

老大那堪说[①]。似而今、元龙臭味[②]，孟公瓜葛[③]。我病君来高歌饮，惊散楼头飞雪。笑富贵、千钧如发。硬语盘空谁来听，记当时，只有西窗月。重进酒，换鸣瑟。

事无两样人心别。问渠侬[④]：神州毕竟，几番离合。汗血盐车无人顾[⑤]，千里空收骏骨[⑥]。正目断、关河路绝。我最怜君中宵舞[⑦]，道"男儿到死心如铁"。看试手，补天裂。

（选自《唐宋词选》，中国社科院文学研究所，人民文学出版社1981年版）

注释

①老大：年老。

②元龙臭味：与元龙气味相投。陈登，字元龙，东汉末年人。《三国志·魏志·陈登传》载：陈元龙有"湖海之士，豪气不除"的称誉，对不能忧国忘家的许汜不予理睬，受到刘备的赞许。臭味：气味，情趣。

③孟公瓜葛：与孟公建立了情谊。陈遵，字孟公，西汉末年著名游侠，嗜酒常醉，好结交豪杰。瓜葛：比喻关系相连。

④渠侬：他，他们。古代吴地方言。

⑤汗血盐车：骏马拉运盐的车子。汗血，骏马。后以之比喻人才埋没受屈。

⑥千里空收骏骨：源于《战国策·燕策》：燕昭王即位后广招贤能，郭隗就讲了一个古代君王以千金求千里马的故事，说涓人去找千里马，三个月才找到，可千里马已死，于是用五百金买了马骨头。君王大怒，涓人说，死马尚且花五百金买来，何况活马呢？果然，不出一年，来了很多千里马。

⑦中宵舞：东晋祖逖立志北伐，在半夜听到鸡叫就起来舞剑，比喻有志报国的人及时奋起。

辛弃疾（1140—1207），历城（今山东济南）人，南宋爱国词人。原字坦夫，改字幼安，中年名所居曰稼轩，因此自号"稼轩居士"。辛词是以境界阔大、感情豪爽开朗著称的，强烈的爱国主义思想和战斗精神是其基本思想内容。辛弃疾总是以炽热的感情与崇高的理想来拥抱人生，更多地表现出英雄的豪情与英雄的悲愤。因此，主观情感的浓烈、主观理念的执着，构成了辛词的一大特色。辛弃疾存词600多首，有《稼轩长短句》。

导读

宋孝宗淳熙十五年(1188)冬,陈亮自浙江东阳来江西上饶北郊带湖访问作者。作者和陈亮纵谈天下大事,议论抗金复国,极为投契。陈亮在带湖住了十天,又同游鹅湖。后来,陈亮因朱熹失约未来紫溪,匆匆别去。辛弃疾思念陈亮,曾先写《贺新郎》一首寄给陈亮。陈亮很快就和了一首《贺新郎·寄辛幼安和见怀韵》。辛弃疾见到陈亮的和词以后,再次回忆他们相会时的情景而写下了这首词。

这首词上阕写友情。前四句以陈登、陈遵作比,说明作者与陈亮思想一致、情投意合的深厚友谊。中三句写他们旷达的胸怀与不慕富贵荣华的高尚情操。后四句写他们为国事担忧而发的恢宏议论以及因无人响应而产生的牢骚。下阕论国事。前四句从抗战派与投降派的尖锐矛盾出发,提出了为什么祖国遭受分裂这一严重问题。实际上是对南北分裂已成定势这一投降主义谬论的批判。中四句,通过千里马的遭遇,摆出了人才不得重用却又高喊搜罗人才以致堵塞了收复中原的通路这一严酷现实,揭露了投降派坚持屈辱求和打击抗战派的反动政策。最后四句,通过"男儿到死心如铁"和"补天裂"这样铿锵有力的语言,表达了他们争取祖国统一的决心。这首词形象地反映了作者和陈亮在思想一致的基础上所结成的战斗友谊,抒发了他们坚持抗战,志在统一的壮志豪情。

这是一首唱和词,但与一般酬答往来的庸俗之作大不相同,它写得感情饱满,痛快淋漓,内容丰富,形象鲜明。值得提出的是,这首词始终注意描绘和歌颂陈亮这一胸怀大志的人物形象。就全词来看,作者的笔墨主要集中在以下三个方面:一是通过历史人物来赞美陈亮的宽阔胸怀与远大理想,二是通过对时政的抨击和对富贵的蔑视来突出陈亮的高尚品格,三是通过陈亮的言论"男儿到死心如铁"来歌颂陈亮为国牺牲的决心和坚定立场。词中把写景、抒情、用典、记事结合在一起,具有浓厚的浪漫主义气息。

感悟讨论

1. 体悟这首词的感情特征,领会辛弃疾的爱国豪情和辛词"肝肠似火"的特色。

2. 结合辛弃疾作为词人的成就与作为爱国志士的功业两方面,讨论他作为词人之"幸"与作为志士之"悲"。

平行阅读

贺新郎

辛弃疾

把酒长亭说。看渊明、风流酷似,卧龙诸葛。何处飞来林间鹊,蹙踏松梢残雪。要破帽、多添华发。剩水残山无态度，被疏梅、料理成风月。两三雁，也萧瑟。

佳人重约还轻别。怅清江、天寒不渡，水深冰合。路断车轮生四角，此地行人销骨。问谁使、君来愁绝？铸就而今相思错，料当初、费尽人间铁。长夜笛，莫吹裂。

（选自《唐宋词选》，中国社科院文学研究所，人民文学出版社1981年版）

王国维语："纳兰容若以自然之眼观物，以自然之舌言情。此由初入中原，未染汉人风气，故能真切如此。北宋以来，一人而已。"

第十五节

木兰花[①]·拟古决绝词柬友

◎ 纳兰性德

人生若只如初见，何事秋风悲画扇[②]。等闲变却故人心，却道故人心易变[③]。骊山语罢清宵半[④]，泪雨零铃终不怨[⑤]。何如薄幸锦衣郎，比翼连枝当日愿[⑥]。

（选自《纳兰词笺注》，纳兰性德著，张草纫笺注，上海古籍出版社2003年版）

注释

①木兰花：词牌，双调56字，上、下阕各三仄声韵。

②何事秋风悲画扇：此用汉代班婕妤被弃典故。班婕妤为汉成帝妃，被赵飞燕谗害，退居冷宫，有诗《怨歌行》："新裂齐纨素，皎洁如霜雪。裁为合欢扇，团团似明月。出入君怀袖，动摇微风发。常恐秋节至，凉飚夺炎热。弃捐箧笥中，恩情中道绝。"以秋扇为喻，写被弃之怨情。

③等闲两句：谓故人轻易变心，反说人心本来就是易变的，不足为奇。

④骊山：唐玄宗李隆基与杨玉环曾于七月七日夜，在骊山华清宫长生殿里盟誓，陈鸿《长恨歌传》："时夜殆半，休侍卫于东西厢，独侍上。上凭肩而立，因仰天感牛女事，密相誓心，愿世世为夫妇。"白居易《长恨歌》："在天愿作比翼鸟，在地愿作连理枝。"

⑤泪雨句：安史乱起，唐玄宗入蜀躲避战乱，为保皇位于马嵬坡将杨玉环赐死，途中闻雨声、铃声而悲，遂作《雨霖铃》曲以寄哀思。

⑥锦衣郎：指唐玄宗。

纳兰性德（1655—1685）原名成德，字容若，号楞伽山人，出身满洲贵族，隶属正黄旗，大学士明珠长子，清初杰出词人。自幼聪敏，读书过目不忘，善为诗，好填词，童年已句出惊人。17岁入太学，康熙十五年（1676）进士，授乾清门三等侍卫，后循迁至一等，多次随康熙皇帝出巡，到过京畿、塞外、关东、江南。他是一个胸怀抱负的青年，能文能武，希望有机会施展才能，做一番于国于民有利的事业，"竟须将，银河亲挽，普天一洗。麟阁才教留粉本，大笑拂衣归矣"。然而，现实生活中却在皇帝身边，鞍前马后度过了九年的侍卫生涯。纳兰性德生性恬淡，对功名利禄看得十分淡薄，向往隐居生活。他的词独具一格，或凄婉动人，或磊落奔放，有评价认为直追南唐后主李煜。现存词三百多首，纳兰性德生前编辑成集，名为《侧帽集》。后来好友顾贞观校订重刊，更名《饮水词》。

导读

这是一首拟古之作，古辞《白头吟》："闻君有两意，故来相决绝。""决绝意谓决裂，指男女情变，断绝关系。唐元稹曾用乐府歌行体，模拟一女子的口吻，作《古决绝词》。容若此作题为'拟古决绝词柬友'，也以女子的声口出之。其意是用男女间的爱情为喻，说明交友之道也应该始终如一，生死不渝。"（盛冬铃《纳兰性德词选》）

这首词表达了词人对人生理想的执着追求和对背情弃义行为的批判鞭挞。纳兰词的最大魅力在于一个"真"，他"待人真，作词真，写景真，抒情真，虽力量未充，然以其真，故感人甚深。一种凄婉处，令人不忍卒读者，亦以其词真也"（唐圭璋语）。上阕起句"人生若只如初见"这句名言，以情真撼人心灵，描绘出一种令人向往的人与人相处的美好状态。接着引用汉代班婕妤的典故，发出深深慨叹，初相识时如沐春风的温馨和分手时如肃杀秋风中画扇的悲凉构成鲜明的对比和反差，接下来，对变心人反而指责对方首先变心的行为予以了批判。下阕引用唐玄宗和杨玉环的典故，谴责当初海誓山盟后来却背情弃义的薄情郎，无做作之态，更无虚伪之言，借用典故吐露出自己的心声，既是谴责负心，也是呼唤人间真情。这首词清新秀隽，情真意切，语言流畅优美，音韵和谐自然，具有深婉动人的艺术感染力。

感悟思考

1. 结合纳兰性德的短暂的人生经历，谈谈你对"人生如只如初见"这一名句的看法。

2. 有评价纳兰容若为"性情中人"，也有人认为他是《红楼梦》贾宝玉的原形，查阅相关资料，谈谈你对纳兰容若的印象。

3. 阅读《金缕曲·赠梁汾》，体会这首词的风格。

平行阅读

金缕曲·赠梁汾

纳兰性德

德也狂生耳。偶然间，缁尘京国，乌衣门第。有酒惟浇赵州土，谁会成生此意。不信道、竟逢知己。青眼高歌俱未老，向尊前、拭尽英雄泪。君不见，月如水。共君此夜须沉醉。且由他、蛾眉谣诼，古今同忌。身世悠悠何足问，冷笑置之而已。寻思起、从头翻悔。一日心期千劫在，后身缘、恐结他生里。然诺重，君须记。

长相思

纳兰性德

山一程，水一程，身向榆关那畔行，夜深千帐灯。
风一更，雪一更，聒碎乡心梦不成，故园无此声。

鹧鸪天

纳兰性德

独背残阳上小楼，谁家玉笛韵偏幽？一行白雁遥天暮，几点黄花满地秋。惊节序，叹沉浮，秾华如梦水东流。人间所事堪惆怅，莫向横塘问旧游。

（选自《纳兰词笺注》，纳兰性德著，张草纫笺注，上海古籍出版社 2003 年版）

近代天津曾诞育了一位嘉言懿行的人，他集艺术家和教育家于一身，皈依佛门后，又是著名的佛学大师，他就是弘一法师——李叔同。

第十六节

金缕曲·将之日本，留别祖国并呈同学诸子

◎ 李叔同

披发佯狂走[①]。莽中原，暮鸦啼彻[②]，几枝衰柳。破碎河山谁收拾？零落西风依旧。便惹得离人消瘦[③]。行矣临流重太息[④]，说相思，刻骨双红豆。愁黯黯，浓于酒。

漾情不断淞波溜[⑤]。恨年来、絮飘萍泊，遮难回首[⑥]。二十文章惊海内[⑦]，毕竟空谈何有。听匣底苍龙狂吼[⑧]。长夜凄风眠不得，度群生那惜心肝剖[⑨]？是祖国，忍孤负[⑩]！

（选自《李叔同集》，郭长海、郭君兮编，天津人民出版社 2006 年版）

注释

①佯狂：装作发狂的样子。这里暗示屈原去国之意。

②暮鸦：昏鸦，极言荒凉之境况。

③离人：远行人。

④临流：：面对江流。太息：叹息。

⑤漾情：满腔之情。淞波溜，吴淞江之波浪。

⑥遮：同“这”。

⑦二十文章惊海内：李叔同作这首词，时年 26 岁。但其诗文字画，已名震天下。

⑧匣底：指剑鞘。苍龙，宝剑名。

⑨度：超度，这里言解救。

⑩孤负：辜负。

李叔同(1880—1942)，名文涛，法名演音，号弘一。祖籍浙江，生于天津官宦富商之家，中国新文化运动的前驱，卓越的艺术家、教育家，中国近现代佛教史上杰出高僧。李叔同幼年天资聪颖，悟性极高，少年成名，“二十文章惊海内”，集诗、词、书画、篆刻、音乐、戏剧、文学于一身，在多个领域，取得了杰出的成就。他的书法“朴拙圆满，浑若天成”，把中国的书法艺术推向了极致。他是第一个向中国传播西方音乐的先驱者，所创作的歌曲《送别》，历经几十年传唱经久不衰，成为经典名曲。同时，他也是中国第一个开创裸体写生的教师。卓越的艺术造诣，先后培养出了名画家丰子恺、音乐家刘质平等一批文化名人。他苦心向佛，精研律学，弘扬佛法，被佛门弟子奉为律宗第十一代世祖。

他为世人留下了咀嚼不尽的精神财富，他的一生充满了传奇色彩，是绚丽至极归于平淡的典型人物。赵朴初先生评价弘一大师的一生为："无尽奇珍供世眼，一轮圆月耀天心。"

导读

这首词写于1905年。当时国事维艰，列强肆虐，民不聊生，就在这一年，李叔同的母亲去世，这对他心灵打击很大，李叔同陷入空前的悲愤和迷茫。同年秋天，李叔同老师赵幼梅受天津学务处的委托，带领学生去日本访问，实习考察，李叔同听说，毅然辞掉了上海沪学会的工作，决意去日本求学，寻求富国强兵之道。这首词是他赴日前所填，抒发了浓重而深沉的爱国情怀，表达了愿为祖国的富强而献身的远大抱负。

词分上下两阕。上阕借景抒情，开篇借用屈原的形象表达了诗人忧国忧民的一腔孤愤，选用"暮鸦"、"衰柳"、"西风"几个中国古代文学作品中的典型意象，勾勒出了一幅乌鸦悲啼、杨柳怨别、秋风萧瑟的凄怆苍凉画面。面对列强的肆意欺凌，清廷的昏聩无能，山河破碎，千疮百孔，诗人一腔孤愤，难以释怀。"红豆"形象的化用，则表现了诗人对祖国未离别已相思"浓于酒"的一片难以割舍的眷恋之情。下阕直抒胸臆，"漾情不断淞波溜"，站在江边，感慨万千，逝者如斯夫，不舍昼夜。可是自己却多年漂泊，虽年少成名，面对破碎的河山，他不愿以"二十文章惊海内"的空谈来做自我陶醉，"度群生那惜心肝剖"，一腔热血，肝肠似火，最后以反问收结全篇，诗人怎忍心辜负了自己深深热爱的祖国？是反问，更是呐喊，表达了深挚的爱国情怀，激昂慷慨，荡气回肠。

全词感情浓郁深沉，意象苍凉，用典妙合，反问手法的运用更增添了词作的气势。

感悟讨论

1. 这首词表达了青年李叔同怎样的思想感情？

2. 为什么说李叔同是"中国新文化运动的前驱"？了解李叔同具有传奇色彩的一生，谈谈你的看法。

平行阅读

送　别

李叔同

长亭外，古道边，芳草碧连天。晚风拂柳笛声残，夕阳山外山。天之涯，地之角，知交半零落。一觚浊酒尽余欢，今宵别梦寒。长亭外，古道边，芳草碧连天。晚风拂柳笛声残，夕阳山外山。

（选自《李叔同集》，郭长海、郭君兮编，天津人民出版社2006年版）

在英国乃至世界十四行诗的创作中，文艺复兴时期的伟大诗人莎士比亚的十四行诗是一座高峰，词汇丰富，结构精妙，意境深邃，当得起空前绝后的美誉。

第十七节

十四行诗（第 18 首）

◎［英］莎士比亚

我怎么能够把你来比作夏天？
你不独比它可爱也比它温婉；
狂风把五月宠爱的嫩蕊作践，
夏天出赁的期限又未免太短；
骄阳的眼睛有时照得太酷烈，
它那炳耀的金颜又常遭黯晦[①]；
给机缘或无常的天道所摧折，
没有芳艳不终于雕残或销毁。
但是你的长夏永远不会雕落，
或者会损失你这皎洁的红芳，
或死神夸口你在他影里漂泊，
当你在不朽的诗里与时同长。
只要一天有人类，或人有眼睛，
这诗将长在，并且赐给你生命。

（选自《外国抒情诗歌选》，邵鹏健编，梁宗岱译，江西人民出版社 1980 年版）

注释

①炳耀：光辉灿烂。

莎士比亚（1564—1616），英国著名戏剧家和诗人，欧洲文艺复兴时期的代表人物。出生于英格兰中部斯特拉特福镇的一个富裕市民家庭，曾在当地文法学校学习拉丁文和古希腊文。14 岁时家道中落辍学经商，20 岁后前往伦敦谋生，先在剧院门前为贵族顾客看马，后逐渐成为剧院的杂役、演员、剧作家和股东。1597 年在家乡购置了房产，并为他的家庭取得了世袭绅士的身份，一生的最后几年在家乡度过。莎士比亚共写有 37 部戏剧，154 首 14 行诗，2 首长诗和其他诗歌。重要的剧作：喜剧《仲夏夜之梦》《威尼斯商人》；悲剧《哈姆雷特》《奥赛罗》《李尔王》《麦克白》；历史剧《亨利四世》《亨利五世》等。他的剧作利用历史传说或旧剧本改编，赋予新的生命，反映各种社会力量的冲突，表现文艺复兴时期的人文主义思想。剧本主要用无韵诗体写成，又结合了散文、有韵诗句和抒情歌谣等，语言丰富，对欧洲戏剧发展影响重大。莎士比亚的十四行诗是欧洲文艺复兴时期十四行诗中最优秀的作品，充分表达了诗人的世界观和艺术观，通过对友情和爱情的歌颂，诠释了他所主张的最高准则——真、善、美，和这三者的结合。诗作词汇丰富，语言精练，结构巧妙，音调铿锵，有巨大的艺术感染力。

导读

这首诗是莎士比亚 154 首十四行诗中的第 18 首。诗人讴歌美，讴歌文学，认为美可以依靠文学的力量而永远不朽，颂扬了创造文学的人类智慧，体现了他深邃悠远的人文主义思想。

十四行诗是源于意大利民间的一种抒情短诗，文艺复兴初期盛行于整个欧洲，其结构十分严谨，韵脚排列为：ABBA ABBA CDE CDE，莎士比亚的十四行诗有所创新，结构更严谨，韵脚为：ABAB CDCD EFEF GG，这样的格式后来被称为“莎士比亚式”。莎士比亚的十四行诗共有 154 首，作于 1592 年至 1598 年间，前 126 首献给一位年轻的贵族，歌颂了这位朋友的美貌以及他们的友情；127 首到 154 首献给一位“黑女士”，描写爱情。诗作的结构技巧和语言技巧都很高，几乎每首诗都具有独立的审美价值。

莎士比亚十四行诗的第 18 首历来备受推崇，这首诗是献给一位美貌出众、前程似锦的贵族青年的。诗作以夏天展开了想象，夏天本身是一种象征，万物复苏在春季，夏天是生命力最旺盛的季节，暗指友人充满活力和美的青春人生，而友人的这种美又把“夏天”、“嫩蕊”、“骄阳”比下去了，因为它们不够“温婉”、“期限又未免太短”、“常遭黯晦”，前六句写友人的魅力远超夏天。七、八两句慨叹：人生苦短，如同朝露，美好的人和事物都难逃死亡的宿命。九到十二句讴歌了文学的魅力，友人的美会超越时空，在诗中成为一种永恒，因为文学具有这样流芳百世的魅力。最后两句发出深挚的吟咏，只要人世间能有人鉴赏文采，只要有人尚在呼吸，眼睛还能阅读，这首诗就会流传，友人的美将永驻人间。这是生命之美，也是艺术之美。

诗作联想恣意流畅，比喻贴切鲜明，拟人生动形象，语言跌宕起伏，节奏激越铿锵，全诗既精雕细刻，更语出天成。梁宗岱的译文精准传神，将莎士比亚十四行诗毫不拘谨、自由奔放、抑扬悦耳的风格传递给中国的读者，翻译颇具匠心，文词优美，意境深远。

感悟讨论

1. 结合欧洲文艺复兴的时代背景，体会这首诗的内涵。
2. 这首诗的汉译是否保留了原诗韵脚的结构？辨析这首诗作汉译的韵脚。
3. 阅读莎士比亚十四行诗第 105 首，体会诗人秉持的真、善、美准则。

平行阅读

十四行诗(第 105 首)

莎士比亚

别把我的爱人唤作偶像崇拜，
也别把我爱人看成是一座偶像，
尽管我所有的歌和赞美都用来
献给你一个人，讲一件事情，不改样。
我爱人今天有情，明天也忠实，
在一种奇妙的优美中永不变心；
所以，我的只歌颂忠贞的诗辞，
就排除驳杂，单表达一件事情。
真，善，美，就是我全部的主题，
真，善，美，变化成不同的辞章；
我的创造力就用在这种变化里，
三题合一，产生瑰丽的景象。
真，善，美，过去是各不相关，
现在呢，三位同座，真是空前。

(选自《外国抒情诗歌选》，邵鹏健编，屠岸译，江西人民出版社 1980 年版)

诗人席勒被誉为“真善美”巨人,“德国的莎士比亚”。而诗人自己眼中,他则是“不臣服于任何王侯的世界公民”。

第十八节

欢乐颂[①]

◎［德］席勒

一

欢乐啊,美丽的神奇的火花,
　极乐世界的仙姑,
天女啊,我们如醉如狂,
　踏进你神圣的天府。
为时尚无情地分隔的一切,
　你的魔力会把它们重新连接。
只要在你温柔的羽翼之下,
　一切的人们都成为兄弟。
合唱　万民啊!拥抱在一处,
　和全世界的人接吻!
　弟兄们——在上界的天庭,
　一定有天父住在那里。

二

谁有那种极大的造化,
　能和一位友人友爱相处,
谁能获得一位温柔的女性,
　让她一同欢呼!
真的——在这世界上
　只要有一位能称为知心!
否则,让他去向隅暗泣,
　离开我们这个同盟。

合唱　居住在大集体中的众生，
请尊重这共同的感情！
她会把你们向星空率领，
领你们去到冥冥的天庭。

三

一切众生都从自然的
乳房上吮吸欢乐；
大家都尾随着她的芳踪，
不论何人，不分善恶。
欢乐赐给我们亲吻和葡萄
以及刎颈之交的知己；
连蛆虫也获得肉体的快感，
更不用说上帝面前的天使。

合唱　万民啊，你们跪倒在地？
世人啊，你们预感到造物主？
请向星空的上界寻找天父！
他一定住在星空的天庭那里。

四

欢乐就是坚强的发条，
使永恒的自然循环不息。
在世界的大钟里面，
欢乐是推动齿轮的动力。
她使蓓蕾开成鲜花，
她使太阳照耀天空，
望远镜看不到的天体，
她使它们在空间转动。

合唱　弟兄们！请你们欢欢喜喜，
在人生的旅途上前进，
像行星在天空里运行，
像英雄一样快乐地走向胜利。

五

从真理的光芒四射的镜面上，
欢乐对着探求者含笑相迎。
她给他指点殉教者的道路，

领他到美德的险峻的山顶。
在阳光闪烁的信仰的山头，
可以看到欢乐的大旗飘动。
就是从裂开的棺材缝里，
也见到她站在天使的合唱队中。

合唱 万民啊！请勇敢地容忍！
为了更好的世界容忍！
在那边上界的天庭，
伟大的神将会酬报我们。

六

我们无法报答神灵；
能和神一样快乐就行。
不要计较贫穷和愁闷，
要和快乐的人一同欢欣。
应该忘记怨恨和复仇，
对于死敌要加以宽恕。
不要让他哭出了泪珠，
不要让他因后悔而受苦。

合唱 把我们的账簿全部烧光！
和全世界的人进行和解！
弟兄们——在星空的上界，
神担任审判，也像我们这样。

七

欢乐从酒杯中涌了出来；
饮了这金色的葡萄汁液，
吃人的人也变成温柔，
失望的人也添了勇气——
弟兄们，在巡酒的时光，
请离开你们的座位，
让酒泡向着天空飞溅：
对善良的神灵举起酒杯！

合唱 把这酒杯奉献给善良的神灵，
在星空上界的神灵，
星辰的合唱歌颂的神灵，

天使的颂诗赞美的神灵！

八

在沉重的痛苦中要拿出勇气，
　对于流泪的无辜者要加以援手，
已经发出的誓言要永远坚守，
　要实事求是对待敌人和朋友，
在国王的驾前要保持男子的尊严——
　弟兄们，生命财产不足惜——
让有功绩的人戴上花冠，
　让欺瞒之徒趋于毁灭！

合唱　我们要巩固着这神圣的团体，
　凭着这金色的美酒起誓，
　对这盟约要永守忠实，
　请对星空的审判者起誓！

（选自《外国抒情诗歌选》，邵鹏健编，钱春绮译，江西人民出版社 1980 年版）

注释

①此诗作于 1785 年，次年发表于诗人自编的期刊《塔利亚》。

弗里德里希·席勒(1759—1805)，杰出的德国诗人、戏剧家。出生于德国符腾堡小城马尔赫尔。席勒童年时代就对诗歌、戏剧有浓厚的兴趣，1768 年入拉丁语学校学习，但 1773 年被符腾堡公爵强制选入他所创办的军事学校学法律，后来才同意他改学医学。席勒对当时的专制统治有着深切的体会，1780 年写成反抗封建暴政、充满狂飙突进精神的剧本《强盗》，公演获得巨大成功，一举成名。1783 年完成悲剧《阴谋与爱情》，确立了他争取自由、唤起民族觉醒的创作道路。1804 年，在诗人歌德的帮助下创作完成了剧本《威廉·退尔》。席勒的早期创作充满炽烈激情和抗争精神，是“狂飙突进”运动的杰出代表。随后席勒和歌德互相砥砺，将德国古典文学推向顶峰。席勒的诗作以思想抒情诗见长，歌颂自由、爱情、勇敢、忠诚和尊严，贯穿着昂扬的理想主义和人道主义精神。其代表诗作《欢乐颂》被贝多芬写进第九交响曲后，在全世界广为传颂，经久不衰。

导读

这是一首颂扬人间欢乐，歌唱自由、平等、博爱理想的作品。凝聚了诗人对超越时代与种族、跨越地域和疆界无私大爱的渴望，洋溢着吟咏人类高尚情感升华的欢乐。

《欢乐颂》是席勒1785年夏天在莱比锡创作的。那时他创作的戏剧《强盗》和《阴谋与爱情》获得巨大成功。《强盗》是“歌颂一个向全社会公开宣战的豪侠的青年”的剧作，《阴谋与爱情》则是“德国第一个具有政治倾向的戏剧”。然而，当时的席勒却遭受迫害，出逃在外，过着漂泊不定的生活。在席勒走投无路的时候，莱比锡4个素不相识的年轻人仰慕席勒的才华，邀请席勒到莱比锡去，席勒长途奔波来到莱比锡，受到4位陌生朋友的热情欢迎和无微不至的招待。《欢乐颂》就是在席勒感受了这种雪中送炭的温暖后，以万分感激的心情写出来的。这首诗采用了当时流行的颂歌体，这种题材源自古希腊，后被运用于德国诗人的创作中，席勒运用这种古老的诗歌体裁歌颂他受友谊感动后产生的欢乐，后又把这种欢乐人格化，使欢乐拥有了普遍意义，进而引申出追求自由、平等、博爱理想的歌唱。“只要在你温柔的羽翼下，一切的人们都成为兄弟。”一句统领全篇，将人类的高尚感情升华成一种与神为伍的欢乐，合唱部分则从不同的方面吟咏这一主题，情感炽烈，热情洋溢。

全诗十六小节，合唱部分除最后一个小节，均由四行、八行的形式组成，结构整齐；而第一小节八行和结尾第十六小节的四行，使整齐中又富于变化。虽是翻译作品，由于译者传神的翻译，我们同样可以体味到诗作崇高庄严的韵律，感受它磅礴的气势和恢宏的意境。

感悟讨论

1. 谈谈你对《欢乐颂》主题思想的理解。
2. 本篇选用的是翻译家钱春绮的译作，对比不同的翻译版本，仔细体会品味此诗。
3. 下面的《旅人》被称作席勒的精神自传，阅读作品，体味席勒的性格特征。

平行阅读

旅　人

席　勒

当我还是年轻健壮，
　我便去漂泊流浪，
撇下年少的轻狂，
　留给我父母家庄。

一切家业，一切财产，
　我欣然托别人照管，
　有旅人的轻杖作伴，

　去呵，凭我天真烂漫。
一个强烈的憧憬，
一个模糊的使命，
督促我："这是前程，
　去吧，路，永远上升。"
"到了一扇黄金阙，
那么，你便踏进去，
里面，人间的一切，
　像天上，不朽不灭。"

暮去朝来无尽期，
　我永远永远不憩息；
但我所求所望的东西，
　始终还是个秘密。

山岳挡住我前途，
　狂涛困住我脚步；
我拓开悬崖的路，
　我筑桥把激流渡。

终于到了大川旁，
　它滔滔流向东方；
我泰然信赖波浪，
　霍的投入它胸膛。

川上澎湃的波澜，
　把我冲入大海里面，
眼前是空阔无边，
　目的地，我不曾接近。

呵，没有道路可通联，
　呵，我头顶上的苍天
永远不会接触地面，
　"那边"呀终不成"这边"！

（选自《外国抒情诗歌选》，邵鹏健编，缪灵珠译，江西人民出版社 1980 年版）

雪莱是英国文学史上最有才华的浪漫主义诗人之一，被誉为诗人中的诗人。创作的诗歌节奏明快，积极向上，热情而又富于哲理思辨，诗风自由不羁。

第十九节

西风颂

◎［英］雪莱

一

哦，犷野的西风，你秋之实体[①]的气息！
由于你无形无影的出现，万木萧疏，
似鬼魅逃避驱魔巫师，蔫黄，魆黑，
苍白，潮红，疫疠摧残的落叶无数[②]，
四散飘舞；哦，你又把有翅的种籽
凌空运送到他们阴暗的越冬床圃；
仿佛是一具具僵卧在坟墓里的尸体，
他们将分别蛰伏，冷落而又凄凉，
直到阳春你蔚蓝的姐妹[③]向梦中的大地
吹响她嘹亮的号角（如同牧放群羊，
驱送香甜的花蕾到空气中觅食就饮）
给高山平原注满生命的色彩和芬芳。
不羁的精灵，你啊，你到处运行；
你破坏，你也保存，听，哦，听！

二

在你的川流上，在骚动的高空，
纷乱的乌云，那雨和电的天使，
正像大地凋零枯败的落叶无穷，
挣脱天空和海洋交错缠接的柯枝，
漂流奔泻；在你清虚的波涛表面，
似梅娜德[④]头上扬起的蓬勃青丝，
从那茫茫地平线阴暗的边缘

直到苍穹的绝顶，到处散布着
迫近的暴风雨飘摇翻腾的发卷。
你啊，垂死残年的挽歌，四合的夜幕
在你聚集的全部水汽威力的支撑下，
将构成他那庞大墓穴的拱形顶部。
从你那雄浑磅礴的氛围，将迸发
黑色的雨、火、冰雹；哦，听啊！

三

你，哦，是你把蓝色的地中海
从梦中唤醒，他在一整个夏天
都酣睡在贝伊湾一座浮石岛外⑤，
被澄澈的流水喧哗声催送入眠，
梦见了古代的楼台、塔堡和宫闱，
在澎湃汹涌的波光里不住地抖颤，
全都长满了蔚蓝色苔藓和花卉，
馨香馥郁，如醉的知觉难以描摹。
哦，为了给你让路，大西洋水
豁然开裂，而在浩淼波澜深处，
海底花藻和枝叶无汁的淤泥丛林，
哦，由于把你的呼啸声辨认出，
一时都惨然变色，胆怵心惊，
战栗着自行凋落；听，哦，听！

四

我若是一朵轻捷的浮云，能随你同飞，
我若是一片落叶，能为你所提携，
我若是一重波浪，能喘息于你的神威，
分享你雄强的脉搏，自由不羁，
仅次于，哦，仅次于不可控制的你；
我若能像在少年时，作为伴侣，
随你同游天际，因为在那时节，
似乎超越你天界的神速也不为奇迹；
我也就不至于像现在这样急切，
向你苦苦祈求。哦，快把我飏起，
就像你飏起波浪、浮云、落叶！

我倾覆于人生的荆棘！我在流血！
岁月的重负压制着的这一个太像你[⑥]，
像你一样，骄傲，不驯，而且敏捷。

五

像你以森林演奏，请也以我为琴，
哪怕我的叶片也像森林的一样凋谢！
你那非凡和谐的慷慨激越之情，
定能从森林和我同奏出深沉的秋乐，
悲怆却又甘冽。但愿你勇猛的精灵
竟是我的魂魄，我能成为剽悍的你！
请把我枯萎的思绪播送宇宙，
就像你驱遣落叶催促新的生命，
请凭借我这韵文写就的符咒，
就像从未灭的余烬飏出炉灰和火星，
把我的话语传遍天地间万户千家，
通过我的嘴唇，向沉睡未醒的人境，
让预言的号角奏鸣！哦，风啊，
如果冬天来了，春天还会远吗？

（选自《世界抒情诗选》，江枫译，春风文艺出版社 1994 年版）

注释

①秋之实体：原文 Autumn's being，指秋的存在、秋的生命、秋的实质、秋的本体。
②魆(xū)黑：犹漆黑。魆：暗。疫疠(lì)：即瘟疫。
③蔚蓝的姐妹：指春天清新明净的春风。
④梅娜德：希腊神话中酒神狄俄尼索斯的女伴之一。
⑤贝伊湾：意大利那不勒斯附近的一处海湾。浮石：由火山熔岩形成，亦称轻石。
⑥岁月的重负：指陈旧腐朽的习惯势力。这一个：诗人自指。

雪莱（1792—1822），全名珀西·比西·雪莱，英国浪漫主义诗人，出生于英格兰苏塞克斯郡，其祖父是受封的男爵，父亲是议员。12 岁那年，雪莱进入伊顿公学，20 岁入牛津大学学习，因写反宗教论文被学校开除。投身社会后，又因写诗歌鼓动英国人民革命及支持爱尔兰民族民主运动，被迫于 1818 年迁居意大利。在意大利，他仍然支持意大利人民的民族解放运动。1822 年渡海时遇风暴，不幸船沉溺死，结束了个性如火的一生。1813 年，雪莱完成了第一部著名长诗《麦布女王》，1818 年至 1819 年，雪莱完成了两部重要的长诗《解放了的普罗米修斯》和《钦契一家》，以及不朽名作《西风颂》。雪莱浪漫主义理想的终极目标是创造一个人人享有自由的幸福新世界，他的作品热情奔放而富哲理思辨，诗风自由不羁，打破时空界限，往来变幻驰骋，惯用梦幻象征手法和远古神话题材，激情洋溢，气势磅礴。著有《珀西·比西·雪莱全集》(10卷本)。

导读

《西风颂》是雪莱的代表作，是一首富于思想性、象征性和艺术性的杰作。1819年8月英国国内的激进派在曼彻斯特的圣彼得广场举行八万人大会，要求政府改革国会，取消维护高昂粮价的谷物法，政府派骑兵进行镇压，当场死十一人，伤四万余人。消息传到意大利，引起雪莱强烈的反应，他奋笔疾书，写下了这首著名的《西风颂》。诗人借西风横扫落叶的威势歌唱革命力量扫荡腐朽势力，表达了诗人愿意为革命牺牲的坚强决心，洋溢着对西风的热爱与向往。

全诗共五节，由五首十四行诗组成。形式上五个小节格律完整，可以独立成篇；内容上它们又融为一体，贯穿着秋天西风的主脉。第一小节，诗人描写西风扫除林中残叶，送走生命的种子；第二小节描写了西风搅乱天上的云雾，呼唤雷电的到来；第三小节描绘西风掀起大海的凶猛海浪，摧毁树木，三小节三个意境，从树林到天空，再到大海，飞翔在现实和想象之中。诗人的想象夸张而丰富，表达出了西风能够涤荡腐朽，鼓舞新生的巨大潜能。第四小节，创作形式转变，从写西风到直接抒情；最后一节是整首诗的高潮，进一步讴歌了西风的力量。诗人要求西风把他作为琴弦，使诗人能施展自己的力量，把沉睡的人们唤醒。“哦，风啊，如果冬天来了，春天还会远吗?”诗人以强烈的感叹结束了全诗。

《西风颂》采用了象征手法，全诗从头到尾都在写秋天的西风，无论是写景也好，抒情也好，都没有脱离西风这个意象。诗人不仅是在歌唱西风，也是在歌唱革命。诗中的西风、残叶、种子、云、风、雨、雷、电、大海、树木具有深刻的含义，大自然瞬息万变的景象，正是革命和腐朽两种力量激烈碰撞的象征。诗作以浪漫主义情感和象征性的现实刻画，高超地构筑了西风的形象，比喻奇异，形象鲜明，气势磅礴，激情飞扬。诗人赞美西风的壮烈，把急于扫除旧世界、期盼美好春天到来的情感抒发得淋漓尽致。

感悟讨论

1. 本诗采用了什么表现手法？试就具体意象进行分析。

2. 雪莱笔下的西风意象和中国传统诗歌中赋予的含义不同，谈谈你的理解体会。

3. 这首《西风颂》有多个汉译本，课文的译者是江枫，下面节选了郭沫若的译作一、五两小节，试加以比较，分析两个译本的特点。

平行阅读

西风颂

雪　莱

一

哦，不羁的西风，你秋神之呼吸，
你虽不可见，败叶为你吹飞，
好像魍魉之群在诅咒之前逃退，
黄者，黑者，苍白者，惨红者
无数病残者之大群：哦，你，
你又催送一切的翅果速去安眠，
冷冷沉沉的去睡在他们黑暗的冬床，
好像——死尸睡在墓中一样，
直等到你阳春的青妹来时，
一片笙歌吹遍梦中的大地，
吹放叶蕾花蕊如像就草的绵羊，
在山野之中弥散着活色生香：
不羁的精灵哟，你是周流八垠；
你破坏而兼保护者，你听哟，你听！
……

五

请把我作为你的瑶琴如像树林般样：
我纵使如败叶飘飞也是无妨！
你雄浑的谐调的交流
会从两者得一深湛的秋声，虽凄切而甘芳。
严烈的精灵哟，请你化成我的精灵！
请你化成我，你个猛烈者哟！
请你把我沉闷的思想如像败叶一般，
吹越乎宇宙之外促起一番新生！
请你用我这有韵的咒文，
把我的言辞散布人间，

好像从未灭的炉头吹起热灰火烬！
请你从我的唇间吹出醒世的警号！
严冬如来时，哦，西风哟，
阳春宁尚迢遥？

（选自《外国抒情诗歌选》，邵鹏健编，郭沫若译，江西人民出版社 1980 年版）

单元实训——诗词鉴赏

中国是一个诗的国度，自我国第一部诗歌总集《诗经》诞生以来，诗词的传统源远流长，绵延几千年，诗词成为中国古典文学中具有极高成就的文学形式，是中华民族优秀传统文化的重要组成部分。这些优秀的传统诗词作品，生动地塑造了中华民族的灵魂和精神，记载了数千年来一代代中国人的心声，表达了他们不懈的追求，反映了他们的喜怒哀乐，是他们心灵的歌唱。诗词鉴赏，作为一种文学艺术认识活动，是读者在阅读诗词时，运用形象思维的方式，凭借感性经验与理性认识，进入诗词提供的特定情境，体验、感悟诗词的思想意蕴和艺术韵味，从而产生情感上的共鸣，获得审美享受与精神陶冶，这种审美性的精神活动就是诗词鉴赏。作为感性认识与理性认识、抽象思维与形象思维交互作用的过程，诗词鉴赏应充分了解诗词的特性与创作规律，具备一定的文学修养和理论知识，再就是要善于将丰富的生活感受和敏锐的艺术感悟融汇以探求诗人的心迹，进而充分理解作品。

一、诗词的特点

诗词是一种抒情性很强的文学形式，抒情性是诗词最本质的特征。古人云："诗者，志之所之也。在心为志，发言为诗。情动于中而形于言。"（《毛诗序》）以情动人，以情感人是诗词的使命，缺少了情，诗词就失去了艺术感染力，变得索然无味。当然，诗词所抒发的情感并不是凭空产生的，是作者主观情志受外物的激发、触动和影响而产生的，从根本上说源于作者所处的社会生活环境中。从这个意义上说，诗也是表现和反映社会生活的，只不过这种反映与表现不是直接的，而是通过作者自我抒情来实现的。作者所抒发的感情总是既具有"我"的个人色彩，传达了作者对社会、自然与人生的感悟与体验，而又同时具有一定的社会意义，表现生活，反映生活。

词约义丰、含蓄、凝练是诗词的另一特点。诗词篇幅很短，这就要求作者要对感发的事物进行提炼与概括，注意选择最具意义与震撼力的人事或景物，做到高度集中、典型。同时，在语言上注重炼字、炼句，使语言简约含蓄，在有限的篇幅中容纳无尽的意味，表达更为深广的思想感情，做到"状难写之景，如在目前；含不尽之意，见于言外"，形成意蕴深厚、极富于感染力的诗境。刘勰在《文心雕龙》中说："隐也者，文外之重旨也。"这里谈到的"隐"，即诗词的言外之意。诗词语言高度凝练，想象丰富大胆，情感跌宕起伏，是一种跳跃的思维，因此，欣赏诗词应沿作者的情感线索展开联想，感悟体会其所表达的思想和情感。

没有节奏和韵律，就谈不上诗词，讲究节奏与韵律，诗词具有音乐美。诗词的音乐美是内在的情绪律动和外在的语音韵律的完美结合，诗词的停顿、快慢、抑扬、强弱，是外在的节奏；作者的感情在诗词中的起伏与波动，则构成了诗词的内在节奏。一首诗或词中，内外节奏应该是统一的，内在的节奏由作者情感的变化决定，不同的情感变化，需要有不同的外在节奏来体现，是舒缓、轻松、欢快，还是激烈、昂扬、悲愤，取决于作者的情感特征。诗词的外在节奏，从根本上说是作者情感变化的间接反映。我国第一部诗歌总集《诗经》中的诗都可以入乐，“风”、“雅”、“颂”是音乐分类，汉乐府是民歌，魏晋和唐代的一些诗能吟能唱，词则更是一种具有音乐性的诗，《鹧鸪天》《菩萨蛮》《永遇乐》《贺新郎》等，本身就是曲牌，今天流传下来的词，实为当年曲子的唱词。

二、鉴赏诗词注意的问题

（一）了解诗词产生的时代背景和作者的身世、思想感情

孟子说过：“诵其诗，读其书，不知其人可乎？是以论其世也。”（《孟子·万章下》）说的就是要知人论世。文学作品和作者的生活遭际、思想情感以及时代背景有着极为密切的关系，因而只有知其人、论其世，即了解作者的生活遭际、思想情感和写作的时代背景，才能客观准确地理解和把握文学作品的思想内涵。孟子提出的这一原则对后世的文学批评产生了深远的影响，为历代文学批评家所遵循。清代章学诚在《文史通义·文德》中说：“不知古人之世，不可妄论古人之辞也。知其世矣，不知古人之身处，亦不可以遽论其文也。”阅读欣赏诗词，也应当知人论世，首先“论世”，其次“知人”，这对理解感悟诗词作品是十分重要的。作者抒情写志，大都是因现实生活中某种因素的触动有感而发，其喜怒哀乐，与他所处的历史时代以及自身的生活遭际有着密不可分的联系。任何一首诗词作品，都是作者在所处的时代背景下创作的，传达了作者特定的思想感情，兼具个人色彩和时代烙印两方面的特点。只有了解了作者的身世、感情，我们才可能理解作者在诗词里所表达的是什么样的思想感情；也只有了解了诗词产生的时代背景，我们才能理解作者为什么会表达这种思想感情。否则，很难真正理解作者所抒写的思想情感，甚至有可能误读。

（二）把握诗词的语言表达方式、技巧，认知抒情方法和表现手法

诗词是语言的艺术，非常注重语言的表达效果，从表达方式看具有很大的灵活性和跳跃性，有时为了修辞、平仄的需要，还会出现一些不符合习惯语言表达方式的句式，比如倒装、互文等。另外，从表达效果看，诗词语言含蓄蕴藉，简洁凝练，力求以简约的语言表达丰富深刻的内涵，甚至“不着一字，尽得风流”，这种特点也给读者阅读欣赏造成了障碍，所以学习了解诗词语言的表达方式与技巧很重要，只有在字面上读懂了诗词，才能谈得上欣赏。诗贵含蓄，同时诗词鉴赏又不能止于明白字面意义，还应了解诗词的抒情方法，进一步探究和发掘诗词的内涵和抒发的情感。

抒情言志的方法概括起来有直接抒情和间接抒情。直接抒情即不假外物，不加掩饰，直陈自己的喜怒哀乐。间接抒情即通过写景、叙事或描绘人物举动来表达情感，展露心迹。间接抒情中以写景抒情最为常见，“情景名为二，实不可离。神于诗者，妙合无垠。巧者则情中景，景中情”（《姜斋诗话》），清代国学大师王国维也说，“一切景语皆情语也”，写景抒情密不可分。诗词作者通过写景表达情怀的方式有如下几种：一是将情感含蓄表达于笔下景物中的寓情于景；二是借景物原有的自然特征或人所赋予的人文象征意义婉转表达情怀的借景寄托；三是将内心的既定情感移注于特定的景物之中的移情于景；四是为抒情需要，虚构出并非现实所见景物的因情造景。诗词写作中常用的艺术表现手法有比喻、象征、夸张、用典等，古代诗人受到周围环境的限制或诗词形式的约束无法畅所欲言的时候，往往采用古人旧事、前人诗赋中的词语来抒情达意、表明心迹，这就是用典，鉴赏诗词应特别注意。

（三）运用想象和形象思维，进入诗词的境界，融入诗词的意境

要从诗词中获得审美愉悦，关键是进入诗词的意境、境界中，那么怎样才能进入诗词的意境中呢？这就需要阅读和欣赏诗词时，充分利用诗词中的形象和画面进行形象思维，展开想象和联想。诗词创作中，想象有着举足轻重的作用，诗人各种创作心理活动是以艺术形象为主体展开的，诗人通过想象把生活素材创造成为艺术形象，凭借艺术形象表达情感寄托。可以说，没有想象就没有艺术形象，没有艺术形象也就没有诗词。想象在诗词欣赏中的作用同样重要，诗词欣赏作为艺术的再创造是从对形象的感知开始的，诗词的欣赏过程可以说是一个对作者想象活动与创造的艺术世界的再经历和再体验的过程。如果脱离想象和形象思维，也就取消了诗词欣赏。

意境是中国古典文论独创的一个概念，是诗人通过语言营构的一种情景交融、虚实并生并且具有强烈感染力的艺术氛围，是一种可诉诸视觉感受的生动画面。大诗人苏东坡这样评价唐代诗人王维的作品：“味摩诘之诗，诗中有画；观摩诘之画，画中有诗。”（《东坡志林》）通过语言在意念中产生“画面”，这是意境的一种。意境包括“意”和“境”两个方面。“意”，是诗词中表达的思想感情；“境”，是诗词中描绘的景物和画面。意与境合，就形成了诗词的意境。情景相生，情景交融，这是中国古典诗词追求的最高境界，诗词鉴赏也应当以此为准绳。

（四）把握风格流派，感悟、体会诗词的意蕴，不必苛求“达诂”

诗词的风格是多样化的，有的慷慨激昂，有的风格冲淡，有的缠绵婉约，有的苍凉沉郁，有的义切言直，有的含蓄隐晦。其中，一些缠绵婉约而又比较含蓄隐晦的诗词，在读者中往往引起不同的理解，以至于争论几百年未能得到一致的认识，因而有了“诗无达诂”（董仲舒《春秋繁露·精华》）的说法。诗词鉴赏中，由于诗词的含义常常并不显露，甚至于“兴发于此，而义归于彼”（白居易《与元九书》），加上鉴赏者的心理、情感状态的不同，对同一作品，常常因鉴赏者的不同而会有不同的解释。所以，“诗无达诂”在后世

又被引申为审美鉴赏中的差异性。这一点在中国古代文论中有很丰富的论述，宋人刘辰翁在《须溪集》卷六《题刘玉田题杜诗》中云："观诗各随所得，或与此语本无交涉。"其子刘将孙所作王安石《唐百家诗选序》说"古人赋《诗》，独断章见志。固有本语本意若不及此，而触景动怀，别有激发"。"各随所得"，"别有激发"，讲的就是诗词鉴赏中的因人而异。此外，像王夫之在《姜斋诗话》卷一所说的"作者用一致之思，读者各以其情而自得。……人情之游也无涯，而各以其情遇，斯所贵于有诗。"常州词派论词这样说："初学词求有寄托……既成格调求无寄托；无寄托则指事类情，仁者见仁，智者见智。"那些不是直抒胸臆、直陈其事，而是用比兴、象征的手法创作的诗词，思想感情表现得婉转曲折，有的甚至于扑朔迷离，使人费解。这种情境说的就是"诗无达诂"。

我国自先秦儒家提出"诗言志"、"以意逆志"、"知人论世"等诗论之后，人们比较注意分析诗歌的思想情志、历史背景及其社会内容。有些诗词天然生成，作者创作时的情景也很清楚，这些诗词的内涵容易体会，读者对作者表达的思想感情也可以感受得到，这些诗词是可以"达诂"的。但诗词创作毕竟是艺术活动，有些诗词我们的理解和考证很难获得诗人当时最真实的表达意图，只能按照读者自己的理解去解读欣赏，这些诗词是不可"达诂"的。诗词的鉴赏，因诗而异，也因读者而异。"达诂"和"不达诂"最终的目的都是审美，所以，很多诗词不必去苛求"达诂"，能"达诂"的就"达诂"，不能"达诂"就"不达诂"，只求我们能最好地体会、感悟诗词的最佳意蕴。

此外，还应掌握一点古代诗词的格律常识。古体诗与近体诗是唐代形成的诗体概念，两者相对而言。唐以前，写诗不讲究平仄、对仗，押韵也比较宽松，每首诗的句式、句数也没有严格的规定，称之为古诗或古风。近体诗是唐代成熟定型的一种格律诗，在句数、句式、平仄、对偶、押韵等方面有一系列的规定或要求。词是伴随着隋唐燕乐的盛行而流行的，由诗歌与音乐结合而生的一种新型格律诗。词的句式大多长短参差，押韵比近体诗更为复杂，每个词调都有自己独特的押韵规定。因此，学习和掌握一些诗词格律常识，对诗词鉴赏也是大有裨益的。

诗词鉴赏作为一种审美的精神活动，要求欣赏者具备一定的诗词艺术修养。诗词艺术欣赏能力与修养，是在不断学习和审美实践过程中形成和提高的。"凡操千曲而后晓声，观千剑而后识器，故圆照之象，务先博观。"（刘勰《文心雕龙·知音》）圆照，为佛教中洞彻澄明、圆满无缺之境界，这段话说的是，要达到很高的境界，就要广见博识，开阔视野。诗词鉴赏也是如此，只有广泛地阅读，在阅读中鉴别、比较、品味，才能提升我们的鉴赏能力，提高鉴赏诗词的水平。

实训

1. 选择一篇平行阅读中你最感兴趣的诗词，尝试写一篇赏析。
2. 你同意"诗无达诂"的观点吗？举例谈谈你对"诗无达诂"的理解。

第三篇 演说口才

韩非子的文章说理精密，文锋犀利，议论透辟，切中要害，气势逼人，堪称当时的大手笔。

第一节

说 难

◎ 韩非子

凡说[1]之难，非吾知[2]之有以说之之难也，又非吾辩[3]之能明吾意之难也，又非吾敢横失[4]而能尽之难也。凡说之难，在知所说[5]之心，可以吾说当[6]之。所说出于为名高者也，而说之以厚利，则见下节而遇卑贱[7]，必弃远矣。所说出于厚利者也，而说之以名高，则见无心而远事情[8]，必不收矣。所说阴[9]为厚利而显[10]为名高者也，而说之以名高，则阳收其身而实疏之；说之以厚利，则阴用其言显弃其身矣。此不可不察也。

夫事以密成，语以泄败。未必其身[11]泄之也，而语及所匿之事[12]，如此者身危。彼[13]显有所出事，而乃以成他故，说者不徒知所出而已矣，又知其所以为，如此者身危。规异事[14]而当，知者揣之外而得之，事泄于外，必以为己也，如此者身危。周泽未渥[15]也，而语极知[16]，说行[17]而有功，则德忘；说不行而有败，则见疑，如此者身危。贵人[18]有过端，而说者明言礼义以挑其恶，如此者身危。贵人或得计而欲自以为功，说者与知焉，如此者身危。强[19]以其所不能为，止以其所不能已，如此者身危。故与之论大人，则以为间己矣；与之论细人[20]，则以为卖重[21]；论其所爱，则以为藉资[22]；论其所憎，则以为尝己也；径省[23]其说，则以为不智而拙之；米盐博辩[24]，则以为多而交[25]之；略事陈意，则曰怯懦而不尽；虑事广肆[26]，则曰草野而倨侮[27]。此说之难，不可不知也。

凡说之务[28]，在知饰所说之所矜而灭其所耻[29]。彼有私急也，必以公义示而强之[30]。其意有下也，然而不能已，说者因为之饰其美，而少[31]其不为也。其心有高也，而实不能及，说者为之举其过而见其恶，而多[32]其不行也。有欲矜以智能，则为之举异事之同类者，多为之地[33]，使之资[34]说于我，而佯不知也，以资其智。欲内[35]相存之言，则必以美名明之，而微见其合于私利也。欲陈危害之事，则显其毁诽，而微见其合于私患也。誉异人与同行者，规异事与同计者。有与同污者，则必以大饰其无伤也；有与同败者，则必以明饰其无失也。彼自多其力，则毋以其难概[36]之也；自勇之断，则无以其谪怒之；自智其计，则毋以其败穷之。大意无所拂悟，辞言无所系縻[37]，然后极骋智辩焉。此道所得亲近不疑而得尽辞也。

伊尹为宰，百里奚为虏[38]，皆所以干[39]其上也。此二人者，皆圣人也，然犹不能无役身以进，如此其污也。今以吾言为宰虏，而可以听用而振世，此非能仕[40]之所耻也。夫旷日离久，而周泽既渥，深计而不疑，引争而不罪，则明割[41]利害以致其功，直指是非以饰其身，以此相持，此说之成也。

昔者郑武公[42]欲伐胡，故先以其女妻胡君以娱其意。因问于群臣："吾欲用兵，谁可伐者？"大夫关其思对曰："胡可伐。"武公怒而戮之，曰："胡，兄弟之国也。子言伐之，何也？"胡君闻之，以郑为亲己，遂不备郑。郑人袭胡，取之。宋有富人，天雨墙坏。其子曰："不筑，必将有盗。"其邻人之父亦云。暮而果大亡其财。其家甚智其子，而疑邻人之父。此二人说者皆当矣，厚者为戮，薄者见疑[43]，则非知之难也，处知则难也。故绕朝[44]之言当矣，其为圣人于晋，而为戮于秦也，此不可不察。

昔者弥子瑕有宠于卫君[45]。卫国之法：窃驾君车者罪刖。弥子瑕母病，人间往夜告弥子，弥子矫驾君车以出。君闻而贤之，曰："孝哉！为母之故，忘其犯刖罪。"异日，与君游于果园，食桃而甘，不尽，以其半啖君。君曰："爱我哉！忘其口味以啖寡人。"及弥子色衰爱弛，得罪于君，君曰："是固尝矫驾吾车，又尝啖我以余桃。"故弥子之行未变于初也，而以前之所以见贤而后获罪者，爱憎之变也。故有爱于主，则智当而加亲；有憎于主，则智不当，见罪而加疏。故谏说谈论之士，不可不察爱憎之主而后说焉。

夫龙之为虫也，柔[46]可狎而骑也；然其喉下有逆鳞径尺，若人有婴[47]之者，则必杀人。人主亦有逆鳞，说者能无婴人主之逆鳞，则几矣。

（选自《韩非子直解》，俞志慧著，浙江文艺出版社2000年9月出版）

注释

①说（shuì）：游说，谏说。

②知：通"智"，才智。

③辩：口辩，口才。

④横失：失通"佚"，横佚通"横逸"，纵横捭阖，无所顾忌。

⑤所说：所说，游说的对象，指国君。

⑥当：适应，迎合。

⑦见下节而遇卑贱：被看作品德低下，因而得到卑下的待遇。

⑧见无心而远事情：被看作没头脑，脱离实际。

⑨阴：暗中。

⑩显:表面上。

⑪其身:指游说者自己。

⑫所匿之事:君王心中秘而不宣之事。

⑬彼:代君王。

⑭异事:不寻常的事。

⑮周泽未渥:交情不深。周:亲密。泽:恩泽,恩惠。渥:浓厚、深厚。

⑯语极知:说尽所知,掏出心里话。

⑰说行:建议被采纳。

⑱贵人:指君王。

⑲强(qiǎng):勉强。

⑳细人:小人。

㉑卖重:卖权,出卖君王的权势。

㉒藉资:凭借,依靠。指借别人的力量,以为己助。

㉓径省:直截了当。径:直。省:略。

㉔米盐博辩:辩辞广博,言词琐碎。米盐:指日常琐碎之事。

㉕交:疑为“驳”之形近而误,驳杂。

㉖广肆:放言无忌。

㉗倨侮:傲慢。

㉘务:要旨。

㉙“在知饰所说之所矜”句:在于懂得美化君王所推崇的事情,而掩盖他认为丑陋的事情。饰,粉饰,美化,与“灭”相对。矜,注重,崇尚。

㉚“彼有私急也”句:君王有私人的迫切要求,进言者一定要以公义的名义而鼓励他做。强,劝,鼓励。

㉛少:不满。

㉜多:赞美。

㉝“有欲矜以智能”句:被进言者倘若想自夸他的才智,进言者就为他举出同类中的另外一些事情,让他从中得到引证的依据。地:根据。

㉞资:借。

㉟内:通“纳”,采纳。

㊱概:古代量谷物时,用以刮平斗斛的器具。《管子·枢言》“釜鼓满,则人概之”,这里用作动词,为平抑之意。

㊲系縻:应为击摩,抵触、摩擦之意。

㊳伊尹为宰,百里奚为虏:伊尹,夏末商初人,曾辅佐商汤王建立商朝,是历史上佐天子治理国家的杰出庖人,被后人尊之为中国历史上的贤相,他创立的“五味调和说”与“火候论”,至今仍影响中国烹饪。百里奚,春秋时楚国宛人,曾任虞国大夫,后为晋国所俘,并作为晋献公女儿陪嫁奴仆入秦,后又逃回宛地,秦穆公以五张羊皮将其赎回,任用为相,号五羖大夫。

㊴干:求。

㊵仕:通“士”。

㊶明割:明白地剖析。

㊷郑武公:春秋时郑国国君。

㊸厚者为戮,薄者见疑:言重则被杀,言轻则见疑。

㊹绕朝:春秋时秦大夫。晋大夫士会逃亡在秦,晋人用计诱使归国,绕朝劝秦王不要把士会遣送回国,秦王不听,士会遂归晋。后来士会畏惧绕朝的才能,又用反间计借秦王之手杀了绕朝。

㊺昔者弥子瑕有宠于卫君:卫君,春秋时卫国君王卫灵公。弥子瑕,卫灵公宠幸的臣子。

㊻柔:驯服。

㊼婴:通"撄",触。

韩非(约前280—前233),战国末期韩国人(今河南省新郑),中国古代著名的哲学家、思想家、政论家和散文家,后世称"韩子"或"韩非子",中国古代著名的法家思想的代表人物。韩非出身于韩国贵族,师从荀子,见韩国国势削弱,屡谏韩王改革政治,不被采用,于是,发愤著书。秦王见其书,急于得到韩非,起兵攻韩,韩王遣非使秦,秦王留而不用,遭陷害,死于狱中。《韩非子》一书是他逝世后,后人辑集而成。韩非的文章构思精巧,描写大胆,语言幽默,于平实中见奇妙,具有耐人寻味、警策世人的艺术效果。韩非还善于用大量浅显的寓言故事和丰富的历史知识作为论证资料,说明抽象的道理,形象化地体现他的法家思想和他对社会人生的深刻认识。他文章中出现的很多寓言故事,因其丰富的内涵,生动的故事,成为脍炙人口的成语典故。

导读

《说难》是《韩非子》55篇中最重要的作品之一。通过对游说对象——君王心理细致入微的洞察刻画,历数游说的艰难与险恶,笔锋犀利地剖析了君王的内心世界,揭示出当时社会的人情世故,警示世人,以有所戒。

文章前半部分细言说难。游说难,难在何处?作者首先明确指出,"凡说之难,在知所说之心",进而分析游说的对象的几种心理状况,有好高名的,有图厚利的,还有表面好高名,暗地谋私利的,这几种心理游说者不可不察。接着,作者列举了游说君王的种种困难和游说过程中可能遇到的种种危险。一连排举了七条"如此者身危",即因游说失当而招致身首异处的危险;随后道出了"八难",警示游说者对这些苦难凶险应该了然于心。通过分析,作者告诫游说者,进说之难不在游说者一方,而"在知所说之心",而所说者之心理又深不可测,说者"不可不察"、"不可不知"。解决之道,那就是"可以吾说当之"。后半部分在揣摩君王心理后提出了一系列应对之术,并举出了历史上的经验教训作为自己观点的佐证。其中揣摩迎合、纵横捭阖、辩才无碍、巧舌如簧、装聋作哑、粉饰赞美、虚与委蛇、顺水推舟等,就游说之术而言,无疑集战国游说技巧之大成,同时也为我们展示了当时社会的复杂多变的人情世故。随后举了郑武公伐胡、宋人亡其财、弥子瑕失宠于卫灵公等典型事例,进一步有力地佐证了自己所阐明的观点。

全文主旨可归结为三：一要研究人主对于游说的种种逆反心理，二要注意审时度势仰承君王的爱憎厚薄，三是断不可撄君王的“逆鳞”。文章论证细致缜密，论据典型有力，其中谈到“七危”、“八难”整段全用排比句式，条分缕析而切中肌理。《说难》一文体现了韩非子文章的分析透彻、解剖不留情而又峭拔挺峻、气势逼人的风格。

感悟思考

1. 对于《说难》的中心大旨历来有不同的见解，有人认为这是一篇教人如何拍马逢迎之作，有人认为这是一篇讽刺揭露之作，也有人认为这是一篇教人如何审时度势施展自己抱负的理性文章，你怎么看呢？

2. 概括本文的写作特点。

链接

《韩非子直解》，俞志慧直解，浙江文艺出版社 2000 年版。

勉励学生抱定宗旨，砥砺德行，敬爱师友，以民族兴亡为己任，把自己塑造成为栋梁之材。

第二节

就任北京大学校长之演说

◎ 蔡元培

五年前，严几道先生为本校校长时，余方服务教育部，开学日曾有所贡献于同校。诸君多自预科毕业而来，想必闻知。士别三日，刮目相见，况时阅数载，诸君较昔当必为长足之进步矣。予今长斯校，请更以三事为诸君告。

一曰抱定宗旨。诸君来此求学，必有一定宗旨，欲求宗旨之正大与否，必先知大学之性质。今人肄业[①]专门学校，学成任事，此固势所必然。而在大学则不然，大学者，研究高深学问者也。外人每指摘本校之腐败，以求学于此者，皆有做官发财思想，故毕业预科者，多入法科，入文科者甚少，入理科者尤少，盖以法科为干禄[②]之终南捷径也。因做官心热，对于教员，则不问其学问之浅深，惟问其官阶之大小。官阶大者，特别欢迎，盖为将来毕业有人提携也。现在我国精于政法者，多入政界，专任教授者甚少，故聘请教员，不得不聘请兼职之人，亦属不得已之举。究之外人指摘之当否，姑不具论。然弭[③]谤莫如自修，人讥我腐败，而我不腐败，问心无愧，于我何损？果欲达其做官发财之目的，则北京不少专门学校，入法科者尽可肄业法律学堂，入商科者亦可投考商业学校，又何必来此大学？所以诸君须抱定宗旨，为求学而来。入法科者，非为做官；入商科者，非为致富。宗旨既定，自趋正轨。诸君肄业于此，或三年，或四年，时间不为不多，苟能爱惜光阴，孜孜求学，则其造诣，容有底止[④]。若徒志在做官发财，宗旨既乖，趋向自异。平时则放荡冶游，考试则熟读讲义，不问学问之有无，惟争分数之多寡；试验既终，书籍束之高阁，毫不过问，敷衍三四年，潦草塞责，文凭到手，即可借此活动于社会，岂非与求学初衷大相背驰乎？光阴虚度，学问毫无，是自误也。且辛亥之役，吾人之所以革命，因清廷官吏之腐败。即在今日，吾人对于当轴[⑤]多不满意，亦以其道德沦丧。今诸君苟不于此时植其基，勤其学，则将来万一因生计所迫，出而任事，担任讲席，则必贻误学生；置身政界，则必贻误国家。是误人也。误己误人，又岂本心所愿乎？故宗旨不可以不正大。此余所希望于诸君者一也。

二曰砥砺德行。方今风俗日偷[⑥]，道德沦丧，北京社会，尤为恶劣，败德毁行之事，触目皆是，非根基深固，鲜不为流俗所染，诸君肄业大学，当能束身自爱。然国家之兴替，视风俗之厚薄。流俗如此，前途何堪设想。故必有卓绝之士，以身作则，力矫颓俗。诸君为大学学生，地位甚高，肩此重任，责无旁贷，故诸君不惟思所以感己，更必有以励人。苟得之不修，学之不讲，同乎流俗，合乎污世，己且为人轻侮，更何足以感人。然诸君终日伏首案前，芸芸攻苦，毫无娱乐之事，必感身体上之苦痛。为诸君计，莫如以正当之娱乐，易不正当之娱乐，庶于道德无亏，而于身体有益。诸君入分科时，曾填写愿书，遵守本校规则，苟中道而违之，岂非与原始之意相反乎？故品行不可以不谨严。此余所希望于诸君者二也。

三曰敬爱师友。教员之教授，职员之任务，皆以图诸君求学便利，诸君能无动于衷乎？自应以诚相待，敬礼有加。至于同学共处一堂，尤应互相亲爱，庶可收切磋之效。不惟开诚布公，更宜道义相勖⑦，盖同处此校，毁誉共之，同学中苟道德有亏，行有不正，为社会所訾詈⑧，己虽规行矩步，亦莫能辩，此所以必互相劝勉也。余在德国，每至店肆购买物品，店主殷勤款待，付价接物，互相称谢，此虽小节，然亦交际所必需，常人如此，况堂堂大学生乎？对于师友之敬爱，此余所希望于诸君者三也。

余到校视事仅数日，校事多未详悉，兹所计划者二事：一曰改良讲义。诸君既研究高深学问，自与中学、高等不同，不惟恃教员讲授，尤赖一己潜修。以后所印讲义，只列纲要，细微末节，以及精旨奥义，或讲师口授，或自行参考，以期学有心得，能裨实用。二曰添购书籍。本校图书馆书籍虽多，新出者甚少，苟不广为购办，必不足供学生之参考。刻拟筹集款项，多购新书，将来典籍满架，自可旁稽博采，无虞缺乏矣。今日所与诸君陈说者只此，以后会晤日长，随时再为商榷可也。

（选自《蔡元培全集》卷三，中华书局 1984 年版）

注释

①肄业：就学之意。肄，学习。
②干禄：求功名利禄。
③弭：消除，止。
④容有底止：或许能相当深。底止，深的意思。
⑤当轴：当局。
⑥日偷：日益苟且敷衍。
⑦相勖（xù）：相互勉励。
⑧訾詈（zǐlì）：谩骂，诋毁。

蔡元培（1868—1940），字鹤卿，号孑民，浙江绍兴人，中国近代民主革命家、教育家。蔡元培自幼好学，博览群书，1908 年入莱比锡大学攻读哲学、心理学和美术史学等学科。1917 年任北京大学校长，革新北大，开“学术”与“自由”之风，提倡“思想自由”、“兼容并包”的办学方针，主张学与术分校，文与理通科，将“学年制”改为“学分制”，实行“选科制”，积极改进教学方法，精简课程，力主自学，校内实行学生自治，教授治校。他的这些主张和措施在北大实施后，使北大面貌焕然一新，并影响到全国。五四时期，站在维护新文化运动的立场上，提倡白话文，提倡科学与民主的新思想，使北大成为五四新文化运动的发祥地。

导读

这是蔡元培先生 1917 年就任北京大学校长时的演说。

当时的北京大学仍然沿袭着前清风气，封建官僚气息浓厚，学校管理制度混乱，学术空气稀薄，教员混饭度日，学生无心学问，只想混取文凭，作为升官的敲门砖。针对这一切，演讲开宗明义，首先点明演讲的目的，给同学们提出三点要求。主体部分具体讲述了这三点要求：第一点，他高屋建瓴地明确了大学的性质，明确求学的目的。大学不是做官发财的跳板，而是研究高深学问的地方。以前的北大学生多抱做官发财的目的来此读书，专业多以实惠取巧的法科为主，对于教师不以学问的深浅来衡量，而是只问官阶之大小，这些现象之所以产生，深层原因恰恰在于学校办学宗旨不明，大学日渐急功近利和庸俗化，作者希望来北大求学的青年学子，一定要有正大的宗旨，珍惜这几年的大好光阴，孜孜苦读，为今后的发展打下坚实的底子，而如果只为做官发财而来，则往往容易敷衍塞责，误己误国。在当时的社会条件下，蔡元培对青年学子提出这样的要求，可谓切中肯綮。第二点，则着眼于品行，这一点也是有的放矢的。当时中国社会，极端无序和混乱，许多人丧失了起码的道德底线。“败德毁行之事，触目皆是”，蔡元培痛心地指出，在这样的社会中，即使青年学子洁身自好，又能有什么前途！因此，他希望北大的学子能以天下为己任，以身作则，担当起匡正流俗的职责，为天下人做道德的楷模。即使娱乐，也要力求正当之娱乐。这些教诲既严肃认真又体贴入微，可谓语重心长。第三条，是从个人修养方面来说的。他希望北大学子能尊敬师长，团结友爱。特别是同学之间要相互勉励，共同维护北大的荣誉。他还以自己在德国的亲身经历，论述良好的社会风气之必要，勉励青年学子相互友爱，共同进步。这三点看起来并不复杂，但在当时却有着振聋发聩、匡正时弊的重要意义。正是因为有了蔡元培，有了这样的办学方针和求学准则、做人标准，为成就北京大学今后的百年辉煌打下了坚实的基础。演讲的最后，作者告诉青年学子，自己近期要做两件事，一是改良讲义，二是添购书籍。这两件事情虽小，却是当时最迫切、最需要的。可以说，正是这篇简短的演说为北京大学开启了一个新的纪元。

本文情理并重，中心突出明确，思路清晰，层次分明，语言古朴典雅，多用整句和短句，比喻、排比、反问修辞手法运用更增添了感染力。

感悟讨论

1. 谈谈蔡元培演说中“抱定宗旨”、“砥砺德行”、“敬爱师友”三点的现实意义。
2. 概括当时北京大学的种种弊病，体会这篇演说如何先破后立以及所蕴含的情怀。

链接

《蔡元培全集》，蔡元培著，中华书局 1984 年版。

这是一篇具有历史意义的讲话，外交史上的典范之作，美国总统尼克松称之为："非常盛情和雄辩的讲话。"

第三节

在欢迎美国总统尼克松宴会上的祝酒词①

◎ 周恩来

总统先生、尼克松夫人、女士们、先生们、同志们、朋友们：

首先，我高兴地代表毛泽东主席和中国政府向尼克松总统和夫人，以及其他的美国客人们，表示欢迎。

同时，我也想利用这个机会代表中国人民向远在大洋彼岸的美国人民致以亲切的问候。

尼克松总统应中国政府的邀请，前来我国访问，使两国领导人有机会直接会晤，谋求两国关系正常化，并就共同关心的问题交换意见，这是符合中美两国人民愿望的积极行动，这在中美两国关系史上是一个创举。

美国人民是伟大的人民。中国人民是伟大的人民。我们两国人民一向是友好的。由于大家都知道的原因，两国人民之间的来往中断了二十多年。现在，经过中美双方的共同努力，友好来往的大门终于打开了。目前，促使两国关系正常化，争取和缓紧张局势，已成为中美两国人民强烈的愿望。人民，只有人民，才是创造世界历史的动力。我们相信，我们两国人民这种共同愿望，总有一天是要实现的。

中美两国的社会制度根本不同，在中美两国政府之间存在着巨大的分歧。但是，这种分歧不应当妨碍中美两国在互相尊重主权和领土完整、互不侵犯、互不干涉内政、平等互利和和平共处五项原则的基础上建立正常的国家关系，更不应该导致战争。中国政府早在1955年就公开声明，中国人民不要同美国打仗，中国政府愿意坐下来同美国政府谈判，这是我们一贯奉行的方针。我们注意到尼克松总统在来华前的讲话中也谈到，"我们必须做的事情是寻找某种办法使我们可以有分歧而又不成为战争中的敌人"。我们希望，通过双方坦率地交换意见，弄清楚彼此之间的分歧，努力寻找共同点，使我们两国的关系能够有一个新的开始。

最后，我建议

为尼克松总统和夫人的健康，

为其他美国客人们的健康，

为在座的所有朋友们和同志们的健康，

为中美两国人民之间的友谊

干杯！

（选自《现代应用文写作》，李凯源主编，中国商业出版社1995年版）

注释

①这篇祝酒词发表于 1972 年 2 月 22 日《人民日报》。

导读

这是一篇中国外交史上的经典之作。1972 年 2 月 21 日，美国总统尼克松飞越太平洋，在北京与周恩来总理完成了一次历史性的会晤。这次会晤是中美两国政府在中断了 20 多年交往之后的首次接触，举世瞩目。当天晚上，周恩来总理在人民大会堂举行了欢迎尼克松的宴会，宴会上周恩来总理发表了这篇祝酒词。全文风格庄重，简洁精练，措辞准确，行文从容有序，落笔不卑不亢，表达出中国政府的坚定立场和美好愿望，充分体现了具有远见卓识政治家的风采。

祝酒这种礼仪在我国西周时代就已经见诸文字记载。现代祝酒词一般适用正式的外交场合，风格庄重，篇幅短小，语言得体。本文是一篇典范之作，称谓部分周全、礼貌，突出了主宾的地位。正文部分首先对客人们表示欢迎，并对美国人民表示亲切的问候，接着讲尼克松访华的意义，给出了这样的判断："这在中美两国关系史上是一个创举"。历史证明这个判断是远见卓识和非常准确的，在中美关系发展史上具有里程碑意义。"美国人民是伟大的人民。中国人民是伟大的人民。"这两句话已成为外交史上的经典语言，高屋建瓴，掷地有声。在讲到中美关系中断 20 多年的原因时，采用委婉的说法，既坚持了原则，又适合欢迎宴会的友好气氛，显得非常得体。最后重申了中国政府一贯奉行的五项基本原则和对待美国政府的方针，不讳双方的分歧，表达出求同存异、开创未来的愿景。态度肯定，言简意赅，要言不烦。祝酒建议部分与称谓部分呼应，采用了国际通行的礼仪原则，礼貌周全，将现场气氛推向高潮。尼克松总统在随后的讲话中，盛赞这是"非常盛情和雄辩的讲话"，足显这篇祝酒词的魅力。

感悟讨论

1. 结合时代背景，体会这篇祝酒词的历史意义。
2. 这篇祝酒词在写作上有什么特点？
3. 阅读《1972 年在中国政府欢迎宴会上的祝酒词》，梳理祝酒词的写作思路。

平行阅读

1972 年在中国政府欢迎宴会上的祝酒词

尼克松

总理先生，今天晚上在座的诸位贵宾：

我谨代表你们的所有美国客人向你们表示感谢，感谢你们无可比拟的盛情款待。中国人民以这种盛情款待而闻名世界。我不仅要特别赞扬那些准备了这次盛大晚宴的人，而且还要赞扬那些给我们演奏这样美好的音乐的人。我在外国从来没有听到过演奏得这么好的美国音乐。

总理先生，我要感谢你的非常盛情和雄辩的讲话。就在这个时刻，通过电讯的奇迹，看到和听到我们讲话的人比在整个世界历史上任何其他这样的场合都要多。不过，我们在这里讲的话，人们不会长久记住。我们在这里所做的事却能改变世界。正如你在祝酒时讲的那样，中国人民是伟大的人民，美国人民是伟大的人民。如果我们两国人民是敌人的话，那么我们共同居住的这个世界的前途就的确是黑暗的了。但是，如果我们能够找到进行合作的共同点，那么实现世界和平的机会就无可估量地大大增加。我希望我们这个星期的会谈将是坦率的。本着这种坦率的精神，让我们在一开始就认识到这样几点：过去的一些时期我们曾是敌人。今天我们有巨大的分歧。使我们走到一起的，是我们有超过这些分歧的共同利益。在我们讨论我们的分歧的时候，我们哪一方都不会在我们的原则上妥协。但是，虽然我们不能弥合我们之间的鸿沟，我们却能够设法搭一座桥，以便我们能够越过它进行会谈。

因此，让我们在今后的五天里一起开始一次长征吧，不是在一起迈步，而是在不同的道路上向同一个目标前进。这个目标就是建立一个和平和正义的世界结构，在这个世界结构中，所有的人都可以在一起享有同等的尊严；每个国家，不论大小，都有权利决定它自己的政府形式，而不受外来的干涉或统治。全世界在注视着，全世界在倾听着，全世界在等着看我们将做些什么。这个世界是什么呢？就个人来讲，我想到我的大女儿，因为今天是她的生日。当我想到她的时候，我就想到全世界所有的儿童，亚洲、非洲、欧洲以及美洲的儿童，他们大多数都是在中华人民共和国成立以后出生。我们将给我们的孩子们留下什么遗产呢？他们的命运是要为那些使旧世界受苦受难的仇恨而死亡呢，还是他们的命运是由于我们有缔造一个新世界的远见而活下去呢？我们没有理由要成为敌人。我们哪一方都不企图取得对方的领土；我们哪一方都不企图统治对方。我们哪一方都不企图伸出手去统治世界。

毛主席写过："多少事，从来急；天地转，光阴迫。一万年太久，只争朝夕。"现在就是只争朝夕的时候了，是我们两国人民攀登那种可以缔造一个新的、更美好的世界的伟大境界的高峰的时候了。

本着这种精神，我请求诸位同我一起举杯，为毛主席，为周总理，为能够导致全世界所有人民的友谊与和平的中国人民同美国人民之间的友谊，干杯。

（选自《现代应用文写作》，李凯源主编，中国商业出版社 1995 年版）

四首旧体诗构筑了这篇讲话稿的框架，洋洋洒洒的文字中，蕴含了作者的人生智慧和人生品格，诠释了对学术精神的坚守与探求，字字珠玑。

第四节

聊将短句祝长春

——在庆祝杨振宁70华诞报告会上的发言

◎ 叶嘉莹

尊敬的杨振宁教授、母国光[①]校长、诸位嘉宾：

我是一个学古典文学的人，今天能够附诸位科学家之骥尾在这里讲几句话[②]，感到非常荣幸。其实我本是不敢来讲话的，但昨天杨振宁教授指定要我讲[③]，而且他还亲自给我送来了一些胶片，要我把这几首诗写在胶片上。所以我现在真的是义不容辞，非讲不可了。这胶片上写的是我送给杨振宁教授的四首中国旧体诗，我的诗虽然写得不好，但我的感情是非常真诚的。我现在就这四首诗朗读一遍。第一首诗是：

卅五年前仰大名，共称华胄出豪英。过人智慧通天宇，妙理推知不守恒。（掌声）

第二首诗是：

记得嘉宾过我来，年时相晤在南开。曾无茗酒供谈兴，唯敬山楂果一杯。（笑声，掌声）

第三首诗是：

谁言文理殊途异，才悟能明此意通。惠我佳编时展读，博闻卓识见高风。

第四首诗是：

初度欣逢七十辰，华堂多士寿斯人。我愧当筵无可奉，聊将短句祝长春。（掌声）

我现在简单地说一说这四首诗。第一首诗的开头说“卅五年前仰大名”，这是纪实。35年前就是1957年，当时我正在台湾大学教诗选和文选。杨振宁、李政道两位博士得到诺贝尔奖金的消息传来[④]，所有的华人都为之骄傲。于是，物理马上就成了学生们踊跃报考的一个热门学科（笑声）。那时候台湾的大学是联合招生，考入物理系的学生都是考生里分数最高的。那一年，我教了理学院一个班的大一国文，这个班是大专联考时国文成绩最高的一个班，里面果然有很多高材生。我就对他们说：“杨振宁和李政道两位博士现在固然是得到了诺贝尔奖金，可是你们要知道，学物理的人并不一定都能够得到诺贝尔奖金啊！”记得当时我曾给他们引了一首晚唐五代词人韦庄的爱情小词《思帝乡》：“春日游，杏花吹满头。陌上谁家年少足风流？妾拟将身嫁与一生休。纵被无情弃，不能羞！”这首词说的是一个女孩子出去游春，春风吹了她满头杏花，因而引动了她的春心。于是她就说，这一路上哪一家的少年是最风流最多情的？我愿意把我的终身许嫁他。而且她还说，嫁给他之后，哪怕是“纵被无情弃”也绝不后悔。我认为，我们做学问，也要抱定这样的一种精神（笑声，热烈掌声）。而且我相信，杨教授当年也绝不是为了得到诺贝尔奖金而从事物理研究的。正如刚才那位熊先生所说，杨振宁教授在他的文章里常常提到物理学的美妙。我也注意到了这一点，现在我要给大家读他的演讲集里边的一段话，这是他在香港中文大学校庆演讲时说的：

一般念文史的人，可能没有了解科学研究也有“风格”。大家知道每一个画家、音乐家、作家都有自己独特的风格。也许会有人以为科学与文艺不同。科学是研究事实的，事实就是事实。什么叫作风格？要讨论这一点，让我们拿物理学来讲吧。物理学的原理有它的结构，这个结构有它的美和妙的地方。而各个物理学工作者，对于这个结构的不同美和妙的地方，有不同的感受。因为大家有不同的感受。所以每位工作者就会发展他自己的研究方向和研究方法。也就是说会形成他自己的风格。

从这里我就知道，杨教授果然是对他所学的物理学科有一种发自内心的热爱！而且还不止于此。从那时候起，我就经常注意报刊上对这位杰出人物的报道。于是，我又在香港报刊上读到了他的两首诗歌的大作。刚才大家已经介绍了很多杨教授在物理学方面的成就。现在我要介绍杨教授在诗歌这一方面的成就（掌声）。下面敬请大家看杨教授在 1974 年发表的《赴拉萨途中飞跃那木卓巴尔瓦山观奇景有感》：

玲珑晶莹态万千，雪铸峻岭冰刻川。皑皑逼目无边际，深邃宁静亿万年。

尘寰动荡二百代，云水风雷变幻急。若问那山未来事，物竞天存争朝夕。

我以为，这两首诗的境界就正如杨教授在诗中所说的，如冰雪般玲珑晶莹。他的思想开阔而深邃，他的感发结合了时间与空间。诗中不仅表现出一种通观宇宙的思考，而且寄托了他对祖国的期待。还有一首诗是《赞陈氏级》：

天衣岂无缝，匠心剪接成。浑然归一体，广邃妙绝伦。造化爱几何，四力纤维能[⑤]。千古寸心事，欧、高、黎、嘉、陈[⑥]。

这首五言诗也写得很好，写出了宇宙造化的神奇和科学家对宇宙奥秘的求索。后四句看起来有些不符合诗的一般美学标准，然而作者以诗的形式来写科学的精神理论，是文学与科学的融会结合。应该说，这是一种开新的尝试和探索。以杨教授这样一位杰出的物理学家，在诗歌中也表现出这样的修养，写出这样的境界，真是很难得。所以我说他“过人智慧通天宇”。因此才能“妙理推知不守恒”。

科学与文学发展到今天，已不再像过去那样泾渭分明了。我是学文学的，但我却对杨振宁教授推出的宇称不守恒特别感兴趣（笑声）。为什么我对这个妙理有兴趣呢？因为，中国的古典文学非常重视文字的平仄和对偶。这就是一种对称的现象。而且我认为，在世界各国各民族的文化中，只有我们中国文字具有独体单音的特色，因此才能够形成对称的特美。我们的格律诗，我们的对联，都讲求对偶，讲究平仄要相反，词性要相同。这就是宇称守恒的定律（笑声，掌声）。可是杨教授却推出了一个宇称不守恒的定律，这就使我产生了联想。我这个人在南开也教过多年的课了，听过我讲课的人都知道我喜欢跑野马。所谓跑野马，就是从这首诗联想到那首诗，从这个诗人联想到那个诗人。但过去我跑马总是在文学范围之内，而现在我却要从我们文学的领域跑到物理学的领域来了(笑声)。

旧体律诗的平仄是要对称的，但对称也有遭到破坏的时候，那就是诗学中所说的“拗句”了。“拗”，是拗折的意思。就是说，它不是顺的，忽然之间发生了变化。然而，律诗中只要有一处有了拗折的变化，则在另一处就一定有一个挽救的办法。也就是说：有“拗”，就一定有“救”。所以那天我就特别对杨先生提出了一个问题。我说，你的这个宇称不守恒理论，在这守恒的“拗”之中有没有一种“救”呢(笑声)？我本来很想借今天的机会向杨教授请教这个“拗”与“救”的问题，但我想还是不要占大家太多的时间。因为再谈起中国律诗的拗救，那恐怕就跑得太遥远了(笑声)。

其实，这个跑野马，我在西方文学理论中也曾找到一个根据，那就是“Intertextuality”这个术语的意思是“互为文本”。“text”这个词，有人译为“本文”，有人译为“文本”。我以为译为“文本”更好一些。因为，诗人写的一首诗可以是 text，画家画的一幅画可以是 text，音乐家演奏的一首乐曲可以是 text，物理学家的理论及研究成果，也可以是一个 text。既然这个诗人和那个诗人可以互为文本，这首诗和那首诗可以互为文本，诗和乐曲可以互为文本，诗和图画也可以互为文本；那么，物理学的理论及研究成果与文学的理论及研究成果也同样可以互为文本。这就是我从文学的 text 跑到物理学的 text 的一个理论的根据。不过，这个问题还是留待以后和杨教授个别讨论好了(笑声)。

好，现在我已经说完了我写的第一首诗，现在再来说第二首。这第二首诗也是纪实的。那是在去年冬天杨教授来访问南开的时候，有一天晚上，南开外事处的逄处长给我打了一个电话，说杨教授今天晚上要来看你。我感到非常荣幸，但却什么准备也没有。恰好那天我刚做了一锅山楂果汁，山楂果是我们北方的特产，所以我就用这果汁款待了杨先生(笑声)。

第三首诗也是纪实的。因为第一次我把我的两本书送给杨先生，一本是我对于词的评论讲解，叫做《唐宋词十七讲》，一本是我的诗词曲创作。而杨教授回到香港以后，不久就寄来了他的一本大作《读书教学四十年》。当年披阅杨先生这本大作的时候，真的是非常感动。因为我从书中确实看到了他有一种通观的智慧，一种综合贯穿的能力。所以我说“谁言文理殊途异，才悟能明此意通”。看过这本书之后，我意犹有所不足，又向外事处借了更厚的一本《杨振宁演讲集》来读。而在读那本书的时候，我正在写一篇论文，于是就在论文中大胆地引用了杨教授的一些说法。关于我那篇论文的内容，说起来大家可能会认为是落伍的、古板的、迂腐的。它的题目是《谈中国诗歌的感发作用与吟诵的传统》。我在其中引用了杨教授在一次题为《谈谈我的读书经验》的演讲中所说的一段话。

要重视运用渗透性的学习方法，渗透性学习方法，就是在学习的时候，对学习的内容还不太清楚，但就在这不太清楚的过程中，已经一点一滴地学到了许多东西。这种在还不完全懂的情况下，以体会的方法进行学习，是非常重要的学习方法。

刚才，很多位贵宾在讲话时都提到，杨教授之所以在物理学方面有这么高的成就，在品格上有这么好的修养，都是因为受到了中国民族文化传统影响的缘故。这当然是不错的，我也从杨先生的大作里深切地感受到了这一点，可是，怎样才能够使我们如此宝贵的民族文化传统保存下去，持久不断呢？我认为，其中很重要的一点就是从小的背诵。因为人的记忆能力和理解能力不是齐头并进的。小时候记忆力强，理解能力可能不够。但如果我们好好地利用小时候的记忆能力，记诵一些民族文化传统的宝贵典籍，那么等到年龄大起来的时候，自然就对这些宝贵的东西有深刻理解了。有些人认为，让小孩子背诵他不懂的东西是不对的。我女儿在台湾上小学时，每天背的是什么？是"来来来，来上学；去去去，去游戏。见了老师问声早，见了同学问声好"。这当然很好懂，可是背下这些长大后有什么用处？我们中国传统的教育，是在幼年时就进行背诵的训练。日本人对小孩子也进行这样的训练。而且我还可以证之于杨教授，他之所以有今天这样的成熟，也得益于幼年时背诵的训练。据我所知，杨先生最早通本都能够背下来的是《龙文鞭影》⑦。是不是，杨教授？而且，我在和杨先生的谈话之中感到，他随口就能背诵出很多东西。前天吃午饭时，他背诵了李商隐的"锦瑟无端五十弦"、"云母屏风烛影深"，还有刘禹锡的"朱雀桥边野草花，乌衣巷口夕阳斜。旧时王谢堂前燕，飞入寻常百姓家"，全都是脱口而出的。对刘禹锡的这首诗，杨教授还有与众不同的讲解。他认为，诗中的燕子并非现实的燕子，可能含有某种历史的沧桑，也许是指当年王谢家里的人如今也流落到民间了。我以为，杨教授的感发是很深刻、很有意思的。

现在，一般人对儿童的教学往往偏重于智性的知识教育，而忽视感性的直觉教育，再加上现代的急功近利的观念，当然就更认为以感性的直觉来训练儿童吟诵并不十分理解的旧诗乃是全然无用的了。殊不知，透过诗歌吟诵所可能训练出来的直感和联想的能力，不仅对于学文学的人是一种可贵的能力和资质，即使对学科学的人而言，也同样是一种可贵的能力和资质。早在1987年，我在沈阳化工学院对一些科学家的一次讲话中就曾经谈起过，第一流的、具有创造性的科学家往往都是具有一种直感和联想能力的人物。而自童幼年学习诗歌吟诵，无疑乃是养成此种直感与联想能力的最好的方式。不过，我们学古典文学的人人微言轻，虽然我看到了这一点，但却不能够在我们中国教育方针政策上产生任何的影响（笑声）。杨教授你既然自己深受背诵之益，那么是否应该倡导一下，从而使更多的人也能够身受其益呢（笑声，掌声）？这是我对杨教授提出来的建议，我将把我的那篇文稿复印出来，请求杨教授指教。

第四首就是今天的事情了。"初度"，出于楚辞的"皇览揆余初度兮"，就是诞辰的意思。我能够有幸参加杨教授的70华诞庆祝会那就是"初度欣逢七十春"；而在座的有这么多贵宾，那就是"华堂多士寿斯人"。我自己很惭愧，既不是物理学家，也没有什么杰出的成就，又没有什么好的礼物为杨教授祝寿。我只是一个学旧诗的人，所以只能够"聊将短句祝长春"了。杨教授虽已届古稀之年，但在前几天授予吴大猷教授名誉博士学位的那个典礼上，我看到杨教授一个箭步就跨上了讲台，其身手还是非常矫健的（笑声，掌声）。所以，我相信杨教授一定能健康长寿。

最后我还要说几句。我们中国很重视同乡、同学、同事等各种"同"的关系。在座诸位都是科学家，是杨教授的同行。我虽然不是杨教授的同行，但今天我要在这里与他认一个"半同"的关系（笑声）。这"半同"的关系其实是有根据的，因为杨教授是 1933 年到 1937 年在北京崇德中学读的书，对不对？那么我是 1934 年到 1935 年在北京笃志中学读的书，那时候，崇德和笃志是同一个教会所办的男校和女校，可以算是"兄妹"校了（笑声）。所以，我想我是可以藉此与杨教授认一个"半同"关系的。现在，我就以这"半同"的关系向杨教授祝寿，祝他健康长寿，永葆青春（掌声）。

（选自《汉语言文化研究》第四辑，南开大学汉语言文化学院编，天津人民出版社 1994 年版）

注释

①母国光：著名光学家，1986 年至 1995 年任南开大学校长。

②骥尾：出自《史记·伯夷列传》："颜渊虽笃学，附骥尾而行益显。"比喻追随先辈、名人之后。

③杨振宁：著名美籍华裔物理学家，1957 年获诺贝尔物理学奖。

④李政道：著名美籍华裔物理学家，1957 年和杨振宁一同获诺贝尔物理学奖。

⑤四力：指核力、电磁力、弱力、引力。

⑥欧、高、黎、嘉、陈：指欧几里得、高斯、黎曼、嘉当、陈省身。陈省身（1911—2004）：著名美籍华裔数学家，被杨振宁誉为继欧几里得、高斯、黎曼、嘉当之后又一里程碑式的大师。

⑦《龙文鞭影》：中国古代儿童启蒙读物，明萧良有撰。

叶嘉莹，号迦陵，南开大学中华古典文化研究所所长，中国古典文学专家。1924 年 7 月出身于北京的一个书香世家，50 年代任台湾大学教授，1969 年定居加拿大，任加拿大不列颠哥伦比亚大学终身教授。1979 年开始回国讲学，现任南开大学中华古典文化研究所所长，博士生导师，并受聘于国内多所大学客座教授及中国社会科学院文学所名誉研究员。叶嘉莹从事古典诗词的教学与研究工作近六十载，她的足迹跨越世界亚欧美三大洲，遍布祖国大江南北，将西方文艺理论引入中国古典诗词研究是叶嘉莹先生对中国古典诗词研究的重要贡献。代表作《迦陵论词丛稿》《叶嘉莹说中晚唐诗》等。

导读

这是叶嘉莹先生在南开大学举办的庆祝杨振宁教授 70 寿辰报告会上的讲话稿。

讲话围绕作者送给杨振宁的四首七言诗展开，回忆了和杨振宁交往的几个片段。标题即是送给杨振宁第四首诗的最后一句"聊将短句祝长春"，韵味悠长，其中"短句"暗合了作者古典诗词研究学者的身份，而与之相对应的"长春"，则表达了作者对杨振宁的美好祝愿。对这四首旧体诗进行的逐一解释，构成了这篇讲话稿的内容框架。

作者的四首诗展示了和杨振宁交往的四个画面，第一首颂扬杨振宁获得诺贝尔物理奖的伟大成就,第二首记述了相晤南开以山楂汁敬客的风趣场面,第三首描写了互赠著作的场景,第四首则是庆祝生日报告会上的美好祝福。这四首诗跨越时空,看似不相关,实则明断暗续,正是这四首诗的前后勾连,使得这篇讲话稿浑然一体,自然洒脱中显示了作者独具匠心的安排。

作者在讲解这四首的同时,穿插了大量的议论,作者就做学问应该抱定的精神,科学与文学的关系,渗透性的学习方法,感性的直觉教育与智性的知识教育等问题谈了自己的见解,体现了对中西教育敏锐的洞察力和对学术精神的坚守与探求,字里行间洋溢着睿智机敏,风趣幽默,为我们展示了一个独特的精神世界。这篇讲话稿集诗文一于体,具有极强的现场感染力,情与理并重,妙语连珠,堪称典范。

感悟讨论

1. 读了这篇讲话稿,内容上给你印象最深的是什么?你认为作为讲话稿,它的成功之处是什么?

2.“科学与文学发展到今天,已不再像过去那样泾渭分明了”是中提到的观点,文理相通历来为诸多学者肯定,你还知道哪些名家的说法,你是如何理解的?

3. 演讲的开头引了一首韦庄的小词《思帝乡》,有什么作用?

链接

《迦陵论词丛稿》,叶嘉莹著,河北教育出版社2000年版。

谢冕在《永远的校园》中说："这圣地绵延着不会熄灭的火种。它不同于父母的繁衍后代，但却较那种繁衍更为神妙，且不朽。它不是一种物质的遗传，而是灵魂的塑造和远播。"

第五节

富有的是精神

——在北京大学中文系1997级迎新会上的演讲

◎谢　冕

热烈祝贺你们来到北大。你们将在这里度过20世纪仅剩的最后几年。在这几年中，你们无疑将接受本世纪全部伟大的精神财富，以及这一世纪无边无际的民族忧患的洗礼。你们将以此为营养，充实并塑造自己，并以你们的聪明才智在这里迎接21世纪的第一线曙光。你们是名副其实的跨世纪的一代人。你们要珍惜这百年不遇的机会。

发生在距今99年前的戊戌变法是失败了，但京师大学堂却奇迹般地被保留了下来[①]，成为那次失败的变法仅存的成果。你们正是在这个流产的变法失败100年也是京师大学堂成立100年的前夕来到这里的。当你们来到这到处都在建筑和整修的学校时，百年的沧桑，百年的奋斗，百年的期待，一下子也都拥到了你们的面前，我设想此时此刻的你们，一定是在巨大的欢欣之中感到了某种沉重。

你们是未来世纪中国的建设者。你们将在未来的岁月中做出平凡或是杰出的贡献，你们中有的人可能还会成为未来世纪非常出色的人物。但不论如何，1997年9月的今天，对于你们中的每一个人，都是决定自己一生命运的、不可替代的、非常重要的日子。那就是因为你们的名字和这所伟大的学校产生了联系。中国有12亿人，你们的同龄人也应该以千万为单位来计算，但只有极少数的人有幸能把自己的名字与这所学校联系起来。同学们，请以负重感来代替你们高考胜利的欢欣吧！

你们从各地来到北大，从现在开始，你们已结束了中学学习的阶段，开始了大学学习的阶段。在人的一生中，这是非常重要的时刻。虽然都是学习，中学只是普通教育，大学则是专业教育，这才是真正打基础的阶段，你们将来为社会服务的许多本事，是在这个阶段学到的。

去年也是这个时候，我在欢迎本系博士生和硕士生的迎新会上，也发表过一个讲话。那时我讲北大是做学问的地方，但是就重要性讲，还是做人第一、做学问第二。做人的问题很复杂，但也很简单，就是在人的质量和品德方面有高的标准和要求。只有人做好了，学问才能有好的发挥。

北大这所学校出过许多学者，也出过许多革命者。这些学者中的出色的人物，往往是人的品行高洁，而学问也是前瞻和开创的。如李大钊，他最早把马克思主义引到中国来，他呼唤并参与了中国青春的创造；又如鲁迅——北大校徽的设计者，他在这里的身份只是讲师，但却是中国文化的伟人。不论是李大钊，还是鲁迅，他们都是伟大的爱国者。所以，在这里，我想强调的是，做人和做学问的统一，爱国精神和敬业精神的统一。

一个人成就有大小，水平有高低，决定这一切的因素很多，但最根本的，是学习。学习是不能偷巧的，一靠积累，二靠思考，综合起来，才有了创造。但是第一步是积累。积累说白了，就是抓紧时间读书，一边读书，一边思考，让自己的大脑活跃起来。用前人的经验来充实自己，先学习前人，而后发展前人，而后才有自己的发现和创造。

但无论怎么说，首先是学习，抓紧一切时间学习。我的经验是，不要抱怨，更不要拒绝老师提供的那一串长长的书单，那里边有的道理，你们现在并不理解，但是要接受它，按照那个参考书目或必读书目，一本一本地读，古今中外都读，分门别类地读。有的书要反复读，细读；有的书可以走马观花，快读；但是一定要读。这叫机不可失，时不再来。

我想告诉大家，我现在从事的工作，应付着方方面面工作的，不论是写文章、说话、论证、做判断，靠的就是北大本科几年的读书的积累。那时还有很多的政治运动，用到学习上的时间并不多，但也就是那些有限的时间里读到的那些中国文学、外国文学、历史、哲学、语言学等方面的积累，支撑着我现时的繁重的工作。虽然时感知识不足，所知者少，但使我有能力去应付那千头万绪的局面的，还是在北大当学生那几年打下的基础。

事实上，人一旦走上了工作岗位，现在这样专注的、系统的、全力以赴的学习机会也就随之失去了。等到工作临头，你发现罗曼·罗兰没有读过[②]，高尔基没有读过[③]，《离骚》没有读过，《故事新编》没有读过[④]，但丁[⑤]和普希金[⑥]也没有读过，那时工作逼着你发言，你只好手忙脚乱地临时乱翻。那是应急，不是学习。匆忙中谁能把《约翰·克利斯朵夫》[⑦]一口吞了下来？即使吞了下来，你又能发表出什么意见呢？离开了大学，可以说，你基本上失去了大学学习的条件，那时想起那一串长长的书单，你真是悔之莫及了。

所以，你们到北大来，我第一要劝你们的，是做书呆子。只有先做呆子，然后才能做聪明人。一开始就想做聪明人，什么都没有，而要装天才，做神童，那才是真正的呆子。聪明绝顶，目空一切，这是北大学生容易犯的毛病。我们要杜绝这种小聪明，争取将来的大智慧。

此外，要学好语言。不仅本国语言要学好，外国语也要学好。那种认为中文系学生不必学好外语的观念，是一种短见，是很浅薄的。现在国门开放，不是闭关锁国的时代了，中国要了解世界，世界也要了解中国，要靠语言这座桥梁。

除了外国语，还有本国语。现代汉语要掌握好，写文章要用语法，不要写错别字，文字要漂亮。更重要的，是要掌握好古代汉语，中文系学生不会直接阅读古文，是耻辱。不要读白话《史记》或《论语》今译之类的书，不是那些书不好，而是中文系学生应当掌握好古汉语，直接和庄子、李白用他们当年的语言对话。还有，也许已超出了教学大纲的范围了，但是我还要讲，那就是中文系学生应当学毛笔字，还要识别繁体字。以上所说，对别人可能是苛求，而对中文系学生而言，则是必要的和起码的。

因为文学是你们的专业，所以我还要谈谈文学，在我的心目中，文学是非常神圣的。我们讲敬业，就是要对文学怀有敬畏之心。文学，有人说起源于劳动，有人说起源于游戏。在文学的功能中，是有游戏的成分，有让人愉快让人轻松的作用。但文学从根本上说不能等同于游戏，因此，我们不能游戏文学。

文学中的优秀部分，最有价值的部分，是人类崇高精神的诗化。文学是一种让人变得高雅、变得充实、变得聪明、变得有情趣的精神劳作。我们学习文学，是要把文学当做事业去创造、去发展、去发扬光大，而不是把它当做手中的玩物。我讲这些话不是无的放矢，而是有感于当前文学的某种缺陷和某种失落。

号称全国最高学府的北大，物质条件很差，有的方面如学生宿舍则是超乎寻常的差。物质的贫乏并不等于精神的贫乏。在精神方面，北大是富有的，是强者，北大的这种富有，足以抵抗那物质的贫乏而引以自豪。走在我们前面的，有我们一代又一代的老师，他们一介布衣，终生清贫，但却是我们永远敬重的精神的强者。

（选自《演讲词分类评析》，李嗣水主编，专利文献出版社 1998 年版）

注释

①京师大学堂：北京大学的前身，1898 年创建，我国近代第一所国立综合性大学，1912 年更名为北京大学。

②罗曼·罗兰(1866—1944)：法国思想家、作家、社会活动家，代表作人物传记《贝多芬传》《米开朗琪罗传》《托尔斯泰传》，长篇小说《约翰·克利斯朵夫》。1915 年获诺贝尔文学奖。

③高尔基(1868—1936)：苏联作家，无产阶级文学的奠基人。代表作自传体小说《童年》《在人间》《我的大学》，散文《海燕》。

④《故事新编》：鲁迅第一部短篇小说集。

⑤但丁(1265—1321)：意大利诗人，欧洲文艺复兴运动的先驱，被恩格斯誉为"中世纪的最后一位诗人，同时也是新时代的最初一位诗人"，代表作《神曲》。

⑥普希金(1799—1837)：俄国文学奠基人，著名诗人、作家，代表作《叶普盖尼·奥涅金》《上尉的女儿》。

⑦《约翰·克利斯朵夫》：法国作家罗曼·罗兰 1912 年完成的长篇小说，描写一个青年音乐家个人奋斗的悲剧。

谢冕，1932 年生，福建福州人，北京大学教授，博士研究生导师，曾任北京大学中国语言文学研究所所长，中国作家协会全国委员会名誉委员，北京作家协会名誉副主席，中国当代文学研究会副会长。1955 年考入北京大学中文系，1960 年毕业，留校任教至今。谢冕参与了北京大学中国当代文学的学科建设，在他的影响下，建立了北京大学中国当代文学的第一个博士点。1980 年《光明日报》发表谢冕的文章《在新的崛起面前》，引发了关于新诗潮的广泛讨论，对推动中国新诗的发展，产生了积极的影响。1980 年他筹办并主持了全国唯一的诗歌理论刊物《诗探索》，并担任该刊主编。谢冕的理论批评建立在深厚的人文关怀基础之上，他坚持社会历史批评的视点，倡导建设性的理论批评立场。谢冕先后出版了《文学的绿色革命》《中国现代诗人论》《新世纪的太阳》《论二十世纪中国文学》《1898：百年忧患》等专著十余种，另有散文随笔《世纪留言》《流向远方的水》《永远的校园》。

导读

这是北京大学教授谢冕在1997年中文系迎新大会上的演讲。演讲传递的核心是在精神方面北大是富有的，是强者。召唤莘莘学子传承北大精神，培养高尚人格，“在人的质量和品德方面有高的标准和要求”，抓紧时间学习，“先做书呆子，然后才能做聪明人”，对学生寄托殷切期望，勉励他们做精神上的强者。

1997年是北大建校100周年的前夕，面对这些满怀激情的天之骄子，在简单表示祝贺之后，作者话题一转，谆谆告诫新同学要“以负重感来代替你们高考胜利的欢欣”，可谓语重心长。那么，如何将这种“负重感”化为今后的行动呢？作者从“做人”和“做学问”两个方面谈了自己的看法。所谓“做人”，就是“在人的质量和品德方面有高的标准和要求”，“只有人做好了，学问才能有好的发挥”，而爱国和敬业就是北大在做人方面提出的要求。如何做学问，作者结合自己的治学经验，推心置腹地劝诫学生，从最基本做起，“抓紧一切时间学习”；要做书呆子，“只有先做书呆子，然后才能做聪明人”。针对中文系的学生，作者列举了具有典型意义的作家和书目，从文学到语言，从中国到外国，甚至提到了教学大纲之外的练习毛笔字的问题，可见用心良苦。话语直接纯粹，简单实用，却又富含智慧。最后，在谈到物质与精神的关系时，作者点出了演讲的主旨，“走在我们前面的，有我们一代又一代的老师，他们一介布衣，终生清贫，但却是我们永远敬重的精神的强者”，用一种类似白描的手法勾勒出北大学人的形象，令人肃然起敬。

好的演讲应该与听众没有距离。这篇演讲语言朴实无华却不失文采，行云流水般娓娓道出了肺腑之言，情感深挚，令听众和读者经受了一次北大精神的文化洗礼，耐人寻味，发人深省。

感悟讨论

1. 读了这篇演讲，北大精神和北大学人对你有何启示？
2. 你同意“先做书呆子，再做聪明人”的观点吗？谈谈你的理解。

链接

《永远的校园》，谢冕著，北京大学出版社1997年版。

马克·吐温的作品用大家喜闻乐见的幽默形式表现出来，亦庄亦谐的艺术风格拉近了他与广大读者之间的距离，深刻的社会洞察力和丰富的艺术表现力又使他的作品进入严肃文学的领域。

第六节

给青年的忠告

◎［美］马克·吐温

听说期望我来谈谈，我便询问应该发表什么样的谈话。他们说应当宜于青年的话题——

教诲性的、启发性的话题，或者实质上是良言忠告之类的话题。好吧。关于开导青年人，我心里倒是有几件事时常想说的；因为正是在人幼小时，这些事最适合扎根，而且最持久、最有价值。那么，首先呢，我要对你们、我的年轻朋友们说的是——我恳切地、迫切地要说的是——

永远服从你们的父母，只要他们在堂的时候。长远看来这是上策，因为你们要是不服从的话，他们也非要你们服从。大多数家长认为比你们懂得多，一般说来你们迁就那种迷信的话，比起你们根据自以为是的判断行事，你们会建树大些。

对待上司要尊重，要是你们有了上司；对待陌生人，有时还有别人，也要尊重。如果有人得罪了你们，你们要犹豫一番，看看是存心的还是无意的，不要采取极端的做法；只要看好机会用砖块打他一下，那就足够了。如果你们发现他并非故意冒犯，那就坦然走出来，承认自己打他不对；像个男子汉认个错，说声不是故意的。况且，永远要避免动武；处于这个仁慈和睦的时代，此类举动的年代已经过去了。“炸药”留给卑下而无教养的人吧。

早睡早起——这是聪明的。有的权威讲，跟着太阳起床；还有的讲，跟着这样东西起床，又有的讲，跟着那样东西起床。其实跟着云雀起床才是再好不过的。这样你就落个好名声，人人都知道你跟着云雀起床；如果弄到一只那种适当的云雀，在它身上花些功夫，你就很容易把它调教到九点半起来，每次都是——这可绝不是欺人之谈。

接着来谈说谎的问题。你们可要非常谨慎地对待说谎；否则十有八九会被揭穿。一旦揭穿，在善良和纯洁的眼光看来，你就再也不可能是过去的你了。多少年轻人，因为一次拙劣难圆的谎言，那是由于不完整的教育而导致的轻率的结果，使得自己永远蒙受损害。有些权威认为，年轻人根本不该说谎。当然，这种说法言之过甚，其实未必如此；不过，虽然我可不能把话讲得太过分，我却认定而且相信自己看法正确，那就是，在实践和经验使人获得信心、文雅、严谨之前，年轻人运用这门了不起的艺术时要有分寸，只有这三点才能使得说谎的本领无伤大雅，带来好处。耐性、勤奋、细致入微——这些是必要素质；这些素质日久天长便会使学生变得完善起来；凭借这些，只有凭借这些，他才可能为将来的出类拔萃打下稳固的基础。试想一下，要付出多么漫长的岁月，通过学习、思考、实践、经验，那位盖世无双的前辈大师才具有如此的素养，他迫使全世界接受了"真理是强大的而且终将取胜"这句崇高而掷地有声的格言——这是关于事实的复杂层面道出的最豪迈的话，迄今任何出自娘胎的人都未获得。因为我们人类的历史，还有每个个人的经验，都深深地埋下了这样的证据：一个真理不难扼杀，一个说得巧妙的谎言则历久不衰。波士顿有座发现麻醉法的人的纪念碑；许多人到后来才明白，那个人根本没有发现麻醉法，而是剽窃了另一个人的发现。这个真理强大吗？它终将取胜吗？唉，错哉，听众们，纪念碑是用坚硬材料建造的，而它所晓示的谎言却将比它持久百万年。一个笨拙脆弱而有破绽的谎言是你们应该不断学会避免的东西；诸如此类的谎言比起一个普通事实来，决不具有更加真实的永恒性。嗨，你们倒不如既讲真话又和真理打交道。一个脆弱愚蠢而又荒谬的谎言持续不了两年——除非是对什么人物的诽谤。当然，那种谎言是牢不可破的，不过那可不是你们的光彩。最后说一句：早些开始实践这门优雅美妙的艺术——从现在做起。要是我早些做起，我就能学会门道了。

切莫随便摆弄枪支。年轻人无知而又冒失地摆弄枪支，造成了多少悲伤痛苦。就在四天前，就在我度夏的农庄住家的隔壁人家，一位祖母，年老花发一团和气，当地最可爱的一个人物，坐着在干活，这时她的小孙儿悄悄进屋，取下一把破烂生锈的旧枪，多年无人碰过，以为没装子弹，把枪对准了她，哈哈笑了吓唬着要开枪。她惊骇得边跑边叫边求饶，朝屋子对面的门口过去；可是经过身边的时候，小孙儿几乎把枪贴在她的胸口上，扣动了扳机！他以为枪里没有子弹。他猜对了——没装子弹。所以没有造成什么伤害。这是我听到的同类情况中绝无仅有的。因此呢，同样的，你们可不要乱动没装子弹的旧枪支；它们是人所创造的最致命的每发必中的家伙。你们不必在这些东西上花什么功夫；你们不必搞个枪架，你们不必在枪上装什么准星，你们连瞄准都没有必要。算了，你们就挑个相似的东西，砰砰打个几枪，你肯定能打中。三刻钟内用加特林机枪在三十码处不能击中一个教堂的年轻人，却可以站在百码开外，举起一把空膛的旧火枪，趟趟把祖母当靶子击倒。再试想一下，倘若有一支旧火枪武装起来的童子军，大概没有装上子弹，而另一支部队是由他们的女亲戚组成的，那么滑铁卢战役会是什么结局。只要一想到此，就会令人不寒而栗。

图书有许多种类；但好书才是年轻人该读的一类。记住这一点。好书是一种伟大、无价、无言的完善自我的工具。因此，要小心选择，年轻的朋友们：罗伯逊的《布道书》[①]，巴克斯特的《圣者的安息》[②]，《去国外的傻瓜》[③]，以及这一类的作品，你们应该只读这些书。

我可是说得不少了。我希望大家会铭记我给你们的言教，让它成为你们脚下的指南和悟性的明灯。用心刻苦地根据这些规矩培养自己的品格，天长日久，培养好了品格，你们将会惊喜地看到，这种品格多么准确而鲜明地类似其他每个人的品格。

（选自《美国文化读本》，杨自伍译，华东师范大学出版社 1996 年版）

注释

①弗雷德里克·威廉·罗伯逊（1816—1853）：英国传教士，被称为“传道人中的传道人”。

②理查德·巴克斯特（1615—1691）：英国基德敏斯特长老会牧师，被誉为“清教徒之父”。

③《去国外的傻瓜》：马克·吐温写的旅欧报道，以诙谐、滑稽的笔触描写一群天真无知、自以为是的美国人欧洲旅行的故事。又译作《傻子出国记》。

马克·吐温（1835—1910），原名萨缪尔·兰亨·克莱门斯，美国的幽默大师、小说家、作家、著名演说家，19 世纪后期美国现实主义文学的杰出代表。出生于密苏里州佛罗里达，父亲是个地方法官，12 岁时，父亲去世，马克·吐温外出谋生做过排字工、领航员、记者，体验过各种各样的生活，接触过各种各样的人物，对密西西比河流域的民间传说非常熟悉，这是他以后创作的基础。1867 年第一部短篇小说集《加利维拉县的跳蛙及其他》问世，从此以马克·吐温为笔名步入文坛。他的作品熔幽默与讽刺于一体，既富于独特的个人机智与妙语，又不乏深刻的社会洞察与剖析。代表作《汤姆·索亚历险记》《百万英镑》《竞选州长》。

导读

这篇演讲名为忠告，实则反话正说，体现了马克·吐温招牌式的幽默风格。演讲既讽刺了社会的丑陋现象，也警戒青年，要洞察世事真相，保持自己的主见，走自己的路，无须听那些所谓青年道士的忠告，因为那些忠告往往置社会丑恶现象于不顾，虚伪至极。

作者开篇说他这篇演讲已经被邀请者规定好了题目：对青年进行教诲，要有启发意义，最好是良言忠告之类。于是，他“恳切地、迫切地”说出了他的“忠告”，一共六条。名为“忠告”，实乃说反话，淋漓尽致地体现了作者幽默、讥刺风格，即将那些批评性的、讽刺性的反向话语、意思，用一种一本正经、堂而皇之的方式说出来。“永远服从父母”，实际是批评那些武断、自以为是的父母；劝诫青年尊重上司、陌生人，足见其并非本意提倡温良恭俭让，是在讥讽这个“仁慈和睦的时代”；“早睡早起”则嘲弄了那些自欺欺人的可笑做法；六条忠告中，说得最多是说谎的问题，在这里幽默淡化了，这倒是给青年的忠告，是社会对年轻人的不宽容使得情有可原的小错成为弥天大错，说谎是成人世界的一门艺术，讽刺何其尖锐；讲到“切莫随便摆弄枪支”，作者变得严肃起来，一改调侃的口吻，痛心地指出枪支泛滥的社会问题；讲到读书，作者又恢复了开头的幽默风格。最后，作者仍以反语的方式收结全文，真正的智者绝不会对涉世未深的年轻人，进行空洞的说教，讲那些不可言说的事物，真诚是一种有责任感的态度。如果青年人真的铭记那些所谓的“忠告”并实行之，结果则会是千人一腔，千人一面，作者是决不愿抹杀青年的个性的。

反话正说是本文最大的写作特点。幽默谐谑而富于哲理，讽刺嘲弄而不失分寸，亦庄亦谐，体现了作者丰厚的生活阅历和幽默洒脱的个性。

感悟讨论

1. 你怎么看这篇演讲给青年的六点忠告？
2. 仔细体会这篇演讲的写作特点。
3. 你还读过马克・吐温的哪些作品？印象最深的是什么？

链接

《汤姆・索亚历险记》，马克・吐温著，张友松译，人民文学出版社 1978 年版。

她(特蕾莎修女)的事业有一个重要的特点:尊重人的个性,尊重人的天赋价值。那些最孤独的人、处境最悲惨的人,得到了她真诚的关怀和照料。

第七节

微笑是爱的开始

——在诺贝尔和平奖颁奖大会上的演讲

◎ 特蕾莎修女

当我们聚集在这里为诺贝尔和平奖感谢上帝时,我想我们来做圣芳济祈祷是美好的[①],这个祈祷总是令我非常吃惊,我们每天在圣餐之后都要作这个祈祷,因为它非常适合我们每个人。我总是在想,四五百年前,当圣芳济写下这个祈祷时,他们也有我们今天面临的困难,所以如同我们一样写下了这个非常适合我们的祈祷。我想你们中一些人已经拿到了这个祈祷词,让我们一起来祈祷[②]。

让我们为我们大家今天有机会聚集到一起感谢上帝,因为这个和平的礼物提醒我们,我们是被创造出来过和平生活的,耶稣变成人把这个好消息带给穷人。他代表上帝道成肉身,除了原罪以外,在所有方面都像我们一样,他非常明确地宣布他就是前来给予这个好消息的。这个消息就是给予所有善良人们的和平,这是我们全都渴望的东西——心灵的和平。上帝是这样爱这个世界,他给出了他的儿子,这是一种给予——上帝的给予也就是对他自己的损害,因为他太爱这个世界了,所以他给出了他的儿子,他把他给予了圣母玛丽亚,那么她以他来做什么呢?

当玛丽亚感孕后,她急忙去讲这个好消息,当她来到她亲戚家时,这个孩子,这个未降生的孩子,这个在伊丽莎白子宫内的孩子就欢快地跳动起来[③]。他就是这个没有降生的孩子,是这第一个和平的信使。他认出了和平之王,他认识到了基督前来为你和我带来了好消息。而且这似乎还不够——化身为一个人还不够,他还死在十字架上以显示最伟大的爱,他为你和我而死,为麻风病人、为不仅是在加尔各答而且在非洲、纽约、伦敦和奥斯陆的躺在街头无衣可穿,因饥饿而濒临死去的人们而死,他坚持要我们相互热爱,就像他爱我们每个人一样。我们在福音书中非常明确地读到:像我爱你一样地去爱,像我爱你,像圣父爱我一样,我爱你。圣父越是爱他,就把他给了我们;我们怎样相互热爱?我们也必须相互给予,不惜遭受损害。我们仅仅说"我爱上帝"是不够的,如果我不爱我的邻居的话。圣约翰说,如果你说你爱上帝但你不爱你的邻居,你就是一个撒谎者。你如果不爱你看得见的、摸得着的、与你一起生活的邻居,你怎么能爱你所看不见的上帝?所以,对于我们来说非常重要的就是认识到,爱是真的,它必须是遭受损害。

耶稣爱我们就是受到了损害,这损害了他。为了确保我们记住他伟大的爱,他将他自己制成生活的面包,以满足我们对他的爱的饥渴。我们对上帝的饥渴,是因为我们因这种爱而被创造。我们是以他的形象而创造出来的。我们被创造来爱和被爱,于是他道成肉身使得我们有可能来爱,如同他爱我们。他将他自己化身为饥饿者、赤裸者、无家可归者、疾病患者、监狱囚犯、孤独者、无人需要者,他说,你们为我做事吧。这是对于我们爱的饥渴,这也是我们穷人的饥渴。这是你我必须找到的饥渴,这饥渴可能就在我们自己的家里。

我永远也不会忘记我曾有一次机会访问一个家庭,这个家庭里年长的父母们有着儿子和女儿们,刚刚把他们送入了学院,也许就忘记了。我到了那里,在这个家庭里我看见他们什么都有,都是很漂亮的东西,但是每个人都朝门看去,我看不见哪个人的脸上有微笑。我转向一个姐妹问道:怎么回事?这些什么东西都有的人是怎么了?为什么他们都看着门?为什么他们没有微笑?我已经习惯于在我们的人脸上看到微笑了,即使是垂死的人也微笑。她回答说,几乎是每一天,他们都在盼望,他们希望有一个儿子或女儿会回来看他们。他们受到了伤害,因为他们被忘记了。看,这就是爱要来的地方。这种渴求就出现在我们自己家里,即使我们忽略了去爱。也许在我们自己家里,有人感觉孤独,有人感觉难过,有人感觉忧虑,对于每个人来说,这都是难受的日子。我们在这里或那里接受他们,就如同一个母亲接受她的孩子。

穷苦的人民是非常伟大的人民。他们教给我们这么多伟大的事情。有一天,他们中的一个前来感谢,说道:你们这些誓守贞洁的人是教给我们计划生育的最好的人,因为这完全是出于相互之间的爱的自我控制。我想他们说出了一句伟大的话。他们这些人可能没有东西吃,可能没有地方住,但他们是伟大的人们。穷人是非常杰出的人们。有一天晚上我们外出,从街上带回来了 4 个人。他们中有一个情况非常糟糕,我对姐妹们说:你们照看那 3 个,我来照看这个最糟的。我为她做了以我的爱所能做到的全部,我把她放在床上,她的脸上有那样动人的微笑,她抓住我的手,她只说了一句话:谢谢你。然后她死了。

我禁不住在她面前反省自己的良知,我问自己,如果我处在她的情况下我会说什么。我的回答非常简单:我将会尽力关注我自己,我会说我饿,我要死了,我冷,我痛苦,或者其他什么。但是,她却给了我更多,给了我她感激的爱。她带着脸上的微笑死去。就像一个我们从阴沟抬回来的男人,身上的一半都被虫子吃掉了,我们把他带回收养之家。“我曾经在街上像一只牲畜一样生活,但我像一个天使一样死去,得到了爱,得到了照料。”看到这个人能够这样说真是太好了,他能够这样死去而不责备任何人,不咒骂任何人,不与任何事情做什么比较,就像一个天使——这就是我们人民的伟大之处。这就是为什么我们相信耶稣说过——我饿,我赤裸着身子,我无家可归,没人想要我,没人爱我,没人照料我——你们为我做了这一切。

我相信我们并非真正的社会工作者。在大众的眼中可能我们是在做社会工作,但我们实际上是世界心脏中的忏悔者祈祷者,因为我们一天 24 小时都在触摸基督的肌体，我们一天24小时都在他面前，你和我都是这样。你也试图将上帝的降临带回家中，因为在一起祈祷的家庭就团聚在一起。我想我们在自己的家里不需要炸弹和枪支来摧毁带来的和平。我们团聚在一起，相互热爱，带来家中每一个人都来到的力量，我们能够战胜这个世界上所有的邪恶。

这个世界上有这样多的磨难，这样多的仇恨，这样多的痛苦，我们带着我们的祈祷，我们的奉献，就在自己的家里开始吧。爱在自己的家里开始，并不在于我们做了多少，而在于我们的行动中注入了多少爱。这是面对全能的上帝的，我们做多少并不重要，因为他是无限的，重要的是我们在行动中注入了多少爱。

那么，让我们总是用微笑来相见，因为微笑是爱的开始，一旦我们开始相互之间相爱，很自然地我们就想做点什么。所以，你们为我们的姐妹们、为我、为我们的兄弟而祈祷，为我们遍布全世界的合作者祈祷。我们就将保持对上帝的礼物的信念，与你们一道去爱上帝，为存在于穷人之中的他而服务。如果不是你们以你们的祈祷、你们的礼物、你们源源不断的给予来参与分享的话，我们是不可能做到我们所做的一切的。然而，我不想要你们因为是太多了而给予的爱，我想要你们竭尽全力、付出牺牲而给予的爱。

一天，我从一位仰躺了20年的人手中收到了15美元，他唯一能够活动的部位就是右臂，他唯一的伴侣就是自己喜爱的吸烟。他对我说：我一星期不吸烟，我把这钱送给你。对他来说这无疑是极其巨大的牺牲，然而看一看这是多么美，他分享到了这个：当我用这钱为饥饿的孩子们买来了面包，他们双方是多么快乐，他是给予，穷孩子们是接受。这就是你们和我都可以做到的事情，是上帝给我们的礼物使我们能够与别人分享我们的爱。这就是犹如给耶稣的爱，让我们相互热爱，如同他爱我们，让我们以不可分割的爱来爱上帝。爱上帝的欢乐和相互热爱的欢乐，让我们现在就给予，圣诞节马上就要来临了。让我们在心中保持爱耶稣的欢乐，让我们与所接触到的所有人分享这欢乐。这种散发出去的欢乐是真正的欢乐，因为我们没有理由不欢乐，我们不会因为基督不和我们在一起而不欢乐。基督就在我们心里，基督就在我们遇到的穷人身上，基督就在我们给予的微笑里，就在我们得到的微笑里。让我们记住一点：没有孩子不被需要，我们要总是以微笑相见，尤其是在微笑起来很困难的时候，更要微笑。

我永远不会忘记，前些时候，来自美国不同大学的14位教授到了加尔各答我们那里。我们谈到他们已经去过为濒临死亡的人设立的家。我们在加尔各答设立了这样的一个家，仅仅从加尔各答的街头我们就收留了36000多这样的人，这个巨大数目中超过18000人安详地死去，他们只是回到了上帝的家。他们来到我们这里，我们谈着爱、同情，他们中一个人问我：姆姆，你说吧，请你告诉我们一些我们会记住的事情。我对他们说，你们相互微笑，相互之间犹如在你的家里，相互微笑。另一个人问我：你结婚了吗？我说是的。有时候我发现对耶稣微笑是非常困难的，因为有时候他可能要求极高。这是非常真实的事情，这就是爱之所以由来——当要求很高的时候，然而我们仍能够带来欢乐，把爱给他，如同我今天说过的那样。我说过，如果我不因其他任何事情去天国的话，我也会因这所有的名声而去天国，因为它净化了我，以我为献祭，使得我真正得以进入天国。我想，这就是我们之所以要生活得美丽，我们有耶稣同在，他爱我们。只要我们能够记住上帝爱我，我们就有机会去爱其他人，如同他爱我们。不是在什么大事中，而是在小小的事情中有着巨大的爱，这样挪威就会变成一个爱巢。从这里，给予了一个和平的中心，这是多么美丽的事情。从这里，未出生的孩子有了生命的欢乐。如果你们成为和平世界中点亮的一盏灯，那么诺贝尔和平奖就真正是挪威人民的礼物。上帝赐福于你们！

（选自《诺贝尔获奖者演说文集——和平奖》，王毅译，题目为编者所加，上海人民出版社2000年版）

注释

①圣芳济(1506—1552)：出身于意大利豪门，为传播福音甘愿过清苦生活的圣人。被誉为“历史上最伟大的传教士”。

②祈祷词：“上帝，创造一条通往和平的通道吧。什么地方有仇恨，我就可以带去爱；什么地方有谬误，我就可以带去宽恕；什么地方有纷扰，我就可以带去和谐；什么地方有差错，我就可以带去真理；什么地方有疑虑，我就可以带去信仰；什么地方有绝望，我就可以带去希望；什么地方有阴影，我就可以带去光明；什么地方有悲哀，我就可以带去欢乐。”

“上帝，请让我尽量安慰别人而不是被别人安慰，去理解别人而不是被理解，去爱而不是被爱，因为忘掉了自己也就是寻找到了自己，宽恕别人也就是自己被宽恕，死亡也就是一个人醒来进入永生。”

③伊丽莎白：据《新约·路加福音》，伊丽莎白是祭司撒加利亚之妻，年老而因神受孕，生子因神谕而名叫约翰；玛丽亚是童女，因神感孕而生耶稣。两人怀孕时曾在撒加利亚家相见，玛丽亚向伊丽莎白打招呼时，伊丽莎白腹中胎儿欢喜跃动。

特蕾莎修女(1910—1997)，生于塞尔维亚，阿尔巴尼亚裔人。爱尔兰修女团体洛雷托修女会会员，世界著名的天主教慈善工作者。主要替印度加尔各答的穷人服务，因其一生奉献给解除贫困，而于1979年获得诺贝尔和平奖。特蕾莎修女在世界范围内建立了一个庞大的慈善机构网，赢得了国际社会的广泛尊敬，被视为“贫民窟的圣人”。1997年9月，当她去世时，印度政府为她举行国葬，全国哀悼两天，成千上万的人冒着倾盆大雨走上街头，为她的离去流下了哀伤的泪水。她是人类善良、怜悯和仁慈等优秀品质的完美化身。

导读

演讲贵在打动人心，而要打动人心离不开一个“真”字和一个“情”字。特蕾莎修女在诺贝尔和平奖颁奖大会上的这篇演讲可以用情真意切来概括，作者以浓烈真实的感情、至简至朴的语言弘扬了爱的理念，感人至深。

特蕾莎修女的这篇演讲蕴涵了丰富而真挚的感情，里面有帮助穷人的欣慰，也有希望世人共同伸出援手的殷殷期待；有怜悯也有喜悦。在讲到被她救回的贫苦者临终之际对她的感谢时，她进行换位思考，深深体会到了临终者的内心世界，这种发自肺腑的深厚情感，如汩汩泉水自然流淌。我们不难感受到这种爱的博大和深挚。演讲所举事例真实平凡，却深深打动人心，那个从阴沟抬回来的男人的一番话，令人动容；20 年卧床捐出 15 美元的举动令人肃然起敬，伟大的爱就是在这些细节中体现出来的。演讲具有非常强大的感召力，“你如果不爱你看得见的、摸得着的、与你一起生活的邻居，你怎么能爱你所看不见的上帝”，“我想我们在自己的家里不需要炸弹和枪支来摧毁带来的和平”，“爱在自己的家里开始，并不在于我们做了多少，而在于我们的行动中注入了多少爱”，“我们要总是以微笑相见，尤其是在微笑起来很困难的时候，更要微笑”，这些话语蕴涵着作者的真知灼见和深刻的真理，作者以自己的心灵感染了他人的灵魂。

这篇演讲向人们展示了她美好的精神世界，我们有理由认为她是世界上最富有的人，因为她拥有爱、传递爱，也收获爱。

感悟讨论

1. 特蕾莎修女把自己的一生献给了贫苦的人，用她自己的话是“心怀大爱，做小事情”，如何理解“微笑是爱的开始”这句话的内涵？

2. 这篇演讲最打动你的是哪一点？为什么？

3. 概括这篇演讲的写作特点。

链接

《诺贝尔获奖者演说文集——和平奖》，王毅译，上海人民出版社 2000 年版。

作家举重若轻，睿智幽默地运用了大量事例，触及文学语言和社会语言学的前沿问题。引发思考，与听众互动，共同领悟语言的价值，分享语言的魅力。

第八节

语言的功能与陷阱

◎王　蒙

谢谢大家给我这么一个荣誉。南开大学是我闻名已久、仰慕已久的大学，我今天是第一次进入南开的校园，所以第一个感觉就是我来得太晚了，对不起南开（掌声）。不过正如校长先生刚才说的，虽然踏进校园晚了一步，但是我在精神上和南开一直保持着神交。刚才提到罗宗强先生[①]。罗先生我今天第一次见，当年看他的著作《玄学与魏晋士人心态》，我受到感动。我写这本书的评论《名士风流之后》的时候，并没跟罗先生直接联系，我今天见到罗先生，他比我想象的还要雍容，还要那么南开（掌声）。当然还有张学正先生[②]，感谢他编了我的一本书，而且被教育部的全国高等学校中文学科教学指导委员会确定为必读书。他还那么认真、全面地写了前言，我非常地感谢。当然还要提到南开的校友赵玫女士[③]。昨天我还接到一个电话，是谁我一时记不清了。由于我已经过了69周岁，马上就满70岁了，所以谁来的电话我一下子忘了，但是他说的事我记着。他说他看了赵玫的文章，非常地感动。哦，我想起来了，是云南的诗人晓雪。所以我虽然老了吧，但还处在开始阶段。我是在老年痴呆症初期，来到南开的。我相信我和南开师生的接触，能有助于推迟我的老年痴呆症的症状（掌声）。我希望不只是挂一个名，既然聘我当兼职教授，那么我要想讲什么就随时会来的（掌声）。

今天我讲的题目是：语言的功能与陷阱。

文学是语言的艺术，所以人们研究文学时对语言的问题会有很多的兴趣。我在这儿讲一点个人的体会，这些体会可能都非常粗浅，碰到真正的教授，特别是在座的还有语言学专业的老师和学生，可能让你们见笑。我只是谈一点个人的体会。

我先说语言的功能。语言的功能实在是太大了。马克思主义认为人和动物的根本区别是劳动，劳动创造了人。我相信马克思主义经典，他们提出这样的命题当然有它非常科学的根据，我就不仔细说了。1949年8月我到中央团校学习，第一章就是猴子变人，而猴子变人就是劳动所起的作用，恩格斯专门写过这方面的论述。但是我总是琢磨，语言在使人成为人上起的作用，好像不应该比劳动小。马克思主义还有一个理论，说是因为劳动的需要促进了人的语言的发展，这是无疑的。反过来说语言对人的社会生活，包括对劳动，它所起的作用也是不能低估的。这种作用实在是太大，使你觉得有没有比较充分的语言,是人和动物的一个很鲜明的界限,也是一种文明发达不发达的一个很鲜明的界限。我从理论上解决不了这个问题,但这是我始终心里憋着的一句话,就是劳动创造了人的同时,我们敢不敢在这儿说,语言也创造了人?我们能不能设想一个没有语言的人类?我们能不能设想一个没有文字的发达的文化?以上讲的这些,算是绪论。

语言的最基本功能可能不需要我细讲,就是它的表意和交流的作用。当然,据说其他的动物也有类似语言的东西。欧洲还有马语家,能够和马对话。最近我在电视里看到国外一个地方,出现一个马的杀手,一个精神变态者专门杀马,为了破案,请了马语专家和当时在作案现场的马来交谈,询问杀手的长相是什么样。我觉得这是一个很惊人的故事。中国古代也有类似的故事,例如公冶长的故事等。但是起码马语没有人语那么发达。如果马语比人语还发达的话,那么今天在这个讲台上的,可能就是一匹公马(笑声,掌声)。

我还常常想到语言的记录与记忆的功能。各种的事情都是一瞬间,所谓"俯仰之间已成陈迹"。成了陈迹以后,当然会留下许多东西。很多的成了遗物,但是更充分的记载靠的是文字,而文字记录的当然就是语言。有时候我觉得这世界上什么东西都在迅速地消逝着,那么我们看到的,能够存留下来的呢?除了遗物以外,就是文字,就是文字的记录。

我曾经写过一篇小说,叫做《要字8679号》。这个小说是写一个弄不清楚的事实,这个事实的真相由不同的人提出来不同的版本,每一个人都提出一个"真相",而且每一个人都没有有意撒谎,但是你听完了以后,仍然不知道这件事情的真相到底是怎么回事。我很感谢福建的评论家南帆先生,他写过一篇评论,说事件对于人来说本身是不可重复接触的,那么人所接触的是什么呢,是文本,是各种的语言。比如第二次世界大战,现在已经无法再经历第二次世界大战了,尽管还有奥斯威辛集中营的遗址,还有德国的容克式战斗机等残留的一些东西,但是我们更多接触的是一些文字。如果没有语言,就没有记录,就没有记忆。一个活人失去了记忆,也就没有身份,也就没有自我,也就没有性格。人类没有记忆也就没有文化积累,也就没有进步。这些都是不需要我讲的,这里只是提一下。

我觉得语言还有一种帮助思想、推动思想的功能,不但变成思想的符号,变成思想的载体,而且变成思想的一个驱动力,成为激活思想的一个因素。我曾经很喜欢一篇文章,一个英国人写的,文章的题目叫作"作家是用笔思想的"。他讲的就是作家思想过程和写作过程是分不开的,并不是作家想好了一切才能写作的,恰恰是只有在写作的过程中,他才使自己的思想慢慢地变得明晰,使他的形象慢慢地变得鲜明,使他的故事开始找到了由头,从这个由头发展到那个由头,从那个由头又和另外一条线发生了联系。我觉得他说得非常对。

小时候我老想一件事,怎么那个巴尔扎克能写那么多东西啊④,巴尔扎克的脑袋得多大啊,否则他怎么能装那么多的故事、那么多的人物呢?后来我才明白,并不是那些故事都现成地装在巴尔扎克的脑袋里的,脑袋里装着四百多部故事,不可能,会累死的。巴尔扎克不停地生活、感受,头脑中不停地生发着各种各样的语言,这些语言编织起来,串起来,他从这一串又会引起那一串,这中间有联想、有判断、有分析、有追忆、有比喻。比喻甚至于也不是事先就想好的,事先想好,这一般不大可能。当然我不能够绝对地这么说,因为作家里有各种的例外。我听过一次老舍先生的讲演,他说茅盾先生是最有计划最仔细的一个人,他的任何一部长的作品,在写作之前都写了很仔细的提纲,然后他基本上按提纲写下来。我知道的作家能够这样有计划的只有茅盾先生一个人。其他的大部分作家(我不知道赵玫你是不是这样)在写作过程中,他的思想是慢慢地获得一种形式,慢慢地变得有一点明晰,又慢慢地产生新的困惑。在写作的过程中,一个故事的开端,就像种棵树一样,初始的想法就像是一颗种子。刚开始写的那几章,就好像在那儿松土,拱动,然后开始发芽,长出一枝枝子来了,又长出别一枝来了,然后它的主干也长得粗一点儿了,这个时候它又受到了风霜雨雪,或者是正面的,或者是反面的影响,它又发生了一些变化,等等。相反,如果你不用语言来梳理你的思想,不用语言来生发你的思想,不用语言去演绎你的思想,那么你的思想是不可能成熟起来的。

即使是纯粹的文字上的掂量,也会使人产生思想,以推进、改变思路。我举一个例子,比如说"失败是成功之母",推敲起来思想就会延展。第一,失败是成功之母,说明失败之后人会总结经验教训。第二,失败会不会是失败之母?应该说这也是可能的。就是说一个失败会引起一连串的失败,因为一失败以后就处于劣势,失败以后也影响了你的信心,因此失败成了失败之母。那么反过来再说,成功是不是也可能成为失败之母?周谷城老先生就给我讲过⑤,解放初期,他和毛泽东主席谈话,毛泽东讲:斗争,失败,再斗争,再失败,直至最后胜利。周谷城听了就说:主席,不但失败是成功之母,成功也是失败之母。毛泽东略略皱了一下眉头,问他什么意思?周谷城说:"有很多农民起义成功者,成功以后骄傲了,腐败了,争权夺利,最后成功导致失败。"毛泽东听了脸上有不悦之色,周谷城就赶紧说:主席例外,主席例外。现在再回过头来说,成功可以说是失败之母,那么成功会不会是成功之母呢?当然的,乘胜前进,不是常常讲乘胜前进吗,一个成功连着一个成功。那么,成功和失败互不为母,这可能不可能呢?我想这个也很可能,赛球,我跟这儿赛,成功了,赢了,跟那儿赛,输了,这各有各的情况,中间没有什么必然的关系。成功、失败互相作用,无法预知,这是不是可能呢?这也是可能的。就借着一个"失败是成功之母",我们哪怕是做文字游戏,我们都可以运用自己的思想使它得到扩展,使它得到放射,使它得到升华。所以说语言和文字的作用看来有多么大,它对思想、对我们认识能起多么大的作用!

语言要讲语法,语法方面不是我的长项,所以我不仔细说,说深了容易露怯。我想语法的许多东西和逻辑是分不开的,语法的发达和逻辑的严密有非常密切的关系。所以语言的发展和逻辑学的发展、思辨的发展有非常密切的关系,可以说语言推动了思想和逻辑的发展。

语言不仅仅有推动思想的作用,它还有很强烈的煽情的作用,它有形成、推动和发育人的感情的作用,以至于有些时候,我现在想不清楚,究竟是语言形成了感情,还是感情形成了语言。比如说"神圣"这个词。我很小的时候,父母带我到寺庙或者教堂里去,我体会不到任何神圣的感觉;甚至于上初中了,我上一个教会学校,唱赞美诗,也是一点神圣的感觉都没有。但是后来我知道一个词,叫作"神圣",神圣这个词开始在我的头脑当中起作用，在头脑中生发，使我慢慢就有了神圣感，唱起《国际歌》，“起来，饥寒交迫的奴隶；起来，全世界的罪人！”（现在译成全世界受苦的人，我老觉得全世界的罪人特别地有感情，特别地带劲）就产生了神圣感。再比如说思乡、乡情，我现在也弄糊涂了，是我先有乡情，后认识“乡”和“情”这两字呢，还是我先认识了“乡”和“情”两个字，以及乡情浓于什么什么等各种关于乡情的说法？还有“露从今夜白，月是故乡明”、“独在异乡为异客，每逢佳节倍思亲”，是这些东西哺育了、孕育了、形成了、塑造了我的乡情？要是没有这些诗，我还会有那种乡情的感觉吗？至于英语里的乡情，如果你要是出国，到美国去、到英国去，如果你不知道 homesick，和你知道这个词，你对它的留恋、对它的怀念、对它的想念是不一样的。你有了 homesick 这个词，那么你对你去的一个地方，如果你在那儿有机会多住一段时期的话，你想念起它来，你马上感觉就不一样。还有很多类似的情况，甚至说不限于感情，而说是一种感觉吧，也和词语的影响有关。我讲一个我现在绝对不用的一个词，因为这个词被用得太多了。那是小时候学写作文，当时最爱读的一本书叫《小学生模范作文选》，印象最深的是“皎洁的月儿出现在天上”。原来这月光，我看着它挺白乎乎的，有一种特殊的感觉，跟别的都不一样，跟馒头不一样，跟瓷碗也不一样，这叫什么我不知道，哦，这下知道了，原来这个叫“皎洁”。所以我现在一看到月亮，我就觉得“皎洁”，我就有了一个皎洁的感受。但是因为人家用得太多了，我在写作中就不用了。甚至于“美丽”、“幸福”，都是如此。解放前没有“幸福”这个词，几乎没有人用这个词。苏联人爱用这个词，苏联人整天讲幸福、幸福。这是幸福，朋友们，这是幸福！连卓娅在牺牲的时候也说：“为了祖国和人民而牺牲，这是幸福。”英语一般用 happy、happiness，我老觉得跟中国的“幸福”那个感觉不一样。卓娅说“为了祖国和人民而牺牲，这是幸福”，我觉得很庄严，如果她说“为了祖国和人民而牺牲，这是 happiness”，我觉得 something wrong（笑声，掌声）。是的，词语在感情、感觉的形成上就能起这么大的作用！

我最近喜欢钻牛角尖，老琢磨语言文字的修辞作用。我觉得人类文化的一个基本的功能，就是修辞，当然这是把修辞的意义从更宽泛的角度上来考虑。比如说求爱，或者说求偶，那么不同的词，代表着不同的文化含义，差别实在太大了。比如《阿 Q 正传》，阿 Q 向吴妈求爱，阿 Q 脑袋里想的是孤孀吴妈，他的语言是什么呢，突然他跪下了：“我和你困觉，我和你困觉！”这是阿 Q 的语言，他缺少修辞（笑声），他太缺少修辞了。如果是徐志摩呢（笑声，掌声），如果是徐志摩，他说“我是天空里的一片云，偶尔投影在你的波心，你不必讶异，更无须欢喜……”，就完全不一样了，其实他们想的是 the same job，干的是一样的活。如果要是薛蟠呢，薛蟠我就不能引用了，不堪引用了。贾宝玉就不一样，贾宝玉住在大观园里，他写的那些诗和薛蟠的当然不一样，林黛玉也不一样。所以修辞对于人的作用实在是太大了。修辞不仅仅影响了人的语言，而且影响人的生活的一切。

如果你在商店里买东西，和售货员发生了冲突，这个时候你考虑一下修辞的问题，你的表现就会得体得多，文明得多。如果你对待自己的孩子，对一件事非常震怒的时候，你考虑一下修辞的问题，我觉得你的表现会更与南开大学师生的身份更加契合。

所以说，修辞的功能，是一种文化的功能。这是不可缺少的，有修辞和没有修辞是不一样的。所以我到各个大学都讲，特别是对大学的男生们讲，你们一定要关心文学，爱文学，一定要会修辞，否则将来你们怎么写情书呀，而如果你们情书写得不好，爱情上是不可能成功的（掌声）。同时我也要忠告所有女生，如果你们接到一封情书，文理不通，语言无味，错字连篇，对如此之徒的求爱根本不予置理（笑声）。

语言有很多的心理功能，它本身就是一种释放，就是一种宣泄，就是一种追求心理平衡的手段。因为人有语言，他有一种倾诉的要求，他愿意把自己的感受使别人也知道一点。契诃夫不是有一个小说嘛，马车夫太难过了，他的痛苦是没有人愿意听他的诉苦，所以他就把他的所有的苦恼都讲给了那匹马。我还看过我很喜欢的美国小说家约翰·契弗的女儿苏珊·契弗写的回忆，爸爸死后她写的文章。她一上来就写，在我小的时候，我爸爸告诉我，有什么特别不高兴的话，就到一个房间里去跪下来，祈祷一会儿。后来我大一点儿了，光祈祷解决不了问题了，父亲就告诉我，你心里有什么特别强烈的难过的事，你把它写出来，写出来以后，你就会好一点，感觉就会好受一点。精神分析治疗很重要的一条，很重要的一个方面，就是引导病人，引导被精神分析的对象，把自己最不愿意讲的、把自己内心的隐痛、把自己包藏的东西讲出来，讲出来以后，他就好过多了。所以语言倾诉是人在精神上对自己进行安慰、进行抚慰、进行保护的一个手段。我们可以设想一下，如果一个社会不允许大家说出自己的心声，不能够让人们把自己心里的那些没有实现的东西，那些渴望、那些追求、那些梦、那些挫折吐露出来，那么这个社会想维持它的一种平衡的、健康的心理会有多么困难。

当然文学本身还有一种艺术的功能，一种审美的功能。语言本身，语言和文字，尤其中国的文字它本身就非常的漂亮，本身它就有一种形式的美感。这个事情我也觉得非常的奇怪，这个审美的过程，有时候我常常觉得这是一个进行无害处理的过程，它好像有一种化学的作用。大家知道，我个人对中国的古典文学也非常有兴趣，也是愿意读这方面书的一个学生，所以我才有机会很感动地读了罗先生的书。还有一个我喜欢读的是李商隐的诗，李商隐的诗相当地消极、相当地颓唐。一次科举考试没有成功，他居然在诗里说"忍剪凌云一寸心"，这话说得太重了，那时候他还很年轻啊！很多人由于喜爱李商隐的诗，非常同情李商隐，认为李商隐仕途的挫折就是由于当时的牛李党争，由于唐朝政治的黑暗和腐败造成的。我丝毫不怀疑这个，但是我同时觉得李商隐这个人的心理承受力是相当差的。所以我老设想，如果从组织人事部门的角度考察李商隐，你当然可以把他封为诗歌大王、诗歌天霸，这都可以，但是你很难任命他当干部，哪怕是做南开大学中文系的系主任。但是他把这些悲哀的东西、消极的东西、颓废的东西变成了非常美丽的艺术品。比如说："红楼隔雨相望冷，珠箔飘灯独自归"，这本身悲哀极了，但是他又是珠箔、又是红楼、又是雨、又是归，他变成了一个美的艺术品。比如写爱情的压抑，人和人相通或者交往上的困难，特别是爱情交往上的困难，他说："身无彩凤双飞翼，心有灵犀一点通。"甚至于他说得非常颓废："春心莫共花争发，一寸相思一寸灰。"真是消极到极点了。然而这种情绪一旦变成文字，变成艺术品以后，很整齐，有对仗，有音韵,又有非常美好的形象。李商隐还善于用蝴蝶、花呀、玉呀等各种美丽、富贵的形象来描写他自己颓唐的心情,我觉得这就是李商隐对他的颓唐心情的无害化处理。你看他诗的时候,不担心他会自杀,不会有那种紧张感。相反,你除了觉得他很悲哀以外,又会觉得他的这种遣词造句、他的这种精致、他的这种匠心、他的这种营造一个精神园地、一个精神产品的能力太强了。

我每次看到《红楼梦》晴雯之死的时候就感慨颇多。晴雯冤枉地死了,这是令人非常难过的事情。宝玉悼晴雯,写了《芙蓉女儿诔》。这《芙蓉女儿诔》里面,有的地方很愤激,有的地方很悲哀,然后宝玉自己朗诵来送别晴雯。这时黛玉来了,就提出来他哪几个字用得不妥,建议这个地方应该这么改一下,那个地方应该那么改一下。这样就把一个对晴雯的悲悼适当地间离了,它进入了一个讨论语言讨论文字的境况,等于是黛玉和宝玉共同做一个语文练习题了。这也是一种无害化的处理。当然这个无害化的处理也有它另一面,有时候让你感觉非常残酷。晴雯死了,贾宝玉事实上也做不了什么,他无法抗议,也无法改变自己这个家庭,他能做的就是写一篇文章。这段描写至少告诉我们,语言和文字能够使我们的一种经验、一种遭遇、一种情感审美化,审美以后也就使不能承受的东西变得比较能够承受。

那么我还要说,语言和文字还有一种功能,有一种信仰的功能,有一种神学的功能,就是对于很多人来说,语言文字可以神圣到变成一种信仰,它可以变成神。各个民族都在寻找一种奇怪的、独特的、秘密的,甚至是诡秘的语言和文字,认为找到了这种语言和文字以后就可以获得超自然的力量,可以获得超自然的坚强。比如我们都知道“芝麻开门”,你如果掌握了它,就可以使密室的石门洞开,而所有的金银财宝、各种财富就会属于你。我们知道起码有一些佛教教派,他们认为有一个词叫做:唵嘛呢叭咪吽。它来自梵语,就是南无阿弥陀佛。但是你念到这些字的时候,就和弥勒佛相连,会感到一种平安,而且感到佛的力量会帮助你战胜魔的力量。当然也有反动会道门,如解放初期的一贯道,张口闭口就是“无太佛弥勒”。人们使某一些语言、某一些概念、某一些词语凌驾于人的生活,使你对它有所崇拜、有所敬仰,而这些东西除了在语言中存在以外,你很难在现实中、实际生活中把它抓住。比如说“神圣”,比如说“终极”,谁看得见“终极”?看不见,也听不见。但是几乎所有民族的语言里,都有类似于“终极”这样的词。总会有一些非常神圣、非常伟大、非常崇高的一些词,这些词不但表了意,不但审了美,不但做了记录,而且它本身可以膨胀起来,可以升高起来,本身成为一种价值,成为一种标准,成为一种理想,甚至于成为上帝,成为神。

所以,语言和文字所起的作用,你要是琢磨起来实在是琢磨不完。它还有一些跟上面说的相比较似乎是很细微的作用,比如说形式的作用,比如说游戏的作用等。语言游戏、文字游戏太多了,而且这个游戏是天生的,不需要别人来教授的。上世纪60年代初期,那时候小孩子中流传着一个童谣,这个童谣没有任何人教授背诵,但是几乎所有的小孩都会,我待会儿一说你们也都会,而那些被教授、被推广的童谣,却都忘了。那首童谣就是:“一个小孩写大字,写、写、写不了,了、了、了不起,起、起、起不来,来、来、来上学，学、学、学文化，画、画、画图画，图、图、图书馆，管、管、管不着，着、着、着火了，火、火、火车头，头，头，打你的大背儿头。”这童谣既不像记录，也不像交流，交流什么呢？但是它传播开来了。我只能把它解释成文字的游戏。是不是里面有更深奥的内容？我现在看赵玫的表情，她好像对这个有更深的研究。

我们知道侯宝林说相声，他说的绕口令很逗。我认为侯宝林最好的绕口令是："吃葡萄不吐葡萄皮，不吃葡萄倒吐葡萄皮。"这个绕口令的形成是有一个过程的。我在波恩看到过20年代末一个德国汉学家编写的北京俗话词典，其中有一个绕口令，说"你吃葡萄就吐葡萄皮，你不吃葡萄就不吐葡萄皮"，这很合乎逻辑。吃葡萄就吐葡萄皮，这是中国文化，和欧洲习惯不一样。欧洲人大部分人吃葡萄都连葡萄皮一块咽，而且连葡萄籽都吃下去，他们认为嚼葡萄籽、嚼葡萄皮不容易倒牙，还有些营养。中国人的习惯是吐葡萄皮。你不吃葡萄就不吐葡萄皮，这也合乎逻辑。我不知道是从什么时候，从何年何月，吃葡萄和吐葡萄皮的这个绕口令变得荒谬化、变得形式化、变得游戏化了，变成"不吃葡萄倒吐葡萄皮"了。这一变就绝了，没有讲了。"吃葡萄不吐葡萄皮"，这个有讲，无非跟欧洲一样，说明你早就"全盘西化"了。但伟大的是"不吃葡萄倒吐葡萄皮"，这个葡萄皮是从哪儿来的呢？我也是喜欢找死理儿的一个人，一看到"不吃葡萄倒吐葡萄皮"，我就脑门子出汗。我慢慢地悟到了，这是语言的另一种功能，这是一种形式的功能，这是一种游戏的功能，你不要为它出汗，你不要在那儿着急，你不要钻牛角尖，你不要自寻苦恼，你已经活得够苦恼，你再为一个不存在的葡萄皮而苦恼，那你累死了活该。

还可以说很多，我刚才已经说得很多了。但是大致上我说了语言的三方面的功能。一个功能是现实有用的功能，包括交流，包括表意，包括记录，包括传之久远，这是现实的和有用的功能。第二个功能是生发和促进的功能，它推进思想、推进感情、推进文化、创造文化。第三个功能是一个浪漫的功能，是语言和文字离开了现实或者超出了现实的功能。

下面我想讲一下语言的另一面，就是：语言是一个陷阱。语言为什么又可能是一个陷阱呢？因为语言发达以后，就会产生麻烦，第一个麻烦，最简单的一个麻烦就是语言和现实、和你的思想感情脱节，这是完全可能的。

今年10月份的《读书》杂志上有一篇文章，是通过轮扁斫轮的故事[6]，来讲言能不能表达意的问题。大家都知道，《庄子》上有这么一个故事，轮扁就是一个会砍车轮的木匠。齐桓公在那儿看书，轮扁路过，说道：桓公，您在看什么？桓公说：我在看圣人的书。轮扁就说：无非是糟粕而已。桓公就有些不高兴了，说：我看的是圣人的书，你居然敢说是糟粕，你给我讲讲，为什么是糟粕？讲不出道理来，我就要惩罚你。轮扁就说：我是做车轱辘的，我全靠自己的经验，靠我的摸索，研究出一套砍轮子的方法，特别是把握砍削力度的关键时刻，动作慢了轮子则甘而不固，动作快了轮子则苦而不入，这种精微的力度把握，能够用语言用书来教吗？如果语言连教会人砍轮子都做不到，它还能教会你治国平天下吗？因此，能够写出来的都是糟粕，真正的好东西是写不出来的。这个砍轮子的木匠，确实厉害呀。如果这个木匠在这儿，我决不敢应聘当南开大学的兼职教授，我们要请他做学术领头人哪。

我们中国常常讲的言不尽意，言有尽而意无穷，就是你那些最微妙最重要的体会，恰恰是语言所表达不出来的。砍轮子你表达不出来，教游泳你也教不出来呀。如果你就靠一本又一本书，哪怕你买一千本关于游泳的书，也学不会游泳。记得我小时候看武侠小说，看得入迷了，我曾经积攒多少天的买早点的钱，买了一本太极拳图解，最后我发现按照书练太极拳太困难了，那真是比推翻三座大山还困难。你要学会太极拳，就得请一个师傅，面对面地教给你，把你的肩膀“叭”一砸，这儿太高了，腿抬起点儿来，这儿慢一点，那儿远一点，就行了，否则你学不会。

言不尽意而外，还有一个文不尽言。有很多语言的内涵是文字所无法表达的，语言除了有相应的字以外，还有语调，还有语速，还有语境，还有说话者的表情，还有说话者的身份等等。比如今天我不在这儿讲，而是把我的话当录音整理稿让大家读，能使大家满意吗?

言不尽意，文不尽言，而且意常常不能代表这个对象，不能充分地说明这个对象。每个人的意常常是很主观的，它受很多东西的限制。比如说，描绘一下南开大学，让在座的每人写一篇关于南开大学的东西，我相信各有特色，谁也不能说他把南开大学写尽了，已经写充分了，不需要再写了。不可能的!

言可能不尽意，言不能够完全把现实的对象说清楚，甚至有时候言还超过了现实，叫做言过其实。我最喜欢举的例子，已经举得有点臭的例子，就是诸葛亮失街亭斩马谡。把马谡斩了以后，诸葛亮流泪，别人问他为什么流泪，诸葛亮掩饰说：因为我想起先帝托孤的时候曾经讲过，说马谡这个人，言过其实，终无大用。所谓“言过其实，终无大用”，就是说马谡的言呀文字呀这些东西太花哨了、太漂亮了、太精彩了，超过了现实，超过了那个对象。

言过其实的现象也很多呀，甚至于变成了一种夸张，变成了一种歪曲，变成了一种爆炸，变成了一种狂妄。最明显的例子就是“文化大革命”中歌颂红太阳，啊，真是什么词都想出来了。我那时候在新疆，新疆最有名的歌，那歌是很好听的，我到现在还唱，那个里面用的据说是一首大跃进的民歌，大意是说：把天下的树木都变成笔，把天下的土地都变成纸，把大海和大洋都变成墨水，也写不尽伟大的领袖毛主席呀，您的恩情。一个女农民跟说我：“唉哟，现在的人哪，怎么这么会说话呀，把天下的树都变成笔了，把蓝天和大地都变成了纸了，把大海和大洋都变成墨水了，都写不尽毛主席的恩情啊，唉哟，怎么这么会说话呀?”我现在也是考证不出来，这是民歌呢，还是某类知识分子做的。

言不尽意，或者说言过其意；文不尽言，或者说文过其言，这些东西都会误导人，都会使人们对世界、对现实产生不切实际的想法。更严重的呢，它不光是不尽意的问题，或者言过其意的问题，而是干脆脱节。当语言以及文字脱离了生活、脱离了真实、脱离了真情以后，就变成了一个反面的东西，变成了对语言和文字的伤害。到最后天下的墨你也都用干了，天下的笔你也用完了，天下的纸你也用尽了，就剩下最红最红最红最红最红的红太阳了。这已经变成了对文字的戕害了。最红就是比别的都红才叫最红，那么最红最红还要再加最红，到底应该加多少个，你用五个最，我要用一百个最怎么办呢。你翻出一本书来，前三页全是最红最红最红……你看两天一直看着最红，就变成笑话了，变成戕害了，变成对语言文字的歪曲了，这种语言文字变成了我们生活的敌人，变成了人的对立面。正常的人说话，能够接受这种方式吗？

即使是好的、成功的语言表达和文字表达，也还面临着可能异化的命运，变成了俗套。本来很好的一句话，被变成了俗套，就变成了虚伪，变成了教条，变成了机械重复。这样的例子也是不计其数，我就不一一举了。就是说，它已经丧失了它原本的、原生的力量，那种鲜活，那种魅力。这是一种情况。

还有一种情况呢，本来很好的一句话，太普及了，就把它降低了，过于通俗化了。我把它称之为“狗屎化效应”。本来两个人之间学术争论，很有趣味。可是，两边的仗义的老哥们、小哥们都出来了，然后就开始互相揭发隐私，最后就变成一种争吵。比如说，仁孝忠信，礼义廉耻，那都是多么好的词啊，但是这些词最后变成了什么？变成了人们最厌恶的、最没有新意的、最拿不出精神成果的人所重复的话。再比如说中庸之道，中庸之道现在是很吃不开的，你一讲中庸马上让人感觉到你是一个含含糊糊、两面讨好、模棱两可、不男不女、不阴不阳这样的人。所以说不管多么好的命题，不管多么好的语言都是有懈可击的。只要你把这个话说出来了，就能被驳倒。毛泽东说：马克思主义的道理千条万绪，归根结底就是一句话，就是造反有理。这个可是太容易驳倒了，要就这一句话的话，那么马克思主义出那么多书都没用了吗，当然不是。其实毛泽东很精彩，只有毛泽东敢这么说，谁敢这么总结马克思呀？算了，有些例子不要举了，因为我再举例子，我举的每个例子都会被你们及时地驳倒。

所以我觉得对语言文字的东西，在发挥其奇效的同时又要看到它薄弱的一面，对我们来说是非常必要的。语言文字还有一个陷阱，就是语言文字它可以反过来主宰我们，反过来扼杀我们的创造性，扼杀我们活泼的生机。

中国的历史最具明证了，毛主席也是痛感这一点的。他在延安的时候曾经非常愤激地说：教条主义不如狗屎，狗屎还可以肥田，但是教条主义，连肥田的作用都没有。毛主席为什么这么愤激？因为他看到了这一点，就是你如果把共产主义当作教条、把马克思主义当作教条、把联共(布)党史读本当作教条，其结果，这些东西就会主宰你，就会造成危害，甚至是灭顶之灾啊！正如我前面所说的，这既是语言的功效，也是语言的陷阱。

我们的思想和感情往往是被语言所塑造的，比如说“举头望明月，低头思故乡”，这就造成了我们中国人的心理模式，我们一看到明月就会想到了家乡。我们从小话还说不全，就已经会背诵“举头望明月，低头思故乡”。但是这样就会产生一个问题，就是你有没有真实的对于明月的感受。你一看到明月，一会儿就想到“皎洁”了，一会儿就想到“玉盘”了，一会儿想到“低头思故乡”，一会儿想到“海上生明月，天涯共此时”，你想来想去，这都是别人已经有的经典的语言，那些判断、那些描写、那些感受，你脱离开这些感受以后，你已经没有你自己的思想和感情啦。甚至于你登记结婚举行婚礼了，你想到“洞房花烛夜，金榜题名时”，你是真高兴，还是假高兴呀？所以国外也有一些人非常偏激地抨击语言对人的统治。再比如说，中国自古对妇女的歧视，实际上在一系列的语言、一系列的概念、一系列的名词里都有意无意地包含着歧视之意。对于那些名词你造反你闹，你闹了半天你也翻不过来，你改不过来。我也不一一举那些个例子，因为那些例子太不雅了。那些例子里就反映了一种轻视妇女、歧视妇女，不拿妇女当人的野蛮，而很多女性她本身也受这个语言的控制，她很多事不敢做，很多思想不敢想，很多感情不敢有。那些语言都摆在那儿了嘛。所以我觉得语言从另一方面来说它又成为人生中的陷阱，它会误导我们，它会让我们误以为掌握了语言就掌握了人生，它让我们误以为听从已有的语言和文字的驱遣就可以得到人生的真谛，它甚至于会使我们变得丧失了对于人生最本初、最纯洁、最属于自己的个性的那种感受。所以语言这个东西也是一柄双面剑。

《伊索寓言》里有这样一个故事。伊索是个会说话的奴隶，奴隶主说：伊索，你给我做一道菜，把世界上最好的东西做成菜。然后伊索就端上来了，全部是舌头，就是口条。奴隶主又说：伊索，你把世界上最坏的东西做成菜拿上来。然后伊索又端上来了，还是舌头，还是口条！口条是最好的，也是最坏的。但是也不能把它们平分秋色，我觉得好的还是为主的。我希望我们南开大学的同学们在语言和文学的学习上取得更大的成就，并希望大家及时把我说的话驳倒，免得我误导大家。谢谢。（掌声）

（选自《王蒙演讲录》，王蒙著，三联书店 2011 年版）

注释

①罗宗强：南开大学教授，1932 年生。致力于研究中国文学批评史和中国古代士人心态史。

②张学正：南开大学教授，1936 年生。从事中国当代文学的研究和教学。

③赵玫：1982 年毕业于南开大学中文系，现任《文学自由谈》杂志编辑部主任，中国作家协会会员，天津市作家协会理事，

④巴尔扎克（1799—1850）：法国 19 世纪伟大的批判现实主义作家，欧洲批判现实主义文学的奠基人和杰出代表。

⑤周谷城（1898—1996）：中国历史学家、社会活动家。

⑥斫（zhuó）：用刀、斧等砍劈。

王蒙，河北南皮人，1934 年生于北京。1953 年创作长篇小说《青春万岁》。1956 年 9 月 7 日发表短篇小说《组织部新来的青年人》，由此被错划为“右派”。1958 年后在京郊劳动改造，后调北京师范学院任教。1963 年起赴新疆生活、工作十多年。1979 年调北京市作协。后任《人民文学》主编、中国作协副主席、文化部长、国际笔会中心中国分会副会长，全国政协委员、常委，全国政协文史和学习委员会主任等职。　王蒙创作了近百部小说，诗集有《旋转的秋千》，散文集有《轻松与感伤》《一笑集》，文艺论集有《当你拿起笔……》《文学的诱惑》《风格散记》，专著有《红楼启示录》《老子十八讲》等。作品被译成英、俄、日等多种文字在国外出版。王蒙的作品反映了中国人民在前进道路上的坎

坷历程，他乐观向上、激情充沛，成为当代文坛上创作最为丰硕、始终保持创作活力的作家之一。

导读

这是作家王蒙2003年10月受聘南开大学兼职教授时所作的演讲。作家梳理了语言的三大功能，同时指出了语言存在的陷阱，对语言在文学和社会现实中的功用深入阐述，强调了语言在沟通中所起的重要作用，并分析了当语言脱离现实生活时的误导作用，启示意义深刻，字里行间透着睿智的光芒。

演讲充分体现了作者持续深入的理性思考和独到的学术观念。演讲缘起受聘南开大学兼职教授，简短客套了之后，以"南开大学是我闻名已久、仰慕已久的大学，我今天是第一次进入南开的校园，所以第一个感觉就是我来得太晚了，对不起南开"作为开场白，一下子拉近了和听众之间的情感，为下面的沟通开了一个好头。演讲分成两大部分，第一部分归纳了语言的三大功能，"一个功能是现实有用的功能，包括交流，包括表意，包括记录，包括传之久远，这是现实的和有用的功能。第二个功能是生发和促进的功能，它推进思想、推进感情、推进文化、创造文化。第三个功能是一个浪漫的功能，是语言和文字离开了现实或者超出了现实的功能"。条分缕析，概括全面，排列有序。第二部分讲了语言的三大陷阱，即言不尽意或言过其实，文不尽言或文过其言；好的语言，也面临可能异化的命运，变成了俗套；语言文字成为教条的时候，会主宰人们，反过来扼杀人们的创造性，造成危害。作者对语言使用的误区进行了精辟的概括，启示人们，语言好比一把双刃剑，如何用好是关键。演讲引用了大量的诗文和现实生活中的典型事例，古典诗词随口而出，体现了作者对传统文化的稔熟；而大量鲜活生动事例的穿插，则体现了作者社会语言现实问题的深切关注。

演讲思路开阔，正反对举，既有宏观的把握，也有微观的雕镂。语言生动平易，亦庄亦谐，睿智幽默，尤其是以《伊索寓言》中的故事收束，犹如"豹尾"，振起全篇。全文处处透出作者的深厚修养和丰富的人生智慧。

感悟讨论

1. 这篇演讲概括了语言的哪些功能和使用存在的误区？对我们的学习有什么启示意义？

2. 演讲虽然很长，通读之后仍感意犹未尽，你的感觉如何？谈谈你的看法。

链接

《王蒙演讲录》，王蒙著，三联书店2011年版。

单元实训——演讲

演讲又叫演说，是指在公众场所，以有声语言为主要手段，以体态语言为辅助手段，针对某个具体问题，鲜明、完整地发表自己的见解和主张，阐明事理或抒发情感，进行宣传鼓动的一种语言交际活动。演讲是一门艺术，古人说“一言而兴邦”，即表明一次成功的演讲，除了启迪人心、传播真理、培养情感外，最终目的是唤起听众的行动和实践，使之投身于改造主客观世界的社会活动中。一次成功的演讲必须导发出听众正确的行动，使演讲产生强烈的现实意义和历史价值。

一、演讲的特征

演讲不同于随随便便的说话，它有着自身的特征，只有了解了这些特征，才能取得演讲的成功。

1. 现实性。演讲有一定的场面，是一人讲众人听。它是演讲者通过对社会现实的判断和评价，摆事实、讲道理，以理服人，是讲听双方都注重实际效益的活动。在内容上它代表着一定的时代，反映时代的声音，这就是古今中外许多著名演讲能够影响后世的原因。

2. 主体性。演讲者是演讲活动的主体，每一位演讲者都具有自己的个性修养，在气质、姿态、口语风格方面都有自己的特征。加之每一次演讲活动，演讲的场所，演讲者面对的听众，演讲的话题都是特定的。因此，我们说真正意义上的演讲，是高度个性化的产物，必定要因人、因地、因时、因对象的不同而不同，不能程式化、概念化。

3. 鼓动性。一次成功的演讲，应说服力强，能够使人知、使人信、使人赞同、使人激动、使人行动。因此演讲的鼓动性特征是非常明显的。

4. 时间性。演讲直接诉诸听众的听觉器官，时间受听众可接受性的制约，因此不宜过长。好的演讲，听众不会觉得疲倦；差的演讲，听众则非常反感。

5. 艺术性。演讲是优于一切现实的口语表现形式，它要求演讲者去除一般讲话中的杂乱、松散、平板的因素，以一种集中、凝练、富有创造色彩的面貌出现，这就是演讲的艺术性。

二、演讲的方法与技巧

鲁迅先生说过：“语言有三美：意美以感心，一也；音美以感官，二也；形美以感目，三也。”因此，一次成功的演讲在注重“意美”的同时，还必须注重“形美”和“音美”。

（一）注重“意美”

所谓“意”即演讲的主题和内容。其主要要求：

1. 主题单一、鲜明。在演讲时主题要鲜明，注意选择提炼群众普遍关注、感兴趣的话题，选择能够反映最新发展动态、有独特见解、能吸引听众的话题，而且要紧紧围绕一个中心来展开，使主题鲜明、突出。

2. 材料精当、生动。丰富的材料是发言中心的依托和基础。典型的材料有说服力，能使听众信服；新颖别致的材料有诱惑力，能吸引听众；形象生动的材料有感召力，能鼓舞听众。总之，材料的选择直接影响着发言的生动性与丰富性。要善于就地取材，有随机应变的能力，不妨结合当时的现场、对象及活动的目的现场抓内容。

3. 内容简洁、有起伏。演讲不是专业报告，不能长篇大论，它要求“上口入耳”，吸引听众，避免听众厌烦，要视具体情况运用通俗而朴实的口头语言，便于听众理解和接受。要善于化繁为简，运用深入浅出、生动、形象的语言传达演讲的内容，增强演讲的启发性、引导性和鼓动性。而且材料的安排上，要把理论资料和实际案例交叉安排，有起伏感，避免听众的听觉疲劳。

4. 条理清晰，重点突出。要让观众听得清楚，发言者自己先要清楚。首先是目的清楚，明确为什么这么讲；其次是内容清楚，明确讲什么，特别要突出发言的要点，便于听众把握；再次是线索清楚，演讲时思路清晰，要根据内容的需要合理安排材料的层次结构，尽量做到条理清楚、内容明确。演讲前通过思考理清思路，内容尽量简化，这些内容经过大脑的加工形成提纲之后，再用数字或关键词来加深记忆，使演讲顺理成章。

5. 扣人心弦，令人回味。要了解受众面。在演讲时，对听众的年龄、职业、性别、文化程度、风俗习惯、愿望兴趣等情况要有所了解，面对不同的场合选择不同的事例，面对不同的群体，演讲的内容、语言表达的方式应有所区别，达到扣人心弦的目的，使听众接受你的观点。

(二)注重“形美”

“形”即演讲者的体态语。西方语言学家 20 世纪 70 年代的研究结果证明：人们交谈时，只有 35％的信息是单纯通过语言表达的，其余的 65％的信息则是通过态势语言表达的。态势语言又叫“身体语言”，是用身体动作来表达情感、交流信息、说明意向的沟通手段。包括姿态、手势、面部表情和其他非语言手段，如点头、摇头、挥手、瞪眼等。它虽然是一种无声语言，但同有声语言一样也具有明确的含义和表达功能，有时连有声语言也达不到其效果，这就是所谓的“此时无声胜有声”。著名宣传家雅罗斯拉夫斯基说过：“演讲者的态势是用来补充说明演讲者的思想、情感与感受的。态势语言本身就像文字一样富有表现力，特别是在言辞少于思想，两三句话中蕴藏着通篇哲理的时候尤其是这样。”因此演讲中必须注意体态语的使用。

1. 定势沉稳。定势沉稳讲的是演讲者在上演讲台和讲过后下演讲台的姿态。当你成为演讲者时，就应面带微笑，充满自信地站起来，挺胸收腹抬头，神态自如地用正常态势走到台前，然后面对众人静场片刻。定势沉稳，观众会眼前一亮，增加听的兴趣，也会使演讲者受到感染。步态慌张，大步流星，上台没站稳就开始讲话，动作缓慢，手足无措，含胸低头，都给人留下不好的印象，演讲者自己也缺乏自信。下台时，也应仪态大方，直至落座。

2. 目光亲切，自然环视。演讲者上台后不要急于开口，而应先用亲切的目光注视或扫视会场几秒钟，使听众的大脑做好接收信息的准备，得到无声的感染。演讲过程中，要使用目光接触，让全场听众都感觉到你的目光，让他感觉你的演讲是针对他的，他没有被你冷落，以达到目光交流的作用，使听众能够有效地理解你的思想、感情、人格和态度。目光要充满自信，运用自然。切忌看门外或其他离开学员目光的地方，或眼光乱转，或出神凝视，或目光呆滞，昏暗无光等。

3. 恰当使用手势态势语。演讲要做到姿态端正，挺胸收腹抬头，自然站立，还要配以恰当的手势语，同时要离开支撑物。在体态语中手势的运用仅次于眼神的运用，手势态势语是指演讲者运用手指、手掌、拳头、手臂的动作变化，表达思想感情的一种态势语，演讲时不要老是感到手没地方放，或者插在口袋里，或者双臂交叉放在胸前，那样会显得对听众不尊敬；或者因为紧张而说话时摸头等不恰当的动作，显得演讲者不成熟。说话时手摆放的位置要自然、得体，起到辅助有声语言的作用。如表示“上下左右”时可用指示性手势；示意带有强烈感情色彩的内容时可用情意性手势，如闻一多《最后一次演讲》拍讲台的手势；用于描摹状物，给听众以形象化的感觉时可用象征性手势，例如用“V”表示胜利等。

4. 身体移动要适当。演讲必须站着，这是一个基本原则。古今中外成功的演说家几乎都是站着演讲的，只有这样才能表示对听众的尊重。站着演讲能够避免长篇大论或埋头念稿子的毛病，显示演讲者的精神风貌，增强和听众的交流，调节会场的气氛。只有站立，才能使手势、身势自由地摆动。但是，在正规的场合演讲者站立好后是不宜移动的，在特殊情况下，有时也可适当地移动。动必须动得有理，即必须符合演讲内容的需要，如为了鼓动听众而向台前移动。但动得要适当，宁少勿多，移动范围不应过大，不可跨越太远或来回走动。同时动有规则，演讲者在走动方向、节奏、快慢等方面保持一定的规则，既能活跃会场气氛，又能稳定听众的情绪。

关于发挥仪表态势语的作用，英国哲学家培根说：“相貌的美高于色彩的美，而优雅得体的动作的美又高于相貌的美，这是美的精华。”仪表态势语中首先要着装得体，演讲者的服装要有别于家常便服，但又有异于文艺演出，两相比较，应更接近于生活，以朴素庄重为宜。同时保持仪态大方，这主要取决于发言者的心理素质和修养。要保持良好的形象和良好的临场发挥，就先要克服紧张畏惧心理，保持心态平稳，才能做到镇定自若、举止大方。

（三）注重“音美”

“音”是指语调语速。美国心理学家艾伯特·梅拉比安说过：“人的感情表达由三个方面组成：55%的体态，38%的声调及7%的语气词。”追求“音美”要做到以下几点：

1. 语速要有轻重缓急。确定讲稿后，需依据发言的内容及现场情景，及自己的特性来确定语速。语速不仅有天生的因素，也可以通过后天的刻意训练来改变。一般来说，语速不要太快，因为会给人一种紧张的感觉；也不要太慢，这会显得迟钝沉闷，没有激情。

能找到自己说起来比较舒服，同时也适中的语速是最好的。注意标点符号的停顿，适当的停顿不仅会显得张弛结合，也能给听众提供一个理解回味的时间，集中他们的注意力。

2. 语调要注意抑扬顿挫。演讲时的语调的起伏不仅能使演讲更生动，而且还能传达演讲者丰富的感情信息。语调平平，没有抑扬顿挫，不仅演讲者本身显得无精打采，听众也会很快产生疲倦厌烦的心理。一般来说，升调传达着激昂的情绪，如兴奋、愤怒、谴责、疑问；降调则表达灰暗的情绪，如悔恨、伤心、失望和郁闷等。

3. 音量要有所控制。演讲时声音的大小是最能反映演讲者是否自信的一个因素。一个小若蚊虫、大家扯着耳朵都无法听清在哼唧些什么的声音，是绝不会与自信扯上关系的。当然也不用扯着嗓子说话，否则不仅容易失声，也会显得失态。做到声音洪亮但不尖利，低沉却不窒闷，让在场的每一个人都能清楚舒服地听到你的声音就可以了，一些特别的句子或词语可以加重以作强调。

4. 口齿要清晰，表达要准确。为了方便听众，演讲者要讲普通话；要使用规范的现代汉语，尽量避免方言俚语。

5. 语气要坚定、自信。演讲不要拖泥带水，模棱两可，借助语气的轻重缓急、语调和音量的控制，以及恰当的遣词造句，表达自己的爱憎。

三、注意事项

1. 确立自信。不胆怯、善于表达是成功的首要条件。要保持平时多讲多练，积累多方面的知识内容。在演讲时将头脑中储备的内容和知识与演讲时的环境、气氛、听众有机地联系在一起，说出心中的感受，引起听众的共鸣。

2. 理顺思路。演讲时，在头脑中理清一个思路，提炼出几个词语作为发言的提纲，做到条理清楚，表达清晰。演讲有时需要结合当时的场景要边想边说，边说边想，容易出现思路不清、内容不明的现象。为了避免出现这种情况，要按提纲中的关键词语逐一展开，形成有具体内容的一段话语，再列举具体实例阐述要点。

3. 善于取材。演讲一定要针对听众、现场的情况和他人演讲的内容做发言。善于发现现场所关注的焦点问题，选取听众关心的话题作为演讲的材料。取材要立论新颖，见解深刻，忌“套话”、“俗语”，老生常谈。以思维的不落俗套和立论的新颖别致取胜。但同时防止和杜绝貌似新颖而实无价值的标新立异。

实训

1. 准备一段简短的自我介绍，注意“形美”中谈的问题，到讲台上发表。

2. 大学生演讲时体态语容易出现哪些错误？如何才能克服？谈谈你的看法。

3. 学校学生会改选，以小组为单位准备一篇竞选学生会主席或某部委员的演讲，推举代表演讲。

第四篇 戏剧小说

这是一首青春的赞歌，大好春光唤起了杜丽娘的青春觉醒，由眼前的春光易逝而倍感韶华难留，心中充满了对爱情和自由的渴望。

第一节

游　园[①]

◎ 汤显祖

【绕池游】（旦[②]上）梦回莺啭[③]，乱煞年光遍[④]。人立小庭深院。（贴[⑤]）炷尽沉烟[⑥]，抛残绣线，恁今春关情[⑦]似去年？

【乌夜啼】（旦）晓来望断梅关[⑧]，宿妆残[⑨]。（贴）你侧着宜春髻子恰凭阑[⑩]。（旦）翦[⑪]不断，理还乱，闷无端。（贴）已分付催花莺燕借春看。（旦）春香，可曾叫人扫除花径？（贴）分付了。（旦）取镜台、衣服来。（贴取镜台衣服上）云髻罢梳还对镜，罗衣欲换更添香[⑫]。镜台、衣服在此。

【步步娇】（旦）袅晴丝[⑬]吹来闲庭院，摇漾春如线。停半晌整花钿。没揣菱花[⑭]，偷人半面，迤逗[⑮]的彩云偏。（行介[⑯]）步香闺怎便把全身现！

（贴）今日穿插的好。

【醉扶归】（旦）你道翠生生[⑰]出落的裙衫儿茜，艳晶晶花簪八宝填[⑱]，可知我常一生儿爱好是天然[⑲]。恰三春好处[⑳]无人见。不提防沉鱼落雁鸟惊喧，则怕的羞花闭月花愁颤。

（贴）早茶时了，请行。（行介）你看：画廊金粉半零星，池馆苍苔一片青。踏草怕泥新绣袜，惜花疼煞小金铃[㉑]。（旦）不到园林，怎知春色如许！

【皂罗袍】原来姹紫嫣红开遍，似这般都付与断井颓垣[㉒]。良辰美景奈何天，赏心乐事谁家院[㉓]。恁般景致，我老爷和奶奶[㉔]再不提起。（合）朝飞暮卷[㉕]，云霞翠轩；雨丝风片，烟波画船。锦屏人[㉖]忒看的这韶光贱！

（贴）是花都放了，那牡丹还早。

【好姐姐】（旦）遍青山啼红了杜鹃，荼蘼外烟丝醉软。春香呵，牡丹虽好，他春归怎占的先？（贴）成对儿莺燕呵。（合）闲凝眄[㉗]，生生燕语明如翦，呖呖莺歌溜的圆。

(旦)去罢。(贴)这园子委是[28]观之不足也。(旦)提他怎的。(行介)

【隔尾】 观之不足由他缱[29],便赏遍了十二亭台是枉然。到不如兴尽回家闲过遣[30]。

(作到介。贴)开我西阁门,展我东阁床。瓶插映山紫,炉添沉水香。小姐,你歇息片时,俺瞧老夫人去也。(下。旦叹介)默地游春转,小试宜春面。春呵,得和你两留连,春去如何遣!咳,恁般天气,好困人也。春香那里?(作左右瞧介,又低首沉吟介)天呵,春色恼人,信有之乎!常观诗词乐府,古之女子,因春感情,遇秋成恨,诚不谬矣。吾今年已二八,未逢折桂之夫;忽慕春情,怎得蟾宫之客?昔日韩夫人得遇于郎[31],张生偶逢崔氏,曾有《题红记》《崔徽传》[32]二书。此佳人才子,前以密约偷期,后皆得成秦晋[33]。(长叹介)吾生于宦族,长在名门,年已及笄[34],不得早成佳配,诚为虚度青春。光阴如过隙耳,(泪介)可惜妾身颜色如花,岂料命如一叶乎!

(选自《中国古代戏曲经典丛书·牡丹亭》,周传家主编,华夏出版社2000年版)

注释

①本篇选自《牡丹亭》第十出《惊梦》。

②旦:戏曲行当之一,女性角色的统称。这里是正旦的略称,主要扮演举止端庄的中年或青年女性,多为正剧或悲剧人物。本出中指杜丽娘。

③啭:鸟婉转地鸣叫。

④乱煞年光遍:到处是缭乱人心的春光。

⑤贴:贴旦,旦中副角,意为旦之外再贴一旦。据李斗《扬州画舫录》载:"贴旦谓之风月旦,又名作旦","工为侍婢"、"无态不呈"。这里指春香。

⑥炷尽沉烟:沉香烧尽。炷:烧,燃香。沉烟:指沉水香,一种熏香。

⑦恁(nèn)今春关情:恁,为什么。关情,牵动人的情怀。

⑧梅关:在江西省大庾岭上。梅关南北遍植梅树,每至寒冬,梅花盛开,香盈雪径。

⑨宿妆残:宿妆,隔夜的残妆。残:凌乱。表现无心梳妆。

⑩宜春髻子:古代立春日,妇女把彩色织物剪成燕形,并贴上"宜春"二字,戴在髻上。阑:同"栏",栏杆。

⑪翦:同"剪"。

⑫云髻罢梳还对镜,罗衣欲换更添香:引用唐薛逢诗《宫词》中的两句。形容认真梳洗打扮。

⑬袅晴丝:袅,缭绕的,摇曳的。晴丝,虫类所吐的、在空中飘荡的游丝。

⑭没揣菱花:没揣,没想到。菱花,借指镜子,古代铜镜背面刻有菱花纹。

⑮迤(yǐ)逗:牵惹。这句是说,害得她羞答答地把发髻也弄歪了。表现少女含情脉脉的微妙心理。

⑯介:戏曲中用于表达人物动作、表情以及舞台效果的提示。

⑰翠生生:色彩鲜艳。

⑱花簪八宝填：簪子上嵌饰着各种珍宝。

⑲爱好(hǎo)是天然：喜爱美丽是天性。

⑳三春好处：原指春天的三个月，即孟春、仲春和季春。这里比喻自己的青春美貌。

㉑惜花疼煞小金铃：小金铃，为保护花朵驱赶鸟雀而设置的铃。这是拟人手法，因为惜花而常拉小金铃，把小金铃疼死了。五代王仁裕《开元天宝遗事》："至春时，于后花园中纫红丝为绳，密缀金铃，系于花梢之上。每有鸟雀翔集，则令园吏掣铃索以惊之。盖惜花之故也。"

㉒断井颓垣：形容破败冷寂的庭院。井，井栏。颓，倒塌。垣，短墙。

㉓良辰美景奈何天，赏心乐事谁家院：虚度美好的春光，赏心快意之事又在哪儿呢？南朝宋谢灵运《拟魏太子〈邺中集〉诗》序："天下良辰、美景、赏心、乐事，四者难并。"

㉔奶奶：对已婚妇女的尊称，这里指杜丽娘的母亲。

㉕朝飞暮卷：形容楼阁壮美。唐王勃《滕王阁诗》："画栋朝飞南浦云，珠帘暮卷西山雨。"

㉖锦屏人：住在华美屋舍中的富贵之人。

㉗凝眄(miǎn)：目不转睛地看。

㉘委是：实在是。

㉙缱：缠绵，留恋。

㉚过遣：过活，打发日子。

㉛韩夫人得遇于郎：《青琐高议·流红传》记载，唐僖宗时，宫女韩氏在红叶上题诗，顺御沟水流出，被于佑捡到。于佑也在红叶上题诗，放入水沟上游传给韩氏，后来二人结为夫妻。

㉜《崔徽传》：疑是《莺莺传》的笔误。

㉝秦晋：原指春秋时秦、晋两国世通婚姻，后泛称任何两姓之联姻。

㉞及笄：女子成年。《礼记·内则》记载，女子15岁以簪束发，表示已成年，可以婚配。笄，簪。

汤显祖(1550—1616)，字义仍，号海若，别署清远道人，临川(今江西抚州)人。明末戏曲剧作家、文学家。汤显祖从小聪明好学，21岁时中举。由于不肯依附权贵，虽博学多才、"名布天壤"，到34岁才中进士。后历任太常博士、詹房事主簿、礼部祠祭司主事。明朝万历十九年(1591)他目睹当时官僚腐败愤而上《论辅臣科臣疏》，弹劾大学士申时行并抨击朝政，触怒了皇帝而被贬为徐闻典史，后调任浙江遂昌县知县，一任五年，政绩斐然，却因压制豪强，触怒权贵而招致上司的非议和地方势力的反对，终于万历二十六年(1598)愤而弃官归里，潜心于戏剧及诗词创作。在中国和世界文学史上有着重要的地位，被誉为"东方的莎士比亚"。代表作《紫钗记》《南柯记》《牡丹亭》和《邯郸记》合称"临川四梦"。

导读

《牡丹亭》全名《牡丹亭还魂记》。第十出《惊梦》的剧情是：杜丽娘受《诗经·关雎》的启发，在春香的鼓动下，来到后花园，大自然的美妙生机让丽娘陶醉，触景生情，不由撩起伤春情怀，于是在梦中与柳梦梅幽会。本篇是《惊梦》的前半出，文辞优美，历来为人们所喜爱。

杜丽娘游园本是因“春情难遣”。她从小爱美，为了游园精心装扮，“翠生生出落得裙衫儿茜，艳晶晶花簪八宝填，可知我常一生儿爱好是天然”。可惜芳华寂寞，又不禁发出“恰三春好处无人见”的喟叹。杜丽娘哀怜自己的好年华囿于闺阁之中，竟不知外面的世界是这样的精彩：“不到园林，怎知春色如许。”游园所见，是莺声啼遍，百花盛开，“遍青山啼红了杜鹃，荼蘼外烟丝醉软”，满目春光，一派欢喜。春天如此姹紫嫣红，而人又是这样青春年少。怎奈流年似水，杜丽娘在这满目的春光里看到了衰败与凋零：“原来姹紫嫣红开遍，似这般都付与断井颓垣”，这不仅是对春去何急的哀叹，更是对青春短暂、人生无常的觉悟。面对满园的春光，杜丽娘心里明白：她的青春美貌，终有一天也会“都付与断井颓垣”。“良辰美景”、“赏心乐事”本来都是好事，但在下面加了“奈何天”、“谁家院”，就使好事落了空。她咏叹着园林美景，渴望爱情，哀悼着华年锦绣，是出于心灵深处对于青春落空的无奈。她唱出“便赏遍了十二亭台是枉然”。整个游园，都是为她梦中与柳梦梅幽会作铺垫。只有爱情可以配得上这青春，所以她后来才会那般生生死死，无怨无悔。

作者对杜丽娘微妙的心理活动、复杂的思想情感的描写，是通过主人公对周围事物和景物的主观感受细腻地体现出来的。通篇重在写景，情景交融，曲词、曲白相生，语带双关，委婉含蓄，情节完整而严谨。

感悟讨论

1. 叶嘉莹曾说：“所谓‘物色之动，心亦摇焉’，而尤以春日之纤美温柔所显示着的生命之复苏的种种迹象，最足以唤起人内心中某种复苏着的若有所失的茫茫追寻的情意。”结合《游园》曲词，体会并分析杜丽娘内心中的这种“情意”。

2. 在中国传统戏曲中，诗化曲词表现出一种独特的美。你认为这种美与西方戏剧之美相比，有何独特之处？

3. 就文中的几支曲子，选一支或几支进行赏析或评论，可以是分析理解，也可以加入想象和联想。

链接

《闺塾》《寻梦》，《中国古代戏曲经典丛书·牡丹亭》，周传家主编，华夏出版社2000年版。

被称作“经纶济世之士”的诸葛亮，通晓天文地理，用兵如神，在人们的心目中历来是智慧的化身，“舌战群儒”是他初出茅庐时惊人才能的体现。

第二节

诸葛亮舌战群儒

◎ 罗贯中

鲁肃、孔明在舟中共话[①]。肃猛省：“孔明是个舌辩之士，去到江东，犹恐惹起刀兵。常胜则可，倘败则归罪于我！”寻思半晌，与孔明曰：“先生如见吴侯，切不可实言曹操兵多将广。若问操欲下江东否，只言不知。”孔明曰：“不须子敬叮咛，亮自有对答之语。”鲁肃连嘱数番。孔明冷笑。船已到岸，肃请孔明于驿中安歇已定。

肃来见孙权[②]。权正聚文武于堂上议事，听知鲁肃到，急召而问曰：“子敬，荆州体探事情若何？”肃曰：“未知虚实。”权曰：“所干何事？”肃曰：“别有商议。”权将曹操檄文以示肃曰：

操近承帝命，奉辞伐罪。旌麾南指，刘琮束手；荆、襄之民，望风归顺。今统大兵百万，上将千员，欲与将军猎于江夏[③]，共伐刘备，同分汉土，永结盟好。相见再期，早宜回报。

肃看毕，曰：“主公尊意若何？”权曰：“未有定论。”张昭曰[④]：“曹操虎豹也。今拥百万之众，借天子之名以征四方，拒之不顺。且将军大势可以拒操者，长江也。今操得荆州水军，艨艟斗舰[⑤]，动以千数，浮以沿江，水陆俱下，此为长江之险已与我共之矣！其势如山岳，不敢迎之。以愚之计，不如降之，以为万安之策。”众谋士皆曰：“子布之言，甚合天意。”孙权沉吟不语。张昭等又曰：“主公不必多疑。如降操，则东吴民安，江南六郡可保矣。”权起更衣，肃随于宇下。权知肃意，乃执肃手而言曰：“卿欲如何？”肃曰：“却才众人之意，专误将军，不足以图大事。众皆可降曹耳，如将军必不可也。”权曰：“何也？”肃曰：“如肃等降操，当以肃还乡党，品其名位，犹不失下为操从事，乘犊车，从吏卒，交游士林，累官政不失州郡也。将军降曹操，欲安所归乎？官不过封侯而已，车不过一乘，骑不过一匹，从不过十人，岂得南面称孤哉？众人之意，各为自己，不可用也。将军详之，早定大事。”权叹曰：“诸人议论，甚失孤望。子敬开说大计，正与吾同。此天以子敬赐我也！保全之计，其意须要已定。曹操新得袁绍[⑥]，近得荆州之兵，恐势大，难与以敌。”肃曰：“肃渡江而到当阳，已闻刘豫州军败[⑦]；次至江夏相见，特问其虚实。有一人深知前故，特引到此，主公试问之。”权曰：“是何人？”肃曰：“诸葛瑾之弟，诸葛亮也。”权曰：“莫非卧龙先生否？”肃曰：“是也，见在馆驿中安歇。”权曰：“今日天晚，来日聚文武于帐下，先教见俺江东英俊，然后升堂议事。”肃领命而去。

次日早，请孔明来见，肃又嘱曰：“如见吴侯，切不可言曹操兵多。”孔明曰：“亮自见机而变，不误于公。”鲁肃引孔明至幕下，视之，见张昭、顾雍等一般文武二十余人，峨冠博带[8]，整衣端坐。孔明料众谋士俱在，教肃引领，从头逐一相见，各问姓名。施礼已毕，坐于客席。张昭等见孔明飘飘然有出世之表，昂昂然有凌云之志。张昭等料孔明来下说东吴，昭先以言挑之曰：“昭乃江东微末之士也。久闻先生归于隆中，躬耕陇亩，以乐天真，好为《梁父吟》，每自比管仲、乐毅[9]，此语果有之乎？”孔明暗思：“这人言语挑我。”遂应答之：“此亮平生小可之比也。”昭曰：“近闻刘豫州三顾先生于草庐之中，而听高论，豫州‘如鱼得水’，每欲席卷荆、襄。今一旦以属曹公，未审是何主见？”孔明自思：“张昭乃孙权手下一个谋士，若不先难倒他，如何说的孙权？”遂答昭曰：“吾观取汉上之地，易如反掌。吾主刘豫州，躬行仁义，不忍夺同宗之基业，故力辞之。刘琮孺子，听信佞言，暗献国投降，致使曹操得其猖獗。今豫州兵屯江夏，别有良图，非等闲可知也。”昭曰：“若此，先生言行相违也。圣人有云：‘古者言之不出，耻躬之不逮也。’先生自比于管仲、乐毅，愚自幼酷视《春秋》，深慕二公之为人。管仲相桓公，霸诸侯，一匡天下，纠合诸侯不以兵车，管仲之力也。乐毅扶持微弱之燕，下齐七十余城。此二人者，可谓济世之才，古今之豪杰也。今曹操横行于中国，擅行征伐，动无不克，有顺其欲者，从而慰之；不顺其欲者，从而伐之。宣言曰：‘吾奉天子明诏，诛反讨逆。’因此海宇振动，英雄宾服。先生在草庐之中，但笑傲风月，抱膝危坐。今既从事刘豫州，当与生灵兴利除害，此所谓‘达则兼善于天下’。且玄德公未见先生之时，尚且纵横寰宇，据守城池；今见先生，人皆仰面望之，虽三尺之童蒙，亦谓彪虎生翼，将见汉室复兴，曹氏即灭矣。朝廷故旧大臣，山林隐迹之士，皆拭目而待；拂高天之云翳，仰日月之光辉，拯民于水火之中，措之于衽席之上[10]。何其先生自归豫州，曹兵一出，玄德弃甲抛戈，望风而窜，上不能报刘表以安庶民，下不能辅孤子而据汉室。先生知而使之，是不仁也；不知而使之，是不智也。近闻玄德弃新野，走樊城，败当阳，奔夏口，无容身之地，有烧眉之急。此是自得先生以来，反不如其初也。岂有管仲、乐毅万分之一哉？先生幸勿以愚直而怪之！”孔明昂然而笑曰：“鹏飞万里，其志岂群鸟之识哉？古人有云：‘善人为邦百季，亦可以胜残去杀矣。’且以世俗病人论之：夫病疾之极，当以糜粥以饮之，和药以服之；待其脏腑调和，形体暂回，然后用肉食以补之，猛药以治之，则病根尽拔去，人得全生也。汝若不待气脉和缓，便投之以猛药硬食，欲求安者，诚为难矣。以吾主刘豫州，向日军败于汝南，寄迹于刘表，军不满千，将惟关、张、赵云而已；新野山僻小县，人民稀少，粮食鲜薄，非险要之地，豫州借此容身：正如病势尪羸之极也[11]。夫以兵甲不完，城廓不坚，军不经练，粮不继日，守之则坐而待死，如以金玉弃沟壑耳。博望烧屯，白河用水，使夏侯惇、曹仁等辈闻吾之名，心胆皆裂，虽管仲复生，乐毅不死，安可及我哉？刘琮投降，豫州不知；亮常数言，豫州不忍乘乱夺人基业，此大义也，故不为之。当阳大败，豫州见有十数万赴义之民，扶老携幼，不忍弃之，日行十里，不思进取江陵，甘与同败，此亦大义也。兵书云：‘寡不敌众。’胜负乃常事也，焉有必胜之理乎？昔楚项羽数胜高皇，垓下一战成功，此是韩信之良谋。且信久事高皇，未常累胜。国家之大计，社稷之安危，自有主谋，非比夸辩之徒，虚誉妄人耳：坐议立谈，谁人可及；临机应变，百无一能。诚为天下取笑耶？子布莫怪口直！”只这一篇词，唬得张昭并无一言。

忽于座间又一人，高言而问曰：“今曹公兵屯百万，将列千员，龙骧虎视，平吞江夏，公以何如？”孔明视之，乃是从事会稽余姚人虞仲翔虞翻也[12]。孔明应声答曰：“曹操收袁绍蚁聚之兵，劫刘表乌合之众，军无纪律，将无谋略，虽数百万，不足惧也。”虞翻大笑曰：“军败于当阳，计穷于夏口，区区求救于人，犹言不惧，此真‘掩耳偷铃’也！”孔明曰：“岂不闻兵法云：‘信兵实战。’吾主刘豫州有数千仁义之师，安能敌百万暴残之众耳？退守夏口，待其时也。今汝江东兵精粮足，又有长江之险，犹欲使其主屈膝降贼，何其太懦也！若此论之，刘豫州实不惧曹贼耳！”虞翻不能对。

座上又一人应声而问曰：“孔明效苏秦、张仪掉三寸不烂之舌[13]，游说江东也。”孔明视之，乃临淮淮阴人步子山步骘也。孔明曰：“君知苏秦、张仪乃舌辩之士，不知苏秦、张仪乃豪杰之辈也。苏秦佩六国之玺绶，张仪二次相秦，皆有匡扶社稷之机，补完天地之手，非比守株待兔、畏刀避剑之人耳。君等闻曹操虚发诈伪之词，犹豫不决，敢望于苏秦、张仪乎？”步骘不能对。

忽座上一人问曰：“孔明以曹操何如人也？”孔明视之，乃沛郡竹邑薛敬文薛综也。孔明应声曰：“曹操乃汉贼耳！”综曰：“公言差矣。子闻古人云：‘天下者，非一人之天下，乃天下人之天下也。’故尧以天下禅于舜，舜以天下禅于禹。其后成汤放桀，武王伐纣，列国相吞，汉承秦业以及乎今，天数以终于此。今曹公遂有天下三分之二，人皆归心。惟豫州不识天时而欲争之，正是以卵击石，而驱羊斗虎，安能不败乎？”孔明应声叱之曰：“汝乃无父无君之人也！夫人生于天地之间者，以忠孝为立身之本。吾汝累世食汉室之水土，思报其君，闻有奸贼蠹国害民者[14]，誓共戮之，臣之道也。曹操祖宗叨食汉禄四百余年[15]，不思报本，久有篡逆之心，天下共恶之。汝以天数归之，真无父无君之人也。不足与语！再无复言！”薛综满面羞惭，不敢对答。

座上忽一人应声问曰：“曹操虽挟天子而令诸侯，犹是曹相国曹参之后。汝刘豫州虽中山靖王苗裔，无可稽考，眼见只是织席贩屦之庸夫，何足与曹操抗衡哉！”孔明视之，乃吴郡陆公纪陆绩也。孔明笑而言曰：“公乃袁术座间怀绿桔之陆郎乎？请安坐，听吾论之。昔日文王三分天下有其二以服事殷，孔子云：‘周之德，其可谓至德也已矣！’此所谓不敢伐君也。其后武王伐纣。纣暴虐至甚，武王伐之，伯夷、叔齐扣马而谏曰：‘以臣弑君，可谓仁乎？’太公称为义士，孔子亦称其德。为臣不可以犯上，此万古不易之理也。曹操累世汉臣，君又无过，常有篡图之心，非逆贼而何？昔汉高祖皇帝，起身乃泗上亭长，宽洪大度，重用文武而开大汉洪基四百余季。至于吾主，纵非刘氏宗亲，仁慈忠孝，天下共知，胜如曹操万倍，岂以织席贩屦为辱乎？汝小儿之见，不足共高士言之，岂不自辱乎？”

座上一人昂然而出曰：“虽吾江东之英俊，被汝词夺却正理，汝治何经典？”孔明视之，乃彭城严曼才严畯也。孔明应声曰：“寻章摘句，世之腐儒也，何能兴邦立事？且古耕莘伊尹，钓渭子牙，张良、陈平之流，耿弇、邓禹之辈[16]，皆有斡旋天地之手，匡扶宇宙之机，未审平生治何经典。岂效书生区区为笔砚之间，论黄数黑，舞文弄笔，而玩唇舌乎？”严畯低头丧气而不能对。

忽又一人指孔明而言曰：“汝言‘文不能安邦，武不能定国’，何士立于四科之首？”孔明视之，汝南程德枢程秉也。孔明曰：“有君子之儒，有小人之儒。夫君子之儒，心存仁义，德处温良；孝于父母，尊于君王；上可仰瞻于天文，下可俯察于地理，中可流泽于万民；治天下如盘石之安，立功名于青史之内，此君子之儒也。夫小人之儒，性务吟诗，空书翰墨；青春作赋，皓首穷经；笔下虽有千言，胸中实无一物。且如汉扬雄，以文章为状元，而屈身仕莽，不免投阁而死，此乃小人之儒也；虽日赋万言，何足道哉！”

座上诸人见孔明对答如流，滔滔然如决长河之水，众皆失色。又有吴郡吴人张温、会稽乌伤人骆统二人，又欲难问。忽一人自外而入，厉声言曰：“孔明乃当世之才，汝等却以唇舌相难，非敬客之礼也。曹操引百万之众虎视江南，不思退敌之策，但以口头之昧，各负已能，政事安在？吴侯久等，请先生便入，以论安危。”众视其人，乃零陵人，姓黄，名盖，字公覆，现为东吴粮官。

（选自《三国演义》第四十三回，罗贯中著，人民文学出版1973年版，略有改动）

注释

①鲁肃：孙权的参谋，字子敬，是促成孙刘联盟的重要人物。孔明：诸葛亮字孔明，号卧龙，刘备军师，辅助刘备建立了蜀国。

②孙权：字仲谋，保有江东，建立吴国，自立为帝。

③猎：打猎。这是摆开战场的委婉说法。

④张昭：字子布，东吴第一谋士。

⑤艨艟(měngchōng)：古代战船。

⑥袁绍：字本初，发兵讨董卓，成为诸侯军的盟主。后在官渡之战中被曹操击败。

⑦刘豫州：即刘备，字玄德。曾任豫州牧，因此又称刘豫州。建立蜀国，自立为帝。

⑧峨冠博带：高帽子阔衣带。古代士大夫的装束。

⑨管仲、乐毅：诸葛亮《隆中对》云：“亮躬耕陇亩，好为《梁父吟》。身高八尺，每自比于管仲、乐毅，时人莫之许也。”管仲：春秋时期齐国相国，通货积财，富国强兵，九合诸侯，使齐桓公成为五霸之首。乐毅：战国时期燕国名将。

⑩衽席：泛指卧席，引申为住处。

⑪尪羸(wānglléi)：瘦弱。

⑫虞翻：东吴重臣，字仲翔。下文提到的步骘、薛综、陆绩、严畯、程秉、张温、骆统等人均为东吴谋臣。

⑬苏秦、张仪：两人为战国谋士。张仪相秦，为秦国策划“连横”之策，对六国各个击破；苏秦佩六国相印，策划六国“合纵”，联合对抗秦国。历史上称这两人为“纵横家”。

⑭蠹(dù)国害民:危害国家,残害人民。

⑮叨食汉禄:蒙受汉室的俸禄。叨(tāo):承受,受到(好处)。

⑯耕莘伊尹:指商时贤人伊尹,耕于有莘(shēn,地名,今山东莘县)之野,乐尧舜之道,后成为商汤重臣。钓渭子牙:姜子牙钓于渭水。文王出猎相遇,立为太师,辅佐周文王、武王灭商建立周朝。张良、陈平:两人为汉高祖时的谋臣。邓禹、耿弇(yǎn):两人为东汉名将,开国功臣。

罗贯中(约1330—约1400),名本,字贯中,号湖海散人,山西太原府清徐人。元末明初著名小说家、戏曲家,开中国章回体小说先河。关于罗贯中,目前所知甚少,对他的了解,只是根据贾仲明《录鬼簿续编》、蒋大器《三国志通俗演义序》等的记载,胡应麟《少室山房笔丛》说他是施耐庵的弟子。罗贯中一生著作颇丰,除《三国演义》外,还有《隋唐两朝志传》《残唐五代史演义》《三遂平妖传》等,剧本《赵太祖龙虎风云会》。《三国演义》是我国第一部长篇章回体小说,也是历史演义小说的开山之作,它是根据历史记载创作的,但也有艺术加工的成分,渗透着作者主观的价值判断,鲜明地去褒贬人物,叙述了从黄巾起义到西晋统一的百年历史,描写了东汉末年和整个三国时代以曹操、刘备、孙权为首的魏、蜀、吴三个政治、军事集团之间的矛盾和斗争,表达了对昏君叛臣的痛恨和对明君贤臣的赞美之情。

导读

本文是《三国演义》中非常精彩的一节,刘备三顾茅庐请得诸葛亮以后,以为"如鱼得水",不想却遭到接二连三的失败,弃新野,走樊城,败当阳,奔夏口,无容身之地。面对曹操的剿杀,与江东孙权联合是最好的出路。诸葛亮主动请缨出使东吴,以促成孙刘联合,但遭到孙权手下主降的一班谋士群起发难,于是上演了一场激烈的舌战。

诸葛亮以一人之口,将"峨冠博带,整衣端坐"的一群东吴儒官,说得尽皆失色。东吴第一谋士——张昭,先指出诸葛亮以管仲、乐毅自比,被刘备重用后,反使刘备不如以前,气势咄咄逼人,诸葛亮以沉疴之疾的治疗为切入点,以刘备的仁义来说明刘备失败不抗敌的原因,层层深入,让他无可辩驳;最后不忘以"夸辩之徒,虚誉欺人"挫其锐气,终使其无言回答。面对虞翻、步骘、薛综、陆绩、严畯、程德枢等人接二连三的发难,诸葛亮运用娴熟的论辩技巧,不仅能对答如流,而且使对方无言以对。在论辩的过程中,诸葛亮镇定自若,谦逊有礼,或怒斥,或戏谑,雄辩滔滔,无所畏惧,睿智不凡的形象跃然纸上,显示了他卓越的外交才能和雄辩的口才。

本文主要采用了语言描写,人物对话和内心独白兼有。情节安排紧凑,叙述措辞独具匠心,在讲述群儒接连发难时,分别使用了"以言挑之"、"高言而问"、"应声而问"、"忽座上一人问"、"座上忽一人应声问"、"昂然而出曰"、"忽又一人指孔明而言曰",把群儒与诸葛亮交锋时的神态描摹得各具特色,烘托渲染了现场气氛,从侧面衬托出诸葛亮的博学、机智、沉着和能言善辩。

感悟讨论

1. 诸葛亮舌战群儒中，调动了哪些知识？他能不能算作一位“通人”？

2. 你觉得诸葛亮在舌战中取得成功的关键是什么？回敬群儒诘难时运用了哪些方法？

3. 你还知道《三国演义》里哪些跟诸葛亮相关的传奇故事？

链接

《三国演义》，罗贯中著，人民文学出版社 1973 年版。

作者通过言语、动作、表情、心理的白描来刻画人物，不同的人物有各自不同的外显言行和内在的心理活动，人物形象鲜明生动，栩栩如生，表现出了极高的艺术造诣。

第三节

宝玉挨打[1]

◎ 曹雪芹

却说王夫人唤上金钏儿的母亲来，拿了几件簪环[2]，当面赏了；又吩咐："请几位僧人念经超度他。"金钏儿的母亲磕了头，谢了出去。

原来宝玉会过雨村[3]回来，听见金钏儿含羞自尽，心中早已五内摧伤，进来又被王夫人数说教训了一番，也无可回说。看见宝钗进来，方得便走出，茫然不知何往，背着手，低着头，一面感叹，一面慢慢的信步走至厅上。刚转过屏门，不想对面来了一人，正往里走，可巧撞了个满怀。只听那人喝一声："站住！"宝玉唬了一跳，抬头看时，不是别人，却是他父亲。早不觉倒抽了一口凉气，只得垂手一旁站着。

贾政道："好端端的，你垂头丧气的嗐[4]什么？方才雨村来了，要见你，那半天才出来！既出来了，全无一点慷慨挥洒的谈吐，仍是委委琐琐[5]的。我看你脸上一团私欲愁闷气色！这会子又嗳声叹气，你那些还不足、还不自在？无故这样，是什么原故？"宝玉素日虽然口角伶俐，此时一心却为金钏儿感伤，恨不得也身亡命殒，如今见他父亲说这些话，究竟不曾听明白了，只是怔怔的站着。

贾政见他惶悚，应对不似往日，原本无气的，这一来，倒生了三分气。方欲说话，忽有门上人来回："忠顺亲王府[6]里有人来，要见老爷。"贾政听了，心下疑惑，暗暗思忖道："素日并不与忠顺府来往，为什么今日打发人来？……"一面想，一面命："快请厅上坐。"急忙进内更衣。出来接见时，却是忠顺府长府官，一面彼此见了礼，归坐献茶。未及叙谈，那长府官先就说道："下官此来，并非擅造潭府，皆因奉命而来，有一件事相求。看王爷面上，敢烦老先生做主，不但王爷知情，且连下官辈亦感谢不尽。"

贾政听了这话，摸不着头脑，忙陪笑起身问道："大人既奉王命而来，不知有何见谕？望大人宣明，学生好遵谕承办。"那长府官冷笑道："也不必承办，只用老先生一句话就完了。我们府里有一个做小旦的琪官，一向好好在府，如今竟三五日不见回去，各处去找，又摸不着他的道路。因此各处察访，这一城内，十停人倒有八停人都说：他近日和衔玉的那位令郎相与甚厚。下官辈听了，尊府不比别家，可以擅来索取，因此启明王爷。王爷亦说：'若是别的戏子呢，一百个也罢了；只是这琪官，随机应答，谨慎老成，甚合我老人家的心境，断断少不得此人。'故此求老先生转致令郎，请将琪官放回：一则可慰王爷谆谆奉恳之意，二则下官辈也可免操劳求觅之苦。”说毕，忙打一躬。

贾政听了这话，又惊又气，即命唤宝玉出来。宝玉也不知是何原故，忙忙赶来，贾政便问：“该死的奴才！你在家不读书也罢了，怎么又做出这些无法无天的事来！那琪官现是忠顺王爷驾前承奉的人，你是何等草芥，无故引逗他出来，如今祸及于我！”宝玉听了，唬了一跳，忙回道：“实在不知此事。究竟‘琪官’两个字，不知为何物，况更加以‘引逗’二字！”说着便哭。

贾政未及开口，只见那长府官冷笑道：“公子也不必隐饰：或藏在家，或知其下落，早说出来，我们也少受些辛苦，岂不念公子之德呢！”宝玉连说：“实在不知。恐是讹传，也未见得。”那长府官冷笑两声道：“现有证据，必定当着老大人说出来，公子岂不吃亏？既说不知，此人那红汗巾子怎得到了公子腰里？”

宝玉听了这话，不觉轰了魂魄，目瞪口呆。心下自思：“这话他如何知道？他既连这样机密事都知道了，大约别的瞒不过他。不如打发他去了，免得再说出别的事来。”因说道：“大人既知他的底细，如何连他置买房舍这样大事倒不晓得了。听得说，他如今在东郊离城二十里有个什么紫檀堡，他在那里置了几亩田地，几间房舍。想是在那里，也未可知。”那长府官听了，笑道：“这样说，一定是在那里了。我且去找一回，若有了便罢；若没有，还要来请教。”说着，便忙忙的告辞走了。

贾政此时气得目瞪口歪，一面送那官员，一面回头命宝玉：“不许动！回来有话问你！”一直送那官去了。才回身时，忽见贾环[⑦]带着几个小厮一阵乱跑。贾政喝命小厮：“给我快打！”贾环见了他父亲，吓得骨软筋酥，赶忙低头站住。贾政便问：“你跑什么？带着你的那些人都不管你，不知往那里去，由你野马一般！”喝叫：“跟上学的人呢？”

贾环见他父亲甚怒，便乘机说道：“方才原不曾跑，只因从那井边一过，那井里淹死了一个丫头，我看脑袋这么大，身子这么粗，泡的实在可怕，所以才赶着跑过来了。”贾政听了，惊疑问道：“好端端，谁去跳井？我家从无这样事情。自祖宗以来，皆是宽柔待下，大约我近年于家务疏懒，自然执事人操克夺之权，致使弄出这暴殄轻生的祸来。若外人知道，祖宗的颜面何在！”喝命：“叫贾琏、赖大来[⑧]！”

小厮们答应了一声，方欲去叫，贾环忙上前，拉住贾政袍襟，贴膝跪下道：“老爷不用生气。此事除太太屋里的人，别人一点也不知道。我听见我母亲说——”说到这句，便回头四顾一看。贾政知其意，将眼色一丢，小厮们明白，都往两边后面退去。贾环便悄悄说道：“我母亲告诉我说：宝玉哥哥前日在太太屋里，拉着太太的丫头金钏儿，强奸不遂，打了一顿，金钏儿便赌气投井死了。”话未说完，把个贾政气得面如金纸，大叫：“拿宝玉来！”一面说，一面便往书房去，喝命：“今日再有人来劝我，我把这冠带家私，一应就交与他和宝玉过去！我免不得做个罪人，把这几根烦恼鬓毛剃去，寻个干净去处自了，也免得上辱先人、下生逆子之罪！”众门客仆从见贾政这个形景，便知又是为宝玉了，一个个咬指吐舌，连忙退出。贾政喘吁吁直挺挺的坐在椅子上，满面泪痕，一叠连声：“拿宝玉来！拿大棍拿绳来！把门都关上！有人传信到里头去，立刻打死！”众小厮们只得齐齐答应着，有几个来找宝玉。

那宝玉听见贾政吩咐他“不许动”，早知凶多吉少，那里知道贾环又添了许多的话。正在厅上旋转，怎得个人往里头捎信，偏偏的没个人来，连焙茗[9]也不知在那里。正盼望时，只见一个老妈妈出来。宝玉如得了珍宝，便赶上来拉他，说道：“快进去告诉：老爷要打我呢！快去，快去！要紧，要紧！”宝玉一则急了说话不明白，二则老婆子偏偏又耳聋，不曾听见是什么话，把“要紧”二字只听做“跳井”二字，便笑道：“跳井让他跳去，二爷怕什么？”宝玉见是个聋子，便着急道：“你出去叫我的小厮来罢！”那婆子道：“有什么不了的事？老早的完了。太太又赏了银子，怎么不了事呢？”

宝玉急的手脚正没抓寻处，只见贾政的小厮走来，逼着他出去了。贾政一见，眼都红了，也不暇问他在外流荡优伶，表赠私物，在家荒疏学业，逼淫母婢，只喝命：“堵起嘴来，着实打死！”小厮们不敢违，只得将宝玉按在凳上，举起大板，打了十来下。宝玉自知不能讨饶，只是呜呜的哭。贾政还嫌打的轻，一脚踢开掌板的，自己夺过板子来，狠命的又打了十几下。宝玉生来未经过这样苦楚，起先觉得打的疼不过，还乱嚷乱哭，后来渐渐气弱声嘶，哽咽不出。众门客见打的不祥了，赶着上来，恳求夺劝。贾政那里肯听？说道：“你们问问他干的勾当，可饶不可饶！素日皆是你们这些人把他酿坏了，到这步田地，还来劝解！明日酿到他弑父弑君，你们才不劝不成？”

众人听这话不好，知道气急了，忙乱着觅人进去给信。王夫人听了，不及去回贾母，便忙穿衣出来，也不顾有人没人，忙忙扶了一个丫头赶往书房中来，慌得众门客小厮等避之不及。贾政正要再打，一见王夫人进来，更加火上浇油，那板子越下去的又狠又快。按宝玉的两个小厮忙松手走开，宝玉早已动弹不得了。贾政还欲打时，早被王夫人抱住板子。贾政道：“罢了，罢了！今日必定要气死我才罢！”王夫人哭道：“宝玉虽然该打，老爷也要保重。且炎暑天气，老太太身上又不大好，打死宝玉事小，倘或老太太一时不自在了，岂不事大？”贾政冷笑道：“倒休提这话！我养了这不肖的孽障，我已不孝；平昔教训他一番，又有众人护持。不如趁今日结果了他的狗命，以绝将来之患！”说着，便要绳来勒死。王夫人连忙抱住哭道：“老爷虽然应当管教儿子，也要看夫妻分上。我如今已五十岁的人，只有这个孽障，必定苦苦的以他为法，我也不敢深劝。今日越发要弄死他，岂不是有意绝我呢？既要勒死他，索性先勒死我，再勒死他！我们娘儿们不如一同死了，在阴司里也得个倚靠。”说毕，抱住宝玉，放声大哭起来。

贾政听了此话，不觉长叹一声，向椅上坐了，泪如雨下。王夫人抱着宝玉，只见他面白气弱，底下穿着一条绿纱小衣，一片皆是血渍。禁不住解下汗巾去，由腿看至臀胫，或青或紫，或整或破，竟无一点好处，不觉失声大哭起“苦命的儿”来。因哭出“苦命儿”来，又想起贾珠[10]来，便叫着贾珠哭道：“若有你活着，便死一百个我也不管了！”

此时里面的人闻得王夫人出来，李纨[11]、凤姐及迎、探姊妹两个也都出来了。王夫人哭着贾珠的名字，别人还可，惟有李纨禁不住也抽抽搭搭的哭起来了。贾政听了，那泪更似走珠一般滚了下来。正没开交处，忽听丫鬟来说：“老太太来了！”一言未了，只听窗外颤巍巍的声气说道：“先打死我，再打死他，就干净了！”贾政见母亲来了，又急又痛，连忙迎出来。只见贾母扶着丫头，摇头喘气的走来。贾政上前躬身陪笑说道：“大暑热的天，老太太有什么吩咐，何必自己走来，只叫儿子进去吩咐便了。”贾母听了，便止步喘息，一面厉声道：“你原来和我说话！我倒有话吩咐，只是我一生没养个好儿子，却叫我和谁说去！”

贾政听这话不像，忙跪下含泪说道：“儿子管他，也为的是光宗耀祖。老太太这话，儿子如何当的起？”贾母听说，便啐了一口，说道：“我说了一句话，你就禁不起！你那样下死手的板子，难道宝玉儿就禁的起了？你说教训儿子是光宗耀祖，当日你父亲怎么教训你来着。”说着也不觉泪往下流。贾政又陪笑道：“老太太也不必伤感，都是儿子一时性急，从此以后再不打他了。”贾母便冷笑两声道：“你也不必和我赌气，你的儿子，自然你要打就打。想来你也厌烦我们娘儿们，不如我们早离了你，大家干净。”说着，便令人：“去看轿！我和你太太、宝玉儿立刻回南京去！”家下人只得答应着。

贾母又叫王夫人道：“你也不必哭了。如今宝玉儿年纪小，你疼他；他将来长大，为官作宦的，也未必想着你是他母亲了。你如今倒是不疼他，只怕将来还少生一口气呢！”贾政听说，忙叩头说道：“母亲如此说，儿子无立足之地了。”贾母冷笑道：“你分明使我无立足之地，你反说起你来！只是我们回去了，你心里干净，看有谁来不许你打！”一面说，一面只命：“快打点行李车辆轿马回去！”贾政直挺挺跪着，叩头谢罪。贾母一面说，一面来看宝玉。只见今日这顿打，不比往日，又是心疼，又是生气，也抱着哭个不了。王夫人与凤姐等解劝了一会，方渐渐的止住。

早有丫鬟媳妇等上来要搀宝玉。凤姐便骂：“糊涂东西！也不睁开眼瞧瞧，这个样儿，怎么搀着走的？还不快进去把那藤屉子春凳抬出来呢！”众人听了，连忙飞跑进去，果然抬出春凳来，将宝玉放上，随着贾母王夫人等进去，送至贾母屋里。

彼时贾政见贾母怒气未消，不敢自便，也跟着进来。看看宝玉果然打重了，再看看王夫人一声“肉”一声“儿”的哭道：“你替珠儿早死了，留着珠儿，也免你父亲生气，我也不白操这半世的心了！这会子你倘或有个好歹，撂下我，叫我靠那一个？”数落一场，又哭“不争气的儿”。贾政听了，也就灰心自己不该下毒手打到如此地步。先劝贾母，贾母含泪说道：“儿子不好，原是要管的，不该打到这个分儿。你不出去，还在这里做什么！难道于心不足，还要眼看着他死了才算吗？”贾政听说，方诺诺的退出去了。

此时薛姨妈、宝钗、香菱、袭人、湘云等也都在这里。袭人满心委屈，只不好十分使出来。见众人围着，灌水的灌水，打扇的打扇，自己插不下手去，便索性走出门，到二门前，命小厮们找了焙茗来细问：“方才好端端的，为什么打起来？你也不早来透个信儿！”焙茗急的说：“偏我没在跟前，打到半中间，我才听见了。忙打听原故，却是为琪官儿和金钏儿姐姐的事。”袭人道：“老爷怎么知道了？”焙茗道：“那琪官儿的事，多半是薛大爷素昔吃醋，没法儿出气，不知在外头挑唆了谁来，在老爷跟前下的蛆。那金钏儿姐姐的事，大约是三爷说的，我也是听见跟老爷的人说。”袭人听了这两件事都对景，心中也就信了八九分。然后回来，只见众人都替宝玉疗治。调停完备，贾母命：“好生抬到他屋里去。”众人一声答应，七手八脚，忙把宝玉送入怡红院内自己床上卧好。又乱了半日，众人渐渐的散去了。袭人方才进前来，经心服侍细问。

话说袭人见贾母王夫人等去后，便走来宝玉身边坐下，含泪问他："怎么就打到这步田地？"宝玉叹气说道："不过为那些事，问他做什么！只是下半截疼的很，你瞧瞧，打坏了那里？"袭人听说，便轻轻的伸手进去，将中衣脱下，略动一动，宝玉便咬着牙叫"嗳哟"，袭人连忙停住手；如此三四次，才褪下来了。袭人看时，只见腿上半段青紫，都有四指阔的僵痕高起来。袭人咬着牙说道："我的娘，怎么下这般的狠手！你但凡听我一句话，也不到这个分儿。幸而没动筋骨，倘或打出个残疾来，可叫人怎么样呢？"

正说着，只听丫鬟们说："宝姑娘来了。"袭人听见，知道穿不及中衣，便拿了一床夹纱被替宝玉盖了。只见宝钗手里托着一丸药走进来，向袭人说道："晚上把这药用酒研开，替他敷上，把那淤血的热毒散开，就好了。"说毕，递与袭人。又问："这会子可好些？"宝玉一面道谢，说："好些了。"又让坐。宝钗见他睁开眼说话，不像先时，心中也宽慰了些，便点头叹道："早听人一句话，也不至有今日。别说老太太、太太心疼，就是我们看着，心里也——"刚说了半句，又忙咽住，不觉眼圈微红，双腮带赤，低头不语了。宝玉听得这话如此亲切，大有深意，忽见他又咽住不往下说，红了脸低下头含着泪只管弄衣带，那一种软怯娇羞、轻怜痛惜之情，竟难以言语形容，越觉心中感动，将疼痛早已丢在九霄云外去了。想道："我不过挨了几下打，他们一个个就有这些怜惜之态，令人可亲可敬。假若我一时竟别有大故，他们还不知何等悲感呢。既是他们这样，我便一时死了，得他们如此，一生事业纵然尽付东流，也无足叹惜了。"正想着，只听宝钗问袭人道："怎么好好的动了气，就打起来了？"袭人便把焙茗的话悄悄说了。宝玉原来还不知贾环的话，见袭人说出，方才知道；因又拉上薛蟠[12]，惟恐宝钗沉心，忙又止住袭人道："薛大哥从来不是这样，你们别混猜度。"

宝钗听说，便知宝玉是怕他多心，用话拦袭人。因心中暗暗想道："打得这个形象，疼还顾不过来，还这样细心，怕得罪了人。你既这样用心，何不在外头大事上做工夫，老爷也欢喜了，也不能吃这样亏。你虽然怕我沉心，所以拦袭人的话，难道我就不知我哥哥素日恣心纵欲、毫无防范的那种心性吗？当日为个秦钟[13]还闹的天翻地覆，自然如今比先又加利害了。"想毕，因笑道："你们也不必怨这个怨那个，据我想，到底宝兄弟素日肯和那些人来往，老爷才生气。就是我哥哥说话不防头，一时说出宝兄弟来，也不是有心挑唆；一则也是本来的实话，二则他原不理论这些防嫌小事。袭姑娘从小儿只见过宝兄弟这样细心的人，何曾见过我哥哥那天不怕地不怕、心里有什么口里说什么的人呢？"

袭人因说出薛蟠来，见宝玉拦他的话，早已明白自己说造次了，恐宝钗没意思；听宝钗如此说，更觉羞愧无言。宝玉又听宝钗这一番话，半是堂皇正大，半是体贴自己的私心，更觉比先心动神移。方欲说话时，只见宝钗起身道："明日再来看你，好生养着罢。方才我拿了药来，交给袭人，晚上敷上管就好了。"说着便走出门去。袭人赶着送出院外，说："姑娘倒费心了。改日宝二爷好了，亲自来谢。"宝钗回头笑道："这有什么的？只劝他好生养着，别胡思乱想就好了。要想什么吃的玩的，悄悄的往我那里只管取去，不必惊动老太太、太太众人。倘或吹到老爷耳朵里，虽然彼时不怎么样，将来对景，终是要吃亏的。"说着去了。

袭人抽身回来，心内着实感激宝钗。进来见宝玉沉思默默，似睡非睡的模样，因而退出房外栉沐[14]。宝玉默默的躺在床上，无奈臀上作痛，如针挑刀挖一般，更热如火炙，略展转时，禁不住"嗳哟"之声。那时天色将晚，因见袭人去了，却有两三个丫鬟伺候，此时并无呼唤之事，因说道："你们且去梳洗，等我叫时再来。"众人听了，也都退出。

这里宝玉昏昏沉沉，只见蒋玉函走进来了，诉说忠顺府拿他之事；一时又见金钏儿进来，哭说为他投井之情。宝玉半梦半醒，刚要诉说前情，忽又觉有人推他，恍恍惚惚听得悲切之声。宝玉从梦中惊醒，睁眼一看，不是别人，却是黛玉。犹恐是梦，忙又将身子欠起来，向脸上细细一认，只见他两个眼睛肿得桃儿一般，满面泪光，不是黛玉却是那个？宝玉还欲看时，怎奈下半截疼痛难禁，支持不住，便"嗳哟"一声仍旧倒下，叹了口气说道："你又做什么来了？太阳才落，那地上还是怪热的，倘或又受了暑，怎么好呢？我虽然捱了打，却也不很觉疼痛。这个样儿是装出来哄他们，好在外头布散给老爷听。其实是假的，你别信真了。"

此时黛玉虽不是嚎啕大哭，然越是这等无声之泣，气噎喉堵，更觉利害。听了宝玉这些话，心中提起万句言词，要说时却不能说得半句。半天，方抽抽噎噎的道："你可都改了罢！"宝玉听说，便长叹一声道："你放心。别说这样话。我便为这些人死了，也是情愿的。"一句话未了，只见院外人说："二奶奶来了。"黛玉便知是凤姐来了，连忙立起身，说道："我从后院子里去罢，回来再来。"宝玉一把拉住道："这又奇了，好好的怎么怕起他来了？"黛玉急得跺脚，悄悄的说道："你瞧瞧我的眼睛！又该他们拿咱们取笑儿了。"宝玉听说，赶忙的放了手。黛玉三步两步转过床后，刚出了后院，凤姐从前头已进来了。问宝玉："可好些了？想什么吃？叫人往我那里取去。"接着薛姨妈又来了。一时贾母又打发了人来。

至掌灯时分，宝玉只喝了两口汤，便昏昏沉沉的睡去。接着周瑞媳妇、吴新登媳妇、郑好时媳妇这几个有年纪长来往的，听见宝玉捱了打，也都进来。袭人忙迎出来，悄悄的笑道："婶娘们略来迟了一步，二爷睡着了。"说着，一面陪他们到那边屋里坐着，倒茶给他们吃。那几个媳妇子都悄悄的坐了一回，向袭人说："等二爷醒了，你替我们说罢。"

袭人答应了，送他们出去。

（节选自《红楼梦》，曹雪芹、高鹗著，人民文学出版社 1982 年版）

注释

①课文节选自《红楼梦》第 33 回"手足眈眈小动唇舌，不肖种种大承笞挞"，又 34 回"情中情因情感妹妹，错里错以错劝哥哥"约半回，大致呈有一个段落。

②簪环：女子所带的首饰。

③雨村：贾化，号雨村。一个与贾家关系密切的贪酷县官，革职后得到贾家帮助又做了官。

④嗐(hài)：叹息声。

⑤委委琐琐：无精打采、萎靡不振的样子。

⑥忠顺亲王府：当时有权势的一家皇亲国戚。

⑦贾环：贾政庶子，与赵姨娘所生。

⑧贾琏、赖大：贾琏，王熙凤丈夫。赖大，贾府管家。

⑨焙茗：宝玉的贴身男仆。

⑩贾珠：宝玉的哥哥，已早死。贾珠一心走仕途经济之路，深得贾政喜欢。

⑪李纨：贾珠的遗孀。

⑫薛蟠：薛宝钗的哥哥。

⑬秦钟：秦可卿之弟，宝玉的密友，早死。

⑭栉沐：梳洗。

曹雪芹（约1715—约1764），名霑，字梦阮，又号芹圃、芹溪。清代满洲正白旗"包衣"人，中国文学史上最杰出的现实主义小说家。自曾祖父起，三代任"江宁织造"。祖父曹寅，喜藏书，有文才，交游甚广，受康熙帝信任。雍正初年，曹家因受清廷内部政治斗争牵连，被革职抄家，全家前往北京，从此家业一蹶不振。曹雪芹年轻时过的是锦衣玉食的富贵生活，具有丰富深厚的文化素养，经历了一个从封建贵族大家庭富贵奢侈生活到没落贫苦无奈极为困顿的巨大变故。晚年回首前尘，颇有憬悟，感慨万端，凭其独特复杂的生活经验和卓越的艺术才能，苦心孤诣，创作出了这部《石头记》即《红楼梦》。曹雪芹精益求精，"披阅十载，增删五次"，终于完成了这部我国古典长篇小说中最脍炙人口的现实主义巨著。

《红楼梦》目前流传有120回，一般认为前80回是他的原作，后40回是高鹗的续作。曹雪芹为人放达，性格坚强，能诗善画，晚年迁往西郊，在茅草屋里过着"绳床瓦灶"，"举家食粥酒常赊"的生活，先是儿子夭折，后来自己也贫病不起，去世时年仅40多岁。《红楼梦》以贾、王、史、薛四大家族为背景，以贾宝玉、林黛玉的爱情为主要线索着重描写了贾家荣、宁二府由盛转衰的过程，对贵族阶级中具有叛逆精神的青年争取男女平等、婚姻自由的思想行为进行了热情的歌颂，《红楼梦》的思想和艺术成就，使之成为中国古代长篇小说的高峰。

导读

本篇摘取《红楼梦》的一部分，故事可成一个相对完整的段落，《宝玉挨打》可以说是《红楼梦》中矛盾冲突的高峰。

大体可分为三个部分，先写宝玉挨打的原因，侧面显示出这个封建家庭内部的复杂关系，宝玉同情被逼跳井的丫头金钏儿，贾环出于嫡庶间的嫉恨而挑拨是非，以及宝玉私下与"戏子"琪官的交往成了挨打的导火线。次写毒打的经过，显示挨打的根本原因在于宝玉的思想感情和他父亲贾政南辕北辙，贾政认为宝玉的想法和行为发展下去一定会弑父弑君，"不如趁今日结果了他的狗命，以绝将来之患"，揭示出叛逆者和卫道士之间不可调和的矛盾。最后写宝玉挨打后府里众人都来探望宝玉，各有各的表现：王夫人善用心计，心疼宝玉，却哭贾珠；李纨联想自己的处境，孤儿寡母，唯有眼泪陪伴；凤姐管家风范，矛盾冲突中，大家乱作一团，却能指挥若定；贾母心疼宝玉，呵斥贾政，倚老卖老；宝钗表现大度，关心宝玉，言行得体，善于化被动为主动；黛玉伤心至极，真情流露。主要人物个性独特，反映出同一个生活环境里，由于各自地位、性格和感情关系的不同，人物呈现出不同的个性，并非千人一面。

贾宝玉和林黛玉的内心确实存在对封建社会及其礼制的某些叛逆思想，宝玉无心应酬官场之人，表明他无心仕途经济，厌弃传统的思想；不喜欢读书，喜欢与丫鬟厮混，与戏子交往，也表明了他反叛传统的叛逆性格。这一点上，黛玉是坚定地与宝玉站在一起的。作者通过言语、动作、表情、心理的白描来刻画人物性格，而且不同的人物有各自不同的外显言行和内在的心理活动，人物形象非常生动，个性鲜明，栩栩如生。此外，本篇叙事有条不紊，情节起伏跌宕，行文张弛有度，语言生动传神，表现出了很高的艺术造诣。

感悟讨论

1. 宝玉挨打的原因是什么？

2. 你是如何理解贾政和宝玉的冲突的？

3. 体会小说通过同一场景塑造不同人物性格的高超艺术手法，文中围绕宝玉挨打这一核心事件来描写不同人物的反应，分析冲突中主要人物的身份、思想、情感与性格特征。

链接

《红楼梦》，曹雪芹、高鹗著，人民文学出版社 1982 年版。

武松杀嫂是《水浒传》中颇为精彩的故事，施耐庵以细腻的笔触，刻画出矛盾冲突中各种人物的不同性格，丝丝入扣地展开了重重矛盾，情节跌宕起伏，颇引人入胜。

第四节

武松杀嫂[1]

◎ 施耐庵

武松回到下处，房里换了衣服鞋袜，戴上个新头巾，锁上了房门，一径投紫石街来。两边众邻舍看见武松回了，都吃一惊。大家捏两把汗，暗暗地说道："这番萧墙祸起[2]了！这个太岁归来，怎肯干休！必然弄出事来！"

且说武松到门前揭起帘子，探身入来，见了灵床子写着"亡夫武大郎之位"七个字，呆了，睁开双眼道："莫不是我眼花了？"叫声："嫂嫂，武二归来！"那西门庆正和那婆娘在楼上取乐，听得武松叫一声，惊得屁滚尿流，一直奔后门，从王婆家走了。那妇人应道："叔叔少坐，奴便来也。"原来这婆娘自从药死了武大，那里肯带孝，每日只是浓妆艳抹，和西门庆做一处取乐。听得武松叫声"武二归来了"，慌忙去面盆里洗落了胭粉，拔去了首饰钗环，蓬松挽了个髻儿，脱去了红裙绣袄，旋穿上孝裙孝衫，便从楼上哽哽咽咽假哭下来。

武松道："嫂嫂且住，休哭！我哥哥几时死了？得甚么症候？吃谁的药？"那妇人一头哭，一面说道："你哥哥自从你转背一二十日，猛可的害急心疼起来。病了八九日，求神问卜，甚么药不吃过！医治不得，死了。撇得我好苦！"隔壁王婆听得，生怕决撒[3]，只得走过来帮他支吾。武松又道："我的哥哥从来不曾有这般病，如何心疼便死了？"王婆道："都头，却怎地这般说！天有不测风云，人有暂时祸福。谁保得长没事？"那妇人道："亏杀了这个干娘！我又是个没脚蟹[4]，不是这个干娘，邻舍家谁肯来帮我！"武松道："如今埋在那里？"妇人道："我又独自一个，那里去寻坟地，没奈何，留了三日，把出去烧化了。"武松道："哥哥死得几日了？"妇人道："再两日，便是断七。"

武松沉吟了半晌，便出门去，径投县里来。开了锁，去房里换了一身素净衣服，便叫土兵打了一条麻绦系在腰里，身边藏了一把尖长柄短、背厚刃薄的解腕刀，取了些银两带在身边。叫了个土兵，锁上了房门，去县前买了些米面椒料等物，香烛冥纸，就晚到家敲门。那妇人开了门，武松叫土兵去安排羹饭。武松就灵床子前点起灯烛，铺设酒肴。到两个更次，安排得端正，武松扑翻身便拜道："哥哥阴魂不远！你在世时软弱，今日死后不见分明。你若是负屈衔冤，被人害了，托梦与我，兄弟替你做主报仇！"把酒浇奠了，烧化冥用纸钱，武松放声大哭，哭得那两边邻舍无不凄惶。那妇人也在里面假哭。武松哭罢，将羹饭酒肴和土兵吃了，讨两条席子，叫土兵中门傍边睡，武松把条席子就灵床子前睡。那妇人自上楼去，下了楼门自睡。约莫将近三更时候，武松翻来覆去睡不着，看那土兵时，齁齁的却似死人一般挺着。武松爬将起来，看了那灵床子前玻璃灯半明半灭，侧耳听那更鼓时，正打三更三点。武松叹了一口气，坐在席子上自言自语，口里说道："我哥哥生时懦弱，死了却有甚分明！"说犹未了，只见灵床子下卷起一阵冷气来。那冷气如何？但见：

无形无影，非雾非烟。盘旋似怪风侵骨冷，凛冽如煞气透肌寒。昏昏暗暗，灵前灯火失光明：惨惨幽幽，壁上纸钱飞散乱。隐隐遮藏食毒鬼，纷纷飘动引魂幡。

那阵冷气逼得武松毛发皆竖，定睛看时，只见个人从灵床底下钻将出来，叫声："兄弟，我死得好苦！"武松看不仔细，却待向前来再问时，只见冷气散了，不见了人。武松一跤颠翻，在席子上坐地，寻思是梦非梦。回头看那土兵时，正睡着。武松想道："哥哥这一死必然不明！却才正要报我知道，又被我的神气冲散了他的魂魄！"直在心里不题，等天明却又理会。

天色渐明了，土兵起来烧汤，武松洗漱了。那妇人也下楼来，看着武松道："叔叔，夜来烦恼！"武松道："嫂嫂，我哥哥端的甚么病死了？"那妇人道："叔叔却怎地忘了？夜来已对叔叔说了，害心疼病死了。"武松道："却赎谁的药吃？"那妇人道："见有药帖在这里。"武松道："却是谁买棺材？"那妇人道："央及隔壁王干娘去买。"武松道："谁来扛抬出去？"那妇人道："是本处团头[⑤]何九叔，尽是他维持出去。"武松道："原来恁地。且去县里画卯却来。"便起身带了土兵，走到紫石街巷口，问土兵道："你认得团头何九叔么？"土兵道："都头恁地忘了？前项他也曾来与都头作庆。他家只在狮子街巷内住。"武松道："你引我去。"土兵引武松到何九叔门前，武松道："你自先去。"土兵去了。武松却揭起帘子，叫声："何九叔在家么？"这何九叔却才起来，听得是武松来寻，吓得手忙脚乱，头巾也戴不迭，急急取了银子和骨殖藏在身边，便出来迎接道："都头几时回来？"武松道："昨日方回到这里。有句闲话说则个，请那尊步同往。"何九叔道："小人便去。都头，且请拜茶。"武松道："不必，免赐。"

两个一同出到巷口酒店里坐下，叫量酒人打两角酒来。何九叔起身道："小人不曾与都头接风，何故反扰？"武松道："且坐。"何九叔心里已猜八九分。量酒人一面筛酒，武松便不开口，且只顾吃酒。何九叔见他不做声，倒捏两把汗，却把些话来撩他。武松也不开言，并不把话来提起。

酒已数杯，只见武松揭起衣裳，飕地掣出把尖刀来插在桌子上。量酒的都惊得呆了，那里肯近前。何九叔面色青黄，不敢抖气。武松捋起双袖，握着尖刀，对何九叔道："小子粗疏，还晓得冤各有头，债各有主。你休惊怕，只要实说，对我一一说知武大死的缘故，便不干涉你。我若伤了你，不是好汉。倘若有半句儿差错，我这口刀，立定教你身上添三四百个透明的窟窿！闲言不道，你只直说，我哥哥死的尸首是怎地模样？"武松说罢，一双手按住肐膝，两只眼睁得圆彪彪地看着。

何九叔去袖子里取出一个袋儿放在桌子上，道："都头息怒。这个袋儿便是一个大证见。"武松用手打开，看那袋儿里时，两块酥黑骨头，一锭十两银子。便问道："怎地见得是老大证见？"何九叔道："小人并然不知前后因地。忽于正月二十二日在家，只见开茶坊的王婆来呼唤小人殓武大郎尸首。至日，行到紫石街巷口，迎见县前开生药铺的西门庆大郎，拦住邀小人同去酒店里，吃了一瓶酒。西门庆取出这十两银子付与小人，分付道：'所殓的尸首，凡百事遮盖。'小人从来得知道那人是个刁徒，不容小人不接。吃了酒食，收了这银子，小人去到大郎家里，揭起千秋幡，只见七窍内有淤血，唇口上有齿痕，系是生前中毒的尸首。小人本待声张起来，只是又没苦主，他的娘子已自道是害心疼病死了。因此小人不敢声言，自咬破舌尖，只做中了恶，扶归家来了。只是火家自去殓了尸首，不曾接受一文。第三日，听得扛出去烧化，小人买了一陌纸去山头假做人情，使转了王婆并令嫂，暗拾了这两块骨头，包在家里。这骨殖酥黑，系是毒药身死的证见。这张纸上写着年月日时，并送丧人的姓名，便是小人口词了。都头详察！"武松道："奸夫还是何人？"何九叔道："却不知是谁。小人闲听得说来，有个卖梨儿的郓哥，那小厮曾和大郎去茶坊里捉奸。这条街上，谁人不知。都头要知备细，可问郓哥。"武松道："是。既然有这个人时，一同去走一遭。"

武松收了刀，入鞘藏了，算还酒钱，便同何九叔望郓哥家里来。却好走到他门前，只见那小猴子挽着个柳笼栲栳在手里，籴米归来。何九叔叫道："郓哥，你认得这位都头么？"郓哥道："解大虫来时，我便认得了！你两个寻我做甚么？"郓哥那小厮也瞧了八分，便说道："只是一件：我的老爹六十岁，没人养赡，我却难相伴你们吃官司耍。"武松道："好兄弟！"便去身边取五两来银子，道："郓哥，你把去与老爹做盘缠，跟我来说话。"郓哥自心里想道："这五两银子，如何不盘缠得三五个月？便陪侍他吃官司也不妨。"将银子和米把与老儿，便跟了二人出巷口一个饭店楼上来。武松叫过卖造三分饭来，对郓哥道："兄弟，你虽年纪幼小，倒有养家孝顺之心。却才与你这些银子，且做盘缠，我有用着你处。事务了毕时，我再与你十四五两银子做本钱。你可备细说与我：你怎地和我哥哥去茶坊里捉奸？"

郓哥道："我说与你，你却不要气苦。我从今年正月十三日，提得一篮儿雪梨，我去寻西门庆大郎挂一勾子，一地里没寻他处。问人时，说道：'他在紫石街王婆茶坊里，和卖炊饼的武大老婆做一处；如今刮上了他，每日只在那里。'我听得了这话，一径奔去寻他，叵耐王婆老猪狗拦住不放我入房里去。吃我把话来侵他底子，那猪狗便打我一顿栗暴，直叉我出来，将我梨儿都倾在街上。我气苦了，去寻你大郎，说与他备细，他便要去捉奸。我道：'你不济事，西门庆那厮手脚了得。你若捉他不着，反吃他告了，倒不好。我明日和你约在巷口取齐，你便少做些炊饼出来。我若张见西门庆入茶坊里去时，我先入去，你便寄了担儿等着。只看我丢出篮儿来，你便抢入来捉奸。'我这日又提了一篮梨儿，径去茶坊里。被我骂那老猪狗，那婆子便来打我，吃我先把篮儿撇出街上，一头顶住那老狗在壁上。武大郎却抢入去时，婆子要去拦截，却被我顶住了，只叫得：'武大来也！'原来倒吃他两个顶住了门。大郎只在房门外声张，却不提防西门庆那厮，开了房门奔出来，把大郎一脚踢倒了。我见那妇人随后便出来，扶大郎不动，我慌忙也自走了。

过得五七日，说大郎死了。我却不知怎地死了。”武松听道：“你这话是实了？你却不要说谎！”郓哥道：“便到官府，我也只是这般说。”武松道：“说得是，兄弟！”便讨饭来吃了。还了饭钱，三个人下楼来。何九叔道：“小人告退。”武松道：“且随我来，正要你们与我证一证。”把两个一直带到县厅上。

知县见了，问道：“都头告甚么？”武松告说：“小人亲兄武大，被西门庆与嫂通奸，下毒药谋杀性命，这两个便是证见。要相公做主则个！”知县先问了何九叔并郓哥口词，当日与县吏商议。原来县吏都是与西门庆有首尾[⑥]的，官人自不必得说，因此官吏通同计较道：“这件事难以理问。”知县道：“武松，你也是个本县都头，不省得法度？自古道：捉奸见双，捉贼见赃，杀人见伤。你那哥哥的尸首又没了，你又不曾捉得他奸，如今只凭这两个言语，便问他杀人公事，莫非忒偏向么？你不可造次，须要自己寻思，当行即行。”武松怀里去取出两块酥黑骨头，十两银子一张纸，告道：“复告相公：这个须不是小人捏合出来的。”知县看了道：“你且起来，待我从长商议。可行时便与你拿问。”何九叔、郓哥都被武松留在房里。当日西门庆得知，却使心腹人来县里许官吏银两。

次日早晨，武松在厅上告禀，催逼知县拿人。谁想这官人贪图贿赂，回出骨殖并银子来，说道：“武松，你休听外人挑拨你和西门庆做对头。这件事不明白，难以对理。圣人云：经目之事，犹恐未真；背后之言，岂能全信？不可一时造次。”狱吏便道：“都头，但凡人命之事，须要尸、伤、病、物、踪五件事全，方可推问得。”武松道：“既然相公不准所告，且却又理会。”收了银子和骨殖，再付与何九叔收下了。下厅来到自己房内，叫土兵安排饭食与何九叔同郓哥吃，留在房里：“相等一等，我去便来也。”又自带了三两个土兵，离了县衙，将了砚瓦笔墨，就买了三五张纸藏在身边，就叫两个土兵买了个猪首，一只鹅，一双鸡，一担酒，和些果品之类，安排在家里。约莫也是巳牌时候，带了个土兵来到家中。

那妇人已知告状不准，放下心不他，大着胆看他怎的。武松叫道：“嫂嫂下来，有句话说。”那婆娘慢慢地行下楼来，问道：“有甚么话说？”武松道：“明日是亡兄断七。你前日恼了众邻舍街坊，我今日特地来把杯酒，替嫂嫂相谢众邻。”那妇人大剌剌地说道：“谢他们怎地？”武松道：“礼不可缺。”唤土兵先去灵床子前，明晃晃的点起两枝蜡烛，焚起一炉香，列下一陌纸钱，把祭物去灵前摆了，堆盘满宴，铺下酒食果品之类。叫一个土兵后面荡酒，两个土兵门前安排桌凳，又有两个前后把门。

武松自分付定了，便叫：“嫂嫂来待客，我去请来。”先请隔壁王婆。那婆子道：“不消生受，教都头作谢。”武松道：“多多相扰了干娘，自有个道理。先备一杯菜酒，休得推故。”那婆子取了招儿[⑦]，收拾了门户，从后头走过来。武松道：“嫂嫂坐主位，干娘对席。”婆子已知道西门庆回话了，放心着吃酒。两个都心里道：“看他怎地！”武松又请这边下邻开银铺的姚二郎姚文卿。二郎道：“小人忙些，不劳都头生受。”武松拖住便道：“一杯淡酒，又不长久，便请到家。”那姚二郎只得随顺到来，便教去王婆肩下坐了。又去对门请两家：一家是开纸马桶铺的赵四郎赵仲铭。四郎道：“小人买卖撇不得，不及陪奉。”武松道：“如何使得？众高邻都在那里了。”不由他不来，被武松扯到家里，道：“老人家爷父一般。”便请在嫂嫂肩下坐了。又请对门那卖冷酒店的胡正卿。那人原是吏员出身，便瞧道有些尴尬，那里肯来，被武松不管他，拖了过来，却请去赵四郎肩下坐了。武松道：“王婆，你隔壁是谁？”王婆道：“他家是卖馉饳儿的张公。”却好正在屋里，见武松入来，吃了一惊，道：“都头没甚话说？”武松道：“家间多扰了街坊，相请吃杯淡酒。”那老儿道：“哎呀！老子不曾有些礼数到都头家，却如何请老子吃酒？”武松道：“不成微敬，便请到家。”老儿吃武松拖了过来，请去姚二郎肩下坐地。说话的，为何先坐的不走了？原来都有土兵前后把着门，都似监禁的一般。

且说武松请到四家邻舍，并王婆和嫂嫂，共是六人。武松掇条凳子，却坐在横头，便叫土兵把前后门关了。那后面土兵自来筛酒。武松唱个大喏，说道：“众高邻休怪小人粗卤，胡乱请些个。”众邻舍道：“小人们都不曾与都头洗泥接风，如今倒来反扰！”武松笑道：“不成意思，众高邻休得笑话则个。”土兵只顾筛酒。众人怀着鬼胎，正不知怎地。看看酒至三杯，那胡正卿便要起身，说道：“小人忙些个。”武松叫道：“去不得。既来到此，便忙也坐一坐。”那胡正卿心头十五个吊桶打水，七上八下，暗暗地寻思道：“既是好意请我们吃酒，如何却这般相待，不许人动身？”只得坐下。武松道：“再把酒来筛。”土兵斟到第四杯酒，前后共吃了七杯酒过，众人却似吃了吕太后一千个筵宴[⑧]。只见武松喝叫土兵：“且收拾过了杯盘，少间再吃。”武松抹了桌子。众邻舍却待起身，武松把两只手一拦，道：“正要说话。一干高邻在这里，中间那位高邻会写字？”姚二郎便道：“此位胡正卿极写得好。”武松便唱个喏道：“相烦则个！”便卷起双袖，去衣裳底下飕地只一掣，掣出那口尖刀来。右手四指笼着刀靶，大拇指按住掩心，两只圆彪彪怪眼睁起，道：“诸位高邻在此，小人冤各有头，债各有主，只要众位做个证见！”

只见武松左手拿住嫂嫂，右手指定王婆，四家邻舍惊得目瞪口呆，罔知所措，都面面厮觑，不敢做声。武松道：“高邻休怪，不必吃惊！武松虽是个粗卤汉子，便死也不怕，还省得有冤报冤，有仇报仇，并不伤犯众位，只烦高邻做个证见。若有一位先走的，武松翻过脸来休怪，教他先吃我五七刀了去！武二便偿他命也不妨。”众邻舍都目瞪口呆，再不敢动。武松看着王婆喝道：“兀那老猪狗听着！我的哥哥这个性命都在你的身上，慢慢地却问你！”回过脸来看着妇人骂道：“你那淫妇听着！你把我的哥哥性命怎地谋害了？从实招了，我便饶你！”那妇人道：“叔叔，你好没道理！你哥哥自害心疼病死了，干我甚事！”说犹未了，武松把刀胞查了插在桌子上，用左手揪住那妇人头髻，右手劈胸提住，把桌子一脚踢倒了，隔桌子把这妇人轻轻地提将过来，一跤放翻在灵床子上，两脚踏住。右手拔起刀来，指定王婆道：“老猪狗！你从实说！”那婆子只要脱身脱不得，只得道：“不消都头发怒，老身自说便了。”

武松叫土兵取过纸墨笔砚，排在桌子上，把刀指着胡正卿道：“相烦你与我听一句写一句。”胡正卿肐答答抖着道：“小人便写。”讨了些砚水，磨起墨来。胡正卿拿起笔，拂开纸，道：“王婆，你实说！”那婆子道：“又不干我事，与我无干！”武松道：“老猪狗！我都知了，你赖那个去！你不说时，我先剐了这个淫妇，后杀你这老狗！”提起刀来，望那妇人脸上便捆[⑨]两捆。那妇人慌忙叫道：“叔叔，且饶我！你放我起来，我说便了！”武松一提，提起那婆娘，跪在灵床子前，武松喝一声："淫妇快说！"那妇人惊得魂魄都没了，只得从实招说，将那时放帘子因打着西门庆起，并做衣裳入马[10]通奸，一一地说；次后来怎生踢了武大，因何设计下药，王婆怎地教唆拨置，从头至尾说了一遍。武松再叫他说，却叫胡正卿写了。王婆道："咬虫！你先招了，我如何赖得过，只苦了老身！"王婆也只得招认了。把这婆子口词，也叫胡正卿写了。从头至尾都说在上面，叫他两个都点指画了字，就叫四家邻舍书了名，也画了字。叫土兵解搭膊来，背剪绑了这老狗，卷了口词，藏在怀里。叫土兵取碗酒来，供养在灵床子前，拖过这妇人来跪在灵前，喝那婆子也跪在灵前。武松道："哥哥灵魂不远，兄弟武二与你报仇雪恨！"叫土兵把纸钱点着。那妇人见势不好，却待要叫，被武松脑揪[11]倒来，两只脚踏住他两只胳膊，扯开胸脯衣裳。说时迟，那时快，把尖刀去胸前只一剜，口里衔着刀，双手去挖开胸脯，取出心肝五脏，供养在灵前。肐查一刀，便割下那妇人头来，血流满地。四家邻舍，吃了一惊，只掩了脸，见他凶了，又不敢动，只得随顺他。武松叫土兵去楼上取下一床被来，把妇人头包了，揩了刀，插在鞘里。洗了手，唱个喏，说道："有劳高邻，甚是休怪。且请众位楼上少坐，待武二便来。"四家邻舍都面面相看，不敢不依他，只得都上楼去坐了。武松分付土兵，也教押了王婆上楼去。关了楼门，着两个土兵在楼下看守。

武松包了妇人那颗头，一直奔西门庆生药铺前来，看着主管唱个喏："大官人宅上在么？"主管道："却才出去。"武松道："借一步，闲说一句话。"那主管也有些认得武松，不敢不出来。武松一引引到侧首僻静巷内，蓦然翻过脸来道："你要死却是要活？"主管慌道："都头在上，小人又不曾伤犯了都。"武松道："你要死，休说西门庆去向；你若要活，实对我说，西门庆在那里？"主管道："却才和一个相识，去狮子桥下大酒楼上吃酒。"武松听了，转身便走。那主管惊得半晌移脚不动，自去了。

且说武松径奔到狮子桥下酒楼前，便问酒保道："西门庆大郎和甚人吃酒？"酒保道："和一个一般的财主，在楼上边街阁儿里吃酒。"武松一直撞到楼上，去阁子前张时，窗眼里见西门庆坐着主位，对面一个坐着客席，两个唱的粉头坐在两边。武松把那被包打开一抖，那颗人头血渌渌的滚出来。武松左手提了人头，右手拔出尖刀，挑开帘子，钻将入来，把那妇人头望西门庆脸上掼将来。西门庆认得是武松，吃了一惊，叫声："哎呀！"便跳起在凳子上去，一只脚跨上窗槛，要寻走路，见下面是街，跳不下去，心里正慌。说时迟，那时快，武松却用手略按一按，托地已跳在桌子上，把些盏儿碟儿都踢下来。两个唱的行院惊得走不动。那个财主官人慌了脚手，也惊倒了。西门庆见来得凶，便把手虚指一指，早飞起右脚来。武松只顾奔入去，见他脚起，略闪一闪，恰好那一脚正踢中武松右手，那口刀踢将起来，直落下街心里去了。西门庆见踢去了刀，心里便不怕他，右手虚照一照，左手一拳，照着武松心窝里打来。却被武松略躲个过，就势里从胁下钻入来，左手带住头，连肩胛只一提，右手早捽[12]住西门庆左脚，叫声："下去！"那西门庆一者冤魂缠定，二乃天理难容，三来怎当武松勇力，只见头在下，脚在上，倒撞落在当街心里去了，跌得个发昏章第十一[13]！街上两边人都吃了一惊。武松伸手去凳子边提了淫妇的头，也钻出窗子外，涌身望下只一跳，跳在当街上，先抢了那口刀在手里。看这西门庆已自跌得半死，直挺挺在地下，只把眼来动。武松按住，只一刀，割下西门庆的头来。把两颗头相结在一处，提在手里，把着那口刀，一直奔回紫石街来。叫土兵开了门，将两颗人头供养在灵前，把那碗冷酒浇奠了，说道："哥哥灵魂不远，早升天界！兄弟与你报仇，杀了奸夫和淫妇，今日就行烧化。"

（选自《水浒传》，施耐庵撰，人民文学出版社 1997 年版）

注释

①选自《水浒传》第二十五回《偷骨殖何九送丧，供人头武二设祭》，有删节。

②萧墙祸起：指祸乱发生在家里。比喻内部发生祸乱。萧蔷，古代宫室内当门的小墙。《论语·季氏》："吾恐季孙之忧不在颛臾，而在萧墙之内也。"

③决撒：败露、识破、坏了事之类的意思。

④没脚蟹：意思说行动不得。一般指六亲无靠的妇女。

⑤团头：宋代称地保为团头。

⑥首尾：勾结，关系。

⑦招儿：招牌。

⑧吕太后一千个筵宴：刘邦（汉高祖）死后，他的老婆吕雉专政，人称吕太后。吕雉请群臣吃酒，用军法劝酒，有一人不肯吃酒，当场被杀了头。因此，后来有"吕太后的筵席"这句谚语，表示这酒不是好吃的。

⑨拥(bì)：擦。

⑩入马：上手的意思。

⑪脑揪：从脑后一把抓住。

⑫捽(zuó)：揪，抓。

⑬发昏章第十一：发昏、昏迷的戏谑语。"发昏章第十一"是套用有的古书"某某章第几"的句式，无义。

施耐庵（1296—1371），江苏兴化人，原名施彦端，又名肇端，别号耐庵，元末明初文学家。施耐庵自幼聪明好学，才气过人。元延祐元年（1314 年）考中秀才，泰定元年（1324 年）中举人，至顺二年（1331 年）登进士。不久任钱塘县尹，因替穷人辩冤纠枉遭县官训斥，辞官回家。元至正十三年（1353 年），白驹场盐民张士诚等十八名壮士率壮丁起义反元。施耐庵被邀为军幕，因张士诚居功自傲，疏远忠良，愤然离去，浪迹江湖。后入江阴祝塘财主徐骐家坐馆教书，并与拜他为师的罗贯中一起研究《三国》《三遂平妖传》的创作，搜集、整理北宋末年宋江起义故事，为撰写《水浒传》准备素材。至正二十七年（1367 年），朱元璋灭张士诚后，到处侦查张士诚的部属，为避免麻烦，从此隐居。

导读

本文选自《水浒传》第二十五回《偷骨殖何九送丧，供人头武二设祭》，讲述了打虎英雄武松为兄长武大郎复仇的故事，是《水浒传》中精彩片段之一。

武松成为打虎英雄之后，被知县抬举做了都头，没想到在阳谷县遇到了嫡亲哥哥武大。武大之妻潘金莲，本是大户人家的使女，颇有姿色，被户主看上，潘金莲不从，户主心怀恨意，倒贴嫁妆将她嫁给了短矮丑陋的武大郎。武松的到来，打破了武大的平静生活。潘金莲见到相貌堂堂的武松，颇为动心，对其百般挑逗。而武松是个光明磊落之人，面对嫂嫂的挑逗，他坐怀不乱，坚守着伦理纲常。武松被知县派往东京公干，潘金莲的所作所为使他对哥哥放心不下，临行前对哥哥、嫂嫂百般叮咛，尽管如此，仍然没有避免一场风波的来临。武松的出现燃起了潘金莲对理想爱情的渴望，武松的拒绝又使她的爱情理想化为泡影。风月高手西门庆的到来，使绝望中的潘金莲重新看到了爱情的希望。于是，在王婆的撮合下，西门庆与潘金莲很快勾搭成奸。武大得知此事后，在郓哥的配合下前去捉奸，被西门庆一脚踹在心窝，重病不起。二人为了做长久夫妻，与王婆合谋，趁武松远赴东京之时，借机毒死了武大。武松回来后，看到的却是兄长的灵位，本文故事便由此展开。

武松通过一番周密的调查、取证，终于弄清了哥哥被害的真相。开始他试图通过正规的法律的手段，借官府为冤死的哥哥讨回公道，但知县被西门庆贿赂，不接受他的诉状。武松以感谢乡亲邻里为名，将相关之人一一请至家中，然后威逼潘金莲与王婆把他们谋害武大的经过作了交代，并请邻居胡正卿作了笔录，将潘金莲心肝挖出，割下其头颅祭奠哥哥，用自己的方式为哥哥报了仇。作者通过对武松为兄复仇经过的详细描绘，塑造出武松等生动鲜明的人物形象，反映了当时社会的黑暗与不公，展现了北宋时期的市井人物群像，同时也深刻揭示了不合理婚姻制度所带来的家庭悲剧。

感悟思考

1. 本文反映出哪些主题思想？
2. 复述武松杀嫂的过程，分析武松的性格特征。

链接

《水浒传》，施耐庵撰，人民文学出版社 1997 年版。

千古知音最难觅，一曲高山流水，造就了一对至情知音。士可为知己者死，古今皆有，既然可以为之付出生命，更何况一把旷世瑶琴。

第五节

俞伯牙摔琴谢知音

◎ 冯梦龙

浪说曾分鲍叔金，谁人辨得伯牙琴！于今交道奸如鬼，湖海空悬一片心。

古来论交情至厚莫如管鲍。管是管夷吾，鲍是鲍叔牙。他两个同为商贾，得利均分。时管夷吾多取其利，叔牙不以为贪，知其贫也。后来管夷吾被囚，叔牙脱之，荐为齐相。这样朋友，才是个真正相知。这相知有几样名色：恩德相结者，谓之知己；腹心相照者，谓之知心；声气相求者，谓之知音，总来叫做相知。

今日听在下说一桩俞伯牙的故事。列位看官们，要听者，洗耳而听。不要听者，各随尊便。正是：知音说与知音听，不是知音不与谈。

话说春秋战国时，有一名公，姓俞名瑞，字伯牙，楚国郢都人氏，即今湖广荆州府之地也。那俞伯牙身虽楚人，官星却落于晋国，仕至上大夫之位。因奉晋主之命，来楚国修聘。伯牙讨这个差使，一来，是个大才，不辱君命；二来，就便省视乡里，一举两得。当时从陆路至于郢都。朝见了楚王，致了晋主之命。楚王设宴款待，十分相敬。那郢都乃是桑梓之地，少不得去看一看坟墓，会一会亲友。然虽如此，各事其主，君命在身，不敢迟留。公事已毕，拜辞楚王。楚王赠以黄金采缎，高车驷马。伯牙离楚一十二年，思想故国江山之胜，欲得恣情观览，要打从水路大宽转[①]而回。乃假奏楚王道："臣不幸有犬马之疾，不胜车马驰骤，乞假臣舟楫，以便医药。"楚王准奏，命水师拨大船二只，一正一副。正船单坐晋国来使，副船安顿仆从行李，都是兰桡画桨，锦帐高帆，甚是齐整。群臣直送至江头而别。

只因览胜探奇，不顾山遥水远。

伯牙是个风流才子。那江山之胜，正投其怀。张一片风帆，凌千层碧浪，看不尽遥山叠翠，远水澄清。不一日，行至汉阳江口。时当八月十五日，中秋之夜。偶然风狂浪涌，大雨如注，舟楫不能前进，泊于山崖之下。不多时，风恬浪静，雨止云开，现出一轮明月。那雨后之月，其光倍常。伯牙在船舱中，独坐无聊，命童子焚香炉内，"待我抚琴一操。以遣情怀。"童子焚香罢，捧琴囊置于案间。伯牙开囊取琴，调弦转轸，弹出一曲。曲犹未终，指下"刮喇"的一声响，琴弦绝了一根。伯牙大惊，叫童子去问船头[②]："这住船所在是甚么去处？"船头答道："偶因风雨，停泊于山脚之下，虽然有些草树，并无人家。"

伯牙惊讶。想道："是荒山了。若是城郭村庄，或有聪明好学之人，盗听吾琴，所以琴声忽变，有弦断之异。这荒山下，那得有听琴之人？哦，我知道了。想是有仇家差来刺客，不然，或是贼盗伺候更深，登舟劫我财物。"叫左右："与我上崖搜检一番。不在柳阴深处，定在芦苇丛中！"左右领命，唤齐众人，正欲搭跳[3]上崖。忽听岸上有人答应道："舟中大人，不必见疑。小子并非奸盗之流，乃樵夫也。因打柴归晚，值骤雨狂风，雨具不能遮蔽，潜身岩畔。闻君雅操，少住听琴。"伯牙大笑道："山中打柴之人，也敢称听琴二字！此言未知真伪，我也不计较了。左右的，叫他去罢。"那人不去，在崖上高声说道："大人出言谬矣！岂不闻'十室之邑，必有忠信。''门内有君子，门外君子至。'大人若欺负山野中没有听琴之人，这夜静更深，荒崖下也不该有抚琴之客了。"伯牙见他出言不俗，或者真是个听琴的，亦未可知。止住左右不要啰唣[4]，走近舱门，回嗔作喜的问道："崖上那位君子，既是听琴，站立多时，可知道我适才所弹何曲？"那人道："小子若不知，却也不来听琴了。方才大人所弹，乃孔仲尼叹颜回，谱入琴声。其词云：'可惜颜回命蚤亡，教人思想鬓如霜。只因陋巷箪瓢乐，……'——到这一句，就绝了琴弦，不曾抚出第四句来，小子也还记得：——'留得贤名万古扬。'"

伯牙闻言大喜道："先生果非俗士，隔崖窎远，难以问答。"命左右："掌跳，看扶手，请那位先生登舟细讲。"左右掌跳，此人上船，果然是个樵夫。头戴箬笠，身披草衣，手持尖担，腰插板斧，脚踏芒鞋。手下人那知言谈好歹，见是樵夫，下眼相看。"咄，那樵夫！下舱去，见我老爷叩头。问你甚么言语，小心答应。官尊着哩。"樵夫却是个有意思的，道："列位不须粗鲁，待我解衣相见。"除了斗笠，头上是青布包巾；脱了蓑衣，身上是蓝布衫儿；搭膊[4]拴腰，露出布裩下截。那时不慌不忙，将蓑衣、斗笠、尖担、板斧，俱安放舱门之外。脱下芒鞋，躧去泥水，重复穿上，步入舱来。官舱内公座上灯烛辉煌。樵夫长揖而不跪，道："大人，施礼了。"俞伯牙是晋国大臣，眼界中那有两接[5]的布衣。下来还礼，恐失了官体，既请下船，又不好叱他回去。伯牙没奈何，微微举手道："贤友免礼罢。"叫童子看坐的。童子取一张杌坐儿置于下席。伯牙全无客礼，把嘴向樵夫一努，道："你且坐了。"你我之称，怠慢可知。那樵夫亦不谦让，俨然坐下。

伯牙见他不告而坐，微有嗔怪之意。因此不问姓名，亦不呼手下人看茶。默坐多时，怪而问之："适才崖上听琴的，就是你么？"樵夫答言："不敢。"伯牙道："我且问你，既来听琴，必知琴之出处。此琴何人所造？抚他有甚好处？"正问之时，船头来禀话，风色顺了，月明如昼，可以开船。伯牙分付："且慢些！"樵夫道："承大人下问。小子若讲话絮烦，恐担误顺风行舟。"伯牙笑道："惟恐你不知琴理。若讲得有理，就不做官，亦非大事，何况行路之迟速乎！"樵夫道："既如此，小子方敢僭谈。此琴乃伏羲氏所琢，见五星之精，飞坠梧桐，凤皇来仪。凤乃百鸟之王，非竹实不食，非梧桐不栖，非醴泉不饮。伏羲氏知梧桐乃树中之良材，夺造化之精气，堪为雅乐，令人伐之。其树高三丈三尺，按三十三天之数，截为三段，分天、地、人三才。取上一段叩之，其声太清，以其过轻而废之；取下一段叩之，其声太浊，以其过重而废之；取中一段叩之，其声清浊相济，轻重相兼。送长流水中，浸七十二日，按七十二候之数。取起阴乾，选良时吉日，用高手匠人刘子奇斫成乐器。此乃瑶池之乐，故名瑶琴。长三尺六寸一分，按周天三百六十一度。前阔八寸，按八节；后阔四寸，按四时；厚二寸，按两仪。有金童头，玉女腰，仙人背，龙池，凤沼，玉轸，金徽。那徽有十二，按十二月；又有一中徽，按闰月。先是五条弦在上，外按五行金木水火土，内按五音宫商角徵羽。尧舜时操五弦琴，歌'南风'诗，天下大治。后因周文王被囚于羑里，吊子伯邑考，添弦一根，清幽哀怨，谓之文弦。后武王伐纣，前歌后舞，添弦一根，激烈发扬，谓之武弦。先是宫商角徵羽五弦，后加二弦，称为文武七弦琴。此琴有六忌，七不弹，八绝。何为六忌？一忌大寒，二忌大暑，三忌大风，四忌大雨，五忌迅雷，六忌大雪。何为七不弹？闻丧者不弹，奏乐不弹，事冗不弹，不净身不弹，衣冠不整不弹，不焚香不弹，不遇知音者不弹。何为八绝？总之，清奇幽雅，悲壮悠长。此琴抚到尽美尽善之处，啸虎闻而不吼，哀猿听而不啼。乃雅乐之好处也。"

伯牙听见他对答如流，犹恐是记问之学。又想道："就是记问之学，也亏他了。我再试他一试。"此时已不似在先你我之称了，又问道："足下既知乐理，当时孔仲尼鼓琴于室中，颜回自外入。闻琴中有幽沉之声，疑有贪杀之意，怪而问之。仲尼曰：'吾适鼓琴，见猫方捕鼠，欲其得之，又恐其失之。此贪杀之意，遂露于丝桐。'始知圣门音乐之理，入于微妙。假如下官抚琴，心中有所思念，足下能闻而知之否？"樵夫道："《毛诗》云：'他人有心，予忖度之。'大人试抚弄一过，小子任心猜度。若猜不着时，大人休得见罪。"伯牙将断弦重整，沉思半晌。其意在于高山，抚琴一弄。樵夫赞道："美哉洋洋乎，大人之意，在高山也。"伯牙不答。又凝神一会，将琴再鼓。其意在于流水。樵夫又赞道："美哉汤汤乎，志在流水！"只两句道着了伯牙的心事。伯牙大惊，推琴而起，与子期施宾主之礼。连呼："失敬失敬！石中有美玉之藏。若以衣貌取人，岂不误了天下贤士！先生高名雅姓？"樵夫欠身而答："小子姓钟，名徽，贱字子期。"伯牙拱手道："是钟子期先生。"子期转问："大人高姓？荣任何所？"伯牙道："下官俞瑞，仕于晋朝，因修聘上国而来。"子期道："原来是伯牙大人。"伯牙推子期坐于客位，自己主席相陪，命童子点茶，茶罢，又命童子取酒共酌。伯牙道："借此攀话，休嫌简亵。"子期称："不敢。"

童子取过瑶琴，二人入席饮酒。伯牙开言又问："先生声口是楚人了，但不知尊居何处？"子期道："离此不远，地名马安山集贤村，便是荒居。"伯牙点头道："好个集贤村。"又问："道艺[⑥]何为？"子期道："也就是打柴为生。"伯牙微笑道："子期先生，下官也不该僭言。似先生这等抱负，何不求取功名，立身于廊庙，垂名于竹帛，却乃赍志林泉，混迹樵牧，与草木同朽，窃为先生不取也。"子期道："实不相瞒，舍间上有年迈二亲，下无手足相辅。采樵度日，以尽父母之余年。虽位为三公之尊，不忍易我一日之养也。"伯牙道："如此大孝，一发难得。"二人杯酒酬酢了一会。子期宠辱无惊，伯牙愈加爱重。又问子期："青春多少？"子期道："虚度二十有七。"伯牙道："下官年长一旬。子期若不见弃，结为兄弟相称，不负知音契友。"子期笑道："大人差矣。大人乃上国名公，钟徽乃穷乡贱子，怎敢仰扳，有辱俯就。"伯牙道："相识满天下，知心能几人？下官碌碌风尘，得与高贤结契，实乃生平之万幸。若以富贵贫贱为嫌，觑俞瑞为何等人乎？"遂命童子重添炉火，再爇名香，就船舱中与子期顶礼八拜。伯牙年长为兄，子期为弟，今后兄弟相称，生死不负。拜罢，复命取暖酒再酌。子期让伯牙上坐，伯牙从其言。换了杯箸，子期下席，兄弟相称，彼此谈心叙话。

正是：合意客来心不厌，知音人听话偏长。

谈论正浓，不觉月淡星稀，东方发白。船上水手都起身收拾篷索，整备开船。子期起身告辞，伯牙捧一杯酒递与子期，把子期之手，叹道："贤弟，我与你相见何太迟，相别何太早！"子期闻言，不觉泪珠滴于杯中。子期一饮而尽，斟酒回敬伯牙。二人各有眷恋不舍之意。伯牙道："愚兄余情不尽，意欲曲延贤弟同行数日，未知可否？"子期道："小人非不欲相从，怎奈二亲年老，'父母在，不远游'。"伯牙道："既是二位尊人在堂，回去告过二亲，到晋阳来看愚兄一看，这就是'游必有方'了。"子期道："小弟不敢轻诺而寡信，许了贤兄，就当践约。万一禀命于二亲，二亲不允，使仁兄悬望于数千里之外，小弟之罪更大矣。"伯牙道："贤弟真所谓至诚君子。也罢，明年还是我来看贤弟。"子期道："仁兄明岁何时到此？小弟好伺候尊驾。"伯牙屈指道："昨夜是中秋节，今日天明，是八月十六日了。贤弟，我来仍在仲秋中五六日奉访。若过了中旬，迟到季秋月分，就是爽信，不为君子。"叫童子："分付记室将钟贤弟所居地名及相会的日期，登写在日记薄上。"子期道："既如此，小弟来年仲秋中五六日，准在江边侍立拱候，不敢有误。天色已明，小弟告辞了。"伯牙道："贤弟且住。"命童子取黄金二笏，不用封帖，双手捧定道："贤弟，些须薄礼，权为二位尊人甘旨之费。斯文骨肉，勿得嫌轻。"子期不敢谦让，即时收下。再拜告别，含泪出舱，取尖担挑了蓑衣、斗笠，插板斧于腰间，掌跳搭扶手上崖。伯牙直送至船头，各各洒泪而别。

不题子期回家之事。再说俞伯牙点鼓开船，一路江山之胜，无心观览，心心念念，只想着知音之人。又行几日，舍舟登岸。经过之地，知是晋国上大夫，不敢轻慢，安排车马相送。直至晋阳，回复了晋主，不在话下。

光阴迅速，过了秋冬，不觉春去夏来。伯牙心怀子期，无日忘之。想着中秋节近，奏过晋主，给假还乡。晋主依允。伯牙收拾行装，仍打大宽转，从水路而行。下船之后，分付水手，但是湾泊所在，就来通报地名。事有偶然，刚刚八月十五夜，水手禀复，此去马安山不远。伯牙依稀还认得去年泊船相会子期之处，分付水手，将船湾泊，水底抛锚，崖边钉橛。其夜晴明，船舱内一线月光，射进朱帘。伯牙命童子将帘卷起，步出舱门，立于船头之上，仰观斗柄。水底天心，万顷茫然，照如白昼。思想去岁与知己相逢，雨止月明。今夜重来，又值良夜。他约定江边相候，如何全无踪影，莫非爽信？又等了一会，想道："我理会得了。江边来往船只颇多，我今日所驾的，不是去年之船了，吾弟急切如何认得？去岁我原为抚琴惊动知音，今夜仍将瑶琴抚弄一曲。吾弟闻之，必来相见。"命童子取琴桌安放船头，焚香设座。伯牙开囊，调弦转轸，才汎音律，商弦中有哀怨之声。伯牙停琴不操："呀！商弦哀声凄切，吾弟必遭忧在家。去岁曾言父母年高，若非父丧，必是母亡。他为人至孝，事有轻重，宁失信于我，不肯失信于亲，所以不来也。来日天明，我亲上崖探望。"叫童子收拾琴桌，下舱就寝。伯牙一夜不睡，真个巴明不明，盼晓不晓。看看月移帘影，日出山头。伯牙起来梳洗整衣，命童子携琴相随，又取黄金十镒[7]带去：

“傥[⑧]吾弟居丧，可为赙礼。”踹跳登崖，行于樵径，约莫十数里，出一谷口，伯牙站住。童子禀道：“老爷为何不行？”伯牙道：“山分南北，路列东西。从山谷出来，两头都是大路，都去得，知道那一路往集贤村去？等个识路之人，问明了他，方才可行。”伯牙就石上少憩，童儿退立于后。不多时，左手官路上有一老叟，髯垂玉线，发挽银丝，箬冠野服，左手举藤杖，右手携竹篮，徐步而来。伯牙起身整衣，向前施礼。那老者不慌不忙，将右手竹蓝轻轻放下，双手举藤杖还礼，道：“先生有何见教？”伯牙道：“请问两头路，那一条路，往集贤村去的？”老者道：“那两头路，就是两个集贤村。左手是上集贤村，右手是下集贤村，通衢三十里官道。先生从谷出来，正当其半，东去十五里，西去也是十五里。不知先生要往那一个集贤村？”伯牙默默无言，暗想道：“吾弟是个聪明人，怎么说话这等糊涂！相会之日，你知道此间有两个集贤村，或上或下，就该说个明白了。”伯牙却才沉吟，那老者道：“先生这等吟想，一定那说路的，不曾分上下，总说了个集贤村，教先生没处抓寻了。”伯牙道：“便是。”老者道：“两个集贤村中，有一二十家庄户，大抵都是隐遁避世之辈。老夫在这山里，多住了几年，正是：‘土居三十载，无有不亲人。’这些庄户，不是舍亲，就是敝友。先生到集贤村必是访友，只说先生所访之友，姓甚名谁，老夫就知他住处了。”伯牙道：“学生要往钟家庄去。”老者闻“钟家庄”三字，一双昏花眼内，扑簌簌掉下泪来，道：“先生别家可去，若说钟家庄，不必去了。”伯牙惊问：“却是为何？”老者道：“先生到钟家庄，要访何人？”伯牙道：“要访子期。”老者闻言，放声大哭道：“子期钟徽，乃吾儿也。去年八月十五采樵归晚，遇晋国上大夫俞伯牙先生。讲论之间，意气相投。临行赠黄金二笏，吾儿买书攻读，老拙无才，不曾禁止。旦则采樵负重，暮则诵读辛勤，心力耗废，染成怯疾，数月之间，已亡故了。”伯牙闻言，五内崩裂，泪如涌泉，大叫一声，傍山崖跌倒，昏绝于地。钟公用手搀扶，回顾小童道：“此位先生是谁？”小童低低附耳道：“就是俞伯牙老爷。”钟公道：“原来是吾儿好友。”扶起伯牙苏醒。伯牙坐于地下，口吐痰涎，双手捶胸，恸哭不已，道：“贤弟呵，我昨夜泊舟，还说你爽信，岂知已为泉下之鬼！你有才无寿了！”钟公拭泪相劝。伯牙哭罢起来，重与钟公施礼。不敢呼老丈，称为老伯，以见通家兄弟之意。伯牙道：“老伯，令郎还是停柩在家，还是出瘗[⑨]郊外了？”钟公道：“一言难尽！亡儿临终，老夫与拙荆坐于卧榻之前。”亡儿遗语嘱付道：“修短由天，儿生前不能尽人子事亲之道，死后乞葬于马安山江边。与晋大夫俞伯牙有约，欲践前言耳。’老夫不负亡儿临终之言。适才先生来的小路之右，一丘新土，即吾儿钟徽之冢。今日是百日之忌，老夫提一陌[⑩]纸钱，往坟前烧化，何期与先生相遇！”伯牙道：“既如此，奉陪老伯，坟前一拜。”命小童代太公提了竹篮。

钟公策杖引路，伯牙随后，小童跟定，复进谷口。果见一丘新土，在于路左。伯牙整衣下拜：“贤弟在世为人聪明，死后为神灵应。愚兄此一拜，诚永别矣！”拜罢，放声又哭。惊动山前山后、山左山右黎民百姓，不问行的住的，远的近的，闻得朝中大臣来祭钟子期，回绕坟前，争先观看。伯牙却不曾摆得祭礼，无以为情，命童子把瑶琴取出囊来，放于祭石台上，盘膝坐于坟前，挥泪两行，抚琴一操。那些看者，闻琴韵铿锵，鼓掌大笑而散。伯牙问：“老伯，下官抚琴，吊令郎贤弟，悲不能已，众人为何而笑？”钟公道：“乡野之人,不知音律,闻琴声以为取乐之具,故此长笑。”伯牙道:“原来如此。老伯可知所奏何曲?”钟公道:“老夫幼年也颇习。如今年迈,五官半废,模糊不懂久矣。”伯牙道:“这就是下官随心应手一曲短歌,以吊令郎者,口诵于老伯听之。”钟公道:“老夫愿闻。”

伯牙诵云:“忆昔去年春,江边曾会君。今日重来访,不见知音人。但见一抔土,惨然伤我心!伤心伤心复伤心,不忍泪珠纷。来欢去何苦,江畔起愁云。子期子期兮,你我千金义,历尽天涯无足语,此曲终兮不复弹,三尺瑶琴为君死!”

伯牙于衣夹间取出解手刀,割断琴弦,双手举琴,向祭石台上,用力一摔,摔得玉轸抛残,金徽零乱。钟公大惊,问道:“先生为何摔碎此琴?”伯牙道:“摔碎瑶琴凤尾寒,子期不在对谁弹!春风满面皆朋友,欲觅知音难上难。”钟公道:“原来如此,可怜!可怜!”伯牙道:“老伯高居,端的在上集贤村,还是下集贤村?”钟公道:“荒居在上集贤村第八家就是。先生如今又问他怎的?”伯牙道:“下官伤感在心,不敢随老伯登堂了。随身带得有黄金二镒,一半代令郎甘旨之奉,一半买几亩祭田,为令郎春秋扫墓之费。待下官回本朝时,上表告归林下。那时却到上集贤村,迎接老伯与老伯母,同到寒家,以尽天年。吾即子期,子期即吾也,老伯勿以下官为外人相嫌。”说罢,命小僮取出黄金,亲手递与钟公,哭拜于地。钟公答拜,盘桓半晌而别。

这回书,题作《俞伯牙摔琴谢知音》。后人有诗赞云:势利交怀势利心,斯文谁复念知音?伯牙不作钟期逝,千古令人说破琴。

(选自《警世通言》,冯梦龙编,严敦易校注,人民文学出版社1956年版)

注释

①大宽转:绕路,迂回,兜个大圈子。

②船头:船上的头目。

③跳:跳板。

④啰唣(zào):吵闹。

⑤两接:两截,指穿的衫和裤,这是古时普通人的服装。

⑥道艺:平时的研究和喜好。

⑦镒(yì):黄金的单位,一镒二十四两,铸成笏形,所以一镒就是一笏。

⑧傥(tǎng):同“倘”,假如。

⑨瘗(yì):掩埋,埋葬。

⑩陌:一陌就是一百,这里指一串或一挂。

冯梦龙(1574—1646),字犹龙,又字子犹,别署龙子犹,号墨憨斋主人,别署顾曲散人、词奴等,长洲(今江苏苏州)人,明代通俗文学家、戏曲家。出身士大夫家庭,与兄梦桂、弟梦熊,并称“吴下三冯”。冯梦龙少博学,为人旷达,虽有志于仕途,但屡不得志,57岁才被补为贡生,充任学官,61岁时授福建寿宁知县,清军入关后,他怀着中兴希望编了

《甲申纪事》一书，宣传抗清，隆武二年即清顺治三年(1646)春忧愤而死，一说被清兵所杀。他提倡情真的文学理念，强调作品要通俗化，要具有社会教育作用，且一生都在从事通俗文学的收集、整理和研究工作，“三言”，即《喻世明言》《警世通言》《醒世恒言》是其代表作，是对话本艺术的伟大继承，其中大量描写了市民生活，表现市民情趣，是我国古代白话短篇小说中的经典之作。

导读

本篇是冯梦龙的《警世通言》的第一卷，故事源出于《吕氏春秋》，原文十分简短，如下：“伯牙鼓琴，钟子期听之。方鼓琴而志在太山。钟子期曰：‘善哉乎鼓琴！巍巍乎若太山。’少选之间，而志在流水。钟子期又曰：‘善哉乎鼓琴，汤汤乎若流水。’钟子期死，伯牙擗琴绝弦，终身不复鼓琴，以为世无足鼓琴者也。”

俞伯牙是春秋时的音乐家，既是弹琴高手，又擅长作曲，被尊为“琴仙”。《荀子·劝学》中曾讲“伯牙鼓琴而六马仰秣”，可见他弹琴技术之高超。钟子期是春秋楚国人，相传钟子期是一个头戴斗笠、身披蓑衣的樵夫。俞伯牙、钟子期的故事渐渐成为后世说书艺人的底稿，也就是现在大家说的“话本”，经过历朝历代的积累，到了明朝，冯梦龙对此加以改编和构建，整个故事没有违背原来的情节，故事性和可读性已经很强了，情节更加丰富完备，人物形象也更加饱满。尤其是对钟子期出场的重重铺垫更是丝丝入扣、引人入胜，对俞伯牙的心理刻画也是曲折生动、细致传神。语言方面，大多采用平易、通俗的白话，读起来简洁、明快；结构方面，以诗词开头，又以诗词来收束全文，中间也时时穿插一些诗词韵语，或总结上文，或引出下文，或描绘人物与景色，通俗却不失文雅，堪称话本小说的经典之作。

感悟讨论

1. 你怎样看待钟子期和俞伯牙的人物形象特点？
2. 本文有哪些细节描写，对于体现人物性格特点有什么作用？

链接

《喻世明言》《警世通言》《醒世恒言》，冯梦龙编，严敦易校注，人民文学出版社1956年版。

《丑兵》是莫言众多作品中颇为精彩的一篇，他用先抑后扬的写作手法，塑造了丑兵这样一个外貌丑陋而心灵美好的悲剧英雄，揭示出“美”与“丑”的深刻主题，发人深省。

第六节

丑　兵

◎莫　言

他长得很丑，从身材到面孔，从嘴巴到眼睛，总之——他很丑。算起来我当兵也快八年了。这期间迎新送旧，连队里的战士换了一茬又一茬，其中漂亮的小伙子委实不少，和他们的感情也不能算不深，然后，等他们复员后，待个一年半载，脑子里的印象就渐渐淡漠了，以至于偶尔提起某个人来，还要好好回忆一番，才能想起他的模样。但是，这个丑兵，却永远地占领了我记忆系统中的一个位置。

这几年来，随着年龄的增长和对人生、社会的日益深刻的理解，他的形象在我心目中也日益鲜明高大起来，和他相处几年的往事，时时地浮现在我的眼前，对他，我是怀着深深的愧疚，这愧疚催我自新，催我向上，提醒我不被浅薄庸俗的无聊情趣所浸淫。

七六年冬天，排里分来了几个山东籍新战士，丑兵是其中之一。山东兵，在人们心目中似乎都是五大三粗，憨厚朴拙的。其实不然，就拿分到我排里的几个新兵来说吧，除丑兵——他叫王三社——之外，都是小巧玲珑的身材，白白净净的脸儿，一个个蛮精神。我一见就喜欢上了他们。只有这王三社，真是丑得扎眼眶子，与其他人站在一起，恰似白杨林中生出了一棵歪脖子榆树，白花花的鸡蛋堆里滚出了一个干疤土豆。

我那时刚提排长，少年得志，意气洋洋，走起路来胸脯子挺得老高，神气得像只刚扎毛的小公鸡。我最大的特点是好胜(其实是虚荣)，不但在军事技术、内务卫生方面始终想压住兄弟排几个点子，就是在风度上也想让战士们都像我一样(我是全团有名的“美男子”)。可偏偏分来个丑八怪，真是大煞风景。一见面我就对他生出一种本能的嫌恶，心里直骂带兵的瞎了眼，有多少挺拔小伙不带，偏招来这么个丑货，来给当兵的现眼。为了丑兵的事，我半开玩笑半认真地找连长蘑菇[①]，想让连里把丑兵调走。不料连长把眼一瞪，训道：“干什么？你要选演员？我不管他是美还是丑，到时候能打能冲就是好兵！漂亮顶什么用？能当大米饭，能当手榴弹？”

吃了我们二杆子连长一个顶门闩，此事只好作罢。然而，对丑兵的嫌恶之感却像疟疾一样死死地缠着我。有时候，也意识到这种情绪不对头，但又没有办法改变。唉！可怕的印象。

丑兵偏偏缺乏自知之明，你长得丑，就老老实实的，少出点风头吧，他偏不，他对任何事情都热心得让人厌烦，特喜欢提建议，不是问东，就是问西，口齿又不太清楚，常常将我姓郭的“郭”字读成“狗”字，于是我在他嘴里就成了“狗”排长。这些，都使我对他的反感与日俱增。

不久，春节到了。省里的慰问团兴师动众来部队慰问演出。那时候，还讲究大摆宴席隆重招待这一套，团里几个公务员根本忙不过来，于是，政治处就让我们连派十个公差去当临时服务员。连里把任务分给了我们排，并让我带队去。这码子事算是对了我的胃口。坦率地说，那时候我是一个毛病成堆的货色，肚子里勾勾弯弯的东西不少。去当服务员，美差一桩，吃糖抽烟啃苹果是小意思，运气好兴许能交上个当演员的女朋友昵！

我立即挑选了九个战士，命令他们换上新军装，打扮得漂亮一点，让慰问团的姑娘们见识见识部队小伙的风度。就在我指指划划地做“战前动员”时，丑兵回来了。一进门就嚷：“‘狗’排长，要出公差吗？”他这一嚷破坏了我的兴致，便气忿忿地说：“什么狗排长，猫排长，你咋呼什么！”他的嗓门立时压低了八度，“排长，要出公差吗？我也算一个。”我不耐烦地挥挥手：“去，去，你靠边稍息去。”“要出公差也不是孬事，咋让靠边稍息呢？”丑兵不高兴地嘟哝着。我问：“你不是去炊事班帮厨了吗？”“活儿干完了，司务长让我回来歇歇。”“那你就歇歇吧，愿玩就玩，不愿玩就睡觉，怎么样？”谁料想，他一听就毛了，说：“‘狗’排长，你不要打击积极性哟！大白天让人睡觉，我不干！”我的兴致被他破坏了，心里本来就有些不快，随口揶揄[②]他说：“你瞎咕唧什么？什么事也要插一嘴。你去干什么？去让慰问团看你那副漂亮脸蛋儿？”这些话引得在一旁战士们一阵哈哈大笑。和丑兵一起入伍的小豆子也接着我的话岔说：“老卡——他们称丑兵为卡西莫多[③]——你这叫猪八戒照镜子——自找难看。你们是美男子小分队，拉出去震得那些演员也要满屁股冒青烟。你呀，还是敲钟去吧！”

战士们又是一阵大笑。这一来丑兵像是挨了两巴掌，本来就黑的脸变成了青紫色，他脑袋耷拉着，下死劲将帽子往下一拉，遮住了半个脸，慢慢地退出门去。我意识到自己刚才的话说得有些过分，不免有些后悔。

从打这件事之后，丑兵就像变了个人，整天闷着头不说话，见了我就绕着走，我心想：这个熊兵，火气还不小咪。小豆子他们几个猴兵，天天拿丑兵开心，稍有点空闲，就拉着丑兵问：“哎，老卡，艾丝米拉达没来找你吗？”丑兵既不怒，也不骂，只是用白眼珠子望着天，连眼珠也不转动一下——后来我想，他这是采用了鲁迅先生的战术——可是小豆子这班子徒有虚名的高中生们理解不了他这意思，竟将丑兵这表示极度蔑视之意的神态当作了辉煌的胜利。

丑兵对我好像抱有成见，在一段不短的时间里，他竟没跟我说一句话。在排务会上，我问他为什么，他直截了当说：“我瞧不起你！”这使我的面子受了大大的损伤。使我更增加了对他的反感，这小子，真有点邪劲，他竟然瞧不起我！

有一阵子，排里的战士们都在衣领上钉上了用白丝线勾织成的“脖圈”，红领章一衬，怪精神的。可是，连里说这是不正之风，让各排制止，我心里不以为然，只在排点名时浮皮潦草地说了几句，战士们也不在意，白脖圈照戴不误。

有一天中午，全排围着几张桌子正在吃饭，小豆子他们几个对着丑兵挤鼻子弄眼地笑，我不由地瞅了丑兵一眼。老天爷，真没想到，这位老先生竟然也戴上了脖圈！这是什么脖圈哟！黑不溜秋，皱皱巴巴，要多窝囊有多窝囊，我撇了撇嘴，转过脸来。小豆子一看到我的脸色，以为开心的机会又来了。他端着饭碗猴上去。

“哎，老卡同志，”小豆子用筷子指指丑兵的脖圈，说道：“这是艾丝米拉达小姐给你织的吧？”

好几个人把饭粒从鼻孔里喷出来。

丑兵的眼睛里仿佛要渗出血来，他把一碗豆腐粉条稳稳当当地扣在了小豆子脖子上，小豆子吱吱哟哟叫起来了。

我把饭碗一摔，对着丑兵就下了架子。

“王三社！”

他看了我一眼，不说话。

“你打算造反吗？”

他又望了我一眼，依然不说话。

“把脖圈撕下来！”

他瞪了我一眼，慢慢地解开领扣，嘴里不知嘟哝着什么。

“你也不找个镜子照照那副尊容，臭美！”我还觉着不解气，又补充上一句“马铃薯再打扮也是个土豆！”

他仔细地拆下脖圈，装进衣袋。这时，小豆子哼哼唧唧地从水龙头旁走过来，

脖子像煮熟的对虾一样。

小豆子揎拳捋袖地跳到丑兵跟前，我正要采取紧急措施制止这场即将爆发的战争，丑兵开口说话了：“脖圈是俺娘给织的，俺娘五十八了，眼睛还不好……”他抽抽搭搭地哭起来，双手捂着脸，泪水顺着指缝往下流，两个肩膀一个劲地哆嗦。多数人都把责备的目光投向小豆子，小豆子两只胳膊无力地垂下来，伸着个大红脖子，活像在受审。

这件事很快让连里知道了。指导员批评我对待丑兵的不公正态度，我心里虽有点内疚，但嘴里却不认输，东一条西一条地给丑兵摆了好多毛病。

小豆子吃了丑兵的亏，一直想寻机报复。他知道动武根本不是丑兵的对手，况且，打起来还要受处分。于是，他就千方百计地找机会，想让丑兵再出一次洋相。

五一劳动节晚上，全连集合在俱乐部开文娱晚会。老一套的节目，譬如连长像牛叫一样的独唱，指导员胡诌八扯的快书，引起了一阵阵的哄堂大笑。晚会临近尾声时，小豆子对着几个和他要好的老乡挤挤眼，忽地站起来，高声叫道：“同志们，我提议，让我们的著名歌唱家王三社同志给大家唱支歌，好不好？”“好！”紧接着是一阵夸张的鼓掌声。我先是跟着拍了几下掌，但即刻感觉到有一股别扭、很不得劲的滋味在心头荡漾开来。丑兵把脑袋夹在两腿之间，一动也不动。小豆子对着周围的人扮着鬼脸，又伸过手去捅捅丑兵：“哎，歌唱家，别羞羞答答哒。不唱，给表演一段《巴黎圣母院》怎么样？”

全场哗然，我刚咧开嘴想笑，猛抬头，正好碰到了连长恼怒的目光和指导员严峻的目光。我急忙站起来，喝道："小豆子，别闹了！"小豆子余兴未尽，悻悻地坐下去。指导员站起来正要说些什么，没及开口，丑兵却像根木桩似的立起来，大踏步地走到台前，抬起袄袖子擦了两把泪水，坚定地说："谢谢同志们的好意，我表演！"

我惊愕地半天没闭上嘴巴，这老弟真是个怪物，他竟要表演！

然而他确实是在表演了，真真切切地在表演了。看起来，他很痛苦，满脸的肌肉在抽搐。

他说："当卡西莫多遭受着鞭笞的苦刑，口渴难挨时，美丽的吉卜赛姑娘艾丝米拉达双手捧着一罐水送到他唇边。这个丑八怪饮过水之后，连声说着'美！美！美！'"丑兵模仿着电影上的动作和腔调连说了三个"美"字，"难道卡西莫多在这时所想的所说的仅仅是艾丝米拉达美丽的外貌吗？"停顿了一下，他又接着说："当艾丝米拉达即将被拉上绞架时，丑八怪卡西莫多不避生死将艾丝米拉达救出来，他一边跑一边高喊'避难！避难！'"丑兵又模仿着电影上的动作和声音连喊了二声"避难"，"难道这时候卡西莫多留给人们的印象仅仅是一副丑陋的外貌吗？"

丑兵说完了，表演完了，木然地站着。满室寂然无声，听得到窗外的杨叶在春风中哗哗地浅唱。没人笑，没人鼓掌，大家都怔怔地望着他，像注视着一尊满被绿绣红泥遮住了真面目的雕塑。我的脸上，一阵阵发烫，偷眼看了一下小豆子，只见他讪讪地涎着脸，一个劲地折叠衣角……

那次晚会之后，丑兵向连里打了一个很长的报告，要求到生产组喂猪，连里经过反复研究，同意了他的请求。

一晃三年过去了，我已提升为副连长，主管后勤，又和丑兵经常打起交道来了。要论他的工作，那真是没说的，可就是不讨人喜欢，他性格变得十分孤僻，一年中说的话加起来也不如小豆子一天说的多，而且衣冠不整，三年来没上过一次街。我找他谈了一次，让他注意点军人仪表，他不冷不热地说："副连长，我也不与外界接触，绝对保证丢不了解放军的脸，再说，马铃薯再打扮也是个土豆，何必呢？"他顶了我一个歪脖烧鸡，我索性不去管他了。

七九年初，中越边境关系紧张到白热化程度，大有一触即发之势。连队里已私下传开要抽调一批老战士上前线的消息，练兵热潮空前高涨，晚上熄灯号吹过之后，还有人在拉单杠，托砖头。丑兵却没有丝毫反应，整天闷闷不响地喂他的猪。

终于，风传着的消息变成了现实。刚开过动员大会，连队就像一锅开水般沸腾起来。决心书、请战书一摞摞地堆在连部桌子上。有的人还咬破指头写了血书。

这次抽调的名额较大，七六、七七两年的老兵差不多全要去。老兵们也心中有数，开始忙忙碌碌地收拾起行装来了。下午，我到猪圈去转了一圈，想看看这个全连唯一没写请战书的丑兵在干什么。说实话，我很恼火，你不想入团也罢，不想入党也罢，可当侵略者在我边境烧杀掳掠，人们都摩拳擦掌地等待复仇的机会而这机会终于来了的时候，你依然无动于衷，这种冷漠态度实在值得考虑。

丑兵正在给一只老母猪接生，浑身是脏东西，满脸汗珠子。看着他这样，我原谅了他。

晚上，支委会正式讨论去南边的人员名单，会开到半截，丑兵闯了进来。他浑身上下湿漉漉的，大冷的天，赤脚穿着一双沾满粪泥的胶鞋，帽子也没戴，一个领章快要掉下来，只剩下一根线挂连着。

他说话了："请问各位连首长，这次是选演员还是挑女婿？"

大家面面相觑，不知他葫芦里卖的什么药。

他又说："像我这样的丑八怪放出的枪弹能不能打死敌人，扔出的手榴弹会不会爆炸？"

指导员笑着问："王三社同志，你是想上前线哪？"

丑兵眼睛潮乎乎地说："怎么不想？我虽然长得不好看，但是，我也是个人，中国青年，中国人民解放军战士！"

他啪地一个标准的向后转，迈着齐步走了。

丑兵被批准上前线了。当我把这个消息告诉他时，他一把攥住了我的手，使劲地摇着，一边笑，一边流眼泪。我的双眼也一阵热辣辣的。

在送别会上，丑兵大大方方地走到了台前，他好像变了个人，一身崭新的军装，新理了发，刮了胡子。最使我震动的是：他的衣领上又缀上了他的现在已是六十岁的眼睛不好的母亲亲手编织的当年曾引起一场风波的那只并不精致的"脖圈"！我好像朦胧地意识到，丑兵的这一举动有深深的含义。这脖圈是对美的追求？是对慈母的怀念？不管怎么样，反正，假如有人再开当年小豆子开过的那种玩笑，我也会给他脑袋上扣一碗豆腐粉条。

他说："同志们，三年前你们欢迎我唱歌，由于某些原因，我没唱，对不住大家，今天补上。"

在如雷的掌声中，他放开喉咙唱起来：

春天里苦菜花开遍了山洼洼，
丑爹丑妈生了个丑娃娃。
大男小女全都不理他，
丑娃娃放牛羊独自在山崖。

夏天里金银花漫山遍野开，
八路军开进呀山村来。
丑娃娃当上了儿童团，
站岗放哨还把地雷埋。

秋天里山菊花开得黄澄澄，
丑娃娃抓汉奸立了一大功。

王营长刘区长齐声把他夸，
男伙伴女伙伴围着他一窝蜂。

冬季里雪花飘飘一片白，
丑娃娃当上了八路军。
从此后无人嫌他丑，
哎哟哟，我的个妈妈咪。
……

像一阵温暖的，夹带着浓郁的泥土芳香的春风吹进俱乐部里来。漫山遍野盛开的野花，雪白的羊群，金黄的牛群，蓝蓝的天，青青的山，绿绿的水……一幅幅亲切质朴而又诗意盎然、激情盎然的画图，随着丑兵如怨如慕、如泣如诉的悠扬歌声在人们脑海里闪现着。我在想：心灵的美好是怎样弥补了形体的瑕疵，英勇的壮举，急人之难，与人为善，谦虚诚实的品格是怎样千古如斯地激励着，感化着一代又一代的人。

丑兵唱完了，站在那里，羞涩地望着同志们微笑，大家仿佛都在思虑着什么，仿佛都沉浸在一种纯真无邪的感情之中。

小豆子离座扑上前去，一下子把丑兵紧紧搂起来，眼泪鼻涕一齐流了出来，嘴里嘈嘈地嚷着："老卡，老卡，你这个老卡……"

猛然，满室又一次爆发了春雷一般的掌声，大家仿佛刚从沉思中醒过来似的，齐刷刷地站起来，把丑兵包围在垓心……

开完欢送会，我思绪万千，躺在床上翻来覆去睡不着，惭愧的心情愈来愈重。我披衣下床，向丑兵住的房子走去——他单独睡在猪圈旁边一间小屋里。时间正是古历的初八九，半个月亮明灿灿地照着营区，像洒下一层碎银。小屋里还亮着灯，我推开门走进去，丑兵正在用玉米糊糊喂一头小猪患，看见我进去，他慌忙站起来，连声说："副连长，快坐。"他一边说着，一边把喂好的小猪抱进一个铺了干草的筐子里："这头小猪生下来不会吃奶，放在圈里会饿死的，我把它抱回来单养。请连里赶快派人来接班，我还有好多事要交代呢……"

"多好的同志啊！"我想，"从前我为什么要那样不公正地对待他呢？"我终于说道："小王，说起来我们也是老战友了，这些年我侮辱过你的人格，伤害过你的自尊心，我向你道歉。"他惶恐地摆着手说："副连长，看你说到那里去了，都恨我长得太次毛，给连队里抹了灰。"

我说："小王，咱们就要分手了，你有什么话就说出来吧，千万别憋在肚子里。"

他沉吟了半晌："可也是，副连长，我这次是抱着拼将一死的决心的，不打出个样子来，我不活着回来。因此，有些话对你说说也好，因为，您往后还要带兵，并且肯定还要有长得丑的战士分到连里来，为了这些未来的丑战友，我就把一个丑兵的心内话说给您听听吧。

"副连长，难道我不愿意长得像电影演员一样漂亮吗？但是，人不是泥塑家手里的泥，想捏个什么样子就能捏出个什么样子。世界上万物各不相同，千人千模样，丑的，美的，不美不丑的，都是社会的一分子，王心刚，赵丹是个人，我也是个人……

“每当我受到战友的奚落时，每当我受到领导的歧视时，我的心便像针儿一样痛疼。

“我经常想，三国时诸葛亮尚能不嫌庞统掀鼻翻唇，说服刘备而委其重任；春秋时齐灵公也能任用矮小猥琐的晏婴为相。当然，我没有出众的才华，但是我是生在这样一个伟大的时代，一个真正把人当作人的时代啊！我们连长，排长，不应该比几千年前的古人有更博大的胸怀和更人道的感情吗？

“我不敢指望人们喜欢我，也不敢指望人们不讨厌我。爱美之心，人皆有之；厌丑之心人亦皆有之。谁也不能扭转这个规律，就像我的丑也不能改变一样。但是，美，仅仅是指一张好看的面孔吗？小豆子他们叫我卡西莫多，开始我认为是受了侮辱，渐渐地我就引以为荣了。我宁愿永远做一个丑陋不堪的敲钟人，也不去做一分钟仪表堂堂的宫廷卫队长……

“想到这些，我像在黑暗的夜空中看到了璀璨的星光。我应该坚定地走自己的路。许许多多至今还被人们牢记着的人，他们能够千古留名，绝大多数不是因为他们貌美；是他们的业绩，是他们的品德才使他们的名字永放光辉……

“我要求来喂猪是有私念的，我看好了这间小屋，它能提供给我一个很好的学习环境。两年来，我读了不少书——是别人代我去借的，并开始写一部小说。

他从被子下拿出厚厚一叠手稿：“这是我根据我们家乡的一位抗日英雄的事迹写成的。他长得很丑……小时天花落了一脸麻子……后来他牺牲了……我唱的歌子里就有他的影子……”

他把手稿递给我，我小心翼翼地翻看着，从那工工整整的字里行间，仿佛有一支悠扬的歌子唱起来，一个憨拙的孩子沿着红高粱烂漫的田间小径走过来……

“副连长，我就要上前线了，这部稿子就拜托您给处理吧……”

我紧紧地拉着他的手，久久地不放开：“好兄弟，谢谢你，谢谢你给我上了一场人生课……”

几个月后，正义的复仇之火在南疆熊熊燃起，电台上，报纸上不断传来激动人心的消息，我十分希望能听到或看到我的丑兄弟的名字，然而，他的名字始终未能出现。

又住了一些日子，和丑兵一块上去的战友纷纷来了信，但丑兵和小豆子却杳无音讯。我写了几封信给这些来信的战友，向他们打听丑兵和小豆子的消息。他们很快回了信，信中说，一到边疆便分开了，小豆子是和丑兵分在一起的。他们也很想知道小豆子和丑兵的消息，正在多方打听。

丑兵的小说投到一家出版社，编辑部很重视，来信邀作者前去谈谈，这无疑是一个大喜讯，可是丑兵却如石沉大海一般，这实在让人心焦。

终于，小豆子来信了。他双目受伤住了医院，刚刚拆掉纱布，左目已瞎，右目只有零点几的视力。他用核桃般大的字迹向我报告了丑兵的死讯。

丑兵死了，竟应了他临行时的誓言。我的泪水打湿了信纸，心在一阵阵痉挛，我的丑兄弟，我的好兄弟，我多么想对你表示点什么，我多么想同你一起唱那首丑娃歌，可是，这已成了永远的遗憾。

小豆子写道：……我和三社并肩搜索前进，不幸触发地雷，我眼前一黑，就倒了下去。不知过了多长时间，我感觉到被人背着慢慢向前爬行。我大声问："你是谁？"他瓮声瓮气地说："老卡。"我挣扎着要下来，他不答应。后来，他越爬越慢，终于停住了。我意识到不好，赶忙喊他，摸他。我摸到了他流出来的肠子。我拼命地呼叫："老卡！老卡！"他终于说话了，还伸出一只手让我握着："小豆子……不要记恨我……那碗豆腐……炖粉条……"

他的手无力地滑了下去……

（选自《莫言文集》，莫言著，上海文艺出版社 2012 年版）

注释

①蘑菇：北方方言词，指磨蹭，拖沓。

②揶(yé)揄(yú)：戏弄，侮辱，嘲笑。

③卡西莫多：法国文学家维克多·雨果创作的小说《巴黎圣母院》中人物。他被父母遗弃在巴黎圣母院门前，是巴黎圣母院敲钟人，长相奇丑无比，但有着一颗善良的心。他爱慕纯洁美丽的吉卜赛女郎艾丝米拉达却不敢表达，在她被送上绞刑架时，舍身救了艾丝米拉达。

莫言，1955 年 2 月生，原名管谟业，山东高密人，中国作家协会副主席，香港中文大学荣誉文学博士。2012 年荣获诺贝尔文学奖，是第一个获得诺贝尔文学奖的中国籍作家。

1981 年开始发表作品《春夜雨霏霏》，1984 年因《透明的红萝卜》而一举成名。1986 年，在《人民文学》杂志发表中篇小说《红高粱家族》引起文坛极大轰动。2011 年凭借小说《蛙》获得茅盾文学奖。2012 年获得诺贝尔文学奖。获奖理由是：通过幻觉现实主义将民间故事、历史与当代社会融合在一起。代表作主要有《檀香刑》《生死疲劳》《丰乳肥臀》《红高粱家族》《透明的红萝卜》《四十一炮》《白狗秋千架》《红树林》《蛙》等。莫言因一系列乡土作品充满"怀乡""怨乡"的复杂情感，被称为"寻根文学"作家。据不完全统计，莫言的作品至少已经被翻译成 40 种语言。

导读

本文是莫言所作著名短篇小说之一，讲述了外貌丑陋而心灵高尚的士兵王三社的感人故事，刻画了一个让人敬佩的悲剧英雄形象。

小说主要围绕郭排长、丑兵王三社还有战友"小豆子"展开。由于王三社长相丑陋，大家都有点瞧不起他，称他为"卡西莫多"，或者"老卡"，即《巴黎圣母院》中的丑陋敲钟人。省里慰问团来部队演出需派士兵去服务，郭排长因王三社长相丑陋而不让他参加，战友“小豆子”则更是经常取笑、嘲弄他。有一次“小豆子”嘲笑丑兵母亲为他织的“脖圈”，激怒了丑兵，丑兵生气地将一碗豆腐炖粉条扣在了“小豆子”脖子上，“小豆子”的脖子顿时被烫红。“小豆子”因此耿耿于怀，寻机让他出丑。在一次全连文艺晚会上起哄让丑兵唱歌，丑兵用袖子擦了两把眼泪，讲述了卡西莫多的故事，以此来控诉大家对自己的嘲弄。尽管如此，王三社也没有自暴自弃，主动要求去生产组喂猪，边喂猪边读书学习。他的善良、朴实和勤奋最终感动了郭队长和战友们。后来，对越自卫反击战开始，王三社不计前嫌，为了救“小豆子”而牺牲。

莫言用简单的笔触，先抑后扬的手法，勾勒出一个感人的故事，塑造出王三社这样一个外貌丑陋而内心美好的丑兵形象，就像《巴黎圣母院》中的卡西莫多一样。通过这篇小说，揭示出真正的美并不在人们的外表，而在人们的心灵深处。有些自以为美好的东西，反而往往是最丑陋的。用“丑”与“美”的鲜明对比，来发掘人性中真正的美。

感悟讨论

1. 结合本文，谈谈对“美”与“丑”的认识。
2. 复述丑兵的故事，分析丑兵的性格特征。

链接

《莫言文集》，莫言著，上海文艺出版社 2012 年版.

莫泊桑的文学成就以短篇小说最为突出，一生创作了包括大家熟悉的《羊脂球》《项链》《我的叔叔于勒》在内的近300部短篇小说，被誉为“短篇小说之王”。

第七节

伞

◎［法］莫泊桑

奥莱依太太很节俭，她知道一个铜子有多么大的价值，为了增加钱财，她有一大堆清规戒律。她的女仆当然很难报虚账揩油，就是奥莱依先生也是好不容易才能得到点零用钱。其实呢，他们经济上相当宽裕，并且是无儿无女。不过，奥莱依太太看见白花花的银币从手里出去，总好像心被撕破了一块，感到一种真正的痛苦。每逢不得已而付出一笔数目稍大的款子，尽管这笔费用绝不能省，她当天晚上总是一夜睡不安稳。

奥莱依一再对妻子说：

“你应该手松一点，我们从来也没啃过我们的老本啊。”

奥莱依太太的回答是：

“谁也不知道会发生什么意外的事，钱多总比钱少好。”

她是一个四十岁的、矮小灵活的妇人，脸上已经有皱纹，身上干净利落，经常光火发脾气。

她的丈夫时时刻刻在抱怨，抱怨她害他缺这短那。有些东西缺得特别叫他难受，因为缺少这些，便伤害了他的自尊心。

他在陆军部当主任科员，他之所以还当下去，纯粹是为了服从妻子的命令，为的是增加家里从不动用的常年利息。

两年来，他一直挟着那把满身补丁的伞上办公室，老是招来同事们的讪笑。最后他实在忍不住他们的耍笑，坚决要求奥莱依太太给他买一把新伞。她花八个半法郎买了一把，是那种大铺子里招徕生意的廉价品。同事们一看这件在巴黎成千上万地投到市场上的东西，又是一番嘲弄嬉笑，奥莱依痛苦得不得了。这把伞也真不顶事，三个月的工夫就不能用了，部里大家都把它当作笑谈，并且有人还编了一首歌，从早到晚在整个大楼里从楼上到楼下都听见这首歌。

奥莱依实在气愤极了，命令妻子替他选购一把值二十法郎的好绸子的大伞，并且必须把发票带回来作证。

她花十八法郎买了一把，在交给她丈夫的时候，脸气得通红，说道：

“你至少得用五年！”

奥莱依得意洋洋，在办公室里得到了一次真正的胜利。

他傍晚回到家里，他的妻子忧形于色地朝伞看了一眼，对他说：

“你不应该老让那根松紧带紧紧箍着伞，这会把绸面箍裂的。你必须好好爱护，因为我决不会三天两头给你买新伞。”

她拿过伞来，解开箍，把那些折痕抖了抖。可是她惊得不能动了，她发现伞的正中间有个小铜子大的洞，是雪茄烧的！

她结结巴巴地说：

“它怎么了？”

她的丈夫连看也不看，从容自如地回答：

“谁怎么了？什么怎么了？你是什么意思？”

现在怒火堵住了她的嗓子，她连话也说不出来了：

“你……你……你把……你的……伞……烧了。你这……不……不是……疯了……吗？你是想让咱们倾家荡产啊！”

他觉得自己脸色都变了，急忙转过身来：

“你说什么？”

“我说你把你的伞烧了！你自己去看！……”

她好像要打他似的朝他扑过去，把那个烧破的小圆洞恶狠狠地放在他的鼻子底下。

在这个烧痕面前，他真是不知所措了，他吞吞吐吐地说道：

“这个……这个……这是怎么回事？我，我不知道！我可以发誓，我什么也没有做过，什么也没有做过。我，我不知道这把伞是怎么回事。”

她现在是高声大喊了：

“我敢打赌，你一定在办公室里拿着它耍着玩，变戏法，你一定撑开过，叫大家欣赏来着。”

他回答：

“我只撑开过一回，让他们看看它多么漂亮。事实就是如此，我敢发誓。”

但是她气得直跺脚，和他狠狠地吵了起来，这种夫妻间的争吵，对一个喜爱和平的男子来说，真比枪林弹雨的战场还要可怕。

她在颜色不一样的旧伞上剪下一块绸子，补在新伞上。第二天，奥莱依老老实实地拿了补好的雨具出门了。他把伞往柜里一塞，就跟一桩不愉快的回忆似的，不再去想它。

可是傍晚回家，刚一进门，他的妻子就从他手里把伞抢过去，打开来检查：出现在她眼前的是一桩无法弥补的灾难，她恨得喘不过气来。原来伞上密密麻麻都是小洞，显然是火烧出来的，好像有人把燃着的一斗烟灰都倒在上面了。伞是完蛋了，无药可救了。

她一言不发地看着，愤怒到了极点，嗓子里倒反而发不出声音。他呢，他也眼睛注视着破伞，呆若木鸡，又怕又懊丧。

接下来夫妇俩你看着我，我看着你；他低下了头，她把那件体无完肤的东西扔过来，打在他脸上；在一阵狂怒中她的嗓音又恢复了：

“啊！坏蛋！坏蛋！你是故意这样做的！我得叫你尝尝我的厉害！你休想再要伞……”

吵闹算是又开始了。经过了一个钟头的狂风暴雨，他才能够张嘴声辩。他赌神罚咒，说自己也弄不清怎么回事，很可能是有人恶作剧或者有意报复，除此以外实在想不出别的缘故。

一阵门铃声替他解了围，原来是一个朋友到他们家来吃晚饭。

奥莱依太太就把事情讲给他听。至于再买一把新伞，那是休想，他的丈夫从此别想再买伞了。

那位朋友回答得也很有道理：

“那么，太太，他的衣服就要遭殃了，衣服当然更值钱。”

那矮个儿的太太怒气还是很大，回答：

“那么，他可以撑厨娘用的伞，我决不再给他买绸子伞。”

一想到叫他用厨娘的伞，奥莱依十分愤慨。

“那么，我就辞职不干！我决不拿着一把厨娘的伞到部里去。”

朋友又说了：

“去把面子换一换，费不了多少钱。”

奥莱依太太火更大了，她结结巴巴地说：

“换面子，至少要八个法郎。八法郎加十八法郎，就是二十六法郎！为一把伞花二十六法郎，这简直是发疯，是丧失理智！”

那位朋友本是一个寒苦的小市民，忽然灵机一动想出了一个高明主意。

“去要求保险公司赔偿好了。烧毁的物件，只要是在你的住宅里烧毁的，保险公司是应该赔偿的。”

一听这个主意，那个矮女人立刻怒气全消，思索了一分钟之后，便对丈夫说道：

“明天，到部里去以前，你先到马台内尔公司去一趟，让他们检查一下伞的情况，然后要求他们赔偿。”

奥莱依先生吓了一跳，他说：

“要了命我也不敢呀！无非是损失十八个法郎，这又没有什么大不了的。”

第二天，他出门就拿了一根手杖。正赶上运气不错，是个晴天。

奥莱依太太独自待在家里，总也忘不了那笔十八法郎的损失。伞就放在饭厅的桌上，她一直围着它转，拿不定主意。

她时时刻刻都想到保险公司，可是她也不敢跑去领教接待她的那些先生们意带嘲笑的眼光；因为在人面前，她有点怯生，为一丁点小事就要脸红，遇到必须跟生人说话的时候，就感到为难。

可是她舍不得十八法郎，这就跟创伤一样使她痛苦。她已经不愿意再去想它了，但是这笔损失的回忆不停地、痛苦地捶打着她。该怎么办呢？时间一点钟一点钟地过去了，她还是任何主意也拿不定。后来，正如胆小的人忽然壮起胆子来一样，她突然下了决心：

“我一定去，到了那再说！”

不过她还得先把伞收拾一番，让灾情显得十分严重，以便她更容易坚持她的要求。于是她在壁炉台上拿了一根火柴，在两根伞骨之间烧了有手掌那样宽的一大块。她把那未烧毁的绸面仔细地卷好，用松紧带箍好，然后披上披肩，戴上帽子，急忙向保险公司所在地的黎沃里大街走去。

可是离着公司越近，她的脚步却越放慢。她将说些什么呢？他们又将回答她什么呢？

她看了看门牌号头，还有二十八个号头，很好！她可以再仔细考虑考虑。她越走越慢。忽然，她打了个哆嗦。到门口了，门上写着几个金字：“马台内尔火灾保险公司”。已经到了！她止步停了一秒钟，又是焦躁又是羞愧，她走过去，走回来，第二次又走过去，第二次又走回来。

最后她对自己说：

“可是，总得进去啊。早去总比晚去强。”

不过，一走进去，她发现自己的心怦怦跳个不住。

她走进一间宽阔的大厅，四面有不少窗口，每一个窗口里都可以看见一个人的头，身子被隔板挡着看不见。

来了一位捧着文件的先生。她赶紧止步，低声下气地问道：

“对不起，先生，请问东西烧毁了，要求赔偿，应该到哪儿去接洽？”

那人声音很洪亮，回答道：

“二楼，向左，损失科。”

这个名称她听了愈发心惊胆战，真想什么也不说，牺牲了她那十八个法郎，拔腿逃跑。不过一想到这个数目，又恢复了点勇气。她走上了楼梯，喘着气，迈一级停一停。

到了二楼，她发现了一个门，敲了几下，一个响亮的声音喊道：“进来！”

她走进去一看，原来是一间很大的屋子，里面有三位先生站着谈话，三个人都佩戴着勋章，仪表非凡。

其中一人向她问道：

“您接洽什么事，太太？”

要说的话，她都想不起来了，结结巴巴说道：

“我来……我来……是为的……为的一笔损失。”

那位先生彬彬有礼，指着一个座说：

“请坐一坐，我马上就跟您谈。”

然后转身去向着那两位，继续他们的谈话：

“两位先生，敝公司认为对你们应负的责任不能超过四十万法郎，你们希望我们多付十万法郎，这个要求我们实难接受。并且按照估价……”

两人中的一个打断了他的话：

“不必再说下去了，先生，将来由法院来决定吧。我们现在只有告辞了。”

他们很讲究礼节地一连几次行礼告别，然后走了出去。

啊！如果她敢跟他们一起走，她一定跟着走了；她会把一切都放弃，一走了之。但是这样办，行吗？那位先生送客回来了，鞠着躬问道：

“太太，有什么事需要我效劳？”

她很困难地说道：

“我……我是因为这个来的。”

那位主任着实惊奇地低下头，望着她递给他看的那样东西。

她哆里哆嗦地努力解着伞上的松紧带，费了不少力气才解开，她猛地一下子把那柄拖一片挂一条的伞的尸骨撑了开来。

主任用颇为同情的口气说道：

“看来损坏的情形不轻啊！”

她吞吞吐吐地说：

“我花了二十法郎买的呢。”

他吃了一惊：

“真的吗？有这么贵？”

“是的，当初是一把很好的伞。我就是要让你亲眼察看一下它现在的情况。”

“很好，我看见了。很好。不过我看不出这事与我有什么关系。”

她有点担心了。这个公司也许对小东西是不赔偿的，她于是说道：

“不过……它是被烧毁的……”

那位先生不否认这一点：

“我看得很清楚。”

她张口结舌，再也不知说什么才好；可是她忽然明白自己忘了说明来意，于是赶紧说道：

“我是奥莱依夫人，我们在马台内尔公司保了火险。我是来向你们要求赔偿这笔损失的。”

她怕遭受对方正式拒绝，赶紧又找补了一句：

“我只是要求你们换一个伞面子。”

主任感到为难，说道：

“不过……太太……我们并不是卖伞的商店。我们无法承担这种修理的工作。”

这位矮小的夫人觉得胆又壮起来了，不争是不行的，那她就争吧！她不再害怕了。她说：

“我只要求修理费，我自己会找人去修理的。”

那位先生显出抱歉的神气说道：

“实在说，太太，钱并不算多。不过，对这样无足轻重的意外事情，是从来也没有人向我们要求过赔偿的。您当然明白，像手绢、手套、笤帚、旧鞋子等等每天都可以遭火损害的微小物件，我们是无法赔偿的。”

她觉得怒气上冲，脸色红了起来，她说：

“先生，不过，去年十二月，我们的烟囱着了一次火，给我们造成了至少五百法郎的损失，奥莱依先生并没有向公司要求任何赔偿。因此今天要求公司赔偿我这把伞，是天经地义的事情。”

主任猜到这是一派谎言，笑嘻嘻地说道：

“奥莱依先生遭受了五百法郎的损失，并不要求任何赔偿，为了一把伞却跑来要求五六个法郎的修理费，太太，您也会承认这是个十分叫人奇怪的事情吧？”

她一点也不感到慌张，马上答道：

“先生，话不是这样说的，五百法郎的损失是奥莱依先生掏腰包，十八法郎的损失却要动奥莱依太太的腰包，这可不是一回事。”

他看出不答应就没法打发她走，这一天就要这样白白浪费掉，只好狠了狠心问道：

“那么，请把事情的经过给我讲一讲吧。”

她嗅出了胜利的气味，就讲述起来：

“是这样的，先生：在我的前厅里，有这么一种青铜做的东西，可以插伞和手杖。那一天，回家的时候，我就把这伞插在里面。还应该告诉您一件事：在这东西的上边，在墙上钉着一块小木板，为的是放个蜡烛、火柴什么的。我一伸手，拿起四根火柴。我擦了一根，没着，我又擦了一根，着了，马上又灭了。我擦到第三根，还是那样。”

主任打断了她的话，说了一句俏皮话：

“这么说一定是政府公卖的火柴了？”

她没明白其中的意思，接着往下讲：

“也许是的。第四根总算是着了，我点上了蜡，就进卧室睡觉去了。可是过了一刻钟，好像闻见了一股子焦煳味。我平生就是害怕着火，如果真要遭上火灾，那决不会是因为我不小心！尤其是从方才跟您提起过的那场烟囱失火以后，我一直是提心吊胆。所以我马上爬起来，走出卧室，各处寻找，像猎狗似的到处闻，最后发现是我的伞烧着了。多半是一根火柴掉在里边了。您看看它现在成了什么样子了……”

主任已经甘心赔款，就问道：

“您估计得赔多少钱？”

她先是闭口无言，不敢决定数目。后来为了表示大方气概，她说：

“您叫人去修理吧，任凭您处理就是了。”

他拒绝了，他说：

“不行，太太，我办不了。您说要多少钱吧。”

“可是……我觉得……您看，先生，我也不想勉强您……咱们这么办吧。我把伞送到一家制伞店里去，让他们给绷上能经久耐用的好绸面子，随后我把发票给您送来，这样行吧？”

“很好，太太，就这样一言为定了。这是给出纳科的一个条子，他们会把您花的钱如数付给您的。”

他随即递给奥莱依太太一张卡片，她接了过来，一边道谢一边往外走；她生怕他会反悔改变主意，所以急着要出来。

她现在是迈着轻松的步伐在大街上走着，要找一家她认为漂亮的伞店。等她找到了一家神气阔绰的店铺，她就走了进去，用坚定的口气说：

“看，这把伞要换一个绸面子，要用顶好的绸子，你有什么好绸子就用什么好绸子。价钱多少，我是不在乎的。”

（选自《羊脂球》，[法]莫泊桑著，赵少侯译，北京燕山出版社 1999 年版）

莫泊桑（1850—1893），法国作家。生于法国西北部诺曼底省的一个没落贵族家庭，曾参加普法战争，战争结束后，先后在海军部和教育部任职，业余时间开始文学创作，1880 年，《羊脂球》的发表使他一举成名。创作上深受法国文学大师福楼拜的影响，一生写了近 300 部短篇小说和 6 部长篇小说。短篇小说有脍炙人口的《项链》《我的叔叔于勒》《绳子》《西蒙的爸爸》等名篇，长篇小说代表作《一生》《漂亮朋友》为世界名著。莫泊桑小说的题材极其丰富多彩，各色人物刻画栩栩如生，截取的生活层面也十分广泛，形成了逼真、自然的写作风格。小市民是莫泊桑笔下着墨较多的阶层，作家对小资产者的贪婪自私、爱慕虚荣、虚假伪善等弱点进行了无情的揭露和批判。他观察深刻，独具见解，创作上力求生动自然，以写实的手法描摹细节，烘托气氛，尤其擅长运用简洁、凝练的语言描写勾勒人物性格，有“短篇小说之王”的美誉。

导读

这篇小说以幽默和富于夸张的笔触，对一个中产阶级家庭主妇的人生理财哲学进行了辛辣的嘲讽，让人在诙谐风趣的故事中看清人性的弱点，发人深省。

小说中的奥莱依太太，一个 40 岁的小个子女人，性格活跃，但经常为攒钱而发脾气。虽然她的家庭收入不错，可以说基本过着中上层阶级的生活，用她丈夫的话来说，就是“我们的收入足够开销，你该松松手了”。但她哪里肯听，仍然不惜一切代价，只知道看紧自己家庭的钱袋，不给丈夫一个子儿的零花钱，甚至让自己的丈夫，一个国防部的高级职员，连续两年来打着补过的伞去国防部上班。在丈夫的一再要求下，奥莱依太太花 18 法郎为丈夫买了一把伞，但新伞却被丈夫的同事恶作剧用烟斗烧了个洞，于是奥莱依太太无法接受这个现实，她暴跳如雷，责骂丈夫；最后她不惜硬着头皮、冒着自尊心受到伤害的危险，编造谎言，要求火灾保险公司赔付她的伞的价值。小说最后，奥莱依太太用保险公司的钱去定制新伞面，又摆出一副满不在乎钱财的姿态，要用最好的绸面，爱慕虚荣的个性淋漓尽致地展现出来，这一细节为奥莱依太太的节俭做了最好的注脚。

小说主人公的形象塑造典型生动，她似乎活灵活现地出现在读者眼前。作者描写了她的肖像、她的发怒乃至大发雷霆，她的满足，刻画生动而具体。除了肖像描写和动作行为描写外，还采用了大量的心理描写和语言对话描写刻画人物，细腻传神。从奥莱依太太心理活动的描写中，读者会发现她的内心世界，她软弱甚至怯懦，在到底去不去火灾保险公司要求赔偿的问题上，她有过犹豫，甚至到了保险公司的办公室门口，她几乎要打退堂鼓了，她在内心里充满了矛盾，“她听了愈发心惊胆战，真想什么也不说，牺牲了她那十八个法郎，拔腿逃跑。不过一想到这个数目，又恢复了点勇气”。担心她的赔偿要求遭到拒绝，“这位矮小的夫人觉得胆又壮起来了，不争是不行的，那她就争吧！她不再害怕了”。传神的心理描写把奥莱依太太的性格跃然纸上。作者调动多种描写，成功地塑造了一个爱慕虚荣、视财如命、性格怯懦、性情乖戾的守财奴形象。

感悟讨论

1. 奥莱依太太是一个什么样的人？作者塑造这一形象采用了哪些方法？
2. 小说的结尾有何特点，在作品中起了怎样的作用？
3. 奥莱依太太与莫泊桑小说《项链》的女主人公性格上有何异同？

链接

《羊脂球》，[法]莫泊桑著，赵少侯等译，北京燕山出版社1999年版。

“一个人并不是生来就要被打败的”,“人尽可以被毁灭,但却不能被打败”。这就是《老人与海》想揭示的哲理。人生道路漫长、艰难,充满坎坷,但只要勇敢顽强地以一颗自信的心去迎接挑战,他将永远是一个真正的强者。

第八节

老人与海(节选)

◎［美］海明威

直到快日落的时候,鲨鱼才再来袭击它。

老人看见两片褐色的鳍正顺着那鱼必然在水里留下的很宽的臭迹游来。它们竟然不用到处来回搜索这臭迹。它们笔直地并肩朝小船游来。

他刹住了舵把,系紧帆脚索,伸手到船艄下去拿棍子。它原是个桨把,是从一支断桨上锯下的,大约两英尺半长。因为它上面有个把手,他只能用一只手有效地使用,于是他就用右手好好儿攥住了它,弯着手按在上面,一面望着鲨鱼在过来。两条都是加拉诺鲨。

我必须让第一条鲨鱼好好咬住了才打它的鼻尖,或者直朝它头顶正中打去,他想。

两条鲨鱼一起紧逼过来,他一看到离他较近的那条张开嘴直咬进那鱼的银色胁腹,就高高举起棍子,重重地打下去,砰的一声打在鲨鱼宽阔的头顶上。棍子落下去,他觉得好像打在坚韧的橡胶上。但他也感觉到坚硬的骨头,他就趁鲨鱼从那鱼身上朝下溜的当儿,再重重地朝它鼻尖上打了一下。

另一条鲨鱼刚才窜来后就走了,这时又张大了嘴扑上来。它直撞在鱼身上,闭上两颚,老人看见一块块白色的鱼肉从它嘴角漏出来。他抡起棍子朝它打去,只打中了头部,鲨鱼朝他看看,把咬在嘴里的肉一口撕下了。老人趁它溜开去把肉咽下时,又抡起棍子朝它打下去,只打中了那厚实而坚韧的橡胶般的地方。

“来吧,加拉诺鲨,”老人说。“再过来吧。”

鲨鱼冲上前来,老人趁它合上两颚时给了它一下。他结结实实地打中了它,是把棍子举得尽量高才打下去的。这一回他感到打中了脑子后部的骨头,于是朝同一部位又是一下,鲨鱼呆滞地撕下嘴里咬着的鱼肉,从鱼身边溜下去了。

老人守望着,等它再来,可是两条鲨鱼都没有露面。接着他看见其中的一条在海面上绕着圈儿游着。他没有看见另外一条的鳍。

我没法指望打死它们了,他想。我年轻力壮时能行。不过我已经把它们俩都打得受了重伤,它们中哪一条都不会觉得好过。要是我能用双手抡起一根棒球棒,我准能把第一条打死。即使现在也能行,他想。

他不愿朝那条鱼看。他知道它的半个身子已经被咬烂了。他刚才跟鲨鱼搏斗的时候,太阳已经落下去了。

它们也许还会再来袭击我。不过,一个人在黑夜里,没有武器,怎样能对付它们呢?

他这时身子僵硬、疼痛,在夜晚的寒气里,他的伤口和身上所有用力过度的地方都在发痛。我希望不必再斗了,他想。我真希望不必再斗了。

但是到了午夜,他又搏斗了,而这一回他明白搏斗也是徒劳。它们是成群袭来的,朝那鱼直扑,他只看见它们的鳍在水面上划出的一道道线,还有它们的磷光。他朝它们的头打去,听到上下颚啪地咬住的声音,还有它们在船底下咬住了鱼使船摇晃的声音。他看不清目标,只能感觉到,听到,就不顾死活地挥棍打去,他感到什么东西攫住了棍子,它就此丢了。

他把舵把从舵上猛地扭下,用它又打又砍,双手攥住了一次次朝下戳去。可是它们此刻都在前面船头边,一条接一条地蹿上来,成群地一起来,咬下一块块鱼肉,当它们转身再来时,这些鱼肉在水面下发亮。

最后,有条鲨鱼朝鱼头游来,他知道这下子可完了。他把舵把朝鲨鱼的脑袋抡去,打在它咬住厚实的鱼头的两颚上,那儿的肉咬不下来。他抡了一次,两次,又一次。他听见舵把啪的断了,就把断下的把手向鲨鱼扎去。他感到它扎了进去,知道它很尖利,就再把它扎进去。鲨鱼松了嘴,一翻身就走了。这是前来的这群鲨鱼中最末的一条。它们再也没有什么可吃的了。

老人这时简直喘不过气来,觉得嘴里有股怪味儿。这味儿带着铜腥气,甜滋滋的,他一时害怕起来。但是这味儿并不太浓。

他朝海里啐了一口说:"把它吃了,加拉诺鲨。做个梦吧,梦见你杀了一个人。"

他明白他如今终于给打败了,没法补救了,就回到船艄,发现舵把那锯齿形的断头还可以安在舵的狭槽里,让他用来掌舵。他把麻袋在肩头围好,使小船顺着航线驶去。航行得很轻松,他什么念头都没有,什么感觉也没有。他此刻超脱了这一切,只顾尽可能出色而明智地把小船驶回他家乡的港口。夜里有些鲨鱼来咬这死鱼的残骸,就像人从饭桌上捡面包屑吃一样。老人不去理睬它们,除了掌舵以外他什么都不理睬。他只留意到船舷边没有什么沉重的东西,小船这时驶来多么轻松,多么出色。

船还是好好的,他想,它是完好的。没受一点儿损伤,除了那个舵把。那是容易更换的。

他感觉到已经在湾流中行驶,看得见沿岸那些海滨住宅区的灯光了,他知道此刻到了什么地方,回家是不在话下了。

不管怎么样,风总是我们的朋友,他想。然后他加上一句:有时候是。还有大海,海里有我们的朋友,也有我们的敌人。还有床,他想。床是我的朋友,光是床,他想。床将是样了不起的东西,给打垮了,倒感到舒坦了,他想。我从来不知道竟会这么舒坦,那么是什么把你打垮的,他想。

"什么也没有,"他说出声来。"只怪我出海太远了。"

等他驶进小港,露台饭店的灯光全熄灭了,他知道人们都上床了。海风一步步加强,此刻刮得很猛了。然而港湾里静悄悄的，他直驶到岩石下一小片卵石滩前。没人来帮他的忙，他只好尽自己的力量把船划得紧靠岸边。然后他跨出船来，把它系在一块岩石上。

他拔下桅杆，把帆卷起，系住。然后他扛起桅杆往岸上爬。这时候他才明白自己疲乏到什么程度。他停了一会儿，回头一望，在街灯的反光中，看见那鱼的大尾巴直竖在小船船艄后边。看清它赤裸的脊骨像一条白线，看清那带着突出的长嘴的黑糊糊的脑袋，而在这头尾之间却什么也没有。

他再往上爬，到了顶上，摔倒在地，躺了一会儿，桅杆还是横在肩上。他想法爬起身来。可是太困难了，他就扛着桅杆坐在那儿，望着大路。一只猫从路对面走过，去干它自己的事，老人注视着它，然后他只顾望着大路。

临了，他放下桅杆，站起身来。他举起桅杆，扛在肩上，顺着大路走去。他不得不坐下歇了五次，才走到他的窝棚。

（选自《老人与海》，[美]海明威著，吴劳译，上海译文出版社 1999 年版）

欧内斯特·米勒尔·海明威(1899—1961)，美国小说家。1899 年出生在美国伊利诺伊州芝加哥郊外橡树园镇一个医生的家庭。他的父亲酷爱打猎、钓鱼等户外活动，他的母亲喜爱文学，这一切都对海明威日后的生活和创作产生了影响。海明威曾在《星报》做过实习记者，受到过良好的职业训练。第一次世界大战爆发后，海明威加入美国红十字会战场服务队，投身意大利战场。1927 年，海明威的长篇小说《太阳照样升起》和《永别了，武器》发表，这两部小说是“迷惘的一代”文学的代表作。第二次世界大战爆发，他以战地记者的身份奔波于西班牙内战前线。1940 年，海明威发表了以西班牙内战为背景的反法西斯主义的长篇小说《丧钟为谁而鸣》。1952 年，海明威发表了中篇小说《老人与海》，由于小说中体现了人在“充满暴力与死亡的现实世界中”表现出来的勇气而获得 1954 年的诺贝尔文学奖。颁奖词这样写道：“因为他精通于叙事艺术，突出地表现在他的近著《老人与海》中，同时也由于他在当代风格中所发挥的影响。”海明威简约有力的文体和多种现代派手法的出色运用，在美国文学界曾引起一场革命，影响了欧美很多作家。

导读

《老人与海》发表于 1952 年，小说成功地塑造了一个经典的硬汉形象，作者海明威也因此获得了 1954 年诺贝尔文学奖。

书中讲的是古巴一个名叫桑地亚哥的老渔夫，独自一个人出海打鱼，在一无所获的 84 天之后终于钓到了一条巨大的马林鱼。这是老人从来没见过也没听说过的鱼，比他的船还长两英尺。大鱼很难捕获，拖着小船漂流了整整两天两夜，老人在这两天两夜中经历了从未经受的生死艰难考验，终于把大鱼刺死，拴在船头。然而这时却遇上了鲨鱼，老人与鲨鱼进行了殊死搏斗，结果大马林鱼还是被鲨鱼吃光了，老人最后拖回家的是一副只剩头和尾的光秃秃的鱼骨架。这是一场人与自然搏斗的惊心动魄的颂歌，老人每取得一点胜利都付出了惨重的代价，最后遭到无可挽救的失败。但是，从另外一种意义上来说，他又是一个胜利者。因为，他不屈服于命运，无论在多么艰苦卓绝的环境里，他都凭着自己的勇气、毅力和智慧进行了奋勇的抗争。最后捕到一条完整的马林鱼还是一副空骨架，这都已经不重要了，因为生命价值已在追捕马林鱼的过程中充分地体现了。老人捍卫了“人的灵魂的尊严”，显示了“一个人的能耐可以到达什么程度”。小说中的大海和鲨鱼象征着与人作对的社会与自然力量，而老人在与之进行的殊死搏斗中，表现了无与伦比的力量和勇气，不失人的尊严，虽败犹荣，精神上并没有被打败。人类本身有自己的限度，但正是因为有了老渔夫这样的人一次又一次地向限度挑战，超越它们，这个限度才一次次扩大，一次次把更大的挑战摆在了人类面前。在这个意义上，老渔夫桑地亚哥这样的英雄，不管他挑战限度是成功还是失败，都是值得我们永远敬重的，因为他带给我们的是人类最为高贵的自信。

海明威的作品结构紧凑集中，语言清澈流畅，文风朴实无华，电报式的对话，简洁的心理独白，凝练的动作和景物描写，形成了他特有的“冰山风格”。本文节选自这篇小说的结尾部分，写老渔夫和鲨鱼的最后搏斗。仔细品味，看似简洁自然的语言，其实包含了作者的精心揣摩和润色加工，“老人看见两片褐色的鳍正顺着那鱼必然在水里留下的很宽的臭迹游来。它们竟然不用到处来回搜索这臭迹。它们笔直地并肩朝小船游来”。小说描述细节真实具体，大量的事实被运用于人物的心理活动之中，而不是由作者来叙述，“我没法指望打死它们了，他想。我年轻力壮时能行。不过我已经把它们俩都打得受了重伤，它们中哪一条都不会觉得好过。要是我能用双手抡起一根棒球棒，我准能把第一条打死。即使现在也能行，他想”。叙述描写精准客观，语言凝练，“他把舵把朝鲨鱼的脑袋抡去，打在它咬住厚实的鱼头的两颚上，那儿的肉咬不下来。他抡了一次，两次，又一次。他听见舵把啪的断了，就把断下的把手向鲨鱼扎去。他感到它扎了进去，知道它很尖利，就再把它扎进去。鲨鱼松了嘴，一翻身就走了”，这一切都体现了海明威独特的“新闻报道式”的语言风格。

感悟讨论

1. 分析老人桑地亚哥的“硬汉”性格。

2. 这部小说讴歌了什么样的精神品质？

3. 海明威在谈创作时说过“冰山在大洋里移动很庄严宏伟，这是因为它只有八分之一露在水面上”。你怎么理解这句话？

链接

《老人与海》，[美]海明威著，吴劳译，上海译文出版社 1999 年版。

欧·亨利有“曼哈顿的桂冠诗人”之称，他的作品以描写纽约的市井百态著称，被誉为“美国生活的幽默百科全书”。

第九节

财神与爱神

◎［美］欧·亨利

退休的洛氏尤列加肥皂制造商和专利人，老安东尼·洛克沃尔，在五马路私邸的书房里望着窗外，咧开嘴笑了一笑。他右邻的贵族兼俱乐部会员，乔·范·舒莱特·萨福克—琼斯，正从家里出来，朝等在门口的小轿车走去；萨福克—琼斯跟往常一样，向这座肥皂大厦正面的文艺复兴式的雕塑轻蔑而傲慢地扇了扇鼻翅儿。

“倔老头，看你的架子端得了多久！”前任肥皂大王说，“你这个僵老的纳斯尔罗德[①]，如果不留神，你得光着身子，打赤脚滚蛋呢。今年夏天，我要把这座房子漆得五光十色，看你那荷兰鼻子还能翘多高。”

召唤佣人时一向不喜欢摇铃的安东尼·洛克沃尔走到房门口，喊了声“迈克！”他那嗓子一度震破过堪萨斯大草原的天空，如今声势仍不减当年。

“关照少爷一声，”安东尼吩咐进来侍候的佣人说，“叫他出去之前到我这儿来一次。”

小洛克沃尔走进书房时，老头儿撂开报纸，打量着他，那张光滑红润的大脸上透出了又慈爱又严肃的神情。他一只手把自己的白头发揉得乱蓬蓬的，另一只手在口袋里把钥匙弄得咔哒咔哒直响。

“理查德，”安东尼·洛克沃尔说，“你用的肥皂是花多少钱买的？”

理查德离开学校后，在家里只待了六个月，听了这话稍微有些吃惊。他还没有摸透他老子的脾气，那老头儿活像一个初次交际的姑娘，总是提出一些叫人意想不到的问题。

“大概是六块钱一打的，爸。”

“那么你的衣服呢？”

“一般在六十块钱上下。”

“你是个上流人物。”安东尼斩钉截铁地说，“我听说，现今这些年轻的公子哥儿都用二十四块钱一打的肥皂，做一套衣服往往超过一百元大关。你有的是钱，尽可以像他们那样胡花乱用，但是你仍旧规规矩矩，很有分寸。我自己也用老牌尤列加肥皂——不仅是出于感情关系，还因为它是市面上最纯粹的肥皂。你买一块肥皂，实际上只得到一毛钱的货色，其余的无非是蹩脚香料和商标装潢罢了。像你这种年纪、地位和身份的年轻人，用五毛钱一块的肥皂已经够好了。我刚才说过，你是个上流人物。有人说，三代才能造就一个上流人物。他们的话不对头。有了钱就好办，并且办得跟肥皂油脂一般滑溜。它在你身上已经见效啦。天哪！它几乎使我也成了上流人物。我差不多同我左邻右舍的那两个荷兰老爷一样言语无味、面目可憎。他们晚上睡不着觉，只因为我在他们的住宅中间置下了房产。”

“某些事情哪怕有了钱也办不到。”小洛克沃尔有点忧郁地说。

“慢着，别那么说。”老安东尼错愕地说道，“我始终认为钱能通神。我已经把百科全书翻到了 Y 字，还没有发现金钱所办不到的东西；下星期我打算翻翻补遗。我是彻头彻尾拥护金钱的。你倒说说，世界上有什么是金钱买不到的。”

“举个例子吧，”理查德有点不服气地答道，“花了钱也挤不进最高等的上流社会呀。”

“啊哈！是吗？”这个拥护万恶之根的人暴喊道[②]。“你说给我听听，假如阿斯特的老祖宗没有钱买统舱船票到美国来[③]，你所谓的上流社会又打哪儿来呢？”

理查德叹了一口气。

“我要谈的正是那件事。”老头儿说，声音低了一点。“我把你找来就为了那个缘故。你最近有点不对劲，孩子。我注意了有两个星期啦。讲出来吧。我想我在二十四小时以内可以调度一千一百万元现款，房地产还不算在内。如果你的肝气毛病又犯了，‘逍遥号’就停泊在海湾里，上足了煤，两天之内就可以开到巴哈马群岛[④]。”

“猜得不坏，爸；相差不远啦。”

“啊，”安东尼热切地说，“她叫什么名字呀？”

理查德开始在书房里踱来踱去。这位粗鲁的老爸爸这般关心同情，不由他不说真心话。

“你干吗不向她求婚呢？”老安东尼追问道，“她一定会忙不迭地扑进你怀里。你有钱，相貌漂亮，又是个正派的小伙子。你一身清清白白，没有沾上尤列加肥皂。你固然进过大学，但是那一点她不至于挑眼的。”

“我始终没有机会。”理查德说。

“造机会呀。”安东尼说，“带她去公园散步，或者带她去野餐，再不然做了礼拜后陪她回家。机会！啐！”

“你不了解社交界的情况，爸。她是推动社交界的头面人物之一。她的每一小时、每一分钟，早在几天之前就安排好了。我非得到那个姑娘不可，爸，否则这个城市简直成了一片腐臭的沼泽，使我抱恨终身。我又不能写信表白——我不能那么做。”

“咄！”老头儿说，“难道你想对我说，拿我的全部财产做后盾，你还不能让一个姑娘陪你一两个小时吗？”

“我发动得太迟了。后天中午，她就要乘船去欧洲，在那儿待两年。明天傍晚，我可以单独同她待上几分钟。眼前她在拉奇蒙特她姨妈家。我不能到那儿去，但是她答应我明天傍晚乘马车到中央火车站去接她，她搭八点三十分那班火车来。我们一起乘马车赶到百老汇路的沃拉克剧院，她母亲和别的亲友在剧院休息室等着我们，一起看戏。你认为在那种情况下，只有六分钟或者八分钟的时间，她会听我表白心意吗？不会的。在剧院里或者散戏之后，我还能有什么机会呢？绝对没有。不，爸爸，这就是你的金钱所不能解决的难题。金钱连一分钟的时间都买不到；如果能买到，有钱人的寿命就可以长些啦。在兰特里小姐启程之前，要同她好好谈一谈是没有希望的了。"

"好吧，理查德，我的孩子，"老安东尼快活地说，"你现在可以到你的俱乐部去啦。我很高兴，你并没有犯肝气病。可是你别忘了时常去庙里烧烧香，敬敬伟大的财神。你说金钱买不到时间吗？唔，你当然不能出一个价钱，叫人把'永恒'包扎得好好的，送货上门；但是我看到时间老人走过金矿的时候，脚踝给磕得满是伤痕。"

那晚，正当安东尼在看晚报时，那位温柔善感，满脸皱纹，给财富压得郁郁不乐，老是长吁短叹的埃伦姑妈来看她的弟弟了。他们开始拿情人的烦恼当做话题。

"他已经完全告诉我啦。"安东尼说着打了一个呵欠，"我对他说，我的银行存款全部听他支配。他却开始诋毁金钱。说是有了钱也不中用。又说十个百万富翁凑在一起也不能把社会规律拖动一步。"

"哦，安东尼，"埃伦姑妈叹息说，"我希望你别把金钱看得太了不起。牵涉到真实感情的时候，财富就不管用了。爱情才是万能的。他如果早一点开口就好啦！那个姑娘不可能拒绝我们的理查德。但是我怕现在已经太迟了。他没有向她求爱的机会。你的全部金钱并不能替你的儿子带来幸福。"

第二天晚上八点钟，埃伦姑妈从一个蛀痕斑驳的盒子里取出一枚古雅的金戒指，把它交给理查德。

"孩子，今晚戴上它吧。"姑妈央求道，"这枚戒指是你母亲托付给我的。她说它能替情人带来幸福。她嘱咐我等你找到了意中人时，就把它交给你。"

小洛克沃尔郑重其事地接过戒指，套在小手指上试试。戒指滑到第二个指节就停住了。他把它勒下来，照男人的习惯，往坎肩口袋里一塞。接着，他打电话叫马车。

八点三十二分，他在火车站嘈杂的人群中接到了兰特里小姐。

"我们别让妈妈和别人久等。"她说。

"去沃拉克剧院，越快越好！"理查德唯命是从地吩咐马车夫说。

他们飞快地向百老汇路驶去，先取道第四十二号街，然后沿着一条街灯像璀璨星光的小道，从宁谧的西区奔向高楼耸立的东区。

到了第四十三号街的时候，小理查德迅速推开车窗，吩咐马车夫停住。

"我掉了一枚戒指。"他一面道歉似地解释说，一面跨出车门。"那是我母亲的遗物，我不愿意把它弄丢。我耽误不了一分钟——我看到了它掉在什么地方。"

不出一分钟，他找到了戒指，重新坐上马车。

可是就在那一分钟里，一辆市区汽车在马路的正前方停住了。马车夫想往左拐，然而一辆笨重的快运货车挡住了他的去路。他向右面试试，又不得不退回来，避让一辆莫名其妙地出现在那儿的装载家具的马车。他企图倒退，但也不成，便只好扔下缰绳，聊尽本分地咒骂起来。他给封锁在一批纠缠不清的车辆和马匹中间了。

交通阻塞了。在大城市里，有时会相当突然地发生这种情况，断绝交通往来。

“为什么不赶路呀？”兰特里小姐不耐烦地问道。“我们要迟啦。”

理查德在车子里站起身，朝四周扫了一眼。他看到百老汇路、六马路和第三十号街广阔的交叉路口给各式各样的货车、卡车、马车、搬运车和街车挤得水泄不通，正像一个腰围二十六英寸的姑娘硬要束二十二英寸的腰带那样。所有交叉的街道上，还有车辆在飞快地、咔哒咔哒地朝着这个混乱的中心赶来，投入这一批难解难分、轮毂交错的车辆和马匹中[5]，在原有的喧嚣声中又加上了它们的车夫的诅咒声。曼哈顿所有的车辆似乎都充塞在它们周围。挤在人行道上看热闹的纽约人成千上万，他们中间连资格最老的都记不清哪一次交通阻塞的规模可以同这一次的相比。

“真对不起，”理查德坐下来说，“看情形我们给卡住了。在一个小时之内，这场混乱不可能松动。这要怪我不好。假如我没有掉落那枚戒指，我们——”

“给我瞧瞧那枚戒指吧。”兰特里小姐说。“现在既然已无法挽救，我也无所谓了。说起来，我一向认为看戏是顶无聊的事。”

当天夜里十一点钟，有人轻轻叩安东尼·洛克沃尔的房门。

“进来。”安东尼喊道，他穿着一件红色的袍子，正在看一本海盗冒险小说。

进来的是埃伦姑妈，她的模样活像是一个头发灰白，错留在人间的天使。

“他们订婚啦，安东尼。”她温柔地说。“她答应跟我们的理查德结婚。他们在去剧院的路上碰到了一次交通阻塞，他们的马车过了两个小时才脱身出来。”

“哦，安东尼弟弟，你别再替金钱的力量吹嘘啦。一件表示真实爱情的小小信物——一枚象征海枯石烂永不变，金钱买不到的爱情的小戒指——是我们的理查德获得幸福的根由。他半路上掉落了那个戒指，下车去捡。他们重新上路之前，街道给堵住了。马车给卡在中间的时候，他向心上人表明了态度，赢得了她。同真实的爱情比较起来，金钱简直成了粪土，安东尼。”

“好吧，”老安东尼说，“我很高兴，那孩子总算实现了他的愿望。我早对他说过，在这件事上，我不惜付出任何代价，只要——”

“可是，安东尼弟弟，在这件事上，你的金钱起了什么作用？”

“姊姊，”安东尼·洛克沃尔说，“我的海盗正处于万分危急的关头。他的船刚给凿穿，他有钱，重视金钱的价值，绝不会让自己给淹死的。我希望你别来打扰，让我看完这一章吧。”

故事原该在这儿收场了。我跟各位一样，也热切地希望如此。但是为了弄清事实真相，我们非刨根问底不可。

第二天，一个双手通红，系着蓝点子领带，自称是凯利的人来找安东尼·洛克沃尔，立刻给让进了书房。

“唔，”安东尼一面伸手去拿支票簿，一面说道，“这一锅肥皂熬得不坏。我们瞧瞧——你已经支了五千元现钞。”

“我自己还垫了三百块。”凯利说,“预算不得不超过一些。快运货车和马车大多付了五块;可是卡车和两匹马拉的车子多半要我付十块。汽车夫要十块,几辆满载的车子要二十块。警察敲得我最凶——其中有两个,我每人给了五十,其余有的二十,有的二十五。不过表演得真精彩,可不是吗,洛克沃尔先生?幸好威廉·阿·布雷迪没有看到那场小小的车辆外景[6]。我不希望威廉妒忌得伤心。并且我们根本没有经过排练!伙计们都准时赶到,一秒钟也不差。足足两小时,堵得水泄不通,格里利的塑像底下连一条蛇都钻不过去[7]。”

“一千三百元——喏,凯利。”安东尼撕下一张支票,递给凯利说,“一千元是酬劳你的,三百元是还你垫付的钱。你不至于瞧不起金钱吧,凯利?”

“我吗?”凯利说。“我真想揍那个发明贫穷的人呐。”

凯利走到门口时,安东尼又叫住了他。

“你有没有注意到,”他说,“在那交通断绝的地点,有一个一丝不挂,拿着弓箭乱射的胖娃儿[8]?”

“啊,没有呀。”凯利给弄得莫名其妙,“我没有见到。即使他像你所说的也到过那儿,警察在我至场之前早该把他抓走啦。”

“我原想那个小流氓是不会在场的。”安东尼咯咯笑道。“再见,凯利。”

(选自《麦琪的礼物》,[美]欧·亨利著,王仲年译,北京燕山出版社2000年版)

注释

①纳斯尔罗德(1780—1862):德籍俄罗斯政治家,安东尼借用来讽刺外籍移民萨福克—琼斯。

②万恶之根:典出《新约·提摩太前书》六章十节:“贪财是万恶之根。”

③阿斯特:美国富商及金融家约翰·阿斯特(1763—1848),出生于德国海德堡附近的沃尔道夫村,于1783年移居美国。纽约的豪华旅馆“沃尔道夫·阿斯托里亚”就是他创办的。

④巴哈马群岛:加勒比海上的岛屿,是旅游胜地,1783年沦为英国殖民地,1973年7月10日正式独立。

⑤轮毂(gǔ):轮圈。

⑥威廉·阿·布雷迪(1863—1950):美国著名的剧院经理,纽约康奈岛游乐场的倡办人。

⑦格里利(1811—1872):美国新闻记者、作家、政治家,纽约《论坛报》的创办人。他是纽约州选出的众议员,1872年竞选总统失败。纽约市有一个以他命名的广场。

⑧有一个一丝不挂句:指罗马神话中的爱神丘比特,他的形象通常被描绘成裸体,有双翅,手持弓箭,蒙住眼睛的小男孩儿。

欧·亨利(1862—1910),原名威廉·西德尼·波特,美国著名的短篇小说家,曾被评论界誉为“曼哈顿桂冠诗人”和美国现代短篇小说之父。他出生于美国北卡罗来纳州格林斯波罗镇一个医师家庭，当过药房学徒、牧牛人、会计员、土地局办事员、新闻记者、银行出纳员。当银行出纳员时，因银行短缺了一笔现金，为避免审讯，离家流亡中美的洪都拉斯。后因回家探视病危的妻子被捕入狱。他创作第一部作品的起因是为了给女儿买圣诞礼物，但基于犯人的身份不敢使用真名，乃用笔名发表了《口哨迪克的礼物》。1901年提前获释后，迁居纽约，专门从事写作。欧·亨利善于描写美国社会尤其是纽约百姓的生活。他的作品构思新颖，语言诙谐，结局总使人“感到在情理之中，又在意料之外”；又因描写了众多的人物，富于生活情趣，被誉为“美国生活的幽默百科全书”。代表作有小说集《白菜与国王》《四百万》《命运之路》等。其中一些名篇如《爱的牺牲》《警察与赞美诗》《麦琪的礼物》《带家具出租的房间》《最后一片常春藤叶》等使他获得了世界声誉。

导读

这篇小说通过肥皂大王老安东尼·洛克沃尔花钱制造交通堵塞，为儿子向意中人表白爱情赢得时间的故事，对金钱至上的社会进行了深刻的揭露，辛辣嘲讽了金钱万能的异化观念。

小说的构思非常巧妙。纽约肥皂大王老安东尼·洛克沃尔的儿子理查德爱上了一位美丽的姑娘——社交界的头面人物，却一直没有机会向她表白。当心仪的姑娘要离开美国前往欧洲居住的当天，理查德才获得了一个陪她去剧院的机会。理查德告诉父亲，仅在去剧院途中六分多钟的时间里有向姑娘表白的机会，这么短的时间根本不会有什么结果。在理查德从火车站接姑娘向剧院驶去的途中，他们的马车在一个路口遇到了严重的交通堵塞，各种车辆和闲杂人员交织在一起，水泄不通，而且一堵就是两个小时。当晚，埃伦姑妈兴高采烈地告诉肥皂大王弟弟：就在堵车的时候，他向她表白了爱情，最后赢得了她。比起真正的爱情来，金钱成了粪土，故事在这里可以结束了。然而，接下来就是“欧·亨利式的结尾”，第二天，老安东尼·洛克沃尔的一个手下来到他的书房，向他汇报说，制造这次交通堵塞一共花去了5300美元，原来，那场关乎理查德终生幸福的交通堵塞，是老安东尼花钱雇人制造出来的。小说线索明暗交替，详略有度，老安东尼和儿子谈论心中苦恼，儿子理查德送姑娘去剧院遇到交通堵塞，埃伦姑妈带来理查德求婚成功的好消息，这些情节明写。而至于小伙子是怎么向姑娘表白，姑娘怎么答应小伙子的，老安东尼又是如何雇人去制造交通堵塞的，小说并没有正面描写，这些情节都是事后通过对话表现出来的。结构非常紧凑，出人意料的结尾，成为小说的点睛之笔。

小说出场的人物不多，但可以分为两派，一是“财神”派，主人公肥皂大王老安东尼是代表，他是“金钱万能”思想的化身，作者以较多的笔墨描写了他的心理活动，还有一个是着笔不多的手下凯利；一是“爱神”派，埃伦姑妈，儿子理查德和姑娘，代表爱神的埃伦姑妈相信人间有真爱，儿子理查德和姑娘的爱作者虽然没有正面描写，但毋庸置疑这种爱是真诚的。小说结局，表面上看是代表“金钱万能”的财神胜利了，老安东尼花钱制造了交通堵塞，为儿子赢得了时间；仔细分析，老安东尼的举动是在儿子理查德和姑娘不知情的情况下进行的，只不过在他们不知情的情况下给“爱神”帮了个忙，胜利的还是真挚的爱情。小说结尾既令人忍俊不禁，又意味深长，老安东尼在嘲讽“爱神”，其实，此时他是不是应该这样想，两个年轻人如果没有爱，结果会怎么样呢？小说通过大量的对话推进故事情节，表现人物性格，语言干净简洁，诙谐幽默，充满了喜剧讽刺效果。

感悟思考

1. 对于《财神与爱神》这篇小说的主题有不同的看法，有人认为宣扬了“金钱万能”的思想，有人认为嘲讽了“金钱至上”的社会，你怎么看？

2. 分析老安东尼的人物形象。

3. 体会小说通过对话推进故事情节、刻画人物性格的特点。

链接

《麦琪的礼物》，[美]欧·亨利著，王仲年译，北京燕山出版社2000年版。

单元实训——交际口才

语言是人们交际的工具。口才是基于人际沟通的现实需要产生的。《词源》解释："口才"也作"口材"，是指"善于说话的才能"。这种说话的才能，是指在某种场合，面对他人，在准备不充分或完全没有准备的情况下，口语表达正确，条理清楚，词语妥帖，巧妙有趣，有一种感人的力量，也就是常人所讲的"会说话"。在许多情况下，我们总是依靠这种"会说话"获得他人的理解和信任，从而被他人接受，进而影响他人。自古以来，中国人在成就事业时都强调"天时、地利、人和"。三者中最难得、最重要的是"人和"，而好的口才与沟通能力是创造"人和"的至关重要的条件。西方口才训练大师卡耐基强调："现代人士80%都是靠一根舌头打天下。"因为善于说话的人，能够准确地向他人传达信息，赢得他人的理解、信任、支持和爱戴，在交往中获得朋友，从而有效地解决问题，办好事情。因此，口才又被认为是交际能力、办事能力的主要内容之一。

交际口才集口语表达能力、听话能力、体态表达能力、心理素质、情感表达能力、人际交往意识、人格魅力以及知识结构等多种要素于一体，是一个人综合素质的结晶。所以，要获得良好的交际口才，要注意以下内容：

一、会说话具备的素质

法国启蒙思想家狄德罗说过："真理和美德是艺术的两个密友。你要当作家，当批评家吗？请首先做一个有德行的人。"说话是一门艺术，任何一位想掌握说话艺术的人必须具备良好的道德素养、知识素养和艺术素养。

（一）道德素养

道德素养主要是指道德观念和思想品德两个方面，包括世界观、价值观、幸福观、使命感、荣誉感等内容。在现实生活中，任何具体形式的说话，实质上都是说话者内心世界的一种表现，即使是随意性的闲聊，也可展露说话者的人格个性。"言为心声"说的就是这层意思。我们每个人在成长的过程中，由于社会的影响和文化的熏陶，都会形成自己的价值观、信念和想法。这些价值观、信念和想法很重要，它决定我们的精神面貌，是我们观察世界的工具；它决定了我们与他人的沟通方式——我们说什么，怎么说，还有我们如何感知他人与我们的沟通；它潜移默化地引导我们的行动、我们的生活方式和与他人沟通的方式。因此，我们的价值观决定了我们的言行，并决定最终的结果，所以有好的交际口才的前提是要有良好的道德素养。

（二）知识素养

知识素养在人际交往中非常重要。有良好交际口才的人无一不是学识渊博的人。

他们能旁征博引，妙语惊人，开启人们的心扉；能把生动、具体的事例恰当地组织到各种谈话中去，出口成章，使听众感到内容丰富、新颖有趣、百听不厌，其根本原因就在于他们博览群书，知识面广，所谓“世事洞明皆学问，人情练达即文章”。知识积累可以丰富口语表达的内容，可以使口头表达更为准确、生动。很多渴望提高口语表达能力的人往往不懂得提高知识素养是“敲门砖”，不明白“功夫在开口之前”的道理，没有养成勤于积累的习惯，知识底蕴不足，知识储备不足，从而限制了表达者的思路和视野，说出来的话自然就会平庸、空洞，如果你大脑中是一片空白，那么你再伶牙俐齿，也无济于事。因此，只有拥有了丰富的知识素养，才能信手拈来，即兴发挥，使谈吐更高雅，说服力更强。

（三）艺术素养

说话者在以有声语言来“说”的同时，还要运用一定的无声语言来“表演”，形成一种整体美感效应，这又要求说话者要有艺术素养。这种艺术素养形成的美感是以仪表、手势、动作、眼神、表情及风度的综合运用来展示的。它们虽然是无声的，但却与有声语言一样在传达某种信息，是不可被忽视的，这通常被人们称为“态势语言”。

表情是人们在说话时情绪的自然流露，是一种特殊的语言，任何社会成员都能读懂这种特殊语言。在语言交流中，人们对愉快的热情流露领会得最快，而微笑最容易得到对方的认同。微笑标志着自信、友好，这正是说服听众有效的“心理武器”。当然，微笑应该是真诚的，而不是故意做作。

眼睛是心灵的窗户，“眼睛能说话”。社会心理学家认为，目光接触是态势语言沟通的主要信息来源。目光能使表情熠熠生辉，它是人体整个面部最引人注目的部分。在说话中，使用目光这种特殊语言，能使听众更有效地理解你的思想、感情、态度和人格。目光运用要自然，且充满自信。在社交场合，初学者不敢直视对方时，最好将目光落在对方的鼻沟处，这样既对着对方的脸说话，符合礼仪的要求，又回避了对方的目光，避免了尴尬。

二、提高交际口才的方法

（一）充满自信，放松心态，才能谈吐自如

每个人都希望自己拥有良好的口才，但往往因为情绪紧张，而导致言语不流畅，这便是自信心不足造成的，所以要充满自信，放松心情。拥有自信，说话才有力度，对方就因你的自信而信赖你。如果连自己都没有自信，别人肯定不会信赖你。人们通常会成为自己相信的那种人：如果我不停地对自己说，我做不了某件事，很可能最终我就真的失败了。相反，如果我抱着我一定可以做到的信念，那么我们自己就会有能力完成它，即便开始时我不能。所以与人说话时一定要有自信。可以通过以下方法建立自信。

1. 放松心灵，言语自如。在与人交谈时我们会有这样的感觉，自己越是紧张就越说不出话来。究其原因，主要是因为你没有一个轻松愉悦的心理环境做基础。不管面对什么人，相信自己有别人不具备的优点，不管面对什么人，脑海中首先跳出自己的优点，

并以此为支撑，找到自信的理由，放松心情。培养微笑的习惯，训练接受他人的视线、目光，培养自信和观察能力。讲话就好比一层层的高楼，轻松的心情就是雄厚的地基。口才越好，大楼越高，相应的地基就越雄厚，心情就越需要放松。

2. 说话时要坐稳或站稳，要敢于正视别人。如果说话时来回晃动，本来情绪就紧张，这就加剧了情绪不稳定，同时给人一种不稳重的感觉，从而加大了沟通的困难。说话时要抬头，昂首、挺胸给人朝气蓬勃的姿态。正视别人等于告诉他：我很坦然，很光明正大。说话时不敢正视别人，通常或意味着自己因不如别人而自卑，或意味着因自己做错事而内疚。

3. 抢占“居家优势”。交际中有个概念叫“居家优势”，意思是说好像在自己的家里，自己占有主动权。交际表达中主动者心理准备往往更充分些，因此不妨在交际中设想场合是在自己的家中，来增强自信心。

4. 设想每次见面都是“永诀”。因为如果我们认为在交际中这是我们最后一次见面，我们就不用担心为对方留下什么印象，而能充分、真实地表现自己，从而增加了自信心。

(二)把握语言文字的知识，提高口语表达的技能

交际口才是以语言文字作为基础的，孔子说：“工欲善其事，必先利其器。”因此，要想做具备良好口才的人，就必须把握好语言文字这个得力的“器”。优秀的口语表达要求一定的语言文字基础，然后再掌握相关的技能：

(1)语言规范，说普通话。我国幅员辽阔，人口众多，各地区之间方言差别很大，普通话是唯一能够跨越地区方言隔阂，进行有效沟通的语言，因此说好普通话是口语表达最基本的要求。这种要求的基础是我们必须掌握正确的汉语语音、词汇、语法。

(2)吐字清楚，音量适中。交谈中在讲普通话时，吐字发音要尽量清晰；音量要有意控制，不宜过高或过低，以对方能听清楚，听明白为度。

(3)构思周密，详略得当。古文里将构思称为“驭文之首术，谋篇之大端”，可见构思对写文章的重要性。口语交际虽然不是写作，也是口头文章，因此也需要构思。首先对话题有全面理解和把握，抓准讲话的核心，切忌不懂装懂，东拉西扯，信口开河。同时谈话的内容不能“胡子眉毛一把抓”，要详略得当，保证重要信息的传输。

(4)表达准确，形象生动。交谈是一门艺术，准确的表达和形象生动的语言能增强其艺术性，增加交谈的美感。

(5)反应敏捷，态势得体。对话题完成思考和建构迅速；对对方表述内容反应敏捷，迅速把握主旨，并做出判断。同时态势语言运用自然、得体，切忌矫揉造作，同时对感情“度”的把握自觉、准确。

(三)善于找和别人谈话的交集

交谈是由双方或多方共同进行的，其内容因对象不同而相互制约。说话时必须使自己的话题与对方相呼应，才能顺利进行。因此，要善于寻找和他人的交集，寻找双方共同感兴趣的话题是最主要的。

（四）发挥主导能力

具有良好口才的人应该具有对谈话内容的把握能力、信心反馈的领悟能力、情绪场合的调控能力，使场面在自己的控制范围之中。

三、交际口才把握的原则

1. 互尊性。礼仪语言要求说话者不卑不亢，既尊重人，也要自尊。古人说，“敬人者，人恒敬之”，尊敬他人的人，也应受到他人的尊敬。礼尚往来，就是要对等讲礼，实用礼仪语言也是如此。宋人程颐说：“以诚感人者，人亦以诚而应。”以礼貌语言待人者，人亦以礼貌语言而待之。

2. 倾听性。交际口才不同于演讲，是与人交谈，这便要求学会倾听别人的谈话，不要急于表达自己的观点，先听听对方说些什么，分析对方的话，揣摩对方的意图。对对方来讲，你镇静沉着的状态，会给对方一个冷静或成熟的好印象；若急躁不安地听别人谈话，既听不清对方的意图，又会引起对方的反感，也会失去与你交谈的耐心，学会倾听，能使你和对方向更深的方向进行交谈。在倾听时要察言观色，洞察对方的意图，才能把话说到心里。中国人普遍特点是含蓄，特别是在讲话时，要表达的意图有的时候不直接说出来，会迂回委婉地讲，这就要求你察言观色地去领悟与揣摩说话人的弦外之音。

3. 得体性。口语交际离不开具体的交际环境和明确具体的对象，有时即使说的是同一内容，也要因环境和对象的不同而有所变化。要做到适时、适量、适度。适时是指话要说在该说时，止在该止处。在热闹喜庆的气氛中唠唠叨叨叙说自己的不幸，在别人悲伤忧愁时开玩笑，都是不合时宜的。适量是指说话需要详尽时尽可能详细，需要简约时切不可啰唆。适量并非任何情况下都是少说为佳，适量与否应以是否达到了说话的目的为标准。适度体现了交际口才的灵活性，主要是指根据不同的交际对象把握言谈的深浅度，根据不同的场合把握言谈的得体度，根据自己的身份把握言谈的分寸度。首先要看身份说话，既看自己的身份，又要看对方的身份，以便在交际中使用恰当的称谓和口吻。其次，要看场合说话。庄重场合要严肃、认真，不矫揉造作，给人以稳重感。一般场合说话随意、轻松，给人以融洽感。

交际需要好的口才，好的口才如鸟之双翼，车之两轮，能够使交际产生良好的效果，从而帮助你实现人生的既定目标。因此，我们一定要在掌握理论知识的基础上，加强实际练习，让我们每个人都拥有良好的交际口才。

实训

1. 周围同学谁的口才好，你觉得从他（她）那里应该学习什么？

2. 你有过和周围同学、朋友发生不愉快的经历吗？找机会和他（她）进行一次交谈，你们还会是朋友。

第五篇 实用写作

第一节

党政公文

一、党政公文的概念和特点

（一）概念

党政机关公文是党政机关实施领导、履行职能、处理公务的具有特定效力和规范体式的文书，是传达贯彻党和国家的方针政策，公布法规和规章，指导、布置和商洽工作，请示和答复问题，报告、通报和交流情况等的重要工具。

（二）特点

1. 政策性和权威性

公文自古至今都是国家进行管理的手段和工具。我国现行党政公文负有贯彻党和国家的方针、政策，处理公务的重要职能，体现出了鲜明的政策性。与政策性相连，党政公文还具有特定的权威性。党政公文作为管理国家政务的工具，一经发布，就在发布者的权限范围内产生了法定的权威，对受文者或传递对象有较强的行政约束力。权威性体现在以下两方面：一是党政公文的内容和效力具有法定的权威性；二是党政公文的作者具有法定的权威性。

2. 规范化和格式化

为保证党政公文的合法性、完整性和准确性，党政公文有其特定的格式，以方便处理，有效使用。因此，规范化和格式化成为行政公文的重要特点之一。2012 年 7 月 1 日起施行的《党政机关公文处理工作条例》对行政公文的格式做了严格规定。

3. 实用性和时效性

党政公文的时效性和实用性是紧密相连的，党政公文解决实际问题，反映现实，指导现实，具有较强的针对性。实效性体现在办理公文的急缓程度和文件内容的现实意义上，两者相结合才能完成其使命。

4. 准确性和简练性

党政公文的准确性和简练性是对于行政公文的语体特征而言。它要求语言平实，数据准确，用词造句简洁，文风严谨庄重。做到内容集中，力戒空话套话；词语精练，概括力强；开门见山，直叙其事，一目了然。

二、党政公文体式

为了保证党政公文的合法性、完整性和准确性，节省行政公文的拟稿和传递时间，并为党政公文的处理工作提供方便，党政公文有其特定的格式，称之为党政公文体式。公文体式一般由份号、密级和保密期限、紧急程度、发文机关标志、发文字号、签发人、标题、主送机关、正文、附件说明、发文机关署名、成文日期、印章、附注、附件、抄送机关、印发机关和印发日期、页码等组成。

(一)份号。公文印制份数的顺序号。涉密公文应当标注份号。

(二)密级和保密期限。公文的秘密等级和保密的期限。涉密公文应当根据涉密程度分别标注“绝密”“机密”“秘密”和保密期限。

(三)紧急程度。公文送达和办理的时限要求。根据紧急程度，紧急公文应当分别标注“特急”“加急”，电报应当分别标注“特提”“特急”“加急”“平急”。

(四)发文机关标志。由发文机关全称或者规范化简称加“文件”二字组成，也可以使用发文机关全称或者规范化简称。联合行文时，发文机关标志可以并用联合发文机关名称，也可以单独用主办机关名称。

(五)发文字号。由发文机关代字、年份、发文顺序号组成。联合行文时，使用主办机关的发文字号。

(六)签发人。上行文应当标注签发人姓名。

(七)标题。由发文机关名称、事由和文种组成。

(八)主送机关。公文的主要受理机关，应当使用机关全称、规范化简称或者同类型机关统称。

(九)正文。公文的主体，用来表述公文的内容。

(十)附件说明。公文附件的顺序号和名称。

(十一)发文机关署名。署发文机关全称或者规范化简称。

(十二)成文日期。署会议通过或者发文机关负责人签发的日期。联合行文时，署最后签发机关负责人签发的日期。

(十三)印章。公文中有发文机关署名的，应当加盖发文机关印章，并与署名机关相符。有特定发文机关标志的普发性公文和电报可以不加盖印章。

（十四）附注。公文印发传达范围等需要说明的事项。

（十五）附件。公文正文的说明、补充或者参考资料。

（十六）抄送机关。除主送机关外需要执行或者知晓公文内容的其他机关，应当使用机关全称、规范化简称或者同类型机关统称。

（十七）印发机关和印发日期。公文的送印机关和送印日期。

（十八）页码。公文页数顺序号。

三、党政公文文种

（一）决议。适用于会议讨论通过的重大决策事项。

（二）决定。适用于对重要事项作出决策和部署、奖惩有关单位和人员、变更或者撤销下级机关不适当的决定事项。

（三）命令（令）。适用于公布行政法规和规章、宣布施行重大强制性措施、批准授予和晋升衔级、嘉奖有关单位和人员。

（四）公报。适用于公布重要决定或者重大事项。

（五）公告。适用于向国内外宣布重要事项或者法定事项。

（六）通告。适用于在一定范围内公布应当遵守或者周知的事项。

（七）意见。适用于对重要问题提出见解和处理办法。

（八）通知。适用于发布、传达要求下级机关执行和有关单位周知或者执行的事项，批转、转发公文。

（九）通报。适用于表彰先进、批评错误、传达重要精神和告知重要情况。

（十）报告。适用于向上级机关汇报工作、反映情况，回复上级机关的询问。

（十一）请示。适用于向上级机关请求指示、批准。

（十二）批复。适用于答复下级机关请示事项。

（十三）议案。适用于各级人民政府按照法律程序向同级人民代表大会或者人民代表大会常务委员会提请审议事项。

（十四）函。适用于不相隶属机关之间商洽工作、询问和答复问题、请求批准和答复审批事项。

（十五）纪要。适用于记载会议主要情况和议定事项。

上述文种按来源划分，有收文、发文两种；按行文关系划分，可分为上行公文、下行公文、平行公文；按保密要求分，可分保密公文、普通公文；按时限要求分，有特急公文、紧急公文和普通公文；按性质作用划分，有指挥性公文、报请性公文、知照性公文和记录性公文。

四、党政公文写作注意事项

（一）符合党的理论路线方针政策和国家法律法规，完整准确体现发文机关意图，并同现行有关公文相衔接。

（二）一切从实际出发，分析问题实事求是，所提政策措施和办法切实可行。

（三）内容简洁，主题突出，观点鲜明，结构严谨，表述准确，文字精练。

（四）文种正确，格式规范。

（五）深入调查研究，充分进行论证，广泛听取意见。

（六）公文涉及其他地区或者部门职权范围内的事项，起草单位必须征求相关地区或者部门意见，力求达成一致。

（七）机关负责人应当主持、指导重要公文起草工作。

五、几种常用党政公文的写法

（一）请示

请示必须向同一组织系统中有隶属关系的直接上级递交。一般在以下几种情况下使用：

一是在工作中涉及重大方针、政策问题需要作出处理；二是工作中遇到新问题、新情况难于把握而又无章可循；三是超出本单位职权范围。

请示可分为批准性请示、批转性请示两种。

写作要点：

标题可以是完全性标题和非完全性标题。

主送机关只能是一个。

正文由请示事由、请示事项和请示结语三部分构成，请示事由是重点，应该将理由讲充分，以便得到上级的肯定和认可。

写作要求：

1. 主送机关只有一个，避免多头主送。
2. 不得越级请示，必须越级时，应当抄报越过的机关。
3. 一文一事。
4. 语言要肯定、谦恭，切勿使用要挟性言辞。

（二）报告

按时间划分，定期报告、临时报告；按性质划分，综合报告、专题报告；按写作意图分，呈转性报告、呈报性报告；按内容划分，情况报告、答复报告。

写作要点：

正文由报告依据、报告事项、报告结语三部分组成，其中事项部分是重点，应该分条列项，条理清楚地展开，学会运用数字说明问题。

请示与报告的区别：

1. 性质不同，请示是请求性公文，报告是陈述性公文。
2. 目的不同，请示是请求批准，报告是沟通联系，让上级了解情况。
3. 行文时间不同，请示必须事前行文，报告在事前、事中、事后均可行文。
4. 文稿含量不同，请示一文一事，篇幅简短，报告可以一文数事，篇幅较长。
5. 结果不同，请示上级必须给予批复，报告不一定给予答复。

写作要求：

1. 内容要真实可靠，材料、数字运用要准确。
2. 中心要突出，处理好点与面、事与理、详与略的关系。
3. 叙述清楚，要将原委、性质、过程、结果等交代明白。

（三）批复

批复与请示相对应，具有针对性、现实指导性和行文简明性等三个特点。按内容划分，肯定性批复、否定性批复；按目的划分，批准性批复、批转性批复。

写作要点：

标题和主送机关应该与请示的标题、主送机关相对应。

正文由批复依据和批复意见两部分组成。依据部分应该引叙请示的日期、文号、标题以及收文情况。批复意见是针对请示事项所做的答复，态度要明确，同意还是不同意，或者部分同意，应该一目了然，若不同意，可稍做解释。

写作要求：

1. 注意其时效性，及时回复，避免久拖不复。
2. 做到观点鲜明，切忌模棱两可。
3. 注意针对性，语言缜密，干脆利索，语气坚决。

（四）通知

规章性通知

各级国家行政机关在各自的职权范围或经授权，发布行政法规和规章。

布置通知

向下级机关布置工作，带有指导性，没有命令性。正文开头要分析形势，介绍背景，提出问题，阐明发通知的依据和目的，事项部分要分条列项，每一条的开头使用主题句，提纲挈领，接着要把该条的具体内容写明，做什么，怎么做，什么时间做，执行要求，检查措施也应明确写上。

批转性通知

批转下级机关来文，转发上级机关、同级机关和不相隶属机关的公文。这种通知有正件和附件两部分组成，针对被批转、转发的文件发布的通知视为正件，原文视为附件。这类通知要写清楚对被转发公文的态度、意见和执行要求。

知照性通知

告知需要周知的有关事项，主要用于沟通情况，交流信息，公布有关事项，要直陈其事，简明扼要。

会议通知

召开重要会议需以公文形式下发的通知。此类通知开头要写明召开会议的原因、目的、会议名称、主要内容。事项部分要写明与会人员、会议时间、地点以及报到时间、地点、需要准备的材料。应该尽可能清楚、明白、周到地写清有关内容，以免误事。

（五）函

函可以分为公函和便函，公函涉及的内容为正式的公务活动，便函内容涉及的为事务性的具体事项。按照行文方向也可分为来函和复函两类。来函也叫去函，内容是主动商洽工作，询问问题，告知情况；复函是对来函所提事项的答复。

来函要写明发函的目的和原因，把询问的问题、请求的事项、联系的业务等写清楚，以便得到对方的理解和支持。复函应首先写复函的依据，然后针对来函所提事项明确答复。

写作要求：

1. 一函一事，内容专一，中心突出。
2. 语气要平和，礼貌，言辞讲究分寸。
3. 恰当使用敬语，与对方“贵”“我”相称。

六、实训题

1. 对照行政公文写作要求，从体式方面分析以下这篇通知。

国务院办公厅关于2011年部分节假日安排的通知

国办发明电〔2010〕40号

各省、自治区、直辖市人民政府，国务院各部委、各直属机构：

根据国务院《关于修改〈全国年节及纪念日放假办法〉的决定》，为便于各地区、各部门及早合理安排节假日旅游、交通运输、生产经营等有关工作，经国务院批准，现将2011年元旦、春节、清明节、劳动节、端午节、中秋节和国庆节放假调休日期的具体安排通知如下。

一、元旦：1月1日至3日放假公休，共3天。

二、春节：2月2日（农历除夕）至8日放假调休，共7天。1月30日（星期日）、2月

12 日(星期六)上班。

三、清明节:4 月 3 日至 5 日放假调休,共 3 天。4 月 2 日(星期六)上班。

四、劳动节:4 月 30 日至 5 月 2 日放假公休,共 3 天。

五、端午节:6 月 4 日至 6 日放假公休,共 3 天。

六、中秋节:9 月 10 日至 12 日放假公休,共 3 天。

七、国庆节:10 月 1 日至 7 日放假调休,共 7 天。10 月 8 日(星期六)、10 月 9 日(星期日)上班。

节假日期间,各地区、各部门要妥善安排好值班和安全、保卫等工作,遇有重大突发事件发生,要按规定及时报告并妥善处置,确保人民群众祥和平安度过节日假期。

国务院办公厅(章)

2010 年 12 月 9 日

2. 这篇复函标题有什么特点?

国务院办公厅关于同意
在国家版图意识教育宣传画上使用国旗、国徽图案的复函

国办函〔2005〕76 号

国土资源部:

你部《关于在国家版图意识教育宣传画上使用国徽、国旗图案的请示》(国土资发〔2005〕142 号)收悉。经国务院领导同志同意,现函复如下:

同意在国家版图意识教育宣传画上使用国旗和国徽图案。宣传画张贴场所、范围等事项,请严格按照《城市市容和环境卫生管理条例》相关规定执行。

国务院办公厅(章)

2005 年 8 月 5 日

3. 这篇行政公文带有附件,附件有何效力?

关于中国公民自费出国旅游管理暂行办法的请示

国务院:

随着对外改革开放的不断扩大,人民生活水平不断提高,近年来,中国公民自费出国旅游不断增加,为适应改革开放形势,加强中国公民自费出国旅游的管理,特制定了《中国公民自费出国旅游管理暂行办法》。

以上暂行办法如无不妥,请批转发布执行。

附:《中国公民自费出国旅游管理暂行办法》

国家旅游局(盖章)

公安部(盖章)

1997 年 2 月 28 日

4. 根据下面材料试写一篇行政公文。

2009 年 4 月，经天津市政府报请国务院批准（国发〔09〕×号）决定，将“天津新技术产业园区”更名为“天津滨海高新技术产业开发区”（简称“高新区”），并纳入滨海新区范围。现天津新技术产业园区劳动人事局给各区县劳动人事局发文，告知单位名称变更为“天津滨海高新技术产业开发区劳动人事局”（简称“高新区劳动人事局”），挂靠在其下的“天津新技术产业园区劳动争议仲裁委员会”相应更名为“天津滨海高新技术产业开发区劳动争议仲裁委员会”。

第二节

书　信

一、书信的概念和特点

（一）概念

书信是人们传情达意、交流思想，沟通信息、交际联系所使用的一种文体。

上古时书信是分开的，书指写出来的文字材料，“书者，舒也，舒布其言，陈之简牍”（《文心雕龙·书记》）。信则指传书的使者。魏晋时，出现了“书信”一词，《晋书·陆机传》有记载。以信名书，始于近现代。古代由于书写材料的不同和出于谦敬等原因，书信有不同的别称：简、帖、牍、札、笺、刀笔、钧谕、鱼雁等。

在实际生活中，每个人都经常使用到一系列的应用文，如传统的书信、名片、请柬、启事、题字题词等，现代的如电报、传真、特快专递、电子邮件等。这些应用文包含着丰富的礼仪内容，具有中华民族浓厚的传统文化色彩，而书信则是其中的代表。

（二）特点

1. 特定的交流对象

书信的阅读对象是特定的。写信是出于某种需要，写给特定的单位或个人。写什么，怎么写，应该根据双方的实际情况以及写信人和收信人的关系确定，把握分寸。

2. 谦敬典雅

谦敬典雅是书信语言的一大特点，也是传统文化在书信中的集中体现。写信给别人，可能是因为有求于人，或有情感要诉诸人，或是为达到一定公关目的，或是让人觉得保持联系的价值和意义，或是具体办理某个事宜，书面交流就要讲究方法，因此谦敬典雅的书面语言成为书信的显著特征。

3. 叙事有序

书信虽然是一种最自由的文体，但也应讲究叙述的次序，否则就显得杂乱无章，难免疏漏。因此，重要的事先写，对方最关心的事先写，然后，再写其他的，分清轻重缓急。

4. 语言得体

既要避免繁词冗语，又要防止简慢草率，用词应该妥帖恰当。书信由于简短，对语言的要求也就更高，语言运用是否得体对一封书信来讲至关重要。

（三）书信的作用

1. 联络感情，沟通交流。
2. 展现人格魅力，树立企业形象。
3. 传递信息，解决问题的工具。

（四）书信的种类

书信的种类很多，主要有家书类书信、问候类书信、请托类书信、规劝类书信、邀约类书信、情书类书信、吊慰类书信、借贷类书信、庆贺类书信、致谢致歉类书信等。

二、书信常用词汇与格式

（一）常用词汇

1. 鉴　审查之义。如：台鉴、大鉴、惠鉴、雅鉴、钧鉴。
2. 台　书信中的敬辞。如：兄台、台鉴、台安。
3. 尊　地位或辈分高。
4. 贤　有才能、德行好。如：贤弟。
5. 谨　恭敬、拜的意思。如：谨启、谨祝、谨颂。
6. 颂　祝颂的意思。如：敬颂、顺颂、即颂。
7. 祺　吉祥的意思。如：秋祺、商祺。
8. 安　安适之义。如：教安、编安、财安、春安。
9. 绥　安好的意思。如：台绥、近绥。
10. 祉　幸福的意思。如：近祉、时祉。
11. 兹　现在的意思。如：兹定于、兹悉。
12. 承蒙……不胜。
13. 特此。

（二）书信的格式

书信历史悠久，格式也几经改变。当今的书信写法，主要由称呼、问候、正文、信尾祝词、署名日期和附言六部分组成。

1. 称呼也称“起首语”，是对收信人的称呼。称呼要在信纸第一行顶格写起，后加“：”，冒号后不再写字。称呼和署名要对应，明确自己和收信人的关系。有的在称呼前可加上限定、修饰词，比如“亲爱的”、“敬爱的”等。

2. 问候语如写“你好”、“近来身体是否安康”等。独立成段，不可直接接下文。否则，就会违反构段意义单一的要求。

3. 正文自由灵活，可以先说明写信的原因，接着写要对方办理的事情或对方关心的事情，叙事有序，条理清楚，感情真挚。

4. 信尾祝词以“此致、敬礼”为例，正确的写法是“此致”在正文之下另起一行空两格书写，“敬礼”写在“此致”的下一行，顶格书写。

5. 署名和日期在书信最后一行，署上写信人的姓名。酌情可加上“恭呈”、“谨上”等词，以示尊敬。日期一项，写在署名下边。有时写信人还加上自己所在的地点，尤其是在旅途中写的信，更应如此。

6. 附言如果忘了写某事，则可以在日期下空一行、空两格写上“又附”，再另起行书写未尽事宜。

注意选用得体的信封、信纸，书写中注意台行的应用。

实训

1. 给家里写一封信，汇报一下你在学校的学习、生活情况。
2. 阅读谢觉哉家书，分析这封家书的特点。

谢觉哉致子女的信

飘飘：

九月二十日信收到了。

你立志读书并有计划地读书，能动脑子想问题，都是值得赞许的。但“骄傲”的帽子，一定戴不得。要牢记毛主席“虚心使人进步，骄傲使人落后”的话。

切不可以认为自己正确就可以骄傲，或者人家说我骄傲也不要紧。要知道正确不正确，在没有经过实践证明以前，谁也不能作最后结论。就是你的见地比别人高明一点，但总还有不足之处，应该向人请教——对高于自己的人请教，也要对不如自己的人请教。这叫做“集思广益”。即令自己真的是对，那你就要说服人，说服人要“和风细雨”，要表示谦虚，否则人家是不会相信你的。

你可能那一点上比别人强，在另一点又比别人弱。弱要谦虚，强也要谦虚。要注意你的态度，可能言语生硬，样子难看，于是，结果不是使人家对你信服，而是说你骄傲。

你必须克服这一弱点。

你四五岁，我写过一首打油诗：

“忽然嬉笑忽号啕，绝顶顽皮绝顶娇；

顽则要嫌娇要惜，最难对付是飘飘。”

是否还有点幼时气态、还没有“老练”。要对此注意！

父

九月二十七日（一九六二年）

（选自《现代应用文写作》，李凯源主编，中国商业出版社1995年版）

第三节

申　论

“申论”一词，语出《论语》“申而论之”。“申”有“说明”“申述”之意。“申论”除了“说明”“申述”，还要进行“论说”“论述”“论证”。我国在2000年中央、国家机关考试时首次出现《申论》考试。经过多年的实践以及专家学者们的改进与完善，申论现已成为国家公务员录用考试的一门重要科目，日益受到考生的重视。

一、申论的定义、特点和性质

人事部发布的《考试大纲》对申论的规定为：申论主要通过应试者对给定的材料分析、概括、提炼、加工，测查应试者解决实际问题的能力和文字表达能力。

申论资料通常涉及某一个或某几个特定的社会问题和社会现象，要求应试者能够准确理解材料所反映的主要内容，全面分析问题所涉及的各个方面，并能在把握材料主旨和精神的基础上，形成并提出自己的观点、思路或解决方案，准确流畅地用文字形式表达出来。可见申论考试是针对某个问题阐述观点、论述理由，合理地推论材料与材料、观点与材料的逻辑关系，提出自己的观点和解决方案。

（一）申论和作文的区别

1. 目的不同

申论考试主要侧重考查考生对相关具体问题的认识、理解、分析、判断、决策等能力，考核实际解决问题的能力。作文是让考生根据给定题目，凭自己的主观好恶写一篇文章，主要考查考生的文字表达、语言组合、词汇运用等能力。因而，传统的作文考试无法全面体现考生的综合素质，尤其是实际解决问题的能力。

2. 背景不同

申论是一种情景模拟考试。设定考生已是行政管理部门的工作人员，对出现的现实问题提出可行性的解决方法。作文以想象力为主，尽情张扬自己的个性，充分展示自己的才华。

3. 限制条件不同

申论考试限制条件较多，最主要的是要针对背景资料写作，申论材料是关于同一事物的一组材料，视角不同，观点各异，资料来源于多种渠道，首先必须理清资料的逻辑关系。作文写作即使有一定的写作要求，也多是字数的规定，只要考生紧扣题目要求写作即可。

4. 写作文体不同

申论考试是选拔公务员的考试，因此从实际出发，试卷的考核更倾向于分析问题、解决问题的应用性文体。作文写作试卷的考查倾向于体裁不限的自由发挥写作。

5. 语言表述方式不同

申论考试主要是考查考生在一定资料的基础上，分析问题、解决问题的能力，因此，语言表述重点突出实用性，不能过分运用华丽的词语，但使用的语言尽可能形象生动。

（二）申论的特点

1. 直击社会热点问题

申论考试的素材始终关注生活中重大现实问题和对经济社会发展具有全局性影响的问题。

2. 内容广泛，形式灵活

因为公共生活产生的问题极其广泛，因此行政管理对象也极其广泛，申论给定的材料涵盖了政治、经济、法律、教育等诸多方面问题，涉及范围极广。申论测试的答卷一般为三个部分：概括部分、方案部分、议论部分，在概括问题——分析问题——解决问题——论述问题的流程中，包含了记叙文、说明文、议论文、应用文等多种文体，甚至是其中部分文体或者全部文体的综合。

3. 没有唯一标准答案

申论考试是主观题，所给资料涉及社会热点问题，有的已有定论，有的尚未有定论，完全要考生自己来解决，因此不会有一个确切、固定、唯一的标准答案，写作中只要有针对性和可行性即可。

（三）申论的性质

1. 模拟公务员日常工作的能力测试

公务员工作要求从业者熟悉国家的方针政策，具有调查研究，收集信息，独立研究的能力和较强的文字能力，所以侧重考查考生的阅读理解、综合分析、概括提炼能力，相关理论、法律、行政管理等理论知识的运用和解决实际问题的能力。

2. 检测考生行政素质

因为申论考试没有标准答案，要求考生结合自己的思想水平、政策把控能力，自己解决问题，比较真实地反映一个考生的公务员素质。

3. 没有明显的专业性

申论考试中任何题材虽然在内容上属于某一具体的现实领域或专业领域，但是在题材的可理解性、可把握性和可应对性方面则不需要有该领域的专业知识和理论，只需要有基本的阅读理解能力、思维能力、写作能力和行政管理潜能，就可以应对自如。

二、申论给定材料的类型及考试题型

申论考试一般要给定材料，其类型主要为：

1. 案例型材料

集中反映社会生活中发生的、有一定影响面而又亟待解决的具体问题，以客观陈述为主。这类问题涉及的对象往往是双边的、具有“案例”的某些因素，但并不是一个完整的案例。

2. 资料汇编型材料

围绕某一社会“热点”问题摘录、组装而成的。它可能是影响范围很大的突发事件，也可能是积久未解的社会“难题”，与“新闻综述”有些形似，但绝非是成型的新闻综述。上一则材料和下一则材料没有因果关系。

申论考试的题型主要有概括性、对策性题型和论证性题型：

1. 概括性题型

即要求应试者在认真阅读的基础上，对整个材料进行简要的概括。这种概括是一种高度的浓缩，字数一般在150字和300字之间。概括有几种不同的表述方式，如主要内容、主要问题、主要后果等。

2. 提出对策题型即对策有效题型

针对材料中的问题，提出解决方案，是对考生实际解决问题能力的考查。力争做到合理、合情、合法，提出具有可操作性的解决对策。切忌提出一些理想化、抽象化、空洞化、超越现实的对策。近几年，考试已不仅要求考生自己提出解决问题的对策，而且要求考生对试题中提出的几项对策进行判断对错，并说明理由。

3. 论证表述题型

分为议论文和公文式论文。议论文分为命题议论文和自拟题目议论文。

三、申论的答题技巧

归纳为阅读资料、概括要点、提出对策、进行论证四个主要环节。

（一）阅读资料

阅读材料的含义：就是根据题目的意思和要求，对给定材料进行阅读、审视、分析、理解、把握，以确定材料反映的主要内容、主要观点、主要问题，从而为下一步回答问题做好准备。

在阅读过程中，用敏锐的眼光和独到的观察找出反映问题的主要材料或者关键的句子;通过主要材料和关键句子抓住反映本质的材料。申论给定的材料一般是社会热点问题,这个问题必然涉及许多方面,这就需要应试者能够理清材料之间的关系,把握给定材料本质,理清材料关系。

(二)概括要点

从给定材料中提炼观点,往往需要多种方法综合、灵活的运用。运用得成功与否,则取决于应试者的认识水平、知识结构和分析概括能力或思维能力,其中的关键是平日的素养。从材料中提炼或确立观点,要力求做到以下几个方面:

1. 准确

要善于进行发散思考和同类比较,即不但对材料本身做多侧面、多角度、多方位、多层次的思考和权衡,而且将类似的材料拿来进行斟酌比较,从而找到对材料来说最为恰当、中肯的理性概括。

2. 精练

在概括时要注意语言的精练。通常概括要点时会根据材料的不同情况有字数限制,因此应惜墨如金,简明扼要地表现出题目的要求。

3. 深刻

参加公务员考试的考生,都具有相当高的文化水平,与此相应的是其文字水平也都比较高。所以,在概括材料时,不能只是泛泛而谈,而是要透过现象看到事物的本质,这样才能体现出我们较高的解决问题的能力,否则,如果只是看到常人也能看到的,就不能体现出自己的水平。

4. 新颖

这要求调动创造性思维能力,善于多角度思考和逆向思考。从材料中取其一端,加以生发,甚至与材料本来的观点唱唱反调,只要言之成理,往往能写出新意,给人启迪,也能提高文章的品位。

给定材料的内容可能是多方面的,包含的意思可能是多层次的,反映的观点可能是差别甚大的,这就需要考生抓住主要矛盾,有所侧重、有所选择,仅仅根据给定材料包含的特殊环境、特定条件进行理解、分析、综合是不够的。要充分考虑材料包含的两极,避免片面性、绝对化。给定材料反映的论点可能带有明显的侧重性,在分析时不仅要注意到这个侧重面,还要考虑到与之相反、相对的另一侧重面,以免走极端。

概括要点的文字表述方式通常可以是:总括句+分述句+道理句。其中总括句为“这是一篇关于主语+事件1+事件2+事件3的文体”。分述句将材料中涉及的内容分条列项地表达出来。最后用道理句作结,道理句的基本句型结构可以是“它告诉(或揭示,反映)了……道理(或规律、性质)”。

(三)提出对策

提出对策是为了考查考生解决问题的能力,即拟订方案的能力。实际上,也就是对给定材料加工和处理的能力。对材料反映的问题进行处理，要求全面、准确地加工和处理给定的材料，以求得解决问题的方案。

首先，要强化身份感。在回答问题时，必须进入材料给定的角色，以"政府官员"或所给的其他角色的身份进行思考，提出决策方案。其次，对策具体可行，方案力求最优。要善于发现问题。所谓问题就是矛盾，所有的决策都是从问题的发现开始的。明确了问题，进行决策才能有针对性，以避免无的放矢。而解决问题的方法不止一个，因而，解决方案应该进行优化，力求最佳。最后，要明确目标、措施和步骤。制定方案要说明制定依据和目的，提出对策时，应先简要提出问题和分析原因，即作答该试题时，开头要简单说明材料所反映问题的危害性并解释原因，然后过渡到对策的措施上。制定方案，措施是关键，必须对完成任务提出具体的落实要求。

(四)进行论证

要求以议论为主写一篇1200字左右的文章，紧扣给定材料所反映的主要问题，观点鲜明，论据有力，论证合乎逻辑。考生在通读材料，抓住主要问题后，从国家机关工作人员的角度，考虑国家、社会的利益，提炼中心论点，进行写作。

标题可以采用公文式，让人一看便知论述的内容或主题，也可采用设问式，让人产生悬念，引发读者思考。主体部分可以采用三段式的结构方式，即提出问题——分析问题——解决问题。开头借助所给材料，开门见山提出需要解决的问题以及自己解决问题的观点。然后对该问题形成的原因进行分析，运用论据证明自己的观点的合理性、可行性。结尾部分呼应论点，得出结论，并上升到政策和理论的高度。

四、真题范例

题目要求：以"不学礼，无以立"这句话为中心议题、联系社会现实，自拟题目，写一篇文章。

不学礼，无以立

西周初年，周公制礼，为社会运转订立了严密的人伦制度和行为规范。"礼制"由此传扬千年，成就了我国"礼仪之邦"的美名。孔子云："不学礼，无以立。"将"礼"的学习视为做人的"必修课程"，以此强调礼制学习的重要。如今我国经济发展脚步虽快，但精神文化却未曾跟上，我国正应学习"礼制"，夯实发展的精神基础。

不学礼，自身不立。对于个人来说，最重要的"礼"，应该是我们日常生活中待人接物的"礼貌"。"礼貌"是人际交往中约定俗成的文明规范，它展现着一个人的思想道德、文化素质。在社会生活中，我们并非独立存在，而是生活在社交网络之中，在工作中，你需要同事配合，在生活中，你需要与他人相处，若是忽略"礼貌"，无异于违背了社会交往的法则，关死了交际的通道。俗话说"一个篱笆三个桩，一个好汉三个帮"，"礼貌"是你获得他人帮助的必需。东汉末年，刘备出身不高，却鼎足三分，正在于他礼贤下士“甚得众心”，获得众人支持。可见，对于个人来说，代表“礼”的礼貌是成就个人事业的重要组成。

不学礼，政府不立。对于政府来说，最重要的“礼”，应该是我国传承多年借助仪式展现“规矩”的“礼仪”。西汉开国，刘邦废除烦琐秦礼，但由于君臣礼节不严，由叔孙通召集儒生共订礼制，从此亲贵功臣谨守礼仪，显示出规整的景象。这里的“礼仪”，就是指礼节仪式，其重点在于通过规整的仪式教导群臣严守规矩。封建制度虽然在我国早已成为历史，但“守规矩”却依然是政府开展工作的底线。孟子曰：“不以规矩，不能成方圆。”我国部分地区官员存在“四风”弊病，甚至堕落腐化，正是忽视规矩的体现。对于政府来讲，应该重新学习“礼制”中蕴含的守规矩思想，依据法律法规开展工作，才能真正获得长治久安。

不学礼，国家不立。对于国家来说，最重要的“礼”，应该是在与国外沟通交往中塑造形象的“礼节”。“礼节”是展现礼貌的形式，各国“礼节”各异，只有遵守他国礼节，才能彰显我方礼貌。我国虽然被誉为“礼仪之邦”，但近年来部分游客在出国旅行中，却是罔顾“礼节”：不是在庄严肃穆的教堂中大声喧哗，就是在自助餐厅中浪费食物。这种种行为都是对我国“礼仪之邦”形象的抹黑。对于国家来说，讲求“礼节”无比重要，它是我国开展国际交往的关键元素，国人若是不能改变自己忽视他国礼节的行为，我国游客出行必然受到他国排斥、拒绝，长此以往，我国的国际地位甚至也会因此一落千丈。

《左传》有云：“礼，经国家，定社稷，序民人，利后嗣。”无论是对个人、政府，还是国家来说，它都极为重要。“不学礼，无以立。”是孔子教育其子孔鲤的名言，这句话不仅告诉了我们“学礼”的重要性，更提醒我们，作为最好的老师，父母应该从自身做起，对子女起到教育作用，唤起社会对“礼”的重视，营造社会“学礼”的氛围。相信通过这份努力，我国的精神基础必然夯实，一个复兴的大国必然由此屹立。

五、实训题

1. 阅读近期《半月谈》中的一篇文章，用不超过300字的篇幅对内容进行概括。

2. 概括本书课文《中国海尔的威力》中海尔集团发展初期面临的困难有哪些，海尔人采取了哪些措施和对策。你对这些对策有什么看法？

第四节

演讲稿

一、演讲稿的概念和特征

(一)概念

演讲稿也叫演说稿、演讲辞,是指演讲者借助有声语言、行为语言、主体形象在公共场合或机会上,向听众就某一问题宣传自己的主张,表达自己的感情或是阐述某个事理,发表演讲而写作的专用文稿。

演讲这一大众传播形式,在社会生活中地位相当重要,在我国历史上源远流长,早在先秦时期就十分盛行。春秋时代更是百家争鸣,游说之风大作,演讲成了各类社会活动家宣传自己政治主张和思想见解的重要手段。春秋末年,随着社会的急剧变动,“士”的阶层兴起、壮大,成为活跃的社会力量。他们针对当时的社会现实,提出了各种不同的政治主张,展开论辩,形成了思想上百家争鸣的局面,于是产生了如《孟子》这样充满论辩色彩的诸子散文。

(二)演讲稿的特点

演讲不同于表演和作文。作文是作者通过文章向读者单方面的输出信息,演讲则是演讲者在现场与听众双向交流信息,是作为具有一定社会角色的演讲者通过有声语言,行为语言,主体形象,面对一定场合的听众,直接发表自己的见解与听众交流的一种活动。演讲者不能以传达自己的思想和情感、情绪为满足,他必须能控制住自己与听众、听众与听众情绪的应和与交流。所以,为演讲准备的稿子就具有以下四个特点:

1. 有声性

演讲的“讲”就是通过声音口头的传情达意,以声音作为思想感情的载体,让躺在纸上的字活起来,直接诉诸听众的听觉器官。

2. 演示性

演讲不仅诉诸听觉,而且诉诸视觉,演讲者通过姿态、动作、手势、表情,辅助声音,运载着思想感情，声情并茂，绘声绘色。

3. 应变性

根据听众心理、现场情况、时间效应的综合氛围，随时调整，具备临场应变的特点。

4. 互动性

演讲作为社会宣传活动，有一种调动听众情绪、引起共鸣的特性。因此，特别应注重和听众的互动。

（三）演讲稿的作用

1. 梳理思路

演讲稿的写作过程也就是梳理思路的过程。讲什么问题，怎么讲，从哪几个方面论述，运用什么材料，列举什么例证，要梳理得条理井然。

2. 提示内容

演讲者如果在演讲中，遗忘了某些内容，或不能准确地引用某些警句或数字可以看看稿子，使得演讲可以连贯而准确地进行下去，避免长时间冷场。

3. 调控时间

有些演讲者语速过快，连珠炮似的草草讲完，也有的演讲者喜欢临场发挥，滔滔不绝，没完没了。拟制演讲稿可以调控时间，控制语速，增强演讲的效果。

二、演讲稿的文面形式及特点

演讲按照形式划分为命题演讲和即兴演讲。按照内容划分则为政治性演讲、社会生活演讲、职业演讲、学术演讲和宗教演讲等。按文面形式可分为腹稿、提纲、备讲稿、礼仪性讲辞。在此主要介绍演讲稿的文面形式及特点。

（一）腹稿

腹稿出自唐代文章家王勃。腹稿是文章运思酝酿成熟的思维形态，是一种敏捷的思维能力，对临时发言，即席讲话，即兴演讲和随机辩论帮助很大。陆机在《文赋》中说："思风发于胸臆，言泉流于唇齿。"应用要点是及时、切题、练达。

（二）提纲

在时间稍微充裕的情况下，将腹稿的思维框架整理成内容提要。提纲的作用在于明晰层次，提示例证材料和稳定心理情绪。应用要点：

1. 理清思绪，明确中心。
2. 理清层次，明确材料与观点的关系。
3. 准备一些精彩的语言，放在结尾处，烛照全篇。
4. 文理简而明。

（三）备讲稿

为特定环境而准备的文稿。目标即定，已明确演讲范围和听众对象，还要根据现场情况和听众情绪，作增删调整，即兴发挥。应用要点：

1. 主题鲜明，强化中心，避免随意性。
2. 现实事例，贴近听众，避免高远性。
3. 阐发哲理，升华境界，避免平庸性。
4. 跌宕起伏，张弛有致，避免平淡性。

（四）礼仪性讲辞

在庄严隆重的礼仪庆典场合精心准备的语体郑重、辞章典雅的文稿。应用要点：

1. 礼仪色彩浓重。
2. 格式严格。
3. 讲究辞章艺术。
4. 篇幅简短，文字精练。

三、演讲稿的写作要点

（一）开场白

开场白要力求抓住听众，具有较强的吸引力。因此开场首先要称呼听众，注意周全性。用几句诚恳的语言同听众建立起良好的关系，获得听众的好感及信任。开场白的方式多种多样，主要有：直入式，即开门见山地提出演讲目的，提出中心论题。背景式，即介绍情况，说明演讲的理由，可以拉近演讲者与听众的距离。提问式，即通过提问，制造悬念，激发听众去积极思考，引起兴趣。引用式，即引用名人名言、故事、警示名言、成语、诗词等语言素材作为演讲的开头，直接把听众引入沉思，具有精辟凝练的特点。抒情式，直抒情感，达到“贵在真，重在情”的境界，营造融和的氛围。故事式，将一个立意与演讲论题密切相关的故事作为开头，吸引听众的注意力。此外，还有幽默式、双关式、警策式等。

（二）主体

主体是演讲稿的主要内容，要求围绕主题，说明问题，推理严密，层次清晰，有情有理，有张有弛。演讲稿主体部分难于其他部分的写作，因此在写作上要合理布局，层层递进，一步步的推向高潮。在写作时应该注意以下四点：

1. 层次

有并列、递进、对比、总分等几种安排方法。无论采取何种方式，需注意层次不宜繁复。

2. 详略

详略搭配协调。重点详说,次重点略说,非重点一带而过。

3. 高潮

重头部分不宜放在开头,这部分感情浓烈,哲理深刻,令人回味咀嚼,一般放在演讲接近结尾处。

4. 衔接

运用过渡句或过渡段,构成有机整体。

5. 节奏

有张有弛,有急有缓,富于变化。

(三)结尾

演讲稿的结尾同样具有鼓动性。从心理学的角度讲,听众在听一次演讲时,注意力最集中的时候就是演讲的开头和结尾,而结尾更能发挥鼓动作用,也更容易被听众记住。结尾如撞钟,撞得好,可以给人警醒,又回味无穷。结尾的方式有以下几种:总结式,画龙点睛,说明要旨;综合要点,深化主旨。使听众对整个演讲留有清晰、明确的印象。号召式,发出号召、展示未来、提出希望等,使听众能够产生一种蓬勃向上的力量。高潮式,即为在演讲的最后再次制造一个高潮,使主体思想升华。最后一次拨动听众的心弦,引出最后的波澜迭起。格言式,用名人名言、权威格言作为结尾,能够使听众受到深刻的启迪和教育,也能增强演讲的说服力。此外,结尾还有突收式、余韵式、抒情式、祝贺式等。结尾切忌草率收兵,画蛇添足,陈词滥调等。

四、实训题

1. 分析《在美国度圣诞节的即兴演讲》这篇演讲稿。

在美国度圣诞节的即兴演讲

丘吉尔

(一九四四年十二月二十四日)

各位为自由而奋斗的劳动者和将士:

我的朋友,伟大而卓越的罗斯福总统,刚才已经发表过圣诞前夕的演说,已经向全美国的家庭致友爱的献词。我现在能追随骥尾讲几句话,内心感到无限的荣幸。

我今天虽然远离家庭和祖国,在这里过节,但我一点也没有异乡的感觉。我不知道,这是由于本人母亲的血统和你们相同,抑或是由于本人多年来在此地所得的友谊,抑或是由于这两个文字相同、信仰相同、理想相同的国家,在共同奋斗中所产生出来的同志感情，抑或是由于上述三种关系的综合。总之，我在美国的政治中心地——华盛顿过节，完全不会感到自己是一个异乡之客。我和各位之间，本来就有手足之情，再加上各位欢迎的盛意，我觉得很应该和各位共坐炉边，同享这圣诞之乐。

但今年的圣诞前夕，却是一个奇异的圣诞前夕。因为整个世界都卷入了一种生死搏斗之中，使用着科学所能设计的恐怖武器来互相屠杀。假若我们不是深信自己对别国领土和财富没有贪图的恶意，没有攫取物资的野心，没有卑鄙的念头，那么我们今年的圣诞节，一定很难过。

战争的狂潮虽然在各地奔腾，使我们心惊肉跳，但在今天，每一个家庭都在宁静的、肃穆的气氛里过节。今天晚上，我们可以暂且把恐惧和忧虑抛开、忘记，而为那些可怜的孩子们布置一个快乐的晚会。全世界说英语的家庭，今晚都应该变成光明的和平的小天地，使孩子们尽量享受这个良宵，使他们因为得到父母的恩物而高兴，同时使我们自己也能享受这种无牵无挂的乐趣，然后我们担起明年艰苦的任务，以各种的代价，使我们孩子所应继承的产业，不致被人剥夺；使他们在文明世界中所应有的自由生活，不致被人破坏。因此，在上帝庇佑之下，我谨祝各位圣诞快乐！

2. 阅读演讲单元的课文，比较这些演讲的开场白，你觉得哪篇最有特色，谈谈你的见解。

第五节

调查报告

一、调查报告的概念和种类

（一）概念

调查报告是为了一定的目的，深入实际，调查、了解掌握所需材料，经过分析、研究，得出揭示事物本质和客观规律的文书。

调查报告，顾名思义，一是调查研究，二才是报告。调查就是为了了解和掌握客观存在的真实情况，收集和占据事实材料。研究则是对调查所获取的客观情况和事实材料经过分析后，从中找出事物的内部联系和固有规律，引出科学结论。调查是研究的基础，研究是调查的发展和深化，报告则是将调查研究的成果写成书面报告。因此，调查研究是调查报告写作的基础，调查报告则是调查研究结果的书面形式。

（二）特点

1. 针对性。调查报告所反映和解答的应是社会上的热点和工作中的难点，目的性强，针对性强。调查问题就是为了解决问题，调查研究是认识客观事物的手段，解决实际问题的基础，也是进行决策的依据。

2. 真实性。调查报告必须坚持实事求是，一切从实际出发，用事实说话，具体问题具体分析。从这个意义上说，真实性是调查报告的生命。在材料真实的基础上，得出的结论也应该反映出事物的核心本质。

3. 典型性。调查报告所反映的事实必须具有典型意义，如果不具有普遍性和代表性，仅是个别现象，无助实际问题的解决。因此，必须在大量材料中选择具有代表性和普遍意义的典型材料。

4. 剖析性。深入剖析是调查报告的又一显著特征。要深入分析、研究、发掘、阐明事物所蕴涵的意义，叙述为主，辅以议论，剖析事理，阐明观点。

（三）种类

调查报告使用范围十分广泛，表现形式、涉及内容多种多样，因此，根据划分标准的不同，调查报告的种类也不同。根据内容、性质划分为：

1. 典型经验的调查报告：这种调查报告要把成功的典型经验全面总结介绍出来，供学习借鉴，促进全局工作的开展。其特点是反映具有普遍意义的规律性经验，阐明现实意义。

2. 澄清事实的调查报告：针对暴露出来的问题，调查问题产生的原因，分析问题的实质，指出问题的危害。其特点是在分析问题实质的基础上，提出今后避免类似问题发生的意见。

3. 研究问题的调查报告：根据特定的需要，为了对某些问题作详细的了解和研究，从而总结经验，找出规律作为决策的依据。其特点是在综合分析研究的基础上，提出对今后实际工作的指导性意见。

二、调查研究的方法

调查报告要写好，首先要将调查研究搞好，因此，掌握科学的调查方法，将有助于调查工作的顺利进行，使得调查报告写得更好。

常见的调查方法有：

（一）文献调查法

即对有关文字、声像、实物进行收集、阅读、审视，从而获得有关资料。

（二）填表法

统一项目，制作表格，交被调查人填写后汇总，从而获得相关资料。

（三）问卷法

将有关调查项目设计成一份调查表，发给被调查者填写，然后整理，设计原则是由易到难、由简单到复杂、由小到大提出问题，问题可以设计成封闭型和开放型两种。

（四）访谈法

找当事人和知情人访谈，了解相关情况，收集资料。

（五）座谈法

召开座谈会进行调查。应该事先准备，注意以下问题：明确调查目的，确定座谈重点；选择好人选，确定人数；事先发提纲，让与会者做好充分的准备；善于诱导，围绕中心，逐步深入；善于发现新问题，抓住新线索；注意不要随意表态，多听多记；会后迅速整理。

（六）实地观察法

深入现场，实地考察。可以与访谈法相结合。

（七）抽样调查法

从所要研究的总体中，根据每一单位都有同等机会被抽选的原则，抽取一定数量的部分单位为样本进行调查，并以其结果推断出研究总体的一般情况。这种方法可以以较少的人力、物力，在较短的时间内完成规模较大的调查。

三、材料的种类

（一）直接材料和间接材料

直接材料是调查者眼看、耳听，亲自观察体验到的第一手材料。第一手材料真实可靠，具体生动，能帮助我们深刻地认识事物和生动地表现事物。间接材料是指现成的书面材料，这种材料系统性强，能反映事物的全貌。这两种材料互为补充，可以使我们手中的材料既新鲜又丰富。

（二）现实材料和历史材料

现实材料是指反映事物现状的材料，这种材料是收集和占有的主要材料，是研究问题的依据。历史材料指反映事物历史状况的材料，这种材料可以作为背景，了解事物的历史状况，可以更深刻地理解事物的现状。这两种材料互补，使人知其然，更知其所以然，摸清事物发展的轨迹。

（三）全面材料和典型材料

全面材料指反映事物全局的概括性材料，这类材料使我们视野开阔，对事物有一个总体的把握。典型材料指反映事物细节的材料，这类材料具体生动，有助事理的剖析。这两类材料互补，使我们看问题有深度而不就事论事，看问题有高度而不至于空泛。

（四）正面材料和反面材料

正面材料指反映事物成功点的材料，反面材料指反映事物弊端的负面材料。“兼听则明，偏听则暗”，这两种材料互补，可以使我们立体地、辩证地看问题。

通过调查，我们掌握了大量材料，接下来就是研究材料，通过分析、判断、综合，对材料进行科学的鉴别。正如毛泽东《实践论》所言：“要完全地反映整个事物，反映事物的本质，反映事物的内部规律性，就必须经过思考作用，将丰富的感觉材料加以去粗取精、去伪存真、由此及彼、由表及里的改造制作工夫，造成概念和理论的系统，就必须从感性认识跃进到理性认识。”

四、写作要点

调查报告一般由标题、正文、署名三部分构成。

（一）标题

调查报告的标题和总结相近，有两种形式。

一类是单项实题。其形式的写法较为灵活，可以是公文式，如《关于中学生上网的调查报告》；可以是设问，《核泄漏给人们带来了什么？》；也可以只写调查地点和范围，如《兴国调查》。

另一类是主副标题，主标题说明性质、意义、特点，副标题说明调查内容和文种，如《莫把温饱当小康——来自黑龙江农村的调查报告》，副标题写在正标题下一行，前面打上破折号。

（二）正文

1. 导语

这部分以简洁的语言对整篇调查报告的内容作一提示，交代调查目的、起因、时间、背景，采用的调查方法，调查的范围，概括调查结果。

2. 主体

这是调查报告的主干部分，以叙述为主要方式，辅以适当的议论，采用夹叙夹议的表述方式，围绕导语的提示，展开叙述，有横式结构和纵式结构两种。横式结构按问题的性质和事物的方面，概括出小标题，重点在先，并列排序。纵式结构按调查的过程安排文章的顺序，这种方法可以清楚地表述事物的起因以及来龙去脉，有助于事物内在联系及因果关系的剖析。

3. 结语

与导语呼应，总括调查结果；引发思考，升华认识；针对调查的问题提出建议和措施；在调查成果的基础上，提出新的或尚待解决的问题。

（三）署名和日期

调查报告的署名就是写上作者的名字。如果是调查小组，要写明调查组的具体属性，以及单位名称；如果是个人，要写上姓名。署名的位置放在标题下一行居中的位置，个人署名可在标题下右下方，也可以在正文末尾下一行右侧。

日期指调查报告的成文时间，以示时效。

五、写作要求

(一)尊重事实,突出重点

事实是调查报告的写作基础。在调查过程中,什么情况都要了解,要做到客观,不带有个人成见。调查的材料要全面丰富,只有这样才能做到心中有底。对大量的事实材料进行科学分析研究,揭示事实的真相和本质,得出正确的结论。因此,调查报告一定要突出重点。

(二)学会运用数字说明问题

调查报告要求所写的内容必须是真实的。最能反映内容的真实性就在于调查中经过核实、换算好的各种数字。通过具体的数字说明问题,揭示规律,是调查报告的鲜明特征。

(三)合理布局,点面结合,概括小标题

调查报告多以大众媒体作为载体,因此,在写作时要求语言通俗易懂,结构分明,内容清晰。调查报告要善于用典型材料、对比材料和数字说明观点,合理布局,点面结合,做到层次清晰、条理清楚、观点准确、论据有力。

(四)叙述与议论相结合,摆事实,讲道理

调查报告可以较为灵活的运用叙述、议论、说明等方式进行写作。叙述是叙述情况、事实;议论是提出问题、分析问题和解决问题;说明可以交代相关背景,说明问题提出的原因,介绍调查的情况,点明报告的目的所在等。

实训

1. 写作调查报告材料很重要,仔细体会材料的种类和相互之间的关系。
2. 阅读《老北京过年还是那个味儿》,结合文体知识对这篇调查报告进行综合评析。

老北京过年还是那个味儿

——北京市社情民意调查中心与北京日报的联合调查

“小孩儿小孩儿你别馋,过了腊八就是年。腊八粥过几天,哩哩啦啦二十三,二十三糖瓜黏,二十四扫房子,二十五炸豆腐,二十六炖羊肉,二十七杀公鸡,二十八把面发,二十九蒸馒头,三十儿晚上熬一宿。”

在北京胡同儿里长大的孩子都会哼唱这么一首儿歌，说的就是老北京过年的准备过程。为一个节日，全家总动员，准备这么长时间，说明在众多节日中，春节是独一无二的。

时光荏苒，岁月如梭，当越来越多的老北京从大杂院儿搬进钢铁森林般的新小区，当人们的日常饭菜从白菜豆腐变成了大鱼大肉，当双职工家庭再没了按老理儿准备年货的时间和精力，春节对北京人来说，究竟意味着什么，北京人对春节又有怎样的一份依恋呢？

本报独家与北京市社情民意调查中心联合对十八区县1350户居民家庭进行的调查发现，尽管时代不同了，但老北京过年还是那个味儿。

过好年阖家团圆是第一，91.3%在家团圆

昨天，已经在北京安家落户的小陶拿着她千辛万苦从网友那里淘来的火车票，登上了回家的火车。“车票真不好买，差点真没法儿回家过年了。”想到回家就能见到父母，小陶连语气中都透着欢乐。中学老师的工作让她可以赶在春运最高峰之前先行一步，羡煞旁人。

爆竹声中迎来的春节，是最受国人重视的一个传统节日，也是所有长辈们心心念念的团圆节。在北京，像小陶这样赶着回老家的人成千上万。对家乡、父母的思念汇成一股涌动的春运潮。

对生在北京长在北京的人们来说也是如此。调查发现，在接受调查的1350户北京居民家庭中，91.3%的被访者明确表示春节期间“在家休息”；作为娱乐项目，传统的逛庙会仍然是北京人闲暇时第一个想到的乐子。

在这段不算长的假期中，平时忙忙碌碌的人们回归家庭，老人可以充分享受儿孙满堂的天伦之乐。这也是小朋友们最喜欢的节日，对他们来说，春节带来的是单纯的快乐，就是拿压岁钱，穿新衣裳，在鞭炮声中过大年。

如今，年夜饭是否丰盛不再是人们关注的重心，但还要吃。大年三十的晚上，全家围坐，餐桌上还要摆上具有象征意味的鱼（年年有余）、丸子（团团圆圆）、萝卜白菜（清清白白）等，要给不能回家的亲人留下座位，让他们在精神上与家人团聚。家族的亲情与伦理在春节中体现得尤其明显。

娱乐活动也多以居家为主。调查发现，春节期间的主要支出都围绕家庭展开，17.7%被调查者有读书充电的准备，60.3%的被调查者为串亲访友列了专项支出，22.9%为出席亲友结婚酒席做好了准备。

拿红包“一老一小”受关照，过半人要“孝敬”父母

在家族的亲情和伦理中，老年人具有重要的地位。作为家里的“夹心层”、“顶梁柱”，上有老下有小的中年人在春节期间尤其要照顾好这“一老一小”。对父母，要给钱贴补家用；对孩子，要多少给点压岁钱。在调查中，有一半以上（53.4%）的家庭把给父母贴补家用的钱、给孩子的压岁钱清楚地列入了自己过春节的支出计划，是他们最乐意支出的项目。

但是，钱数的多少怎样拿捏，才能让老人高兴、孩子满意，又不会给他们带来太大的压力？在所有被调查者中，给父母钱在千元以内的占了74.6%；大多数(89.6%)家庭把孩子的压岁钱也严格控制在千元以内。

除了长一辈的父母和小一辈的孩子，走亲戚、串门子也是春节期间少不了的一件大事。值得注意的是，把钱花在自家人身上，没问题，但要走亲访友时给别人凑份子，不少人觉得不情不愿。当被问到“春节期间最不乐意花费的项目是什么”时，选“亲友之间送礼”的占了19.5%，选“亲友结婚要送礼”的占10.6%，都名列前茅。但即使心里再怎么不愿意，串门还是少不了，没人会把不愿意说出口。

今年开始，“五一”黄金周将被取消，让不少出国游需求提前到春节期间爆发，各大旅行社的出国游项目也进行得红红火火。但对于大多数北京人来说，春节假期旅游背离了“团圆”的本意，丢下父母去旅行，绝对不是一个好的选择。在市民春节预算中，只有5.9%的被调查者把“外出旅游”列入了支出计划。

调查发现，对大多数北京人来说，“外出旅游”是春节期间最不招人待见的选择。当他们被问到“在春节期间可能出现的各种花销中，最不乐意支出项目是什么”时，30.7%的被调查者选择了外出旅游。中老年人想在家里团圆是人之常情，活跃的年轻人是不是会有不同的选择？记者查阅的年龄分组数据却显示，年轻人也遵循着这一古老的信条，一般情况下春节不离家，几乎成为所有年龄层的共识。

春节消费最喜年货和新衣，新一年从身上开始

从短缺到过剩，物质生活极大丰富了，使如今的寻常百姓家也鸡鸭鱼肉天天吃，山珍海味常有。以往只有春节才能吃上的东西，平时已经吃腻，为了满足口腹之欲而盼春节几乎不可能。再说穿新衣。现在不少家庭里已经“衣满为患”，春节穿新衣的欢喜劲儿也难免冲淡不少。

当短缺被过剩取代，按说吃穿的需求也会适当降低。但事实并非如此，丰盛的年货和新衣服鞋帽仍是北京人不变的追求。正如有人说“女人衣柜里永远少一件衣服”，这种说法也适用于现在爱美、追求时尚的北京人。

调查发现，与电脑、随身听等数码产品相比，传统的过年食品和年货、衣服鞋帽等日用品仍是最受欢迎的新年礼物。如果在众多消费可能性中只选择一样，60.1%的被调查者选择年货，35.8%选择衣服鞋帽。而投资理财年里风行一时的理财产品，此时此刻只有0.9%的人感兴趣，彻底给春节让位。

随着年龄的增长，北京人对传统年货和服装鞋帽的需求与日俱增：不满15岁的孩子更喜欢数码产品等新奇的玩意儿当礼物，66.7%最想要电脑、随身听等数码产品；15～19岁的被调查者78.3%对衣服鞋帽最感兴趣；20～24岁选年货和选衣服鞋帽的比例相当。对25岁以上的人来说，随着年龄的增长，过年的年货是否丰盛逐渐成首选。70

岁以上的老人对年货关注的集中度更是达到83.3%。

节日消费的“新”变化也不少。这几年，到饭店订年夜饭，似乎成了北京人过年的新风俗。尽管年夜饭的开销动辄成百上千，尽管预订到称心的年夜饭得提前十天半个月，但对于这种一年才一次的放纵，北京人还是相当乐意掏腰包的。

拿出一个月收入过节，57.8%家庭过节预算2000元内

过节费、年终奖、第13个月工资……不少单位都以非常人性化的方式向忙碌了一年的员工表达节日的问候。根据智联招聘日前进行的调查，单位发的年终奖主要被用作过春节的开销。其实，不管单位是不是给了各种各样的补助，北京人过年的开销也是芝麻开花节节高。

这项针对北京人过年消费进行的调查发现，今年春节，北京人预备给春节的开销比往年高了不少：57.8%被调查家庭准备拿出2000元以内解决问题，5000元以上的占9.1%。

按照北京人的收入水平，2000元过个年算不算多呢？我们不妨算一笔账：按统计部门公布的数据，2007年北京城镇居民的人均可支配收入是21989元，比2006年增长了13.9%。但是如果平摊到每个月，每人的收入还不到2000元。过个节拿出一人一个月的收入，怎么也算是不小的一笔开销。

北京人不只过节肯花钱，节日预算的增幅也不低。在接受调查的1350个北京家庭中，50.2%，也就是678个家庭过节的开销增加。其中，增幅在10%以内的占13.9%；10%～20%的占28.6%；20%～40%的占26.7%；40%～60%的有16.4%……

过节开销增加，除了近期出现的粮食、肉类价格上涨增加了人们过节的成本之外，北京人收入水平的提高，消费能力的增强也功不可没。而这些开销中的绝大部分，花在了购买年货或其他物品上了。

在各类消费中，1000元是个“坎儿”。以购买年货为例，计划支出1000元以内的被调查家庭，占了绝大多数，是72.4%；而那些独在异乡为异客，或准备拖家带口回家的人们，87.2%的路费也在千元以内；亲友结婚随份子是笔大开销，78.6%数额不会超过1000元，其中的大部分500元以下。

（选自2008年2月1日《北京日报》）

第六节

新　闻

一、新闻的含义和种类

（一）含义

新闻有广义和狭义之分，广义的新闻包括消息、通讯、特写、调查报告，狭义的新闻指消息，我们一般说新闻就是狭义上的理解。

新闻是新近发生的事实的报道，迅速及时地反映社会生活中新近发生的、富有社会意义的重要事实。

（二）种类

新闻的种类较多，常见的主要有动态新闻、综合新闻、经验新闻、评述新闻等。

1. 动态新闻

迅速报道国内外发生的重大事件和社会生活中出现的新情况、新动向、新成就。一事一报，篇幅短小，具有快、短、新的特点。它在新闻报道中占有的数量是最多的，还包括“简讯”“一句话新闻”“标题新闻”。

2. 综合新闻

对新闻事实进行概括性的报道，反映带有全局性的情况、动向、成就。把不同时间、不同地点的事实概括起来告诉受众，反映的面广、声势大。

3. 经验新闻

也叫典型报道，集中报道工作经验，具有带动全局、指导一般的作用。在叙述事实的基础上，通过分析综合，从中总结出带有规律性的经验，以指导面上的工作。

4. 新闻述评

也叫时事述评，以述评结合、夹叙夹议的手法报道社会生活中出现的新情况，点明本质，指出方向。有事无评是动态消息，有评无事不是消息。新闻述评的特点是有事有评。

（三）新闻的特点

1. 内容真实

事实是新闻的本原，事实是第一性的，新闻是第二性的。真实性是新闻的生命，用事实说话，对新闻中的时间、地点、人物、事件、原因、结果都必须核实，一一交代清楚，所引用的数字、引语要认真核对，做到准确无误。

2. 全面、客观、公正

新闻报道不是有闻必录，不是纯客观的流水账，新闻报道有舆论导向的作用。因此，必须做到全面、客观、公正，充分考虑到发表后的社会效果。

3. 迅速、及时

新闻贵在新，贵在迅速及时。报道旧闻如果没有新的角度，无任何价值而言。因此，“抢新闻”“捉活鱼”成了新闻界的共识和体现新闻价值的重要标准。

4. 短小精练

消息必须写得短而精，这是媒体环境的现实要求，各家电视台、广播机构、报社、通讯社都在迅速传播新闻，报纸的版面有限，广播和电视的时间有限，因此要求在有限的版面和时间内，向人们提供尽可能多的信息。

5. 具备可读性

记者和编辑是不能强迫读者的视线的，读者有充分的选择权，这就要求消息必须写得生动、新颖，有吸引力。西方流行的“艮宁公式”从造句形式、人情味、用词的迷雾系数来研究新闻的可读性。

二、经济新闻的结构和内容

（一）结构

新闻的六要素是五个 W 加一个 H，when、where、who、what、why 和 how，一篇消息是否六个要素都要具备，这些要素放在什么位置，要根据写作的目的和消息的主题来确定。消息有两种结构方式：“金字塔结构”和“倒金字塔结构”。

1. 倒金字塔结构

其内容和要素组合方式最突出的特点是头重脚轻，即将最重要的内容放在前面，次要的内容放在后面，按照内容的重要性依次递减的顺序来安排结构，呈倒金字塔形状。

2. 金字塔结构

它是最早出现的消息模式，内容要素与倒金字塔的形式不同，是按照内容要素重要性递增的次序和事件发生、发展的先后顺序来安排结构。次要内容和先发生的情况在前，重要内容和后发生的情况在后，呈金字塔状，因此称为金字塔结构，这种结构较为自然。

（二）内容

一条消息的结构要素包括标题、电头、导语、背景、主体和结尾六部分组成。新闻和其他新闻消息一样同样具有这六个部分。

1. 标题

标题是新闻的眼睛，具有传情达意的作用，是读者首先接触的部分。因此运用多种手段设计出精彩的标题，以吸引读者的注意。标题有单行标题、正副标题、多行标题等形式。

2. 电头

有“讯”“电”两种，是首次发布的媒体、发稿时间和地点的情况说明。

3. 导语

导语是新闻的第一个自然段或第一句话，它要求用简洁的语言把最重要、最新鲜、最吸引人的事实放在前面，其功能是引导读者阅读消息，是消息中最重要的部分。导语要精心提炼，突出特点，强调重点，具体化，生动化，简单化。

导语常采用的方式有：

(1)叙述式

用简洁明快的语言把新闻的主要内容叙述出来，动态消息多采用这种形式。

(2)描写式

对新闻现场、环境、人物做简洁的描绘，通过导语的现场感、生动感、情趣感渲染气氛，引出报道内容，吸引读者阅读，但描写应对事实的叙述紧密切合，以精简的描写达到传神的效果。

(3)提问式

将主要事实先以一个问题的形式提出，制造悬念，渲染气氛，吸引读者。

(4)引语式

引用文件或消息中人物的语言，以及警句格言，来展示新闻消息的中心思想，以给人留下强烈的印象，引起强烈的新闻效果。

(5)结论式

也称评论式，把事实的结果或事情的结论或者是对新闻事件的评论放在开头，然后再用具体的事实进行阐述。

4. 背景材料

指新闻事实的历史发展和存在的环境条件。背景材料起烘托和深化主题的作用，往往能提供出比消息本身更深刻的东西。因此，被称为新闻背后的新闻。常见的背景材料有三种：

(1)对比性材料

运用有关历史资料来纵向比较，借以烘托新闻主题。

(2)说明性材料

包括地理环境、物质条件、社会环境,用以说明新闻产生的原因、环境和条件。

(3)注释性材料

包括人物出身、性格特征、产品的性能质量、使用方法以及专用术语和疑难概念的解释等。

背景材料不是独立部分,也不是必要的组成部分。它可以穿插在新闻消息中,一般穿插在主体中,也有的写在导语中。而且要明确背景材料是事实不是议论,是新闻事实的从属部分而不是新闻的本体,因此应注意运用得当,避免喧宾夺主。

5. 主体

消息的详细内容部分。它在导语之后,要求用具体生动的材料印证导语中的提示,回答导语中的问题。具体来讲,一是导语的展开和深化,向读者提供更多的细节,二是补充导语没有涉及的新闻事实。把消息所报道的新闻事实交代清楚,使消息提供的信息更加完备,给读者更多的信息。

主体部分对材料的安排,可以按时空循序渐进,也可按逻辑逐层展开。

6. 结尾

结尾即消息的结束语。指作者对整个新闻报道内容的总结、概况、说明或者补充,是消息的最后一句或是一段话。主要的形式有小结式、希望式和评论式。也有的消息没有结尾,主要事实叙述完了,即收住,避免画蛇添足。消息有无结尾或是如何结尾,可依据内容和要求来酌情确定。

三、写作过程和技巧

(一)从事实中发掘新闻

1. 看事实的重要性

“捉活鱼”是新闻采写中的一句行话,意思是要获取新鲜的、有报道价值的新闻事实,新闻一定是事实,但事实不等于新闻,从事实中发掘新闻最重要的方法是根据新闻的特性,从事实中找出有报道价值的要素。对社会生活具有重要意义的事实是读者所关心的事实。

2. 看事实的接近性

事实与读者在关系上、时间上、地理上接近,对读者就有新闻价值。同样是亚运会,在中国举行和在他国举行,中国人关注的程度就不同。

3. 看事实的罕见性

有些事实极为罕见,能引起读者的兴趣,因此就具有报道价值。反之,司空见惯的事情,很难引起读者的兴趣。

4. 看事实的显著性

事实中涉及的人物和事物知名度高,就蕴涵着新闻价值。一个普通顾客在商场买到劣质鞋，没有什么新闻价值，而商务部长买到劣质鞋就会成为一条新闻。

5. 看事实的时效性

事实必须是最新的或没有过时的。对读者来说，必须是新闻，而不是旧闻。“不久前”“最近”等模糊词语不能作为消息的时间要素。

（二）优化新闻要素组合方式

新闻要素的不同组合方式对消息的意义、主题、价值会产生明显的影响。要素如何组合是由写作目的决定的，这就要求消息的作者明确自己的写作目的，知道这条消息最重要、最有价值的要素是什么，同时还要明白这条消息对读者来说最重要、最有价值的要素是什么。例如：

1. 省物价局今天宣布，全省国有企业将从7月1日起免去17项行政事业性收费。（突出消息的来源，表明消息的权威性和可靠性）

2. 今天，省物价局宣布，全省国有企业将从7月1日起免去17项行政事业性收费。（突出消息发布的时间）

3. 全省国有企业将从7月1日起面去17项行政事业性收费，这是省物价局今天宣布的。（突出免去收费的对象）

4. 从7月1日起，全省国有企业将免去17项行政事业性收费，这是省物价局今天宣布的。（突出免去收费的起始时间）

5. 17项行政事业性收费将自7月1日起从全省国有企业免去，这是省物价局今天宣布的。（突出免去有关收费的范围和项目数）

新闻要素的组合优化，还有赖于作者对消息主题的优化。例如国际象棋大师卡斯帕罗夫与美国IBM公司机器人“深蓝”进行的比赛，一般的新闻往往将注意力放在过程和结果上，写成体育消息或科技消息，而塔斯社的新闻揭示了一个更深的主题，赢家既不是世界象棋冠军，也不是计算机“深蓝”，真正的赢家是借此机会发了横财的美国IBM公司。

（三）写作注意事项

撰写经济新闻，主要应该注意以下几点：

第一，事实要准确。

第二，导向要正确。

第三，内容要新颖。

第四，报道要及时。

四、实训题

1. 什么样的信息才能构成新闻？

2. 根据以下报道内容，概括出三个小标题。

《电子商务法》为何经过四审才出台？一文带你看懂

(1)8 月 31 日，第十三届全国人民代表大会常务委员会第五次会议通过了三部重磅法律：《电子商务法》《土壤污染防治法》，以及修改的《个人所得税法》。

可能是个税“风头”太劲，在当天的新闻发布会上，媒体记者的提问主要集中在新《个税法》上了。实际上，此次《电子商务法》出台，是经过了三次公开征求意见和四次审议，前后加起来一共是五年的时间，实属不易。

根据《立法法》，我们国家的法律一般是经过三审，但是《电子商务法》为什么经过了四审才出台？

“和其他法律相比，《电子商务法》很复杂，它的涉及面广、规模大，而且电子商务又是个新生事物，发展日新月异，很多事情一时看不准。在这种情况下，《电子商务法》的制定过程是比较慎重的。”《电子商务法》起草组副组长、全国人大财政经济委员会副主任委员尹中卿说。

尹中卿介绍，这部法律还有一个特点，就是由全国人大财经委员会牵头，国务院 12 个部门参与组成了起草组。因为电子商务哪个部门都管，哪个部门也都不是主管，在国务院没有主管部门。“在起草过程中，我们广泛吸收了行业协会、专家学者以及地方的电子商务示范城市的意见建议，充分听取了社会方方面面的意见，尤其是广大消费者的意见。”

如今的电子商务，已经渗透到百姓消费的各个领域。不过，在电子商务蓬勃发展的同时，一些侵害消费者合法权益的情况时有发生，有些甚至造成了严重的人身危害。《电子商务法》明年 1 月 1 日起实施，它将在哪些方面为消费者撑起保护伞？线上与线下经营者的责任利益如何平衡？

(2)《电子商务法》首先明确：国家鼓励发展电子商务新业态，创新商业模式，促进电子商务技术研发和推广应用，推进电子商务诚信体系建设，营造有利于电子商务创新发展的市场环境。

但电子商务，说到底还是市场交易行为，就应该遵守市场规则，不能搞特殊化。因此《电子商务法》规定：“国家平等对待线上线下商务活动，促进线上线下融合发展，各级人民政府和有关部门不得采取歧视性的政策措施，不得滥用行政权力排除、限制市场竞争。”

对线上线下商务活动平等对待的定性非常重要。这个大前提定了，一些曾经有过的争议就可迎刃而解。

比如，电商要不要工商登记、缴税的问题，前几年争论得不可开交。现在《电子商务法》明确规定，电子商务经营者应当依法办理市场主体登记，应当依法履行纳税义务，并依法享受税收优惠。依法需要取得相关行政许可的，应当依法取得行政许可。

不过，个人销售自产农副产品、家庭手工业产品，个人利用自己的技能从事依法无须取得许可的便民劳务活动和零星小额交易活动，以及依照法律、行政法规不需要进行登记的除外。

此外，电子商务经营者销售商品或者提供服务，应当依法出具纸质发票或者电子发票等购货凭证或者服务单据；应当符合保障人身、财产安全的要求和环境保护要求。不得销售或者提供法律、行政法规禁止交易的商品或者服务；电子商务经营者向消费者发送广告的，应当遵守《中华人民共和国广告法》的有关规定。

同时，电子商务经营者应全面、真实、准确、及时地披露商品或者服务信息，保障消费者的知情权和选择权。电子商务经营者不得以虚构交易、编造用户评价等方式进行虚假或者引人误解的商业宣传，欺骗、误导消费者。

前一阵儿"拼多多"的不少商品和广告，"傍名牌"似是而非，打的都是擦边球，对此法律早有明确规定不允许，电商也不例外。

(3)《电子商务法》还特别针对电商自身的新特点，对保护消费者合法权益做出了具体规定。

比如，电子商务经营者根据消费者的兴趣爱好、消费习惯等特征向其提供商品或者服务的搜索结果的，应当同时向该消费者提供不针对其个人特征的选项，尊重和平等保护消费者合法权益。

电子商务经营者搭售商品或者服务，应当以显著方式提请消费者注意，不得将搭售商品或者服务作为默认同意的选项。电子商务经营者收集、使用其用户的个人信息，应当遵守法律、行政法规有关个人信息保护的规定。

"首先我想强调的是，任何经营者从事任何经营活动，消费者的人身安全都应当是第一位的，我们国家的每一项立法都是如此。"全国人大常委会法工委经济法室副主任杨合庆表示，我们必须坚持以人民为中心的思想，将人民的安全放在第一位。刚刚通过的《电子商务法》也坚持了这一思想，对保障人民人身安全做了非常具体的规定。

在保护消费者合法权益方面，电商平台与电商的责任如何划分，备受社会关注。比如，对于关系消费者生命安全的商品或者服务，如果造成消费者损失的，电商平台经营者到底应该承担什么样的责任？原来《电子商务法》写的是承担连带责任，这次提交的草案又改为了"相应的补充责任"。最后出台的"定稿"，是依法承担相应的责任。

"怎么能叫'相应的补充责任'呢？我作为常委会委员，我都不赞成。"尹中卿表示，最后还是把它改为了"相应的责任"，把"补充"去掉了。别看就是两个字，但是从连带责任到相应的补充责任，再到相应责任，这中间就体现了博弈。

"对于这个问题，在常委会这次的审议过程中，常委会组成人员也非常关注。"杨合庆介绍，宪法和法律委员会经过研究，也向常委会提出了修改建议，最后改为"依法承担相应的责任"。如果电子商务经营者提供的商品或者服务，不符合保障人身财产安全的要求，就应当依照《电子商务法》《侵权责任法》《消费者权益保护法》的规定来承担相应的民事责任。

"在这里需要说明的是，如果平台未尽到上述义务，应当按照《侵权责任法》等法律，构成共同侵权的，应与平台内经营者承担连带责任。另外，除了上述的民事责任以外，电子商务法还规定，如果平台有相关的违法行为，还要依法承担行政责任和刑事责任。”杨合庆强调。

（本文刊发于《中国经济周刊》2018年第36期）

3. 阅读《人机大战谁是真正的赢家》，点评一下这篇经济新闻。

电脑战胜人脑　“深蓝”击败棋王

人机大战谁是真正的赢家

俄通社-塔斯社纽约5月12日电　举世瞩目的电脑与人脑的国际象棋争霸赛5月11日决出胜负。美国IBM公司研制的超级电脑“深蓝”击败了来自俄罗斯的国际象棋世界冠军卡斯帕罗夫。但看来，真正获胜的既不是象棋理论，也不是电脑科学，而是IBM公司，因为整个过程更像这家公司精心创意的广告的胜利。

据初步统计，IBM公司花了近500万美元，包括广告费、奖金以及编制电脑超级程序的费用。然而由于传媒在有关人机大战的众多报道中，必然常常提到公司的名字，这样，该公司可节约大约1亿美元的广告费，几乎没花钱就使自己的形象增加了新的光彩。

IBM公司发言人谨慎地说，很难断言“深蓝”名声大噪对增加销售额有什么影响。不管怎样，围绕比赛所做的广告和“深蓝”的胜利已为IBM公司带来了初步的物质成果：今天，也就是比赛结束的第二天，纽约证券交易所IBM公司的股票价格上升了3.6个百分点，每股达到173.5美元。只差一点就达到该公司早在1987年8月创下的174.75美元的记录。

这次比赛是卡斯帕罗夫第二次与“深蓝”较量。他们的首次交锋是在1996年3月，当时卡斯帕罗夫取胜。

“深蓝”RS/6000SP超级计算机重1.4吨，装在两只黑色铁柜中。这台每秒能分析2亿～3亿步棋的电脑采用了最先进的人工智能技术。

（据俄通社-塔斯社电讯稿改写）

（选自《经济写作》，余国瑞主编，高等教育出版社1998年版）

第七节

商业广告

一、广告的概念和特点

广告是为了某种特定的需要，通过一定形式的媒体，公开而广泛地向公众传递信息的宣传手段。

广告有狭义和广义之分，广义广告包括非经济广告和经济广告。非经济广告指不以盈利为目的的广告，即公益广告。狭义广告仅指经济广告，也称商业广告，是指以盈利为目的的广告，商品经营者或服务提供者承担费用，通过一定的媒介和形式直接或间接地介绍所推销的商品或提供的服务的广告。我们通常所说的广告指的就是商业广告。

商业广告具备以下特点：

1. 传播性

广告是通过各种大众传媒传播企业、商品、服务信息的，通过这种传播，扩大企业知名度，开拓市场，提高经济效益。经济信息脱离了大众传媒，就达不到“广而告之”的目的，也就丧失了存在的意义，因此，传播性是商业广告最基本、最重要的特征。

2. 针对性

任何商品和服务都有其特定的对象，针对性越强，效果越好。广告必须根据目标市场确定广告对象，广告并非传播范围越广越好，时间越长越好，必须选择适当的范围，恰当的时间，把握目标市场的特点和心理特征，有针对性地进行宣传。

3. 真实性

真实性是广告的生命，商业广告只有传播真实的信息，才能赢得消费者的信赖，从而达到销售商品和服务，提高经济效益的目的。反之，欺骗消费者的虚假广告，只能损害企业形象，影响商品和服务的销售，达不到提高经济效益的目的。讲究诚信在现代商业活动中愈发显得重要。

4. 营利性

广告是一种投入，因此，它具备了一切经营活动中所具有的投入产出特点。它所传递的经济信息,向社会发布,可以产生社会效益并为企业带来经济效益。广告产生的效益有些是直接的,有些是积累效应,也就是说,广告带来的回报可以分短期和长期两种。

5. 艺术性

广告创意是广告艺术性的体现。一则广告能否成功,广告创意是极为关键的一环。这就要求调动一切艺术手段,使广告新颖动人,给人留下难忘的印象。广告要以独特的艺术魅力,吸引人的注意力,使人在美的享受中,激起消费的欲望。

二、广告的作用

对企业而言,广告是促销的一种重要手段。产品在引入期、成长期、饱和期都需要广告的支持。融合现代化的传播技术以及多媒体技术的广告可以快速地传播商业信息,将企业的历史、品牌、产品等信息向消费者广泛传播,消费者可以根据自己的需要进行选择,对于企业来讲具有生产指向作用。

对消费者而言,广告是获取商品和服务信息的一个重要来源,为消费者提供方便的同时,对消费同时具有指导和引导作用。

出色的广告本身还是优秀的艺术品,不仅可以美化生活,还可以给消费者美的享受,健康的广告有利于精神文明建设,树立正确的消费观念,引导理性的消费行为。

三、广告媒体分析

广告媒体运用是一门值得研究的学问。传统意义上报纸、杂志、广播、电视称为四大媒体,其影响力最大。分析每种媒体的优势和局限,是媒体合理运用的前提。

1. 报纸。报纸发行速度快,传播信息及时,传播范围广,阅读率高,费用相对较低。报纸广告以视觉信息为主,版面位置和大小对广告效果有影响。多数情况下,读者只是浏览,不会仔细阅读,保存周期短。因此,标题的拟制在报纸广告中是十分重要的。

2. 杂志。发行量比报纸小,主要集中于城市。杂志的读者群是相对固定的,受众明确,认同集中。杂志的阅读率是四大媒体中最高的,传阅性也是最强的,比报纸内容更具有收藏性。保存周期长,反复阅读率高,注意率高,容易被读者记忆和接受。但杂志出版周期长,传播频率低,影响面窄。杂志广告的制作是有形有色,图文并茂的。

3. 广播。广播是诉诸听觉,时效性强,传播迅速,地域性强。语音信号使听众感到亲切,音乐信号则易感染听众,强化对广告的印象。广播也具有移动性和伴随性的优势,另外,制作费用和发布费用也比较低。广播由于是电波传送,具有弥散的特点,不易保存,而且接受被动,注意力比较低。制作广播广告注意通俗口语化,对话形式受欢迎,将语音和音乐结合,渲染效果强。

4. 电视。集视听于一体,动态演示,冲击力强,到达率高,在四大媒体中影响最大。它的形象性、吸引力和观赏性容易形成无意记忆,产生积累效应,诱发购买动机,其潜在诱发性是其他媒体无法相比的。电视广告也是瞬间效应，同样具有弥散性的特点，而且制作费用和发布费用都比较高。利用电视媒体要充分利用媒体视听结合和运动的特点，以运动形象表达，用情感形象诱导，强调、突出广告标语。

除上述四大媒体之外，还有辅助性的配合媒体，如 POP 广告、户外广告、直邮广告、车船广告、IT 广告、礼品广告，可作为四大媒体之外的补充，互相配合，造成一种立体的整体宣传攻势。

四、广告词的艺术表现手法

（一）四字对句

根据汉语的特点，以四个字为一句，对称书写。如“与书为友，天长地久”。

（二）旧体诗词

对旧诗词略加改动，赋予新义。如“唯有牡丹真国色，花开时节动京城”。

（三）俗谚歌谣

以俗语、谚语、歌谣、歇后语等形式拟制的广告语。如“车到山前必有路，有路必有丰田车”、“不打不相识——打字机”、“一举成功——起重机”等。

（四）成语仿拟

改动成语中的某个字，造成出奇的效果。如“‘盒’情‘盒’‘礼’”改自“合情合理”。

（五）对联偶句

汉语中独具特色的形式。如“五月黄梅天，三星白兰地”。

（六）双关

一语双关，引人注目。如“提倡新生活，必须揩油——必须揩虎标万金油”。

（七）比喻

生动自然，引人联想。如“像母亲手一样柔软的婴儿鞋——××婴儿鞋”。

（八）回环

两个句子或词组，次序不同，回环往复，有时与顶真套用。如“客上天然居，居然天上客”。

(九)衬托

用甲事物衬托乙事物,突出主体。如"上有天堂美景,下有悦园圣境"。

(十)设问

吸引注意,自问自答。如"想防止衰老吗?——请……"。

五、商业广告文稿的基本写法

(一)标题

广告的标题是广告的主题和内容的体现,是整条广告的灵魂。因此要给他人印下深刻的印象,广告的标题必须突出广告的内容,简明扼要,鲜明醒目,新颖别致,具有较强的吸引力和感染力。

广告的标题分为:

1. 直接性标题。直接用商品的名称、品牌、企业名称或服务内容作为广告的标题。如"固特异轮胎"、"容声牌电冰箱"、"出租电动工具"。这种标题简洁明了,一目了然。

2. 间接性标题。通过一种暗示、诱导性的文字来表现广告主题,达到既概括广告主旨,又含蓄蕴藉,充满提醒与诱惑的效果。如"为了每一个男人都风度翩翩"。

3. 复合性标题。直接标题和间接标题相结合,既清楚明白,一目了然,又新颖别致,具有吸引力和诱惑力。如"女人好辛苦——爱心来滋补"。

(二)正文

正文是广告文稿的核心,是提供商品信息的细节部分,是标题的具体化。其作用是进一步阐明广告主题,更深入地表现内容。一般正文应具体地写明商品的名称、用途、特点、规格、产地、性能等,内容可以灵活运用,适当增减。为了使商业广告收到良好的效果,可以采取以下形式:简介式,证书式,拟人式,问答式,目录式,新闻式,论说式,幽默式,诗歌式,布告式等。

(三)结尾

结尾包括标语和随文两部分。

1. 标语又叫广告口号。其作用是提醒人们记住企业或商标的名称,敦促消费者采取行动。广告口号要简短,有节奏和韵律,易于记忆流传,有强烈的鼓动色彩。如"金利来领带,男人的世界"。企业的广告标语一定时期内,固定不变。

2. 随文广告的必要说明。包括商标、品牌、企业名称、地址、邮编、电话、电报、电传、账号、网址、联系人等。

（四）注意问题

广告文稿的制作应配合广告整体战略和阶段性战术的要求，合商品、服务所属“类”的特点。主题突出，创意求新，语言精妙。

实训

1. 利用本课所学的广告写作知识，为某CBD地区楼盘拟一则广告词。

2. 阅读台湾地区星辰表（西铁城表）母亲节广告词《妈妈以时间换取了我的成长》，试作一评析。

妈妈以时间换取了我的成长

推动摇篮的手就是统治世界的手，也是最舍不得享受的手。

四分之一的妈妈没有表，只是因为她们认为自己忙于家务，没有必要戴表。

四分之二的妈妈还戴着旧手表，她们舍不得享受，即使是旧的，她们也认为是蛮好的。

四分之三的妈妈还应该戴手表，她们要外出购物、访友、娱乐身心时，还是需要一只手表的。

向伟大的母亲致敬，别再让母亲辛劳的手空着。母亲节，星辰表，送给母亲一份意外的惊喜！

（选自《现代应用文写作》，李凯源主编，中国商业出版社1995年版）

单元实训——应用文写作

应用文是为解决实际问题而写作的文章，是处理公私事务、沟通信息、解决问题、科学管理的具有惯用格式的实用文章。要写好应用文，就要研究应用文写作的方法和规律。应用文写作是处理公私事务的一种常用的写作手段，是为社会现实服务的必要工具，最直接、最具体、最有效地体现了语言文字表述思维、交流思想、传播信息、解决问题、服务社会的工具作用。

应用文与其他文体相比，既有相同的地方，也有区别。魏晋曹丕在《典论·论文》中提出了“文本同而末异”的观点，各种文体的相同之处，是所谓“本同”，各自具备的表现形式的特点，是所谓“末异”。《典论》是一部学术性的论著，曹丕提出了对各种不同文章体裁特点的见解：“盖奏议宜雅，书论宜理，铭诔尚实，诗赋欲丽。此四科不同，故能之者偏也。”由此启示我们，在研究文章共性的基础上，还应当充分了解应用文写作的特殊性，掌握各种应用文的特点。在了解应用文特点的基础上，还应注意学习应用文写作的要点，不断实践，写好应用文。

一、应用文的特点

（一）受命缘事——应用文的写作动机

应用文写作是一种典型的缘事受命的被动写作。它需要写作者有较高的理论素养和文字表达水平，以便准确地表达写作意图，反映整体意愿。应用文写作是不能自作主张、抒发己见、任意发挥、随意铺排的，这是应用文写作的受命性决定的。应用文写作的目的是解决工作生活中的实际问题，因此，写作动机缘自现实问题，衡量一篇应用文水平的高低，很重要的一方面就是看其对解决实际问题的裨益。“以实告人，依事为文”，因此，写作求实，不凭空落笔，要言不烦，不旁征博引，措施切实，不泛泛而谈，一切缘自现实，针对现实，服务现实。

（二）真实典型——应用文的选材标准

应用文的材料是形成主旨的基础，又是表现主旨的支柱。材料是为写作而收集的，是写入文章中事实和理论依据；同时也包括写作前积累和收集的没有写入文章的事例、数据、理论。应用文的写作事关重大，正如俗话所说，“笔下有财产万千，笔下有人命关天，笔下有是非曲直，笔下有毁誉忠奸”，行文必须按照实际去写，时间、地点、过程、结果等不能任意改变，包括一些细节都不能有所谓的合理想象。“立言之要在于有物”（章学成《文史通议》),这里的"物"指的就是真实典型的材料。

(三)直白显露——应用文的主旨意图

应用文的主旨是通过全文所表现出来的核心思想或基本观点,也就是文章的宗旨。应用文由五个要素构成:主旨、材料、结构、表达方式、语言。在这五个要素中,主旨占据核心地位,是五个要素中的灵魂和统帅。意不立,事不明,材料则杂乱无章。主旨是贯穿文章的一条红线,起统摄作用。主旨贯通首尾,弥纶群言,统帅全篇。

主旨和材料两者是一个双向互动的辩证关系,主旨尚未产生确立之前,材料是第一位的,它代表着事实和存在,主旨是意识,是第二位的;主旨一旦确定,也就是说完成了感性认识向理性认识的飞跃,就要根据主旨的需要选择材料,能有效表现和支持主旨的就使用,相反则不用,主旨取得了支配材料的统帅地位。材料蕴涵主旨,主旨抉择材料,两者相辅相成,统一和谐,才能构成一篇好文章。"文主于意而意多乱文,议论主于事而事杂乱与议"应该"立意要绝,一而贯摄"(清魏际瑞)。显现主旨有题中点义、开宗明义、文中点义和卒章结义四种方式。

(四)稳固定型——应用文的结构形式

应用文的结构即文章内部的组织和构造,也就是篇章的谋划、编撰。应用文的结构具有程式性、周全性和单一性三个特点。

层次是指应用文内容各个大的组成部分及其次序,是写作者认识、说明事物思维过程在文章中的反映。安排层次的方式有横向展开、纵向深入和纵横交叉三种。段落是应用文结构层次、材料安排、意思表达的最基本的单位。每个段落都有一个相对完整的意思,它是写作者的思维进度及其表达的转折、间歇的书面反映。尽管层次和段落都反映文章的思路,但两者的方式不同,层次是隐蔽的,段落是显露的;层次侧重于内容的划分,而段落侧重于文字表达的需要。过渡是指层次和段落之间的衔接和转换。过渡犹如桥梁,在文章中起着承上启下的作用。照应是指文章中相关内容在不同地方的照顾和呼应。过渡的方式有使用序数词和表示衔接与转接的词语或句式,如如下、总之、另外。照应方式主要是首尾照应和正文与标题照应。开头的方式有目的根据开头、概述开头、情况原因开头、结论式开头。结尾的方式有收笔点题、寄托期情、规定制约、补充言志、自然收束。

(五)规范得体——应用文的语言风格

"语言是一切事实和思想的外衣"(高尔基),如果说思想是内核,那么语言就是外衣,一篇文章的思想内容和组织结构最终都要通过语言文字表述出来,使它成为有形的东西,这是整个写作过程中的一个重要环节,是把文章的构思变为文章实体的关键。语体是指在一定的语言环境中形成的具有一定的表达特点、风格和语感的语言体系。从写作学的角度划分,大致可以把书面语体分为文艺语体、政论语体、事务语体和科技语体等四类。应用文属于事务语体。应用文的语言有如下特点：

1. 准确平实。准确是指语言要正确无误地表达思想内容，不产生歧义，无溢美之词，无厌恶之嫌，切合工作和生活的具体语境。平实是指语言的平直朴实，应用文的价值在于务实，应该言之有理，言之有物，语言朴素，语义实在，切忌空话、套话、过话。应该注意引据引用、使用数字、运用人工语言符号。

2. 规范典雅。规范是指语言的标准性和统一性。行文必须符合国家的有关规定，比如数字、标点、简化字、缩略词语、中外文的对照、主题词、时间的使用等，都必须按相关规定使用。常见的规范语言形式有大量使用介词结构，较多使用专业术语和约定俗成的规范语言。典雅是指使用规范化的书面语，不用口语，常常使用礼貌、庄重的单音单纯词，如请、拟、谨、希、该等。

3. 简洁精练。简洁精练是指言简意赅，即在表情达意时多用直笔，少用曲笔，开门见山，不拐弯抹角，删除繁文，竭力将可有可无的字、词、句删去。"文贵简，凡文笔者则简，意真则简，辞切则简，理当则简，味淡则简，气蕴则简，品贵则简，神运而含藏不尽则简，故简为文章尽境。"（清代刘大魁《论文偶记》）

4. 力求生动。由于应用文的语言不如文学的创造性强，因此，给人一种误解，觉得应用文的语言掌握起来很容易。其实应用文的语言同样需要高度的修养，应用文的语言要求在规范严谨的基础上力求生动。从实际出发，根据不同文体的特点和需要，善于寻找新的语言形式，增强文章的新鲜感和说服力，这与庄重平实并不矛盾。庄重是指语义郑重，分寸恰当，但绝不是毫无生气板着面孔毫无文采的话语；平实是指语言实在，朴实无华，但绝不是平淡无味。有些应用文语言表现得呆板、枯燥，缺乏生气，究其原因就是忽略了修辞手法的恰当运用，甚至有人把辞格视为应用文写作的禁区，显然有失偏颇。应用文的语言应当在不失庄重明确的前提下力求生动。

二、应用文写作的要点

（一）理清思维，掌握规律

应用文是客观事物的反映，是作者思维同外界事物相互作用的结果。思维是写作的内核，写作是思维表述的过程，文章则是这种表述的结果。因此，我们的思维负担着认识和把握客观事物，以及整合语言的任务，贯穿写作的全过程，对写作起着决定性的重要作用。逻辑思维是"运用概念、判断、推理揭示和反映事物本质和规律的思维形式"，是写作中主要的思维形式。应用文中涉及概念的运用、判断的作出、推理的进行，这些都离不开逻辑思维，离开逻辑思维，应用文会显得思想混乱和结构杂乱，缺乏规范性。除逻辑思维外，形象思维也不容忽视。"形象思维指的是运用形象的典型化，揭示和反映事物的本质和规律的思维形式"，我们所说的典型形象是指通过个别概括一般的人和物，是特殊性与普遍性的统一，是个性与共性的统一，联想的作用同样重要。应用文从主旨确立、材料整合、结构安排、语言使用，都离不开思维，很难想象思维混乱的人能写出优秀的应用文。另外，应用文写作是有一定之规可循的，应用文写作的基本理论是对应用文写作规律的升华和总结，要学好应用文写作，应该先从理论入手，把握各种文体的特点、基本结构以及写作要求，作为写作实践的指导。

（二）学习理论，熟悉业务

应用文写作是一种综合的脑力劳动。写作应用文，要具备多方面的条件，除了敏捷的思维能力以外，还包括思想认识、政策观念、业务素质和语言表达等。古人强调“文以载道”，说明了内容和形式的关系，应用文写作不仅是格式和技巧问题，而是作者涵养的综合体现。因此，学习理论，关心时事，深入实际，才有可能以正确的立场、观点、方法去认识事物、分析问题、解决问题。有了正确的指导思想，还要求掌握丰富的业务知识，熟悉工作范围内的情况。知识贫乏，不熟悉业务，不深入实际了解情况，就不可能写出内容充实、材料精准的应用文。所以，学习理论，钻研业务，是写好应用文的必备条件。

（三）调动积累，联系实际

应用文写作有一定规律可循，有格式可以模拟，但没有一成不变的模式。稳固的模式是相对的，而变化是与时俱进的。不被模式所囿的关键是平时学习中深厚的语文知识的积淀。文章是由语言文字组成的，所谓写作技巧就是运用语言的技巧。写好应用文必须调动多方面的积累，在语言文字方面下苦功夫。要努力积累词汇，词汇丰富了，写作时才能运用恰当的字眼，准确地表达思想意图。厚积而薄发，才能字从句顺。要调动语法、逻辑、修辞等方面的知识积累，使文章叙述清晰，说明通晓，论理畅达。应用文是为解决实际问题而写作的，学习应用文写作，还应注意把相关的理论知识和现实问题结合起来，进行思考和训练。应用文评价的标准，除了文章写作这个标准之外，还有一个很重要的标准，那就是实际效果。文章写得再好，于事无补，也不能看做是一篇优秀的应用文。“文质互生”的文章，对要解决的实际问题有裨益的文章，才是好的文章。

（四）善于借鉴，勤于实践

宋代大诗人陆游说过：“纸上得来终觉浅，绝知此事要躬行。”鲁迅先生也有一段名言：“文章应该怎样作，我说不出来，因为自己的作文，是由于多看和练习，此外并无心得或方法。”这些名言，既是经验之谈，也是写作的普遍规律。因为阅读别人的文章，可以从中领悟到作文之法，并自觉不自觉地运用到自己的写作中去。从前人说“熟读唐诗三百首，不会写诗也会吟”，语调虽卑，却是经验之谈。学习写作应用文，要注意阅读、分析典型例文，印证相关理论，认知写作规律，涵养写作素养。应用文写作，选材范围窄、时间紧迫，往往是在限定的时间内，向特定的读者，反映特定的信息。因此，没有过多的时间推敲，限制比较严格，这就要求平时勤学苦练，持之以恒，坚持不懈，养成“倚马可待”的功夫，最终实现自如写作。

了解了应用文的特点，也就明确了应用文的性质；掌握了学习应用文的写作要点，是写好应用文的前提条件。因此，我们应确立为特定读者而写的全新写作理念，注意各种积累，阅读范文、模拟写作相结合，学会运用文字和图表等辅助手段表达观点的技巧，明确应用文的评价应该从实际效果和文章本身两个尺度进行衡量，勤学苦练，写好应用文。

实训

1. 结合调查报告《老北京过年还是那个味儿》，分析应用文材料的特点。
2. 以《人机大战谁是真正的赢家》为例，分析应用文的主旨和结构特点。
3. 根据所学专业，写一篇涉及专业方向的研究问题型的调查报告。